Bei der Arbeit mit Schaubildern / Zeichnungen

- Das Schaubild stellt ... dar.
- Die Kreise / Rechtecke stehen für ...
- Die Figuren symbolisieren / stellen ... dar.
- Die Pfeile beschreiben die Beziehung zwischen ...
- Die Zeichnung stellt die Verbindung zwischen ... dar.
- Die Zeichnung zeigt auf, dass ... / verdeutlicht, dass ...

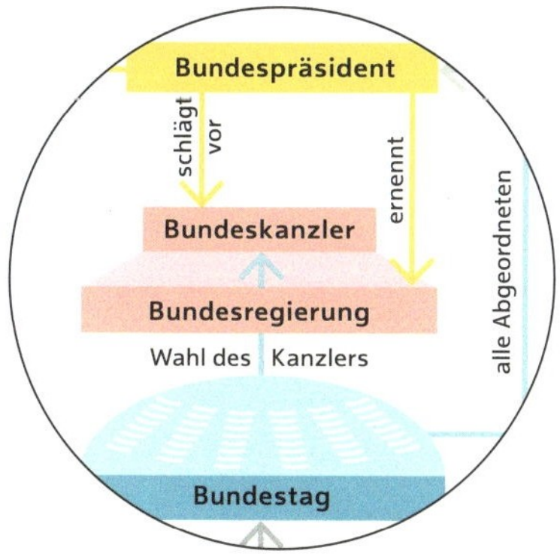

Bei der Arbeit mit Diagrammen /Grafiken

- Es handelt sich um ein ... (Säulendiagramm / Kreisdiagramm ...)
- Die Überschrift lautet ...
- Die Stäbe zeigen ...
- Die Länge der Säulen stellen ... dar.
- Es ist Folgendes festzustellen: ...
- Die Entwicklung hat ... (zugenommen / abgenommen / ist etwa gleich geblieben ...)
- Das ... erläutert Zusammenhänge zwischen ...

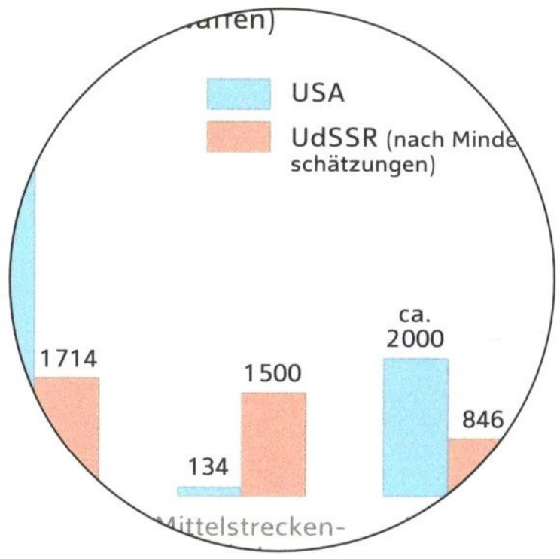

Bei der Arbeit mit Karten

- Die Karte zeigt ... (Kartentitel)
- Das Thema der Karte ist ...
- Abgebildet ist das Gebiet ... / sind die Gebiete ...
- Die Karte zeigt die Zeit ... / umfasst den Zeitraum ...
- Die ... Markierungen / Zeichen stehen für ... (die Legende erklären)
- In der Darstellung wird deutlich ...
- Die Karte informiert über ...
- Die Verteilung der Flächenfarben bedeutet ...
- Die Kartenüberschrift heißt ...
- Die Region erstreckt sich ...
- Die Grenzen / Flüsse / Gebirge verlaufen ...
- Die Karte zeigt den Verlauf / die Entwicklung ...

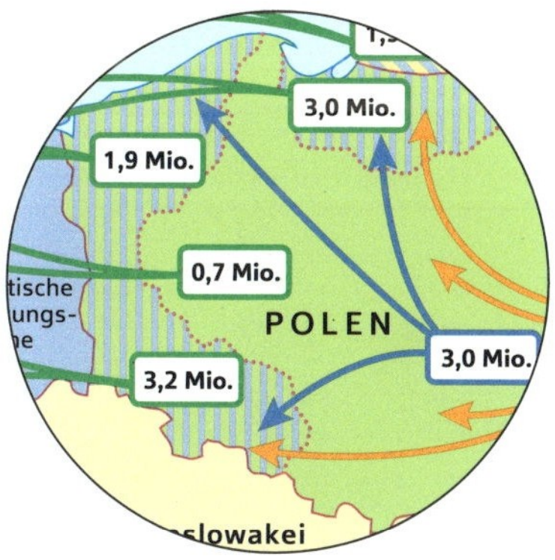

westermann

DURCH BLICK 3
GESCHICHTE

Nordrhein-Westfalen

Autorinnen und Autoren

Andreas Klingeberg
Martin Lücke
Christian Machate
Wolfgang Pankratz
Karin Schröfel
Mona Teusch

Durchblick Geschichte 3
Nordrhein-Westfalen

Mit Beiträgen von
Heike Schuster

Titel: Mauer-Denkmal (Stadt Braunschweig)
Foto: Hanno Keppel

Medienbildung
Dieses Symbol verweist auf Aufgaben oder Seiten, auf denen der Erwerb von Medienkompetenz besonders gefördert wird.
Nähere Informationen unter
www.westermann.de/medienbildung

westermann GRUPPE

Druck A[1] / Jahr 2022
Alle Drucke der Serie A sind im Unterricht parallel verwendbar.

Redaktion: Kerstin Graham
Druck und Bindung: Westermann Druck GmbH, Georg-Westermann-Allee 66, 38104 Braunschweig

ISBN 978-3-14-**100953**-8

Liebe Schülerinnen und Schüler,

vor euch liegt euer neues Buch „Durchblick Geschichte“. Auf den Seiten mit dunklen Reitern stehen die Kerninhalte, die alle Schülerinnen und Schüler bearbeiten sollen. Weiße Reiter kennzeichnen Seiten, mit denen ihr euch beschäftigen könnt, wenn ihr noch Zeit für und Lust auf Zusatzthemen habt. Die hellblauen Reiter markieren Seiten, die bestimmte Themen vertiefen. Auch sie sind Zusatzseiten, sie sind aber etwas schwieriger.

4 ④

Auf allen Seiten findet ihr Aufgaben, die euch helfen sollen, die Inhalte der Seite zu erarbeiten. Oft gibt es blaue und weiße Aufgabennummern. Auch hier stehen die weißen Nummern für Zusatzaufgaben, die ihr erledigen könnt, wenn noch etwas Zeit ist oder ihr besonders schnell wart.

Bei Aufgaben mit dem Mediensymbol könnt ihr den Umgang mit digitalen Medien üben.

Hilfe 4 ④

Einige Aufgaben sind mit einem Hilfezeichen markiert. So seht ihr gleich, dass es zu dieser Aufgabe eine Hilfe gibt. Die Hilfe findet ihr auf derselben Seite. Sie ist mit der gleichen Aufgabennummer in Grau gekennzeichnet.

Unter einigen Aufgaben findet ihr ein Gruppenzeichen und einen Vorschlag für eine Partner- oder Gruppenlernform. Genauere Anleitungen dazu stehen im hinteren Buchdeckel.

M

In eurem Buch gibt es viele Materialien wie zum Beispiel Bilder, Karten oder Schaubilder. Sie sind alle mit einem M markiert. Auch Texte, die von Personen aus der Vergangenheit stammen, sind auf diese Art gekennzeichnet. Sie stehen auf einem gelben Hintergrund, so könnt ihr sie besser von den normalen Schulbuchtexten unterscheiden.

Doktrin

Manchmal werdet ihr in eurem Buch auf Wörter stoßen, die schwierig oder auch neu sind. Solche Wörter werden im Text unterstrichen und für euch am Rand erklärt.

Webcode

Das Tabletzeichen zeigt euch an, dass ihr zu einem bestimmten Thema einen Filmclip im Internet finden könnt. Gebt dazu den aufgeführten Webcode unter www.westermann.de/webcodes in das Suchfeld ein.

148/149

Das Buchsymbol verweist auf thematisch passende Seiten innerhalb deines Schulbuches.

Wie in vielen anderen Fächern gibt es auch in Geschichte bestimmte Methoden, die ihr für die Erforschung der Vergangenheit erlernen müsst. Sie werden euch auf den gelben „Methoden lernen“-Seiten vorgestellt. Außerdem gibt es grüne „Operatoren üben“-Seiten, die euch helfen sollen, verschiedene Aufgabenformen richtig zu bearbeiten. Beide Seitentypen geben euch viel Gelegenheit zum Üben. Auf den lilafarbenen Zusammenfassungsseiten könnt ihr das Gelernte wiederholen.

Inhalt

Die nationalsozialistische Diktatur in Deutschland 50

Geteilte Welt und Kalter Krieg 118

Der Weg zur deutschen Einheit 170

Aus Feinden werden Freunde 232

Der europäische Einigungsprozess 252

Die Digitalisierung verändert die Welt 272

Anhang

Operatoren und Methoden auf einen Blick

Operatoren üben

Methoden lernen

M1 Straßenkämpfe in Berlin: ehemalige Soldaten hinter Barrikaden (1919)

Die Weimarer Republik

→ Wie wurde aus dem Kaiserreich eine Republik?

→ Wie kam es zur Geldentwertung von 1923?

→ Warum scheiterte die Weimarer Republik?

M2 Deutsche Banknote von 1923

M3 Arbeitslose vor einem Arbeitsamt (1929)

M1 Straßenkämpfe in Berlin: ehemalige Soldaten hinter Barrikaden (1919)

Vom Kaiserreich zur Republik

T1 • Das Ende der Monarchie

Im November 1918 glaubte kaum noch jemand an einen Sieg Deutschlands im Ersten Weltkrieg. Die deutschen Matrosen gehorchten den Befehlen ihrer Offiziere nicht mehr. Sie wollten ihr Leben nicht sinnlos opfern. Viele Arbeiter schlossen sich ihnen an. In zahlreichen Städten Deutschlands kam es zu blutigen Straßenkämpfen. Dabei wurde auch der Rücktritt des Kaisers gefordert.

Am 9. November 1918 erklärte der Reichskanzler die Abdankung von Wilhelm II. Er übertrug die Regierungsgewalt auf den Vorsitzenden der stärksten Partei im Parlament, auf Friedrich Ebert von der SPD. Dieser sollte die Aufstände in Deutschland beenden. Am selben Tag rief der SPD-Politiker Philipp Scheidemann vor Tausenden von Arbeitern und Soldaten vom Berliner Reichstagsgebäude die deutsche Republik aus.

M2 Friedrich Ebert

> Arbeiter und Soldaten: Seid euch der geschichtlichen Bedeutung dieses Tages bewusst. Alles für das Volk, alles durch das Volk. Seid einig, treu und pflichtbewusst! Das Alte und Morsche, die Monarchie, ist zusammengebrochen. Es lebe das Neue! Es lebe die deutsche Republik!

M3 Philipp Scheidemann am 9. November 1918 (gekürzt)

❶ Beschreibe das Geschehen in M1.

② Warum gehorchten die Matrosen den Befehlen ihrer Offiziere nicht mehr? Erkläre. (T1)

❸ Berichte über den 9. November 1918 in Berlin. (T1)

❹ Erkläre Scheidemanns Aussagen (M3):
a) „Das Alte und Morsche … ist zusammengebrochen."
b) „Alles für das Volk, alles durch das Volk."
Partnervortrag

T2 • Die Weimarer Verfassung

Noch im Jahr 1918 bildete Friedrich Ebert eine Übergangsregierung und setzte Wahlen zur Nationalversammlung an. Diese sollte eine Verfassung für die neue Republik ausarbeiten. Am 19. Januar 1919 wählten die Deutschen ihre Abgeordneten zur Nationalversammlung. Erstmals hatten auch Frauen das Wahlrecht.

Die Wochen zu Beginn des Jahres 1919 waren wieder von Demonstrationen und gewalttätigen Unruhen geprägt. Es gab Bürger und vor allem Angehörige der Armee, die den Kaiser wieder als Herrscher sehen wollten und gegen die Anhänger der Republik kämpften. Aber auch die Anhänger der Republik waren untereinander zerstritten und bekämpften sich gegenseitig. Viele Straßensperren wurden errichtet, Bürger schossen auf Bürger, viele Menschen wurden verletzt oder getötet. Es wurden sogar führende Politiker ermordet.

Die Lage in Berlin geriet fast außer Kontrolle. Deshalb zog die Nationalversammlung nach Weimar um. Dort beschlossen die Abgeordneten nach einem halben Jahr schwieriger Beratungen die erste demokratische Verfassung für Deutschland. Deshalb bezeichnet man diesen Staat heute als „Weimarer Republik“.

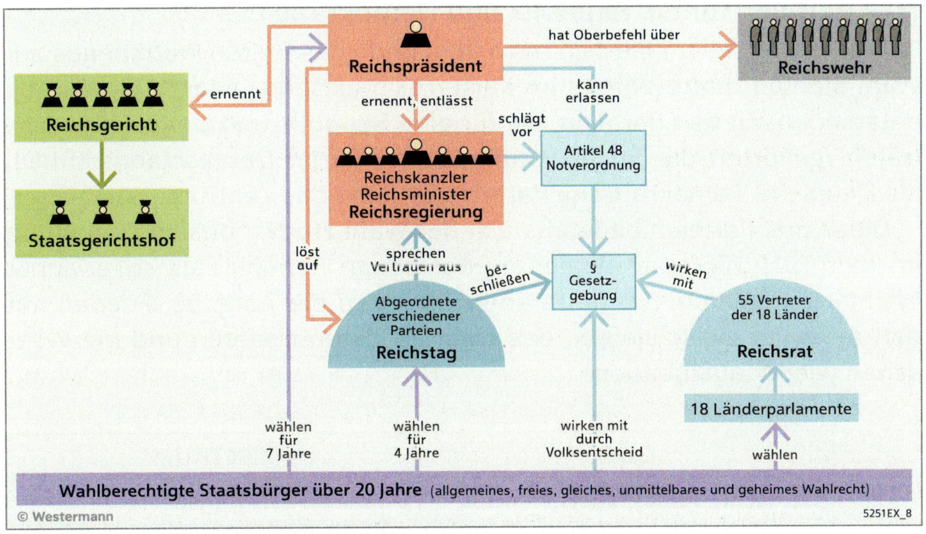

M4 Die Verfassung der Weimarer Republik

Artikel 48

Laut dem Artikel 48 der Reichsverfassung konnte der Reichspräsident in Ausnahmefällen
- Regierungen einsetzen, die nur ihm verantwortlich waren,
- Notverordnungen anstelle von Gesetzen erlassen,
- Grundrechte außer Kraft setzen, wie zum Beispiel die Unverletzlichkeit der Wohnung, das Briefgeheimnis oder die Versammlungsfreiheit.

5 Nenne Gründe für die Unruhen im Januar 1919. (T2)

6 Erkläre, warum wir heute von der „Weimarer Republik“ sprechen. (T2)

7 Hilfe Stelle die Aufgaben von
a) Volk,
b) Reichstag,
c) Reichregierung und
d) Reichspräsident zusammen. (M4)

8 Hilfe Erkläre die Weimarer Verfassung. (M4)
Think – Pair – Share

Hilfe zu

7 Beachte die Pfeile. Sie beschreiben die Aufgabe, zum Beispiel: Die Bürger wählen ...

8 Überprüfe, ob und wie folgende Punkte gegeben sind: Wahlen, die Kontrolle der Regierung, die Gewaltenteilung.

M1 Plakate demokratischer Parteien, v. l. n. r.: SPD (1920), DDP (1919), Zentrum (1919)

Befürworter und Gegner der Demokratie

T1 • Parteien für die Republik und Demokratie

Ein Teil der Parteien, die sich nach dem Ende des Ersten Weltkrieges zur Wahl stellten, hatte bereits im Kaiserreich existiert, andere waren neu entstanden. Zu den Parteien, die für eine Republik und Demokratie eintraten, gehörten die Sozialdemokratische Partei Deutschlands (SPD), die Deutsche Demokratische Partei (DDP) und das Zentrum.

Diese drei Parteien bildeten nach der Wahl zur Nationalversammlung im Jahr 1919 die erste Regierung der neuen Republik als sogenannte Weimarer Koalition. Sie hatte unter anderem die Aufgabe, Frieden mit den Alliierten zu schließen, das Heer zu demobilisieren und die Wirtschaft wieder aufzubauen.

demobilisieren
ein Heer nach einem Krieg entwaffnen und auflösen

gemäßigt
maßvoll, kompromissbereit, nicht radikal

SPD	DDP	ZENTRUM
Sozialdemokratische Partei Deutschlands • vertrat vornehmlich Angehörige der gemäßigten Arbeiterschaft • wollte eine demokratische Kontrolle der Wirtschaft und die Erneuerung der Gesellschaft	Deutsche Demokratische Partei • richtete sich hauptsächlich an die bürgerliche Mittelschicht • forderte die Durchsetzung individueller Freiheitsrechte • trat für die soziale Verantwortung des Staates ein	Deutsche Zentrumspartei • Partei mit vornehmlich katholischen Mitgliedern • setzte sich für die Verwirklichung christlicher Vorstellungen im Staat ein

M2 Ziele der Parteien, die für die Republik und Demokratie eintraten

1. Wähle ein Plakat aus M1 aus. Zeige auf, welche Haltung die jeweilige Partei gegenüber dem neuen Staat einnahm. (M1)
   Bienenkorb
2. Nenne die Aufgaben der Weimarer Koalition. (T1)
3. Arbeite die Vorstellungen und Absichten der einzelnen Parteien heraus. (M2)

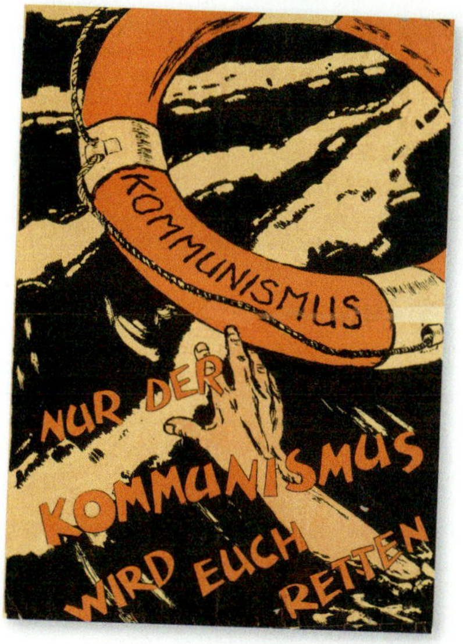

M3 Plakate der Gegner des neuen Systems, v. l. n. r.: KPD (1923), DVP (1919), DNVP (1924)

T2 • Parteien gegen die neue Ordnung

Gegen die junge Republik wandten sich mehrere Parteien aus unterschiedlichen Gründen. Die einen wollten in Deutschland ein sozialistisch-kommunistisches System errichten, die anderen nach Möglichkeit die Monarchie wiederherstellen.

Die DVP fand sich später mit dem System der Republik ab und entschied, ihre Interessen durch konstruktive politische Mitarbeit umzusetzen.

sozialistisch-kommunistisches System
Ziel ist die Gleichheit aller Menschen. Eigentum soll allen gehören, sodass es keine Armen und Reichen gibt.

KPD	DVP	DNVP
Kommunistische Partei Deutschlands • vertrat vor allem radikale Arbeiter • kämpfte für die Errichtung eines Rätesystems (Räte werden direkt gewählt und haben alle drei Gewalten inne) • strebte eine sozialistische Gesellschaft an • wollte am Ende die Diktatur des Proletariats (Herrschaft der Arbeiter in einer klassenlosen Gesellschaft)	Deutsche Volkspartei • verstand sich als Partei für Industrielle und Großunternehmer • lehnte die Weimarer Verfassung und die republikanische Staatsform ab • trat für die Monarchie ein • vertrat die Interessen der Industrie • forderte eine freie Wirtschaft ohne soziale Verantwortung des Staates	Deutsch-Nationale Volkspartei • repräsentierte meist Berufsoffiziere und hohe Beamte • lehnte die Weimarer Verfassung und die republikanische Staatsform ab • trat für die Wiedererrichtung der Monarchie ein • vertrat einen aggressiven Nationalismus • vertrat auch antisemitische Positionen

M4 Zielsetzungen der Parteien, die gegen die Republik und Demokratie agierten

4 Nenne die Ziele der Parteien, die sich als Gegner der Republik sahen. (T2, M4)

5 Untersuche die Plakate M3 und erkläre, woran man ihre Zielsetzung erkennt.

6 Diskutiert darüber, welche Auswirkungen die unterschiedlichen Zielsetzungen der Parteien auf die junge Demokratie haben konnten. (M2, M4)

M1 Heimgekehrte Soldaten auf einem Berliner Bahnhof (1918)

Die Republik in Gefahr

T1 • Heimgekehrte Soldaten – entwurzelt und arbeitslos

Da aufgrund des Versailler Friedensvertrages das Heer auf eine Stärke von 100 000 Mann beschränkt werden musste, wurden die aus dem Krieg heimkehrenden Soldaten aus dem Dienst entlassen. Viele einfache Soldaten konnten in ihren alten Berufen arbeiten. Die meisten entlassenen Berufsoffiziere fanden jedoch häufig keine Beschäftigung.

Manche ehemalige Offiziere stellten mithilfe von arbeitslosen Soldaten und Offizieren militärische Freiwilligenverbände zusammen, sogenannte Freikorps. In ihnen sammelten sich kaisertreue und rechtskonservative Kräfte, die durch das Kriegsende und die Novemberrevolution von 1918 für sich keine Aussicht auf eine gesicherte Zukunft sahen. Die circa 120 Freiwilligenverbände hatten etwa 400 000 Mitglieder. Ihre Angehörigen vertraten vor allem antirevolutionäre und antidemokratische Ansichten. Die Stärke der Freikorps betrug zwischen 2000 und 10 000 Mann. Sie waren in Aufstände gegen die Republik verwickelt. 1921 wurden sie aufgelöst.

rechtskonservativ
politische Haltung, die vor allem antidemokratisch und nationalistisch geprägt ist

1. Stelle Fragen an M1.
2. Beschreibe die Situation der heimgekehrten Soldaten. (M1, T1)
3. Vermute, warum manche ehemalige Offiziere und Soldaten zur Gefahr für die Republik wurden.
4. Hilfe Berichte über die Freikorps. (T1)

Hilfe zu

4. - Warum bildeten sich die Freikorps?
   - Wer waren ihre Mitglieder?
   - Was waren ihre politischen Einstellungen?

T2 • Aufstände gegen die Republik von rechts – der Kapp-Putsch

Freikorpssoldaten und Kräfte der politisch Rechten wollten im Frühjahr 1920 die rechtmäßige Regierung in Berlin stürzen und die Demokratie zugunsten der alten Herrschaft beseitigen. Am 13. März 1920 besetzten einige Freikorps das Berliner Regierungsviertel. Sie erklärten die gewählte Regierung für abgesetzt und den Regierungsbeamten Wolfgang Kapp zum neuen Reichskanzler.

Im Gegenzug riefen die Gewerkschaften für ganz Deutschland einen Generalstreik aus, um die Demokratie zu retten. Dadurch wurden die Nachrichten- und Verkehrsverbindungen von Berlin mit der Außenwelt unterbrochen. Außerdem weigerten sich die Beamten in den Ministerien, die Anweisungen der Putschisten auszuführen. So brach der sogenannte Kapp-Putsch nach vier Tagen zusammen und die rechtmäßige Regierung konnte ihre Arbeit wieder aufnehmen.

Generalstreik
Niederlegung der Arbeit der gesamten Arbeiterschaft eines Landes

Rätesystem
politisches System direkter Demokratie; Vertreter verschiedener Interessengruppen bilden Räte, aus denen gewählte Mitglieder an Regierungsentscheidungen mitwirken.

T3 • Aufstände gegen die Republik von links

Auch im Ruhrgebiet begannen Aufstände, hier vonseiten der kommunistisch orientierten Linken. Am 20. März 1920 formierten sich in Essen Arbeiterräte. Diese übernahmen in weiten Teilen des Ruhrgebietes die Macht und stellten eine „Rote Ruhr-Armee“ auf. Mit ihrer Hilfe sollte ein Rätesystem nach sowjetischem Vorbild errichtet werden. Der Aufstand wurde von Soldaten der Regierung niedergeschlagen. Diese wurden von Freikorpssoldaten unterstützt, die noch Tage zuvor am Kapp-Putsch beteiligt waren.

M2 Kommunistische Arbeiter in der Roten Ruhr-Armee erhalten Waffen. (1920)

5 Berichte über den Kapp-Putsch. (T2)

6 Recherchiere über die Aufstände im Ruhrgebiet und präsentiere dein Ergebnis.

7 Bewerte die Rolle der Freikorps beim Kapp-Putsch und beim Aufstand im Ruhrgebiet. (T2, T3)

M1 Plakat zu den Bestimmungen des Friedensvertrages von Versailles

Die Neuordnung Europas

T1 • Der Vertrag von Versailles

Deutschland hatte auf einen milden Frieden gehofft, aber Großbritannien, Frankreich und die USA hatten den Friedensvertrag unter sich ausgehandelt. Die Vertreter der neuen deutschen Regierung mussten den Bedingungen zustimmen, ansonsten drohten die Siegermächte mit einer Besetzung des Landes. Unter diesem Druck unterzeichnete die deutsche Delegation am 28. Juni 1919 im Schloss Versailles den Vertrag. Ganz Deutschland war über die harten Bestimmungen empört.

Delegation
Vertreter, zum Beispiel eines Landes, die zu Verhandlungen oder Gesprächen geschickt werden

- Deutschland erkennt die alleinige Kriegsschuld an (Art. 231).
- Das Rheinland und das Saargebiet werden für 15 Jahre von Frankreich besetzt.
- Deutschland verliert seine Handelsflotte.
- Deutschland zahlt Reparationen (Schadensersatz) in Höhe von 132 Milliarden Goldmark.

M2 Auszug aus den Bestimmungen des Versailler Vertrages (sprachlich vereinfacht)

❶ a) Notiere die Bestimmungen des Friedensvertrages. (M1)
b) Was ist die Absicht des Plakates?

② Beschreibe, unter welchem Druck die Regierung den Vertrag unterzeichnet hat. (T1)

❸ Vervollständige deine Notizen aus Aufgabe 1 mithilfe von M2.

④ Diskutiert den Artikel 231 des Versailler Vertrages. (M2)
Placemat

⑤ Versailles war schon einmal Ort deutscher Geschichte.
a) Recherchiere.
b) Vermute, warum dieser Ort gewählt wurde.

T2 • Belastungen für die neue Republik

Politische Gruppen, die der Republik feindlich gegenüberstanden, nutzten Verzweiflung, Wut und Hoffnungslosigkeit in der Bevölkerung aus, um gegen die neue Regierung zu hetzen. Die Deutschnationale Volkspartei (DNVP) verbreitete die sogenannte „Dolchstoßlegende“: Die deutsche Armee sei im Felde unbesiegt gewesen. Erst mit der Unterzeichnung des Waffenstillstandes hätten die neuen Politiker der Armee von hinten den Dolch in den Rücken gestoßen. Sie wurden als „Novemberverbrecher“ und „Erfüllungspolitiker“ beschimpft. Viele sahen in ihnen die Schuldigen eines „Schandfriedens“, der Deutschland die alleinige Kriegsschuld zugeschoben hatte und der hohe Reparationen forderte.

Tatsächlich aber hatte sich die deutsche Wirtschaft nach dem Krieg überraschend schnell erholt. Selbst die Reparationen, die geleistet wurden, waren deutlich geringer als eigentlich gefordert. Trotzdem bestimmte der Versailler Vertrag immer wieder die politische Diskussion.

Erfüllungspolitiker
abwertend gemeintes Wort für die Politiker, welche die harten Bedingungen des Versailler Vertrages annahmen und so weit wie möglich erfüllten

M3 Ausschnitt aus einem Wahlplakat der Deutschnationalen Volkspartei (DNVP), das die Dolchstoßlegende aufgreift (1924)

6 Nenne die Belastungen für die neue deutsche Republik. (T2)

7 a) Erkläre die Begriffe „Novemberverbrecher“ und „Erfüllungspolitiker“. (T2)
b) Was wollte man mit der Verwendung dieser Begriffe erreichen?
Partnervortrag

8 a) Gib die Legende vom „Dolchstoß“ wieder. (T2, M3)
b) Nenne die Gruppen, die die Dolchstoßlegende verbreiteten.
c) Stelle dar, welche Absicht hinter der Dolchstoßlegende steckt. Nimm Stellung.
Think – Pair – Share

M1 Deutsche Banknote von 1923

Die Geldentwertung 1923

Inflation
Es gibt mehr Geld in einem Land als Waren, also steigen die Preise stetig an. Das Geld ist immer weniger wert.

Hyperinflation
Die Regierung lässt mehr Geld drucken, um Rechnungen zu bezahlen. Dadurch verfällt der Wert des Geldes rasend schnell, und die Preise für Waren steigen immer weiter an.

T1 • Geld wird wertlos

Schon in den Kriegsjahren hatte eine Inflation eingesetzt. Nach Kriegsende aber musste die Regierung die Versorgung der Kriegsverletzten, Kriegswitwen, Waisen sowie die vielen Arbeitslosen bezahlen. Hinzu kamen die Reparationsleistungen aus dem Versailler Vertrag. Die Reichsbank musste ihre Goldreserven an die Siegermächte abgeben, Fabriken wurden abgebaut und an England und Frankreich übergeben. Es konnten nicht genug Waren hergestellt werden, um die Bevölkerung zu versorgen.

In dieser schwierigen Lage ließ die Regierung ab Anfang 1923 immer mehr Banknoten drucken. Dadurch beschleunigte sich die Geldentwertung weiter und die Inflation wurde zu einer Hyperinflation. Im Herbst 1923 wurden die Löhne mehrmals pro Woche ausgezahlt. Sofort musste man dafür einkaufen, denn kurze Zeit später war das Geld schon weniger wert.

Datum	Preis in Mark
1914	0,32
1919	0,80
1921, Juni	3,90
1921, Juli	53,15
1923, Januar	250,00
1923, Juli	3465,00
1923, September	1512000,00
1923, November	201000000000,00

M2 Preisentwicklung für Brot

T2 • Gewinner und Verlierer

Für manche Menschen in Deutschland brachte die Hyperinflation Vorteile. Wer früher Schulden gemacht hatte, konnte diese jetzt mit wertlosem Geld zurückzahlen. Auch der Staat tat dies. Er hatte sich das Geld für den Krieg bei den Bürgern durch Kriegsanleihen geborgt und konnte diese Schulden nun billig begleichen. Besitzer von Grundstücken, Fabriken, Werkstätten und Sachwerten blieben von den Folgen der Hyperinflation weitgehend verschont, denn diese Werte blieben stabil.

Zu den Verlierern gehörten die Sparer. Ihre Ersparnisse waren durch die Hyperinflation wertlos geworden. Viele von ihnen gaben der Regierung die Schuld an ihrem Unglück und waren von der Republik als Staatsform enttäuscht.

Am 15. November 1923 wurde die Inflation durch eine Währungsreform beendet. Für eine Billion Mark bekam man eine Rentenmark.

Währungsreform
Neuordnung des Geldwesens. Die alte Währung wird durch eine neue Währung abgelöst.

1923 waren Geldscheine mit Millionen- und Milliardenbeträgen in Umlauf. Wenn wir Brot kaufen wollten, brauchten wir für das Geld einen kleinen Koffer. Die Union, ein Großbetrieb in Hamm, zahlte zweimal pro Woche den Lohn, weil das Geld zu schnell an Wert verlor. Es musste in Waschkörben transportiert werden. Schwer hatten es damals die Rentner. Meine Großmutter gehörte auch dazu. Sie war eine sparsame Frau und stapelte ihr Geld im Wäscheschrank. Dass dieses Geld schon wenige Tage später wertlos war, begriff sie nicht. Sie war empört, als meine Mutter ihr riet, das Geld sofort auszugeben.

M3 Die Zeitzeugin Erna Arntz über das Inflationsjahr 1923

M4 Wertloses Inflationsgeld (Foto, 1923)

1. Formuliere Fragen zu der Banknote M1.
   Placemat
2. Nenne Ursachen der Inflation. (T1)
3. In welchem Monat des Jahres 1923 wird die Inflation zur Hyperinflation? Begründe. (M2)
   Bienenkorb
4. Beschreibe, welche Folgen die Inflation für das Leben der Menschen hatte. (T2)
5. Manche zogen auch Vorteile aus der Inflation. Berichte. (T2)
6. Hilfe Versetzt euch in die Situation in M3. Entwickelt ein Streitgespräch, wie es zwischen Mutter und Großmutter stattgefunden haben könnte.
7. a) Beschreibe M4.
   b) Erkläre, was der Fotograf mit seinem Bild verdeutlichen wollte.

Hilfe zu
⑥ Berücksichtige, welche Folgen Sparsamkeit in der Hyperinflationszeit hatte.

1923 – wirtschaftliche und politische Krisen

T1 • Der Ruhrkampf

Eine wesentliche Ursache der Hyperinflation von 1923 war der Ruhrkampf. Dieser ereignete sich, nachdem Deutschland im Januar 1923 die Reparationszahlungen an Frankreich und Belgien nicht mehr leisten konnte und daraufhin französische und belgische Truppen das Ruhrgebiet besetzten. Mit den dortigen Industrieanlagen wollten sich die Besatzer ein Pfand für die nicht gezahlten Reparationen sichern. Infolgedessen rief die Regierung in Berlin für das Ruhrgebiet den Generalstreik aus. Niemand sollte für die Besatzer arbeiten. Die Reichsregierung unterstützte die Menschen mit Geldzahlungen als Ersatz für ausfallende Löhne. Dafür musste sie jedoch Geld drucken und in Umlauf bringen. Diese Steigerung der Geldmenge führte zur Hyperinflation und zum Zusammenbruch der Wirtschaft, weil das Geld keinen Gegenwert besaß.

Pfand
ein Wertgegenstand, der anstelle von geschuldetem Geld einbehalten wird, bis die Schulden bezahlt werden

Goldreserven
Die Goldreserven eines Staates sind Teil der Deckungsmenge.

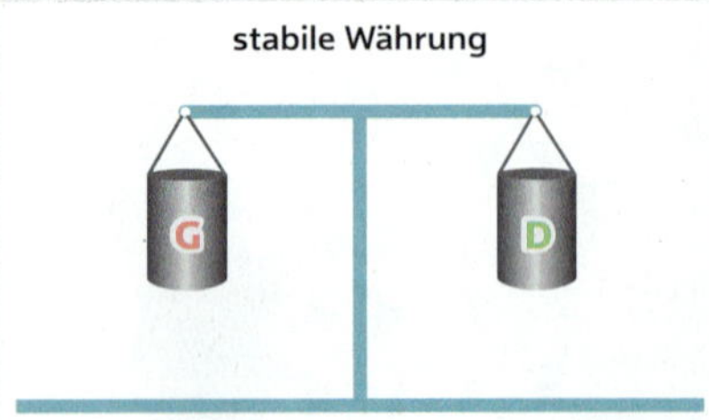

1914
Das Warenangebot in den Geschäften ist reichhaltig. Die Geldmenge befindet sich im Gleichgewicht mit der Deckungsmenge (Güterangebot).

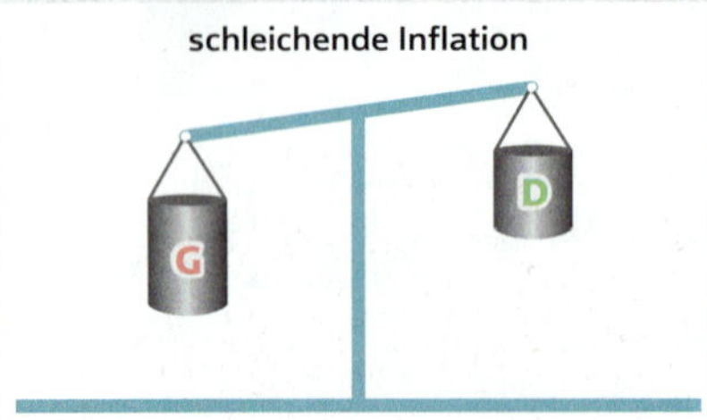

1914 – 1918
Rückgang der Güterproduktion durch den Krieg zugunsten der Rüstung; die Deckungsmenge schrumpft gegenüber der Geldmenge.

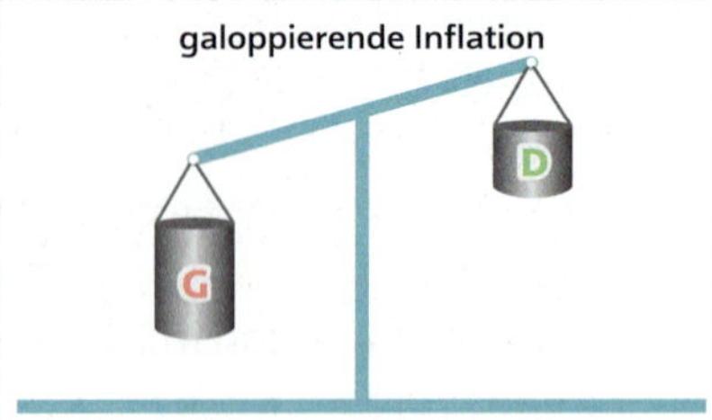

1919–1922
Beginn der Reparationszahlungen; Abbau der Industrieanlagen und Abgabe der Goldreserven, sodass die Deckungsmenge gegenüber der Geldmenge weiter schrumpft.

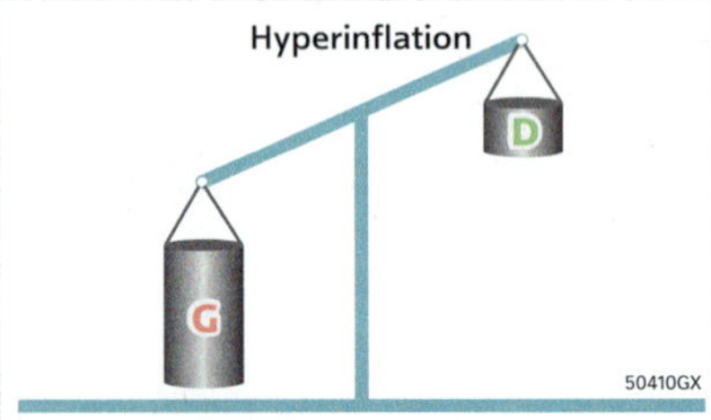

1923
Der Ruhrkampf gipfelt in einem Generalstreik. Die Regierung bringt mehr Geld in Umlauf: Die Geldmenge steigt, während die Deckung weiterhin schrumpft.

M1 Die Entwicklung von einer stabilen Währung zur Hyperinflation

T2 • Politische Unruhen

Durch die Hyperinflation war das Ansehen der Regierung geschwächt und das Vertrauen in die Demokratie gesunken. Dies wollten radikale linke und rechte Gruppierungen ausnutzen, um die Demokratie zu beseitigen. Während den Linken eine Revolution nach russischem Vorbild vorschwebte, wollten die rechten Nationalisten und Konservativen Deutschland in eine Diktatur umwandeln.

Im Oktober 1923 brachen in Sachsen und Thüringen kommunistische Aufstände aus. Es bildeten sich Räteregierungen, die vielerorts die Macht übernahmen. Diese Aufstände wurden von der Reichswehr mit Waffengewalt niedergeschlagen. Auch im Rheinland und in der Pfalz gab es Aufstände. Dort wurden zum Beispiel die Rheinische Republik und die Autonome Pfalz ausgerufen. Sie waren aber nur wenige Wochen von Bestand.

Am 9. November 1923 versuchte Adolf Hitler zusammen mit dem ehemaligen Befehlshaber General Ludendorff und weiteren hohen Offizieren des Ersten Weltkrieges von München aus die Reichsregierung in Berlin zu stürzen. Er setzte darauf, dass antidemokratische Militärs in Berlin aufgrund seines Aufrufs den Reichskanzler und dessen Minister festsetzen würden. Dies geschah jedoch nicht. Hitlers Aufmarsch in München mit mehreren Tausend zum Teil schwer bewaffneten Anhängern wurde von Einheiten der Polizei und der Reichswehr gestoppt und aufgelöst. Der Putschversuch war damit gescheitert. Hitler wurde wegen Hochverrats zu fünf Jahren Festungshaft verurteilt, aber bereits nach einem Jahr wieder aus der Haft entlassen.

Festungshaft
besondere Strafe des Freiheitsentzugs. Der Häftling wurde als ehrenhaft angesehen, weshalb man ihn möglichst respektvoll behandelte und nicht in ein gewöhnliches Gefängnis schickte.

Separatisten
Menschen, die eine politische Trennung innerhalb eines Staates wollen; meist in Form der Gründung eines eigenen Staates

Putschisten
Menschen, die durch eine meist gewaltsame Aktion versuchen, die Regierung zum Rücktritt zu zwingen

Webcode
Filmclip zum
zum Krisenjahr 1923
WES-100953-1

M2 Angriff von Separatisten auf einen deutschen Schutzpolizisten am 30. September 1923, dem sogenannten Düsseldorfer Blutsonntag. Im Hintergrund ist französisches Militär zu sehen.

M3 Putschisten nehmen am 9. November 1923 in München Stadträte fest.

1. Arbeite Ursache und Folgen des Ruhrkampfs heraus. (T1)
2. Erläutere anhand von M1, wie es in Deutschland zu einer Inflation kam, die sich bis zur Hyperinflation steigerte.
3. Berichte über politische Unruhen im Jahr 1923. (T2, M2, M3)
   Partnervortrag
4. Erkläre die Aussage: 1923 – ein Jahr der Krisen.

Von allen Seiten wurde erwartungsvoll Bravo gerufen. Nur mit Mühe konnten sich die deutschen Delegierten ... den Weg zu ihren Plätzen bahnen. Alle wollten ihnen die Hände schütteln und ihnen persönlich zu diesem großen Ereignis Glück wünschen. Inzwischen tobte das Publikum auf den Tribünen, Tücherwinken, Hüteschwenken, „Bravo Stresemann, ...". Dieser Empfang Deutschlands durch die Völker der Welt war wirklich etwas Einmaliges.

M1 Augenzeugenbericht über die Ereignisse vor der Rede des deutschen Außenministers Stresemann bei der Aufnahme Deutschlands in den Völkerbund 1926

Völkerbund
gegründet von den Siegermächten des Ersten Weltkrieges, um internationale Konflikte friedlich zu lösen

Isolation
Ausgrenzung eines Staates von einer Gruppe

Die neue deutsche Außenpolitik

T1 • Deutschland strebt nach Aussöhnung

Die deutsche Regierung wollte den Versailler Vertrag einhalten. Sie hoffte, durch eine Aussöhnung mit ihren Nachbarn die Situation Deutschlands zu verbessern und das Land aus der Isolation, in die es nach dem Ersten Weltkrieg geraten war, zu befreien.

Der Ausgleich mit Russland gelang dem Außenminister Rathenau im April 1922 mit dem Vertrag von Rapallo. Deutschland und Russland nahmen diplomatische Beziehungen auf. Zudem verzichteten beide Staaten auf Reparationen, das heißt auf eine Entschädigung für Kriegskosten, Kriegsschäden und zivile Schäden.

Reichskanzler Joseph Wirth (links) im Gespräch mit den sowjetischen Delegierten Leonid B. Krassin und Georgij W. Tschitscherin

M2 Vertrag von Rapallo

Die Annäherung zwischen Deutschland und Frankreich erreichten Gustav Stresemann und der französische Außenminister Aristide Briand 1925 im Vertrag von Locarno. Deutschland erkannte die im Versailler Vertrag festgelegte Westgrenze an. Im Gegenzug räumten Frankreich und Belgien besetzte deutsche Gebiete.

v. l. n. r.: Gustav Stresemann, der Premierminister Großbritanniens Austen Chamberlain und der französische Außenminister Aristide Briand

M3 Vertrag von Locarno

1 a) Gib M1 mit eigenen Worten wieder.
b) Erkläre das Besondere der Situation.

2 Beschreibe das Ziel der deutschen Außenpolitik. (T1)

3 Berichte über die wichtigsten Punkte:
a) des Vertrages von Rapallo (M2),
b) des Vertrages von Locarno. (T1, M3)
Partnervortrag

Die Weimarer Republik

Für mich besteht das Gute in dem Vertrag von Locarno darin, dass er nicht formuliert und unterzeichnet wurde, um der einen Nation auf Kosten der anderen Vorteile zu sichern. Um ihn recht zu verstehen, muss man ihn nach seinem Geist beurteilen, der nicht der Geist eines eigensüchtigen Nationalismus ist. Er ist ausgehandelt und geschlossen worden in einem europäischen Geist und für das Ziel des Friedens.

M4 Aristide Briand über den Vertrag von Locarno im Februar 1926

T2 • Deutschland wird Mitglied im Völkerbund

Im Jahre 1926 stimmte Frankreich für die Aufnahme Deutschlands in den Völkerbund. Deutschland war nun Mitglied dieser Staatengemeinschaft. Durch die Verträge von Rapallo und Locarno sowie die Aufnahme Deutschlands in den Völkerbund war Deutschland nicht länger politisch isoliert.

Für ihre Aussöhnungspolitik erhielten Stresemann und Briand im selben Jahr den Friedensnobelpreis. 1930 räumten die Franzosen das besetzte Rheinland, und 1932 wurden die Reparationen fast ganz gestrichen.

Friedensnobelpreis ist seit 1901 der wichtigste internationale Friedenspreis. Er wird jährlich an Personen vergeben, die sich am besten für den Frieden in der Welt eingesetzt haben.

M5 Gustav Stresemann hielt anlässlich der Aufnahme Deutschlands in den Völkerbund am 10. September 1926 eine Rede

4. Nimm Stellung zu den Äußerungen von Aristide Briand über den „Geist von Locarno". (M4)
5. Beschreibe die positiven Auswirkungen der Außenpolitik Stresemanns für Deutschland. (T1, T2, M1 – M5)
6. Vermute, was die Aufnahme Deutschlands in den Völkerbund für die deutsche Politik bedeutete. (T2, M1, M4, M5)
   Think – Pair – Share
7. Hilfe Verfasse einen Zeitungsbericht über die Verleihung des Friedensnobelpreises an Stresemann und Briand. (T1, T2, M1, M3)

Hilfe zu

7. Gehe in deinem Bericht auf folgende Fragen ein: Warum wurde den beiden Politikern dieser Preis verliehen? Was war ihre herausragende Leistung für den Frieden?

Nr. 491 • 42. Jahrg.
Ausgabe A Nr. 250

Morgenausgabe

10 Pfennig

Vorwärts

Berliner Volksblatt
Zentralorgan der Sozialdemokratischen Partei Deutschlands

Sonnabend, den 17. Oktober 1925

Der Sieg des Friedens.

Westpakt und Schiedsverträge vorläufig unterzeichnet. – Feierlicher Schlußakt.
Locarno illuminiert.

M1 Schlagzeile der SPD-Zeitung „Vorwärts" vom 17. Oktober 1925

M2 Wahlplakat der DNVP von 1928

Schlagzeilen
Der Sieg des Friedens.
Westpakt und Schiedsverträge vorläufig unterzeichnet. – Feierlicher Schlussakt. Locarno illuminiert.

Reaktionen auf die neue Außenpolitik

T1 • Kritik von radikalen Rechten und Linken

Die neue deutsche Außenpolitik war auf die Erfüllung des Versailler Vertrages ausgerichtet und hatte eine Aussöhnung mit den ehemaligen Kriegsgegnern und ein Aufbrechen der Isolation Deutschlands zum Ziel. Sie wurde von den Regierungsparteien getragen, von den radikalen Parteien der Rechten und Linken dagegen meist abgelehnt.

Schiedsvertrag
Vertrag, in dem festgesetzt wird, dass der Rechtsstreit zweier Parteien von einem unabhängigen Schiedsgericht entschieden werden soll

illuminieren
erleuchten, erhellen

T2 • Der Vertrag von Rapallo

Im Vertrag von Rapallo aus dem Jahr 1922 hatten Deutschland und die Sowjetunion die Aufnahme diplomatischer Beziehungen sowie einen Verzicht auf Kriegsreparationen vereinbart. Dieser diplomatische Erfolg der deutschen Regierung wurde jedoch teilweise kritisch beurteilt. Besonders nationalistische und rechtsextreme Gruppierungen verurteilten das Abkommen mit der Sowjetunion, weil sie deren kommunistische Ideologie ablehnten.

Auch die Westmächte zeigten sich misstrauisch. Sie befürchteten, dass sich die deutsche Regierung vom Westen abwenden und im Einvernehmen mit der Sowjetunion eine erneute Aufteilung Polens planen würde. Der Vertrag von Rapallo bedeutete dennoch für die deutsche Außenpolitik ein Schritt heraus aus der internationalen Isolation der Nachkriegszeit und diplomatische Anerkennung.

T3 • Die Verträge von Locarno

Im Vertragswerk von Locarno erkannte Deutschland 1925 die durch den Versailler Vertrag festgesetzten Gebietsabtretungen an. Frankreich und Belgien räumten im Gegenzug besetzte deutsche Gebiete. Deutschland sollte Mitglied im Völkerbund werden. Auch diese Verträge wurden unterschiedlich beurteilt. Die KPD beispielsweise kritisierte die Anerkennung des Versailler Vertrages mit den Verträgen von Locarno und die starke Annäherung an die westlichen Alliierten. Damit würde die Bildung eines angeblichen westlichen Bündnisses gegen die Sowjetunion vorangetrieben.

> Wir stehen jetzt am Scheidepunkt der europäischen Politik. Es fragt sich jetzt, ob ... der Gedanke des Friedens ... das Leben der Völker Europas in Zukunft beherrschen wird oder ob die Mächte, die, auf Gewalt und kriegerischen Auseinandersetzungen fußend, dem Fortschritt, dem moralischen und materiellen Wiederaufbau den Weg dauernd versperren sollen. ... Es zeigt sich ... die Notwendigkeit, die Allgemeininteressen Europas den selbstsüchtigen Interessen von Gruppen, Cliquen und Parteien voranzustellen.

M3 Otto Wels (SPD) am 24. November 1925 im Reichstag

> Wir Nationalsozialisten ... verzichten ... nimmer (niemals) auf Elsass-Lothringen. Wir verzichten nie auf Eupen und Malmedy, auf die Saar und auf unsere Kolonien. Wir verzichten auf Nordschleswig so wenig wie auf Memel und Danzig, wie auf Westpreußen und Oberschlesien. Wir Deutschen kennen unsere großdeutsche Aufgabe ...

M4 Gregor Strasser (NSDAP) am 24. November 1925 im Reichstag

Clique
kleine Gruppe von Gleichgesinnten, die unter sich bleiben wollen

Elsass-Lothringen, Eupen und Malmedy
Gebiete, die Deutschland nach dem Versailler Vertrag an Belgien und Frankreich abtreten musste

T4 • Folgen der Mitgliedschaft im Völkerbund

Die Aufnahme Deutschlands in den Völkerbund am 10. September 1926 hatte neben den politischen auch gesellschaftliche Folgen. In vielen Bereichen, beispielsweise in Wissenschaft, Technik, Kunst, Bildung und Wirtschaft, war durch die geschlossenen Verträge die Isolation Deutschlands überwunden. Es setzte ein internationaler Austausch ein, der in diesen Bereichen neue Entwicklungen förderte.

> Wenn in der großen Versammlung in Genf der Vorsitzende ... den Namen des deutschen Außenministers nennt, Stille sich über den Saal breitet und der alte Briand, ... der Engländer, der Pole, der Italiener ihre Kopfhörer nehmen, um sich kein Wort von dem entgehen zu lassen, was der Vertreter des Deutschen Reiches zu sagen hat – dann sieht und fühlt man die Veränderungen und Fortschritte.

M5 Aus einer Rede des deutschen Schriftstellers Thomas Mann (1930)

1. Vergleiche die Aussagen der Materialien in M1 und M2.
2. Nenne Befürworter und Gegner des Vertrages von Rapallo sowie deren Argumente. (T2)
3. Arbeite die Haltungen der KPD, von Otto Wels (SPD) und Gregor Strasser (NSDAP) zu den Verträgen von Locarno heraus. (T3, M3, M4)
4. Beschreibe, welche Folgen die Aufnahme in den Völkerbund für Deutschland hatte. (T4)
5. Arbeite aus M5 die Position des Schriftstellers Thomas Mann heraus.
6. Nimm Stellung zu der Aussage: Für Deutschland begann die eigentliche Friedenszeit erst Mitte der 1920er-Jahre.

M1 Werbepostkarte (um 1929)

M2 Werbeplakat (um 1925)

M3 Werbeplakat (um 1928)

Jahre des Aufschwungs

T1 • Reformen beenden die Krise

Durch die Währungsreform hatte sich die wirtschaftliche Lage in Deutschland stabilisiert. In Verhandlungen mit den Siegermächten des Ersten Weltkrieges hatte die deutsche Regierung neue Zahlungspläne für die Reparationen ausgehandelt. Außerdem gaben die USA für den Aufbau der Wirtschaft Kredite an Deutschland. Durch diese Maßnahmen erholte sich die deutsche Wirtschaft und es kam zu einem Aufschwung.

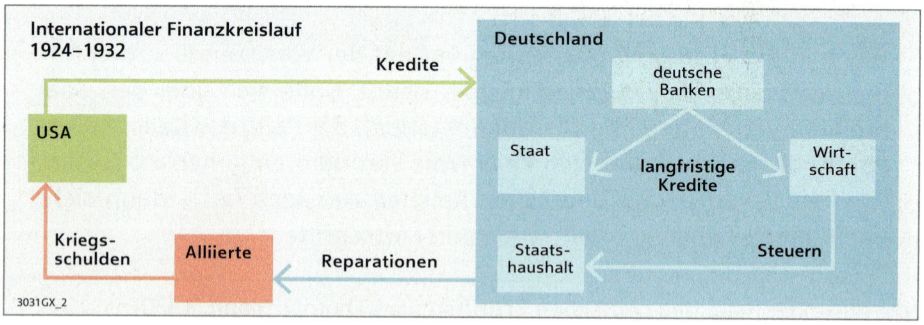

M4 Der Geldkreislauf saniert die deutsche Wirtschaft.

1. M1 bis M3 sind Beispiele für den Wirtschaftsaufschwung in Deutschland. Erkläre.
   Think – Pair – Share
2. Nenne zwei Maßnahmen, die den Wirtschaftsaufschwung in Deutschland gefördert haben. (T1)
3. Hilfe Erkläre mithilfe von M4 den Wirtschaftsaufschwung in Deutschland.
   Partnervortrag

Hilfe zu

3. Beginne beim Geldkreislauf mit den USA.

T2 • Die „Goldenen Zwanziger“

Der wirtschaftliche Aufschwung führte dazu, dass sich mehr Menschen in Deutschland Telefon, Radio, Schallplatten oder andere Luxusartikel kaufen konnten. Auf den Straßen verdrängten Autos die Pferdegespanne. Theater, Kinos und Tanzveranstaltungen sorgten für Unterhaltung.

Der deutschen Wissenschaft gelangen wichtige Entdeckungen und Erfindungen in den Bereichen Physik, Chemie und Medizin. In Kultur, Wissenschaft, Technik und Arbeitswelt, aber auch im sozialen Bereich verzeichnete Deutschland viele Erfolge.

Es gab aber auch Menschen, denen es wirtschaftlich nicht so gut ging. Für diese wurden Sozialwohnungen gebaut. Bei Arbeitslosigkeit sollte die neue Arbeitslosenversicherung die wirtschaftliche Not lindern.

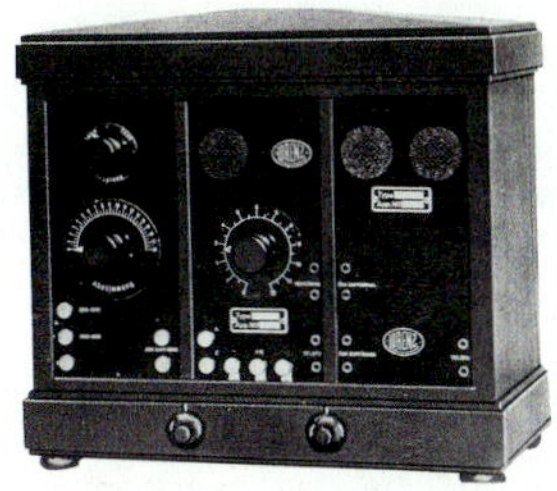

M5 Radio der C. Lorenz AG in Berlin (1924)

M6 Fließbandproduktion bei AEG in Berlin (1926)

M7 Pkw von Hanomag aus Hannover (1924)

M8 Gründung der Lufthansa 1926 in Berlin (Foto, 1928)

M9 Sozialer Wohnungsbau aus den späten 1920er-Jahren im modernen Stil: die Hufeisen-Siedlung in Berlin und der Rundling in Leipzig (heute jeweils UNESCO-Welterbe)

4 Hilfe Welche Auswirkungen hatte der Aufschwung auf den Wirtschafts-, Arbeits- und Sozialbereich? (T2, M5 – M9)

5 Hilfe Waren die „Goldenen Zwanzigerjahre“ für alle Menschen golden? Berichte. (T2)

Hilfe zu

4 mögliche Beispiele:
- Arbeit: M6
- Wirtschaft: M7, M8
- Soziales: M5, M9

M1 „Großstadt" – Gemälde von Otto Dix (entstanden 1927/28)

Neue Wege in der Kunst

autoritärer Staat
Staat, der seinen Bürgern viele strenge Regeln und Kontrollen auferlegt

pulsierende Großstadt
lebhafte Großstadt, in der man viel unternehmen kann

Verrohung
Prozess des Brutalwerdens – meint hier: Die brutale Wirklichkeit in Kunstwerken zeigen, statt ein schönes Ideal darzustellen.

Prostitution
bedeutet, dass sexuelle Handlungen gegen Bezahlung angeboten werden

T1 • Die Neue Sachlichkeit

Der Wechsel vom Kaiserreich zur Republik, vom autoritären Staat zur Demokratie beeinflusste auch die Kunst. Berlin wurde zum Zentrum und Begegnungsort namhafter Maler, Schriftsteller und Filmemacher.

Sie ließen sich vom Leben in der pulsierenden Großstadt anregen und versuchten, eine neue Kunstrichtung zu entwickeln. Schonungslos stellten die Maler in ihren Bildern und die Schriftsteller in ihren Romanen und Erzählungen das Leben in der Weimarer Republik dar. Sie beschrieben den Reichtum der Wohlhabenden auf der einen Seite, die Not und das Elend derjenigen, die an den Folgen des Krieges und der Inflation litten, auf der anderen Seite. Dies wirkte auf viele Betrachter oder Leser zum Teil sehr seltsam oder gar abstoßend.

Diese Kunstrichtung wurde als Neue Sachlichkeit bezeichnet. Manche Kritiker warfen den Künstlern eine Verrohung der Kunst vor, weil ihre Bilder schockierten. Besonders in der Malerei wurden die Merkmale der Neuen Sachlichkeit deutlich. Die Maler George Grosz und Otto Dix standen dabei für eine politisch linksorientierte Strömung. In ihren Bildern stellten sie soziale Missstände der Zeit dar. Gegenstand ihrer Bilder war auch die Welt des Verbrechens und der Prostitution. Solche Motive waren bis dahin in der Kunst in dieser Form unvorstellbar gewesen. Mit den überspitzten Darstellungen in ihren Bildern übten sie scharfe Kritik an den sozialen Zuständen der 1920er-Jahre.

1 a) Gib deine Gedanken zu M1 wieder.
b) Formuliere Überschriften für die Bildteile.
c) Diskutiert über den Bildtitel. (M1)

2 a) Arbeite wichtige Aspekte zur Neuen Sachlichkeit heraus. (T1)
b) Setze sie in Beziehung zu M1.

Von einem einfachen Mann wird hier erzählt,
der in Berlin am Alexanderplatz als Straßenhändler steht.
Der Mann hat vor, anständig zu sein,
da stellt ihm das Leben hinterlistig ein Bein.
Er wird betrogen, er wird in Verbrechen reingezogen,
zuletzt wird ihm die Braut genommen und auf rohe Weise umgebracht.
Ganz aus ist es mit dem Mann Franz Biberkopf.
Am Schluss aber erhält er eine sehr klare Belehrung:
Man fängt nicht sein Leben mit guten Worten und Vorsätzen an,
mit Erkennen und Verstehen fängt man es an
und mit dem richtigen Nebenmann.
Ramponiert steht er zuletzt wieder am Alexanderplatz,
das Leben hat ihn mächtig angefasst.

M2 Text des Einbandes der Erstausgabe von „Berlin Alexanderplatz" von Alfred Döblin aus dem Jahr 1929

M3 Plakat und Szenenbilder zum Film „Metropolis" (1927)

Metropolis ist ein Film der Technik, und bei seinem Siegeszug durch die Welt wird er höchstwahrscheinlich als ein Sieg der deutschen Technik gefeiert werden.
Zeitschrift „Der Film"
(15. Januar 1927)

Mit größten Erwartungen ging man in diesen Film; Einzelheiten faszinierten; das Ganze enttäuschte. Der Film – sogar dieser, erst recht dieser – ist keine Frage des technischen Könnens mehr. Man kann heute sehr viel.
Berliner Börsen-Courier
(11. Januar 1927)

M4 Pressestimmen zum Film „Metropolis"

3 Erkläre, warum der Roman „Berlin Alexanderplatz" von Alfred Döblin als literarisches Beispiel für die Neue Sachlichkeit gilt. (T1, M2)
Think – Pair – Share

4 Recherchiere zu George Grosz, Otto Dix oder Alfred Döblin. Präsentiere deine Ergebnisse in geeigneter Form.

5 a) Arbeite die wesentlichen Punkte der Filmkritiken heraus. (M4)
b) Recherchiere, was das Neue und Besondere an dem Film „Metropolis" war, und berichte.
c) Vermute, warum der Film „Metropolis" zum Weltdokumentenerbe erklärt wurde.

M1 Ehepaar an einem Rundfunkempfänger der Firma AEG (Foto, um 1925)

M2 Erstes Wochenschau-Kino in Berlin mit Nachrichten aus aller Welt (Foto, 1931)

Gesellschaftliche Veränderungen

T1 • Die Massenmedien

In den 1920er-Jahren gewannen die Massenmedien zusehends an Bedeutung. Um 1920 war die Radio-Technologie so weit entwickelt, dass die erste öffentliche Hörfunk-Übertragung stattfinden konnte. In der Folgezeit entstanden in Deutschland eine Reihe von Rundfunkanstalten, die Nachrichten, Wirtschaftsmeldungen und Unterhaltung boten. Die Unterhaltungsprogramme erfreuten sich so großer Beliebtheit, dass die Nachfrage nach Radioempfängern deutlich anstieg. Wenn gesendet wurde, war dies ein Ereignis für die gesamte Familie. Sie versammelte sich am Radio, um den neuen Klängen gemeinsam zu lauschen.

Die neue Tonfilmtechnik löste den Stummfilm ab. Kinos zogen die Menschen in Massen an. Im Vorprogramm zu den Filmen lief die Ufa-Tonwoche, in der dem Publikum die wichtigsten Nachrichten aus aller Welt als Tonfilm präsentiert wurden.

Das Angebot an Zeitungen erreichte ein bis dahin nicht gekanntes Ausmaß. Allein in Berlin gab es 149 Zeitungen mit Morgen-, Mittags- und Abendausgaben. Einen äußerst hohen Grad an Beliebtheit konnte die „Berliner Illustrirte Zeitung" für sich verbuchen. Sie hatte eine Auflage von zwei Millionen Exemplaren.

Mit dem vielfältigen Angebot von Presse und Rundfunk war eine massenmediale Landschaft entstanden, welche die öffentliche Meinung beeinflussen konnte.

Massenmedien
Mittel zur Kommunikation und zum Informationsaustausch. Massenmedien wie zum Beispiel das Radio erreichen sehr viele Menschen.

Illustrirte Zeitung
(alte Schreibweise für „illustriert") viel bebilderte Zeitschrift, die vor allem unterhalten soll

Auflage
Anzahl der gedruckten Exemplare eines Buches oder einer Zeitung

Varieté
Veranstaltung mit einem abwechslungsreichen Unterhaltungsprogramm

Telefonistin
Für ein Telefongespräch musste in einer Telefonzentrale durch eine Telefonistin von Hand die richtige Verbindung hergestellt werden.

1. Formuliere Sprechblasen zu M1.
2. Stelle die Entwicklung der Medien in den 1920er-Jahren dar. (T1, M1, M2)
3. Vermute, warum die Zeitungen Morgen-, Mittags- und Abendausgaben verkauften.
4. Erkläre, inwiefern die Medien die öffentliche Meinung beeinflussen können. (T1)
5. Stelle die Medien der 1920er-Jahre denen von heute gegenüber.
   Lerntempoduett

T2 • Frauen emanzipieren sich

In den 1920er-Jahren entwickelte sich ein neues modernes Frauenbild. Die „neue Frau“ war geschminkt, trug knielange Röcke oder Hosen. Abends kleidete sie sich modisch für Vergnügungen wie Theater, Kino oder Varieté. Diese Beschreibung traf allerdings nur auf wohlhabende Frauen zu und war nicht allgemeingültig.

Neben Mode und Vergnügen veränderten sich die Möglichkeiten für Frauen auch in der Politik. Seit 1919 besaßen sie per Verfassung das aktive und passive Wahlrecht. Auf dem Weg zur Gleichberechtigung war dies jedoch nur ein kleiner Schritt. Bei der Reichstagswahl 1920 hatten Frauen nur 10 % der Parlamentssitze errungen. In allen Parteien waren sie in der Minderheit. Daher arbeiteten die Politikerinnen parteiübergreifend zusammen und sorgten so beispielsweise dafür, dass eine Reihe von Sozialgesetzen verabschiedet werden konnte.

In der Arbeitswelt bildete sich das Berufsbild der weiblichen Angestellten heraus. Das waren Frauen, die zum Beispiel als Sekretärinnen, Telefonistinnen oder Krankenschwestern arbeiteten. Frauen erkämpften sich auch den Zugang zu Studienberufen und wurden Richterinnen, Rechtsanwältinnen, Ärztinnen oder Hochschullehrerinnen. Allerdings besaßen sie noch nicht dieselben Einflussmöglichkeiten wie die Männer und wurden zum Teil schlechter bezahlt als diese. Außerdem stellten die Frauen, die es seit den Kriegsjahren gewohnt waren, in den vielfältigsten Berufen zu arbeiten, eine Konkurrenz für die aus dem Krieg heimkehrenden Männer dar. Deshalb wurde besonders von konservativen Politikern wieder das Leitbild der Hausfrau verbreitet, die den Haushalt führen und die Kinder großziehen sollte. So wollten sie Frauen vom Arbeitsmarkt verdrängen.

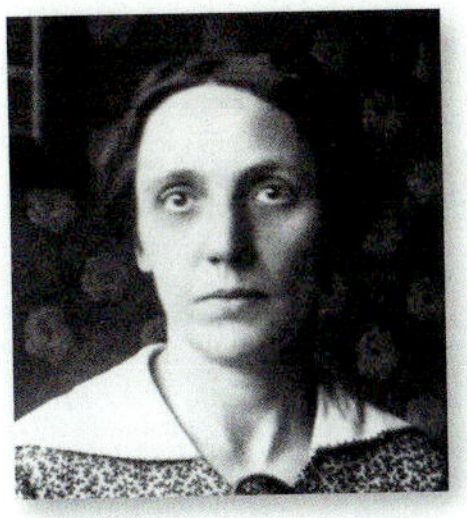

Marie Juchacz hielt 1919 als erste weibliche Abgeordnete eine Rede vor der Nationalversammlung.

Dr. Marie Munk war die erste ernannte Richterin in der Weimarer Republik.

M3 Die neue Mode (1928)

M4 SPD-Wahlplakat (1919)

M5 Telefonistinnen (um 1925)

6 Arbeite heraus, wie sich das Rollenbild der Frau in den 1920er-Jahren veränderte. (T2)

7 Recherchiere über die Arbeit der weiblichen Reichstagsabgeordneten zur Weimarer Zeit.

8 Zeige auf, welches Frauenbild die Quellen M3 – M5 vermitteln.

9 Recherchiere zu Marie Juchacz oder Marie Munk und präsentiere deine Ergebnisse.

schriftlich diskutieren

M1 Die Künstlerin Gräfin York von Wartenberg (Foto, 1927)

M2 Sekretärin (Foto, 1925)

M3 Sportliche Mode (Foto, 1928)

Wenn du im Geschichtsunterricht etwas schriftlich diskutierst, stellst du Überlegungen zu einer Frage oder einer Aussage über ein Ereignis aus der Vergangenheit an. Du musst verschiedene Argumente zu der Fragestellung bzw. der Aussage finden. Manchmal musst du entscheiden, ob ein Ereignis wichtig war. Dazu sollst du dann Argumente aufschreiben, die dafür oder dagegen sprechen. Deine Argumente arbeitest du aus Materialien wie Textquellen, Bildquellen oder Aussagen von Historikern heraus.

Die Argumente stellst du dann gegenüber, um zu einer begründeten Meinung zu kommen. Am Schluss entscheidest du dich für eine Seite und begründest, warum du diese gewählt hast.

1. Schritt: Erarbeiten der Argumente

- Welche unterschiedlichen Argumente lassen sich aus den Materialien erschließen?

2. Schritt: Argumente ordnen und einander gegenüberstellen

- Ordne die Argumente, zum Beispiel in einer Tabelle.
- Stelle sie, wenn möglich, einander gegenüber.

3. Schritt: Argumente zusammenfassen und entscheiden

- Fasse die Argumente geordnet in einem Fließtext zusammen.
- Entscheide dich abschließend für eine Seite und begründe deine Entscheidung.

> Es wird ... vor allem darum (gehen), die Arbeitskraft der Frau im Wirtschaftsleben wieder in ihrer Eigenart entsprechenden Weise einzuordnen, sei es durch Rückführung in die Familie ..., sei es durch Überführung in Berufe, die entweder schon vor dem Frieden Frauenberufe waren oder sich im Verlaufe der wirtschaftlichen Entwicklung als für sie geeignet erwiesen haben.

M4 Richtlinien über die Überleitung der kriegswirtschaftlichen Frauenarbeit in den Friedenszustand, veröffentlicht von der Generalkommission der Gewerkschaften Deutschlands, Berlin 1919

> Neben dem Vater hat während der Dauer der Ehe die Mutter das Recht und die Pflicht, für die Person des Kindes zu sorgen; zur Vertretung des Kindes ist sie nicht berechtigt. Bei einer Meinungsverschiedenheit zwischen den Eltern geht die Meinung des Vaters vor.

M5 §1643 des Bürgerlichen Gesetzbuches (Ausgabe 1896, gültig bis 1956)

Diskutiere, ob die Frauen in der Weimarer Republik durch die Einführung des Frauenwahlrechts gleichberechtigt waren.

1. Schritt: Erarbeiten der Argumente

- Zunächst verschaffst du dir eine Übersicht über das Material: Lies die Quellen auf der vorherigen Seite durch und arbeite die Argumente für eine positive oder eine negative Beantwortung der Frage heraus. Werte anschließend die Bilder aus.
  Tipp: Nimm zwei unterschiedliche Farben für die Für- und Gegenargumente. So fällt es dir im zweiten Schritt leichter, diese zu ordnen.

2. Schritt: Argumente ordnen und einander gegenüberstellen

- Im zweiten Schritt ordnest du die Für- und Gegenargumente übersichtlich, zum Beispiel in einer Tabelle.

Für-Argumente	Gegen-Argumente
- Frauen durften wählen, ...	- Nach dem Krieg mussten die Frauen ...
- Frauen zogen sich ...	- In der Ehe ...
- ...	- ...

3. Schritt: Argumente zusammenfassen und entscheiden

- Im letzten Schritt fasst du die Argumente in einem Fließtext zusammen.
- Beginne mit einem Einleitungssatz, in dem du die zu diskutierende Frage aufschreibst. Schreibe so:
  Die Frage, die diskutiert werden soll, lautet: Waren die Frauen in der Weimarer Republik durch die Einführung des Frauenwahlrechts gleichberechtigt?
- Schreibe erst alle Argumente einer Seite auf, bevor du die anderen anführst.
  Tipp: Beende deinen Fließtext mit den Argumenten, die dich am meisten überzeugen. Wenn du also für die Fürseite bist, beginnst du mit den Argumenten der Gegenseite. Überzeugt dich die Gegenseite mehr, beginne mit den Für-Argumenten.
  So kannst du schreiben:
  Ein Argument dafür ist, dass die Frauen nun wählen durften.
  Außerdem durften Frauen arbeiten gehen.
  Vor allem in der Mode konnte man sehen, dass Frauen ... . Sie zogen ... .
  Gegen die Gleichberechtigung der Frauen spricht, dass ... .
  Frauen durften zwar arbeiten, aber nur in Berufen ... . Außerdem mussten sie sich gleichzeitig auch um ... .
- Beende deinen Text mit einem Schlusssatz, in dem du erklärst, warum du welcher Meinung bist.
  Schließlich bin ich der Meinung, dass ... .
  Es stimmt zwar, dass die Frauen ... .
  Andererseits durften sie ... / mussten sie ... .

Ein Argument dafür ist ...
Ein Argument dagegen ist ...
Einerseits ... Andererseits ...
Zum einen ..., zum anderen ...
Gegen ... spricht, dass ...
Außerdem ...
Darüber hinaus ...
Ein weiteres Argument ist ...

M1 Arbeitslose vor einem Arbeitsamt in Hannover (1929)

Die Weltwirtschaftskrise 1929

T1 • Wirtschaftsentwicklung in den USA

Im Oktober 1929 kam es zu einer schweren Wirtschaftskrise in den USA. Daher forderten die amerikanischen Banken die Kredite zurück, die sie den europäischen Staaten zum Wiederaufbau nach dem Krieg gegeben hatten. Mit diesem Geld wollten sie jetzt ihre eigene Wirtschaft stützen. Dadurch brach jedoch der Geldkreislauf, der ab 1924 zu einem Aufschwung in Europa geführt hatte, zusammen.

T2 • Auswirkungen in Deutschland

Von der Störung des Geldkreislaufs war auch Deutschland betroffen. Als in der Krise 1929 die US-Banken ihr Geld zurückforderten, wirkte sich dies direkt auf die deutsche Wirtschaft aus: Deutsche Banken konnten kein Geld mehr vergeben, dadurch bekamen Betriebe keine Kredite. Viele Betriebe konnten kein neues Material einkaufen oder keine Löhne auszahlen und mussten daher schließen. So wurden viele Menschen arbeitslos. Die Arbeitslosigkeit führte zu einem Rückgang der Nachfrage, weitere Betriebe mussten schließen, die Nachfrage sank erneut und noch mehr Menschen wurden arbeitslos. Zum zweiten Mal innerhalb von acht Jahren verloren viele Menschen in Deutschland ihre Arbeit und ihre Ersparnisse.

1 a) Beschreibe M1.
b) Stelle Überlegungen zur Arbeitslosensituation von damals an, die sich aus dem Foto ableiten lassen.

2 Hilfe Erkläre, wie die Wirtschaftskrise in den USA auf Deutschland übergreifen konnte. (T1)

3 Stelle den wirtschaftlichen Niedergang in Deutschland in einem Flussdiagramm dar. (T2)
Bienenkorb

Hilfe zu
2 Du kannst M4 von Seite 28 zu Hilfe nehmen.

M2 Obdachlose übernachten in einer privaten „Schlafstelle“ in Hamburg (1931)

M3 Bedürftige in einem Speisesaal mit kostenlos ausgegebenem Essen (1932)

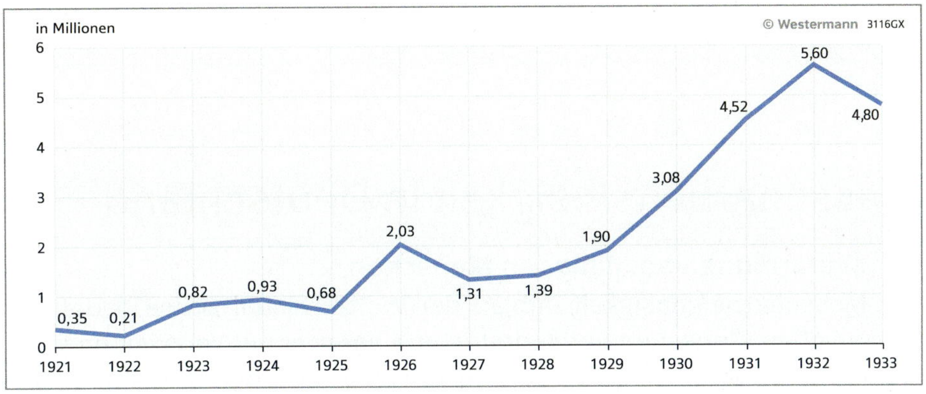

M4 Entwicklung der Arbeitslosenzahlen in Deutschland

Nach den Angaben des Arbeitsamtes in Neukölln beträgt der Reichsdurchschnitt der Unterstützung, die ein beschäftigungsloser Arbeiter mit Frau und Kind bezieht, 51 Mark im Monat. Miete, Beleuchtung, Beheizung und unvermeidliche Nebenausgaben kommen auf ein unerbittliches Minimum von 32 Mark 50 im Monat. Für die Ernährung dreier Menschen bleiben also 18 Mark 50 im Monat übrig.

M5 Ein Journalist berichtet über die Lage von Arbeitslosen 1932.

M6 Arbeitssuchender in Berlin (1931)

4 Welche Wirkung hat das Bild M2 auf dich?

5 Beschreibe die Entwicklung der Arbeitslosenzahlen in Deutschland. (M4)

6 Berichte über die Probleme von Arbeitslosen 1932. (M2 – M6)
Stühletausch

7 Hilfe Als Arbeitsloser im Jahre 1932 schreibst du einen Brief an Verwandte in den USA und berichtest über deine Lage. (M2 – M6)

Hilfe zu
7 So kannst du beginnen:
Lieber Henry!
Auch wir in Deutschland bekommen die Wirtschaftskrise zu spüren. Dafür gibt es viele Beispiele ...
Gehe dann zum Beispiel auf Betriebsschließungen, Arbeitslosigkeit, Geldprobleme und Ähnliches ein.

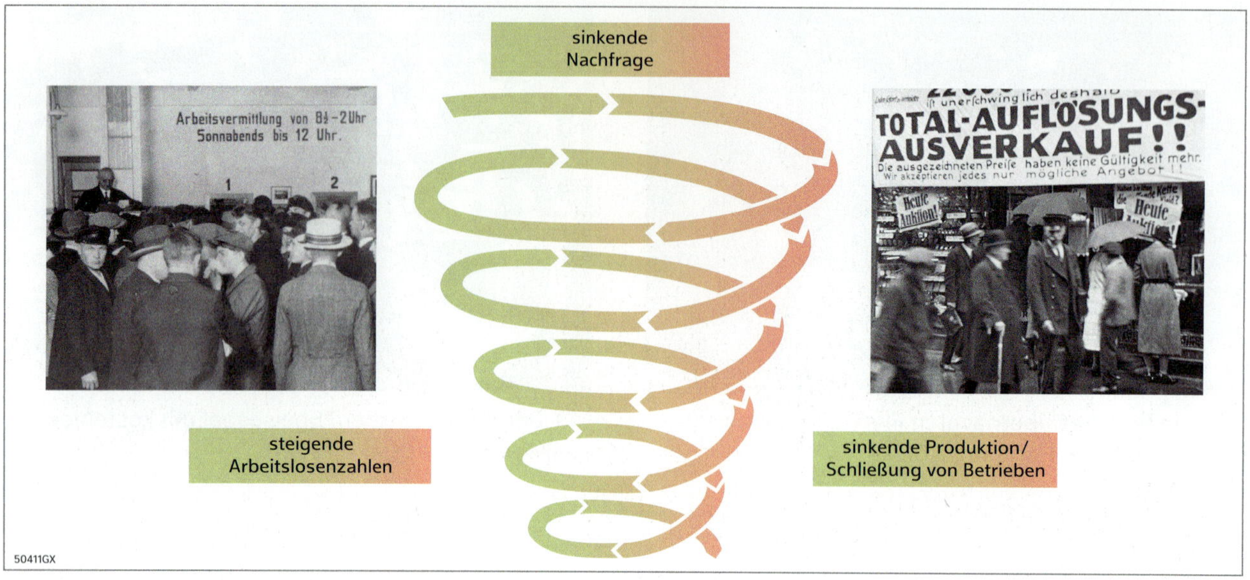

M1 Wirtschaftliche Abwärtsspirale

Massenarbeitslosigkeit in Deutschland

T1 • Verarmung von Millionen Menschen

Die Massenarbeitslosigkeit infolge der Weltwirtschaftskrise bedeutete für Millionen Menschen Verelendung und Verarmung. Verzweiflung und Hoffnungslosigkeit prägten den Alltag vieler Menschen. Die staatlichen Hilfen reichten kaum aus, um das Überleben zu sichern.

Du hast eines Tages den berühmten „blauen Brief" erhalten. Man legt auf deine Arbeitskraft kein Gewicht mehr ... Was dir zunächst als persönliches Schicksal ... erscheint, auf dem ... [Arbeitsamt] merkst du: Wie dir geht es Tausenden ... Nach ... [genauer] Befragung erhältst du deine Stempelkarte und gehst damit los zur Erwerbslosenfürsorge. ... Erst wenn dein Antrag geprüft ... ist, kannst du im günstigsten Fall nach vierzehn Tagen dein erstes Geld holen ... denn du musst eine Karenzzeit (Wartezeit) ... von mindestens sieben Tagen durchmachen. Bist du aber Saisonarbeiter oder ein junger Arbeiter unter 21 Jahren, dann dauert die Karenzzeit vierzehn Tage ... Deine Unterstützung richtet sich nach deinem Arbeitsverdienst in den letzten 26 Wochen. Aber ganz gleich, ob du 8,80 RM oder 22,05 RM (Höchstsatz) als Lediger pro Woche erhältst, die paar Pfennige sind zum Leben zu wenig und zum Sterben zu viel. 26 Wochen darfst du ... Unterstützung beziehen ... und du kommst in die Krisenfürsorge, deren Sätze erheblich niedriger sind. Und nach weiteren 26 oder 52 Wochen erhältst du gar nichts mehr und gehörst zu den gänzlich Unterstützungslosen ...

M2 Artikel aus der Arbeiter-Illustrierten-Zeitung (Nr. 5 von 1930)

1. Erkläre anhand von M1, wie es zur Massenarbeitslosigkeit kam.
2. Stelle die Unterstützung, die ein Arbeitsloser erhielt, grafisch dar. (M2)

M3 Der Fotograf Walter Ballhause aus Hannover war 1932 selbst arbeitslos und hat in dieser Zeit arbeitslose Menschen in seiner Heimatstadt im Bild festgehalten.

3 a) Hilfe Beschreibe die jeweiligen Personen der Fotos ① bis ⑥ in M3.
b) Formuliere treffende Bildtitel.
c) Formuliere mögliche Gedanken und Gefühle der fotografierten Personen.
Partnerpuzzle

4 In der Quelle M2 heißt es: „Die paar Pfennige sind zum Leben zu wenig ...“ Erläutere diese Aussage.

Hilfe zu
3 Achte besonders auf die Körperhaltung.

Statistiken auswerten

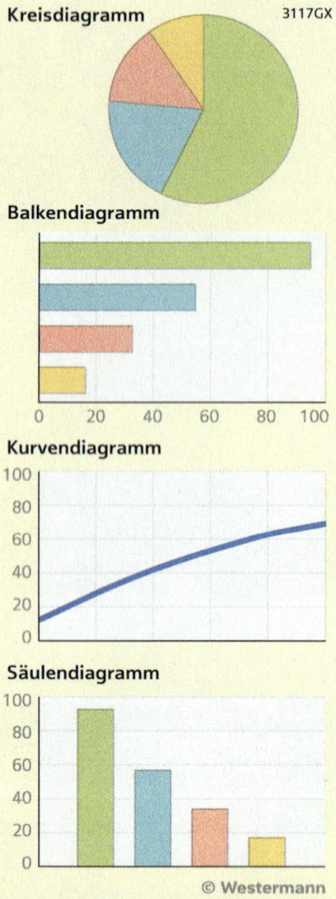

M1 Statistiken kann man unterschiedlich darstellen.

Zahlen gelten als exakt und verlässlich. Schaubilder, in denen Zahlen präsentiert werden, Statistiken oder Diagramme begegnen uns häufig im Alltag. Im Fernsehen, im Internet oder in der Zeitung werden sie abgebildet, um Aussagen zu belegen oder zu entkräften.

Statistiken sind Informationen in Form von Zahlen, die unter einer bestimmten Fragestellung gesammelt wurden. Diese Zahlenwerte können auf unterschiedliche Weise präsentiert werden. Zahlen können in Tabellen aufgelistet oder in Diagrammen, Grafiken oder Schaubildern umgesetzt werden.

Diagramme und Grafiken

Die Informationen, die in Zahlenwerten stecken, können durch das Vergleichen veranschaulicht werden. Dazu bieten sich unterschiedliche Darstellungen als Diagramm an:

- Ein Kreisdiagramm stellt die Zahlenwerte in unterschiedlich farbigen Abschnitten dar, die an Tortenstücke erinnern.
- Das Balkendiagramm präsentiert die Zahlen in waagerechten Balken, während ein Säulendiagramm das Zahlenmaterial in senkrechten Säulen zeigt.
- Durch ein Kurvendiagramm lässt sich die Entwicklung eines Sachverhalts in Form einer Linie darstellen.

Um Statistiken richtig zu verstehen, muss man Diagramme und Grafiken sorgfältig auswerten.

Jahr	Arbeitslose
1921	346000
1922	215000
1923	818000
1924	927000
1925	682000
1926	2025000
1927	1312000
1928	1391000
1929	1899000
1930	3076000
1931	4520000
1932	5603000
1933	4804000

M2 Arbeitslosenzahlen der Jahre 1921 bis 1933 in einer Tabelle

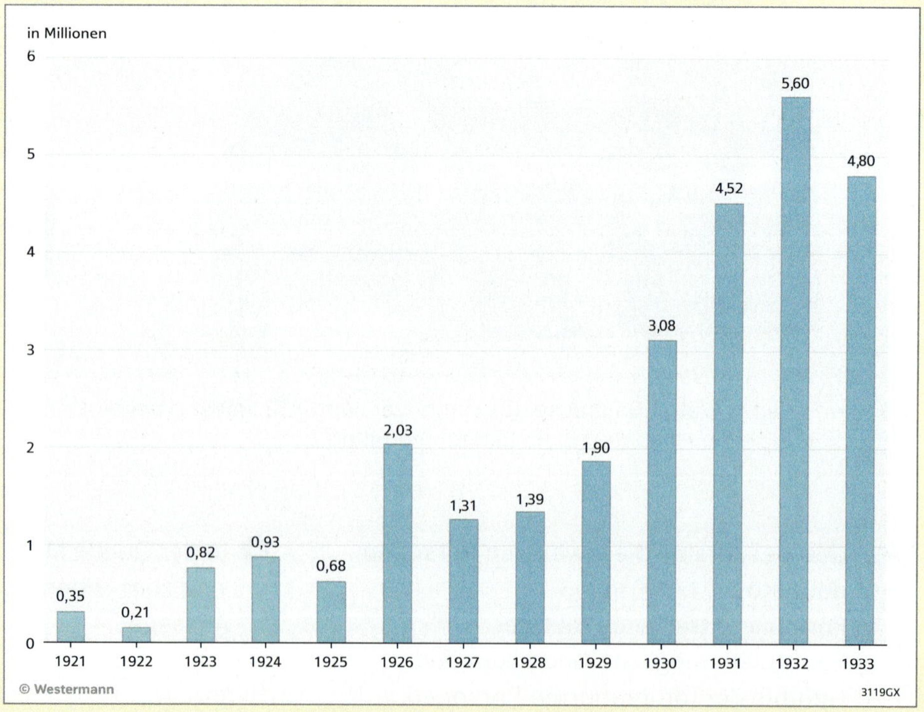

M3 Arbeitslosenzahlen der Jahre 1921 bis 1933 in einem Säulendiagramm

1. Schritt: **Die Statistik beschreiben**

- Beschreibe die Statistik genau, indem du alle verfügbaren Informationen nutzt.
  Das Thema der Statistik ist … .
  Sie hat den Titel … .
  Als Darstellungsform wurde … gewählt.
  (zum Beispiel Tabelle, Kreis-, Balken-, Säulen- oder Kurvendiagramm)
  Als Maßeinheiten wurde / wurden … verwendet.
  (zum Beispiel Jahre, Zeiträume, Währung, Gewicht)
  Die X-Achse ist beschriftet mit … . Die Y-Achse ist beschriftet mit … .

2. Schritt: **Die Darstellung einordnen**

- Benenne, wer die Statistik in Auftrag gegeben hat, wenn dies möglich ist.
  Die Statistik wurde erstellt von … .
  (zum Beispiel von einen Ministerium, einer Behörde, einem Unternehmen, einer Privatperson)
- Kläre, ob die Darstellungsform übersichtlich und verständlich ist.
  Die Darstellung als …. ist übersichtlich, weil … .
  Die Darstellung als … ist nicht verständlich, da … .
- Überlege, ob ein Vergleich von Zahlenwerten möglich ist.
  Die Zahlenwerte … können verglichen werden, weil … .
  Ein Vergleich von … ist nicht möglich, denn … .

3. Schritt: **Die Darstellung auswerten**

- Erkläre, was die Zahlenwerte aussagen, wenn man sie miteinander vergleicht.
- Benenne die Auffälligkeiten, die an bestimmten Punkten deutlich werden.
  Der höchste Zahlenwert … . / Der niedrigste Wert … .
  Die Zahlen entwickeln sich … .
  Die Werte … steigen an. / Die Werte … sinken.
  Die Werte … steigen / fallen langsam / allmählich / sprunghaft … .
- Erläutere die Entwicklung, die deutlich wird.
  Vergleicht man die Zahlenwerte miteinander, erkennt man … .
  Besonders auffällig sind die Zahlenwerte für … .
  Die Entwicklung, die durch die Darstellung deutlich wird, zeigt, dass … .
- Ordne die Statistik in den geschichtlichen Zusammenhang ein.
  Die Statistik bezieht sich auf die Zeit … . Sie beschreibt die Entwicklung … .
- Beurteile, was die Statistik über den geschichtlichen Zusammenhang aussagt.
  Aus der Statistik wird deutlich, dass in der Zeit … . Es bestand offensichtlich ein Problem … .

M1 Arbeitslose vor dem Schalter einer Stempelstelle des Arbeitsamtes

Die Arbeitslosigkeit bringt den Menschen um. Da hat man gelernt und liegt nachher auf der Straße, keine Aussicht auf Besserung, keine Aussicht auf Weiterbildung, man hat das Gefühl, überflüssig zu sein.

Man ist rumgelaufen nach Arbeit Tag für Tag, und wenn man dann immer das eine hört: nichts zu machen – wird man abgestumpft. Mit der Zeit wächst in dem Herzen eine giftige Blüte auf, der Hass.

M2 Junge Arbeitslose äußern sich 1932 zu ihrer Lage. (sprachlich vereinfacht)

Das Scheitern der Weimarer Republik

Stempel
Der Stempel vom Arbeitsamt war ein Nachweis für den Besuch des Arbeitsamtes und Voraussetzung für die Auszahlung eines bestimmten Geldbetrags.

politische Krise
bezeichnet hier: eine Lage, in der die Regierung nicht mehr handlungsfähig ist

T1 • Mit Notverordnungen gegen die Krise

Im Jahr 1930 gelang es den bisherigen Regierungsparteien nicht mehr, ein Regierungsbündnis zu schließen. Ihre jeweiligen Vorstellungen über mögliche Wege aus der Wirtschaftskrise waren zu unterschiedlich. Somit hatte die Wirtschaftskrise zu einer politischen Krise geführt.

In dieser Situation wendete Reichspräsident Paul von Hindenburg den Artikel 48 der Weimarer Verfassung an. Hindenburg setzte eine Regierung ein, die nicht dem Reichstag, sondern nur ihm verantwortlich war. Diese Regierung erließ Notverordnungen, wenn der Reichstag nicht in der Lage war, selbst Gesetze zu beschließen. Wollte der Reichstag eine Notverordnung verhindern, konnte ihn der Reichspräsident mithilfe des Artikels 25 auflösen und Neuwahlen ansetzen.

Auf diese Weise nahm bis 1932 die Zahl der Gesetze des Reichstags stetig ab, wogegen die Notverordnungen des Reichspräsidenten deutlich anstiegen. Der Reichstag hatte damit seine Gesetzgebungsgewalt verloren. Das Ansehen der Republik und des Reichstags sank beim Volk.

1. Beschreibe die Stimmung der Arbeitslosen in M1 und M2.
2. a) Berichte, wie es zur politischen Krise im Jahre 1930 kam. (T1)
   b) Wie reagierte der Reichspräsident darauf? Erkläre. (T1)
   c) Welche Folgen hatte diese Politik? (T1)
3. Fertige eine Kopie von M4 auf Seite 13 an. Streiche die Elemente des Modells, die nach Artikel 48 keine Bedeutung mehr hatten. (T1)
   Lerntempoduett
4. Reichspräsident Hindenburg wollte mit seiner Politik die Republik stabilisieren. Beurteile, ob ihm das gelungen ist. (T1)

T2 • Radikalisierung durch die Krise

Viele Menschen fragten sich, ob die Staatsform Republik die Probleme des Landes wirklich lösen konnte. Diese Stimmungen nutzten die Nationalsozialisten unter Adolf Hitler für ihre Zwecke aus. Die NSDAP wollte auf demokratischem Weg, das heißt durch Wahlen, die Macht erlangen, dann aber die Republik und damit die Demokratie beseitigen. Hierfür betrieb die NSDAP einen aufwendigen Wahlkampf, um viele Wählerstimmen zu gewinnen. Gleichzeitig schufen Schlägertrupps ein Klima der Angst, um das Vertrauen der Menschen in den Staat weiter zu erschüttern. Anfang der 1930er-Jahre gab es viele blutige Schlägereien und Straßenschlachten zwischen Anhängern der NSDAP und vor allem der KPD. Insgesamt erstarkten die radikalen Parteien und die demokratischen Parteien verloren die Mehrheit. Die NSDAP wurde zur stärksten Partei in Deutschland. Damit war die Weimarer Republik gescheitert.

Radikalisierung
Viele Parteien entwickelten extreme Ansichten und Ziele. Sie waren gewaltbereit und demokratiefeindlich eingestellt.

NSDAP
Nationalsozialistische Deutsche Arbeiterpartei, radikale rechte Partei

KPD
Kommunistische Partei Deutschlands, radikale linke Partei

Delikt
Vergehen, Straftat

> Ich habe in meiner Arbeit für die NSDAP mehr als dreißig Mal vor Gericht gestanden und bin acht Mal wegen Körperverletzung, Widerstandsleistung und ähnlicher, für einen Nazi selbstverständlicher Delikte vorbestraft. ...

M3 Aus dem Brief eines NSDAP-Mitglieds

M4 Wahlplakat der KPD von 1932

M5 Wahlplakat der NSDAP von 1932

5 Die NSDAP nutzte die Ängste der Menschen aus. Erkläre. (T2, M3)

6 Nenne Folgen der Radikalisierung. (T2)

7 Arbeite aus M4 und M5 heraus, dass KPD und NSDAP das politische System der Weimarer Republik ablehnten.

M1 Die NSDAP führt mit 7000 Mann einen Marsch durch das kommunistisch geprägte Altona durch. (17. Juli 1932)

M2 Die Einwohner Altonas beobachten das Geschehen am Straßenrand. (17. Juli 1932)

Altona
früher eine selbstständige Stadt, heute Stadtteil Hamburgs

Parole
Spruch, den man sich gut merken kann und der von einer Gruppe Gleichdenkender vor allem mündlich gebraucht wird

7000 Nazis aus ganz Norddeutschland marschieren am 17. Juli 1932 durch Altona. ... Sie rufen ihre Parolen und singen antisemitische Lieder, Passanten werden zusammengeschlagen ... Irgendwann fallen Schüsse – zwei Männer aus den Reihen der Nationalsozialisten liegen blutüberströmt auf der Straße. Die Polizei behauptet später, der Demonstrationszug und die ihn sichernden Beamten seien von Dächern und aus Fenstern heraus beschossen worden. Polizisten feuern in die umliegenden Häuser – mehr als 5000 Schuss sollen die Ordnungshüter abgegeben haben ... 16 Anwohner sterben.

M3 NDR Hamburg Journal vom 16. Juli 2012 über den Altonaer Blutsonntag

Mit Terror gegen die Republik

T1 • Straßenkämpfe und blutige Gewalt

Linke und rechte Parteien hatten in den 1920er-Jahren eigene Kampfverbände gebildet.

Der Kampfverband der NSDAP war die Sturmabteilung (SA). Die SA sollte die politischen Gegner in Angst und Schrecken versetzen, die nationalsozialistische Propaganda verbreiten und bei Aufmärschen und Massenschlägereien die Stärke der NSDAP demonstrieren.

Arbeitslose Parteimitglieder erhielten bei der SA auf Kosten der Partei eine warme Mahlzeit und Übernachtungsmöglichkeiten. Die Mitgliedschaft in den militärisch organisierten Sturmabteilungen gab den Arbeitslosen das Gefühl, eine wichtige Rolle zu spielen.

Die aufgeheizte politische Stimmung zu Beginn der 1930er-Jahre hatte zur Folge, dass Straßenkämpfe zwischen den Kampfverbänden der NSDAP und denen der KPD keine Seltenheit waren. Besonders vor Wahlen fanden sie gehäuft statt. Im Jahr 1932 forderte diese Form der politischen Auseinandersetzung etwa hundert Tote und weit mehr als tausend Verletzte.

M4 Die Polizei versucht in Berlin einen Straßenkampf aufzulösen. (1929)

M5 Karikatur aus dem Simplicissimus (16. Februar 1932)

T2 • Der Medienunternehmer Alfred Hugenberg

Die angespannte Stimmung in den letzen Jahren der Weimarer Republik wurde durch die Zeitungen des Unternehmers Alfred Hugenberg weiter aufgeheizt. Hugenberg war Mitglied der Deutschnationalen Volkspartei (DNVP) und ein überzeugter Gegner der Demokratie. Er hatte in den 1920er-Jahren ein riesiges Presseimperium aufgebaut, das mit seinen Zeitungen und Zeitschriften über die Hälfte der deutschen Presse umfasste. Mit dem Kauf der Ufa-Filmgesellschaft wurde Hugenbergs Konzern zum größten Medienunternehmen der Weimarer Republik. Damit war es ihm möglich, die öffentliche Meinung maßgeblich zu beeinflussen. Im Sinne der DNVP hetzten seine Zeitungen gegen die Demokratie und den Parlamentarismus. Damit unterstützte er auch die Nationalsozialisten und war für deren Machtzuwachs mitverantwortlich.

Alfred Hugenberg (1865 – 1951)

1. a) Vermute, warum die NSDAP einen großen Aufmarsch in Altona durchführte. (M1)
   b) Formuliere mögliche Gedanken der Menschen am Straßenrand. (M2)
   Bienenkorb
2. Bewerte das Verhalten von SA und Polizei am 17. Juli 1932 in Altona. (M3)
3. Recherchiere weitere Informationen zum Altonaer Blutsonntag und berichte.
4. Erläutere, warum die NSDAP und die SA für Arbeitslose so attraktiv waren. (T1)
5. Werte die Karikatur M5 aus. (T1, M4)
6. Nimm Stellung zu Kampfverbänden in politischen Parteien. (T1, M4, M5)
7. Erkläre, wie Alfred Hugenberg politischen Einfluss ausüben konnte. (T2)
8. Recherchiere über Alfred Hugenberg und die Harzburger Front. Berichte der Klasse.

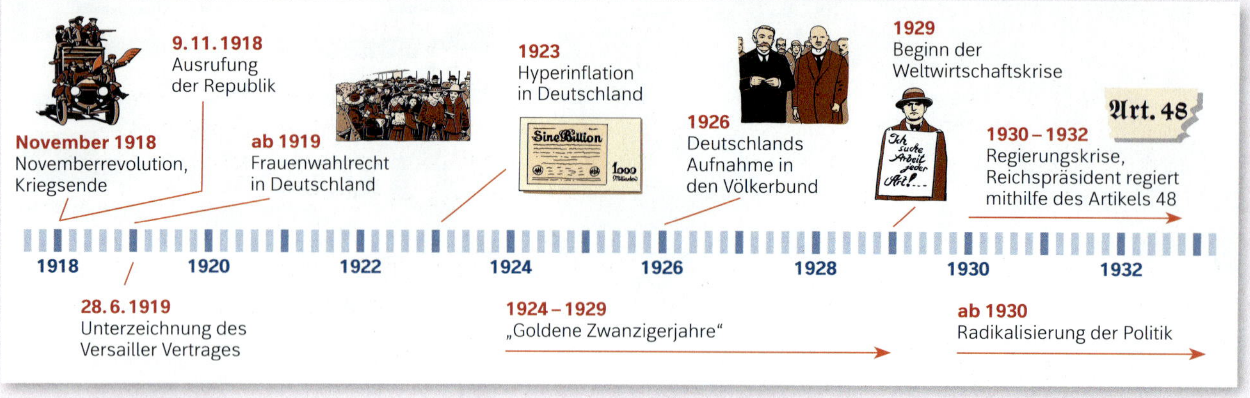

Die Weimarer Republik

Wie wurde aus dem Kaiserreich eine Republik?

Im November 1918 erkannten viele Deutsche, dass der Krieg verloren war. Die schlechte Stimmung richtete sich gegen Kaiser Wilhelm II., der Deutschland in diesen Krieg geführt hatte. Es kam zu Protesten und Straßenkämpfen. Am 9. November 1918 wurden die Abdankung des Kaisers verkündet und dem SPD-Politiker Friedrich Ebert die Regierungsgeschäfte übertragen. Am selben Tag rief der Politiker Philipp Scheidemann die Republik aus. Am 19. Januar 1919 wurde die Nationalversammlung gewählt. Frauen hatten erstmals das Wahlrecht. Wegen Unruhen in Berlin tagte die Nationalversammlung in Weimar. Dort entstand die erste demokratische Verfassung für Deutschland.

Wie kam es zur Inflation von 1923?

Mit dem Kriegsende musste die neue Regierung Kriegsschulden zurückzahlen, Reparationszahlungen an die Siegermächte leisten sowie Renten für Witwen, Waisen und Kriegsverletzte aufbringen. Gleichzeitig nahm der Staat wenig Steuern ein. In dieser Lage ließ die Regierung Geld drucken. Ab Mitte 1923 sank deshalb der Geldwert beinahe täglich, später sogar stündlich. Die Inflation entwickelte sich so zu einer Hyperinflation. Sie wurde am 15. November 1923 durch eine Währungsreform beendet.

Warum scheiterte die Weimarer Republik?

1929 hatte eine Wirtschaftskrise Deutschland in eine tiefe Krise mit Millionen von Arbeitslosen gestürzt. Viele Menschen gaben der Demokratie die Schuld. Dadurch konnten demokratiefeindliche Parteien bei den Reichstagswahlen große Gewinne erzielen und die Demokraten verloren die Mehrheit. So kam es, dass keine Regierungsbildung möglich war. Deshalb setzte der Reichspräsident nach Artikel 48 der Verfassung eine Regierung ein, die nicht vom Reichstag abhängig war. Sie regierte mit Notverordnungen. Eine demokratische Kontrolle der Regierung gab es nicht mehr. Damit war die Weimarer Republik gescheitert.

Artikel 48
Der Artikel 48 der Weimarer Verfassung legte fest, dass der Reichspräsident bei Gefahr für die öffentliche Sicherheit das Militär einschalten und die Menschen- und Bürgerrechte vorübergehend außer Kraft setzen konnte. Außerdem durfte er auch anstelle von Gesetzen des Reichstages Notverordnungen erlassen. Dies war die Schwäche der Verfassung.

Inflation

Eine Inflation (= Geldentwertung) liegt vor, wenn in einem Staat die Geldmenge größer als die Menge der Waren und Güter ist. Wenn gleichzeitig der Staat noch Geld drucken lässt, verliert die Währung weiter an Wert und es kommt zur Hyperinflation.

Präsidialkabinett
Dies ist die Bezeichnung für Regierungen in der Weimarer Republik, die nach Artikel 48 der Weimarer Verfassung vom Reichspräsidenten eingesetzt wurden. Sie mussten sich nur ihm gegenüber erklären und arbeiteten mit Notverordnungen anstelle von Gesetzen des Reichstages.

Radikalisierung
Es wird von Radikalisierung gesprochen, wenn einzelne Personen oder Gruppen in politischer, sozialer oder religiöser Hinsicht radikale und extremistische Vorstellungen annehmen. Dies kann zum Beispiel die Ablehnung des vorhandenen Staatssystems sein. Während der Wirtschaftskrise 1929 gab es in Deutschland eine politische Radikalisierung von links und rechts.

Reparationen
Nach dem Versailler Friedensvertrag musste Deutschland den Siegermächten Ersatz für erlittene Kriegsschäden zahlen. Diese Reparationen waren zum Beispiel große Mengen der Goldreserven der Reichsbank sowie Industrieanlagen, die den Siegermächten ausgehändigt wurden.

Republik
Ein Staatssystem mit einer vom Volk oder von Volksvertretern auf Zeit gewählten Regierung. Staatsoberhaupt ist kein Monarch, sondern ein Präsident. Dies war in der Weimarer Republik und ist in der Bundesrepublik Deutschland der Fall. In einer Republik müssen zudem die demokratischen Grundrechte gesichert sein.

Weltwirtschaftskrise
Im Oktober 1929 kam es zu einer Wirtschaftskrise in den USA. Den Banken drohte die Pleite. In dieser Lage forderten die US-Banken ihre Kredite von Deutschland zurück. Die Wirtschaftskrise griff auf Deutschland über und zeigte dieselben Folgen wie in den USA. Millionen von Menschen in Deutschland wurden zu Kurzarbeitern oder arbeitslos.

Weimarer Verfassung
Wegen anhaltender Unruhen in Berlin zog die Nationalversammlung nach Weimar um. Dort wurde eine Verfassung beschlossen, welche die Gewaltenteilung festschrieb und die Menschen- und Bürgerrechte sowie das Frauenwahlrecht beinhaltete. Es war die erste demokratische Verfassung für Deutschland.

Die Weimarer Republik

1. Richtig oder falsch?

Entscheide, ob die Aussagen richtig oder falsch sind.

Stühletausch

		richtig	falsch
a)	Der SPD-Politiker Ebert hat die deutsche Republik ausgerufen.		
b)	Die Weimarer Verfassung hieß so, weil Goethe in Weimar gelebt hatte.		
c)	In der Weimarer Republik durften Frauen nicht wählen.		
d)	Frauen erhielten das Wahlrecht im Jahre 1923.		
e)	Im Versailler Vertrag übernahmen alle Kriegsparteien gemeinsam die Verantwortung für den Ausbruch des Ersten Weltkrieges.		
f)	Deutschland musste nach dem Ersten Weltkrieg keine Gebiete an Frankreich und Belgien abgeben.		
g)	Ursachen der Inflation von 1923 waren die Reparationszahlungen und die Ausgabe wertloser Banknoten durch die Regierung.		

2. Durcheinander

a) Bringe die Nummern der nachfolgenden Bilder aus dem Kapitel in die richtige zeitliche Reihenfolge.

b) Notiere dazu einen jeweils passenden Bildtitel.

c) Schreibe einen kurzen erläuternden Text zum Bild. Verwende deine Geschichtsmappe.

3. Ein Witz aus dem Jahr 1923

Erkläre, worauf dieser Witz anspielt.

Bienenkorb

Zwei Frauen unterhalten sich: „Also gestern bin ich mit dem Taxi zum Zoo gefahren." Sagt die andere Frau: „Aber sonst fährst du doch immer mit dem billigeren Stadtbus." Antwortet die erste Frau: „Ja, aber beim Bus muss man beim Einsteigen bezahlen und beim Taxi erst am Ende der Fahrt."

4. Eine Statistik deuten

Die nachfolgende Tabelle zeigt den prozentualen Anteil der NSDAP bei den Ergebnissen der Reichstagswahlen 1928 bis 1932.

	20.5.1928	14.9.1930	31.7.1932	6.11.1932
NSDAP	2,6 %	18,3 %	37,3 %	33,1 %

a) Werte die Statistik aus.
b) Wandle die Statistik in ein Säulendiagramm um.
c) Beschreibe die Entwicklung.

Lerntempoduett

5. Ein Foto auswerten

a) Beschreibe das Foto.
b) Gehe auf den geschichtlichen Hintergrund ein.

Arbeitslose stehen an einer Auslieferungsstelle für Zeitungen an und warten auf die neueste Zeitungsausgabe mit den Stellenanzeigen. (1932)

M1 Zum Reichsparteitag der NSDAP in Nürnberg 1936 treten mehrere Hunderttausend Mitglieder von NS-Organisationen auf

Die nationalsozialistische Diktatur in Deutschland

→ Wie konnten die Nationalsozialisten eine Diktatur errichten?

→ Wie erging es Juden und anderen Minderheiten in dieser Zeit?

→ Wie kam es zum Zweiten Weltkrieg und welche Folgen hatte er?

M2 Ungarische Juden bei ihrer Ankunft im Konzentrationslager Auschwitz (1944)

M3 Das von Bomben zerstörte Köln (1945)

① Hermann Göring (NSDAP)
② Wilhelm Frick (NSDAP)
③ Adolf Hitler (NSDAP)
④ Franz von Papen (parteilos)
⑤ Alfred Hugenberg (DNVP)

M1 Die deutsche Regierung am 30. Januar 1933 mit drei NSDAP-Ministern

Die NSDAP wird an der Regierung beteiligt

T1 • Adolf Hitler wird Reichskanzler

Die Wirtschaftskrise von 1929 hatte in Deutschland zu einer politischen Krise geführt. Die demokratischen Parteien verloren die Mehrheit. Gleichzeitig erzielten die Gegner der Demokratie, die Kommunisten und die Nationalsozialisten, Stimmengewinne. Auch die Reichstagswahlen vom Juli und November 1932 führten zu keinem anderen Ergebnis.

Am 30. Januar 1933 ernannte Reichspräsident von Hindenburg den Vorsitzenden der NSDAP Adolf Hitler zum Reichskanzler. Vertreter aus Politik und Wirtschaft hatten Hindenburg dazu gedrängt. Hitler war nun Chef einer Regierung, die laut Verfassung nur dem Reichspräsidenten verantwortlich war. Hitler verfügte damit über erhebliche exekutive Macht. Um Hitler kontrollieren zu können, gehörten der Regierung nur zwei weitere NSDAP-Mitglieder an, die anderen Ministerposten erhielten Vertreter der DNVP und Parteilose.

NSDAP
Nationalsozialistische Deutsche Arbeiterpartei. Sie lehnte die Demokratie ab und wollte eine Diktatur aufbauen.

Exekutive
ausführende Gewalt, deren Aufgabe es ist, die Gesetze eines Staates umzusetzen. Hierzu gehören die Regierung, Bürgermeister oder auch Polizisten.

DNVP
Deutschnationale Volkspartei. Sie vertrat ähnliche Ansichten wie die NSDAP und war gegen die Republik und für die Monarchie.

> Papen führte aus, dass er es für das Beste halte, eine Regierung zu formen, bei der die konservativen und nationalen Elemente ... zusammen mit den Nazis vertreten seien ... Hitler skizzierte Änderungen, einschließlich der Entfernung aller Sozialdemokraten, Kommunisten und Juden von den führenden Stellungen in Deutschland ...

M2 Ein Bankier über ein Gespräch mit Hitler und von Papen (4. Januar 1933)

❶ Beschreibe, welchen Eindruck M1 erweckt.
❷ Berichte, wie Adolf Hitler an die Macht kam. (T1)
❸ Nenne Hitlers und von Papens Ziele. (M2)
④ Die Nationalsozialisten feierten den 30. 1. 1933 als Tag der Machtergreifung. Nimm Stellung dazu, ob diese Einschätzung zutrifft. (T1)
Placemat

T2 • Der Schwachpunkt der Weimarer Verfassung

Mit der Weimarer Verfassung wurde 1919 in Deutschland die erste Demokratie errichtet. Aber die Verfassung hatte einen Schwachpunkt. Dem Parlament wurde nicht zugetraut, sich in Krisenzeiten auf Kompromisse einigen zu können und Entscheidungen zum Wohle des Staates zu treffen. Aus diesem Grund gab die Verfassung dem Reichspräsidenten, wie zuvor dem Kaiser, weitreichende Vollmachten. Der Reichspräsident konnte laut Artikel 48 bei einer erheblichen Störung der Sicherheit und Ordnung

- die Grundrechte außer Kraft setzen, wie zum Beispiel die Unverletzlichkeit der Wohnung oder die Versammlungsfreiheit,
- einen Reichskanzler seiner Wahl ohne Zustimmung des Reichstages ernennen und
- Notverordnungen anstelle von Gesetzen erlassen.

Der Reichstag konnte den Reichspräsidenten nur dann zur Rücknahme von Notverordnungen zwingen, wenn sich hierfür im Parlament eine Mehrheit fand.

Wenn der Reichspräsident den Artikel 48 der Weimarer Verfassung anwendete, hatten er und der von ihm ernannte Reichskanzler die Macht wie in einer Diktatur. Der Reichstag konnte den Reichskanzler und seine Regierung kaum noch kontrollieren.

Dieses Regieren am Reichstag vorbei schwächte die demokratischen Parteien im Parlament. Darüber hinaus bestand die Gefahr, dass eine Regierung ihre Macht missbrauchte, wenn sie nach Artikel 48 handelte.

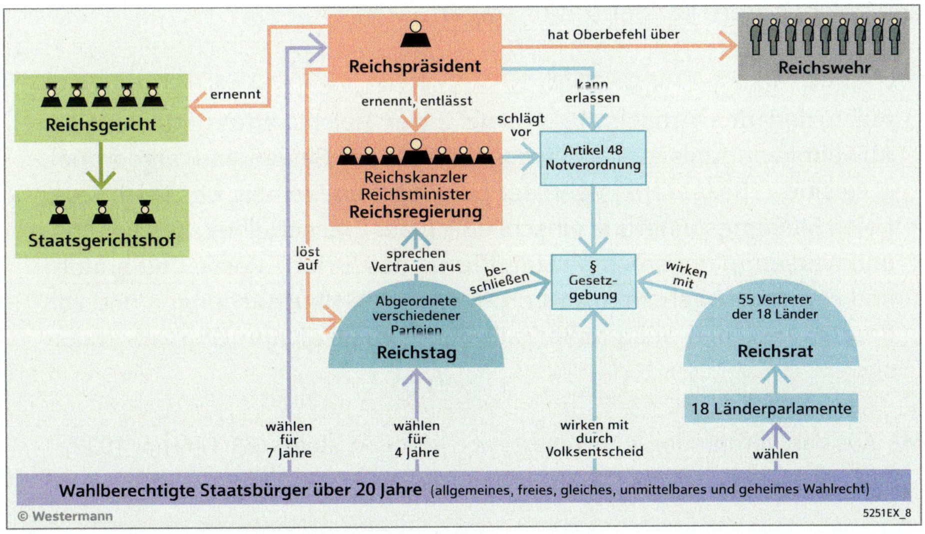

M3 Die Verfassung der Weimarer Republik

⑤ a) Beschreibe den Schwachpunkt der Weimarer Verfassung. (T2)
b) Erkläre die Folgen, die sich daraus ergaben.
Lerntempoduett

❻ Untersuche, welche Rechte Adolf Hitler als Reichskanzler besaß. (M3)
Think – Pair – Share

Schlagzeilen der Titelseite

Jetzt wird rücksichtslos durchgegriffen

Kommunistische Brandstifter zünden das Reichstagsgebäude an – Der Mitteltrakt mit dem großen Sitzungssaal vernichtet – Kommunistische Brandstifter verhaftet – Das Zeichen zur Entfesselung des kommunistischen Aufruhrs – Schärfste Maßnahmen gegen die Terroristen – Alle kommunistischen Abgeordneten in Haft – Alle marxistischen Zeitungen verboten

Das Maß ist voll!

Jetzt wird rücksichtslos durchgegriffen

Kommunistische Brandstifter zünden das Reichstagsgebäude an – Der Mitteltrakt mit dem großen Sitzungssaal vernichtet – Kommunistische Brandstifter verhaftet - Das Zeichen zur Entfesselung des kommunistischen Aufruhrs – Schärfste Maßnahmen gegen die Terroristen - Alle kommunistischen Abgeordneten in Haft – Alle marxistischen Zeitungen verboten

Das brennende Reichstagsgebäude

Der amtliche Bericht:

Der Wallot-Bau in Flammen

Das Fanal!

M1 Titelseite der NSDAP-Zeitung „Völkischer Beobachter" vom 1. März 1933

Auf dem Weg zur totalen Macht

T1 • Die Grundrechte werden abgeschafft

Am 27. Februar 1933 brannte in Berlin das Reichstagsgebäude nieder. Die Nationalsozialisten warfen den Kommunisten Brandstiftung vor. Umgehend setzte Hitler die Grundrechte mit einer Notverordnung außer Kraft. SA-Hilfspolizisten und die Polizei verhafteten ohne richterlichen Beschluss ca. 10000 Kommunisten und Sozialdemokraten. Darüber hinaus verschleppten sie diese ohne Gerichtsverfahren in Gefängnisse und neu eingerichtete Konzentrationslager.

SA
Sturmabteilung; Kampforganisation der NSDAP, die deren Ideen mit Gewalt durchsetzte

Konzentrationslager
Lager, in denen die Nationalsozialisten ihre politischen Gegner und unerwünschte Personen unter menschenunwürdigen Bedingungen gefangen hielten, folterten und ermordeten

Telegraf
Gerät zur Übermittlung von Informationen über die Ferne

Auf Grund des Artikels 48 Absatz 2 der Reichsverfassung wird zur Abwehr kommunistischer staatsgefährdender Gewaltakte angeordnet: ... Es sind ... Beschränkungen der persönlichen Freiheit, des Rechts der freien Meinungsäußerung einschließlich der Pressefreiheit, des Vereins- und Versammlungsrechts, Eingriffe in das Brief-, Post-, Telegrafen- und Fernsprechgeheimnis, Anordnungen von Haussuchungen und von Beschlagnahmen auch außerhalb der ... gesetzlichen Grenzen zulässig.

M2 Aus der „Verordnung zum Schutze von Volk und Staat" (28. Februar 1933)

1 a) Beschreibe, wie die Überschrift in M1 auf dich wirkt.
b) Nimm Stellung zur Verhältnismäßigkeit der angekündigten Maßnahmen. (M1)

2 Nenne Hitlers Mittel zur Ausschaltung seiner Gegner. (M1, T1)
Bienenkorb

3 a) Nenne Grundrechte, die durch die Notverordnung aufgehoben wurden. (M2)
b) Erläutere anhand von zwei Situationen, welche Folgen dies für die Menschen hatte.

4 Erkläre, mit welcher Befugnis aus Artikel 48 Hitler sein Handeln rechtfertigen konnte? (T2 und M3 auf Seite 53)

T2 • Die Diktatur in Deutschland wird vorbereitet

Bereits im Februar 1933 begannen die Nationalsozialisten, in Arbeitswelt, Kultur oder Massenmedien NS-Organisationen zu schaffen. Wer diesen nicht angehörte, konnte seinen Beruf nicht ausüben oder musste Nachteile hinnehmen. Gewerkschaften, kirchliche oder sonstige Vereine und politische Parteien wurden aufgelöst oder verboten. Gegner der Nationalsozialisten wurden von der Gestapo verhaftet.

In Kinos und Theatern wurden nur noch Filme und Theaterstücke aufgeführt, die den Vorstellungen der Nationalsozialisten entsprachen. Gleiches galt für die Musik oder Malerei. In einer groß angelegten Aktion „Wider den undeutschen Geist" wurden in vielen Städten Bücherverbrennungen durchgeführt. Dieses Vorgehen nennt man Gleichschaltung.

Gewerkschaften
Organisationen der Arbeitnehmer. Sie setzen sich für deren Interessen ein und kämpfen zum Beispiel für bessere Arbeitsbedingungen.

Gestapo
Geheime Staatspolizei. Aufgabe der Gestapo war die Verfolgung von politischen Gegnern der Nationalsozialisten. Dabei war sie an keine Gesetze gebunden.

> Gleichschaltung will erreichen, ... dass es in Deutschland nur eine Meinung, eine Partei, eine Überzeugung gibt, dass ... der Staat die oberste Organisation des öffentlichen wie des privaten Lebens ist, ... und dass alle ... sich ihm (dem Staat) unterordnen müssen.

M3 Reichspropagandaminister Joseph Goebbels am 12. Juni 1933

M4 Plakat zur Zwangseinheit von Arbeitgebern und Arbeitnehmern

M5 „Entartete" Musik – Verbot moderner ausländischer Musikrichtungen

M6 Bücherverbrennung in der Aktion „Wider den undeutschen Geist"

5. Erkläre, welches Ziel Joseph Goebbels mit der Gleichschaltung erreichen wollte. (M3)
6. Stelle dar, wie die Nationalsozialisten die Gleichschaltung umsetzten. (T2, M4 – M6)
7. Vermute, welche Folgen die Gleichschaltung für das Leben der Menschen hatte.
   Think – Pair – Share
8. Auch die Musikwelt sollte gleichgeschaltet sein. Stellt fest, welche Musikrichtungen in eurer Klasse bevorzugt werden. Diskutiert, wie es wäre, wenn nur eine Musikrichtung zugelassen wäre.
9. Beschreibe, was die Nationalsozialisten mit den Bücherverbrennungen ausdrückten. (M6)

M1 SA-Angehörige marschieren am 23. März 1933 in die Reichstagssitzung.

Diktatur
Gegenteil einer Demokratie – eine Staatsform, in der eine Person oder Gruppe über das Land herrscht, ohne dass die Menschen mitbestimmen können. Parlament, Regierung und Gerichte sind alle in einer Hand.

Legislative
Gewalt im Staat, deren Aufgabe es ist, neue Gesetze zu diskutieren und zu beschließen, zum Beispiel ein Parlament

Deutschland wird zur Diktatur

T1 • Das Parlament schafft sich selbst ab

In einer erneuten Reichstagswahl am 5. März 1933 wollte die NSDAP die absolute Mehrheit im Reichstag erlangen und allein regieren. Sie bekam 43,9 % der Stimmen und verfehlte damit ihr Ziel. Aus diesem Grund ließ Hitler am 23. März 1933 den Reichstag über das „Ermächtigungsgesetz" abstimmen. Mit verschiedenen Versprechungen überredete Hitler die bürgerlichen Parteien, dem Gesetz zuzustimmen. Damit verzichteten die Abgeordneten des Reichstages auf ihr Recht, Gesetze zu beschließen. Die Legislative wurde der Reichsregierung übertragen. Die Gewaltenteilung war damit zum Teil aufgehoben.

Die Abgeordneten der KPD konnten nicht mit abstimmen. Sie waren verhaftet worden oder auf der Flucht. Nur die SPD stimmte gegen das Gesetz.

M2 Otto Wels leitete nach dem Verbot der SPD die Partei im Ausland bis zu seinem Tod 1939.

Noch niemals ... ist die Kontrolle der öffentlichen Angelegenheiten in solchem Maße ausgeschaltet worden, wie es ... durch das Ermächtigungsgesetz ... geschehen soll. Eine solche Allmacht der Regierung muss sich umso schwerer auswirken, als auch die Presse jeder Bewegungsfreiheit entbehrt. Wir deutschen Sozialdemokraten bekennen uns ... feierlich zu den Grundsätzen der Menschlichkeit und Gerechtigkeit, der Freiheit und des Sozialismus.

M3 Otto Wels (SPD) in der Reichstagssitzung am 23. März 1933

1. SA-Leute marschieren in den Reichstag. Vermute, welche Aufgabe sie hatten. (M1)
2. Nenne die Veränderungen, die das Ermächtigungsgesetz bewirkte. (T1)
3. Hitler beeinflusste die Reichstagsabgeordneten zweifach. Erkläre. (T1, M1)
4. a) Nenne die Gefahren, auf die Otto Wels hinwies. (M3)
   b) Beurteile seine Haltung. (M3)
   c) Stelle Vermutungen über die Folgen seiner Haltung an. (M2)
   Placemat

T2 • Festigung der Macht durch Mord – der Fall Röhm

Im Jahre 1934 kam es zu Meinungsverschiedenheiten zwischen Hitler und dem Führer der SA, Ernst Röhm. Unter dem Vorwand, dass die SA einen Umsturz plane, befahl Hitler der SS, die gesamte SA-Führung zu ermorden. Zwischen dem 30. Juni und 2. Juli 1934 wurden Röhm und über 400 SA-Führer ohne richterliche Anordnung von der SS erschossen. Anschließend erklärte Hitler am 3. Juli 1934 in einem Gesetz, dass sein Mordbefehl und die Erschießungen Staatsnotwehr und damit rechtens gewesen seien. Damit hatte sich Hitler über die Judikative gestellt.

SS
Schutzstaffel, ursprünglich die Leibwache Adolf Hitlers. Die SS stand über den Geheimdiensten und der Polizei und wuchs zur mächtigsten Organisation im NS-Staat an.

Judikative
Recht sprechende Gewalt, deren Aufgabe es ist, für die Umsetzung der Gesetze zu sorgen; Gerichte

> Wenn mir jemand den Vorwurf entgegenhält, weshalb wir nicht die ... Gerichte ... herangezogen hätten, dann kann ich ihm nur sagen: In dieser Stunde war ich ... des deutschen Volkes oberster Gerichtsherr.

M4 Aus Adolf Hitlers Reichstagsrede am 13. Juli 1934

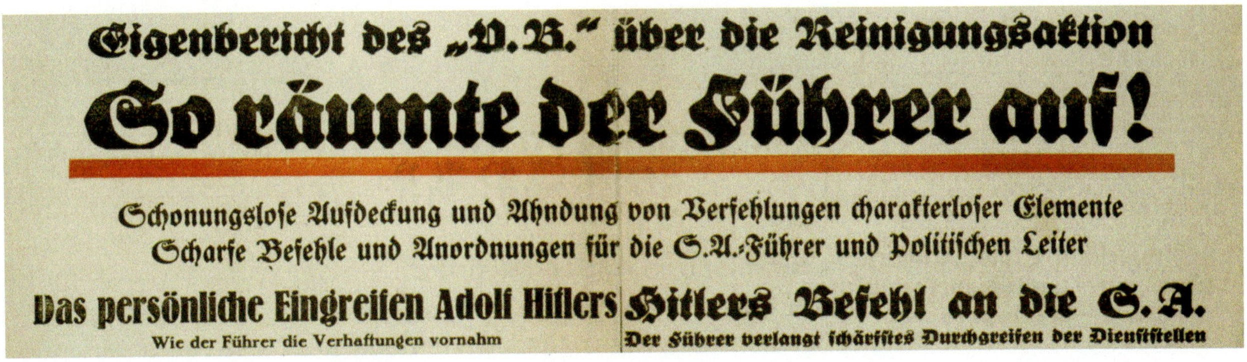
Eigenbericht des „V.B." über die Reinigungsaktion
So räumte der Führer auf!
Schonungslose Aufdeckung und Ahndung von Verfehlungen charakterloser Elemente
Scharfe Befehle und Anordnungen für die S.A.-Führer und Politischen Leiter
Das persönliche Eingreifen Adolf Hitlers
Wie der Führer die Verhaftungen vornahm
Hitlers Befehl an die S.A.
Der Führer verlangt schärfstes Durchgreifen der Dienststellen

M5 Schlagzeilen von der Titelseite der NSDAP-Zeitung „Völkischer Beobachter" vom 30. Juni 1934

T3 • Letzte Schritte zur totalen Macht

Nach der Entmachtung der SA wurde die SS unter ihrem Führer Heinrich Himmler mit schwer bewaffneten Einheiten ausgestattet und zu einem gefürchteten Terrorinstrument. Nach Hindenburgs Tod am 2. August 1934 übernahm Hitler auch das Amt des Reichspräsidenten. Somit war er auch Oberbefehlshaber der Wehrmacht.

Wehrmacht
Gesamtheit der Soldaten im Dritten Reich

5. Berichte über die Ereignisse im Juni und Juli 1934. (T2)
6. Hilfe Nimm Stellung dazu, wie Hitler seinen Befehl rechtfertigte. (M4)
7. Werte die Schlagzeilen der NSDAP-Zeitung aus. (M5)
   a) Welche sprachlichen Mittel werden verwendet?
   b) Was ist das Ziel der Schlagzeilen?
   c) Beurteile die Schlagzeilen.
8. Hilfe Stelle zusammen, wie Hitler die drei Staatsgewalten an sich brachte.
   Bienenkorb

Hilfe zu
6. Berücksichtige, was Hitler konkret getan hat.
8. Berücksichtige die Seiten 52 – 57. Untersuche die Daten: 30. Januar 1933, 23. März 1933, 3. Juli 1934 und 2. August 1934.

M1 Zeichnungen aus einem deutschen Schulbuch von 1936

Texte zu den Zeichnungen

① Der Deutsche ist ein stolzer Mann,
der arbeiten und kämpfen kann.
Weil er so schön ist und voll Mut,
hasst ihn von jeher schon der Jud!

② Das ist der Jud, das sieht man gleich,
der größte Schuft im ganzen Reich!
Er meint, dass er der Schönste sei,
und ist so hässlich doch dabei!

Die nationalsozialistische Weltanschauung

T1 • Rassismus und Antisemitismus

Bereits 1924 beschrieb Adolf Hitler in seinem Buch „Mein Kampf" die Grundzüge der nationalsozialistischen Ideologie. Diese war unter anderem von einem menschenverachtenden Rassismus geprägt. So meinten die Nationalsozialisten, dass die arische Rasse anderen überlegen sei, weswegen sie andere beherrschen müsse.

Außerdem behaupteten sie, dass Juden eine minderwertige Rasse und Feinde Deutschlands seien. Dies nennt man Antisemitismus.

Ideologie
bestimmte Ideen über den Aufbau eines Staates oder einer Gesellschaft. Oft lassen Vertreter bestimmter Ideologien keine andere Meinung zu und setzen ihre Ideen mit Gewalt durch.

> Würde man die Menschen in drei Arten einteilen, in Kulturbegründer, Kulturträger und Kulturzerstörer, so kämen als Vertreter der ersten wohl nur die Arier infrage. Den gewaltigen Gegensatz zum Arier bildet der Jude. Die feindliche Haltung des Judentums gegenüber dem deutschen Volke und Reich ... erfordert entschiedene Abwehr ...

M2 Adolf Hitler in „Mein Kampf" über „Arier und Juden" (1925)

1 a) Stelle die Zeichnungen in M1 und die dazugehörigen Texte gegenüber.
b) Nimm Stellung zu der Wirkung, die Texte und Bilder erzielen sollen.

2 Erkläre die Begriffe „Rassismus" und „Antisemitismus". (T1, M2)
Partnervortrag

T2 • Volksgemeinschaft und Lebensraum

Den Nationalsozialisten bedeuteten die Interessen des Einzelnen nichts. Sie wollten eine deutsche Volksgemeinschaft unter dem Leitsatz „Du bist nichts, dein Volk ist alles“ entstehen lassen.

M3 Plakat von 1935

M4 Plakat um 1938

Des Weiteren behaupteten die Nationalsozialisten, Deutschland habe für sein Volk nicht genug Grund und Boden und müsse diesen durch Krieg und Eroberungen im Osten Europas dazugewinnen.

> Deutschland wird entweder Weltmacht oder überhaupt nicht sein ... Wenn wir aber heute in Europa von neuem Grund und Boden reden, können wir in erster Linie nur an Russland und die ihm untertanen Randstaaten denken ... Wenn uns der Ural (Gebirge in Russland) mit seinen unermesslichen Rohstoffschätzen und die sibirischen Wälder zur Verfügung stehen und wenn die endlosen Weizenfelder der Ukraine zu Deutschland gehören, wird unser Land im Überfluss schwimmen.

M5 Adolf Hitler in „Mein Kampf“ über seine Vorstellungen von „Volk ohne Raum“ (1925)

3 a) Nenne zwei Kernaussagen, die den Begriff „Volksgemeinschaft“ beschreiben. (T2)
b) Nimm dazu Stellung.

4 a) Beschreibe das Plakat M3 oder M4.
b) Erkläre, wie es damals auf die Menschen wirken sollte.
Partnerpuzzle

5 Hilfe Fehlender Boden für Deutsche – eine Falschaussage, aber ein treffender Vorwand. Erkläre. (T2, M5)

Hilfe zu

5 Überlege, wie und mit welchen Folgen dieser „Lebensraum“ nur gewonnen werden konnte.

M1 Zum Reichsparteitag der NSDAP in Nürnberg 1936 traten mehrere Hunderttausend Mitglieder von NS-Organisationen auf.

Der Führerkult

T1 • Begeisterung der Massen

Die Reichsparteitage in Nürnberg oder die Erntedankfeste auf dem Bückeberg bei Hameln organisierten die Nationalsozialisten als riesige Propagandaveranstaltungen. Mehrere Hunderttausend Mitglieder von NS-Organisationen marschierten dort auf. So sollte bei den Menschen das Gefühl entstehen, zu einer großen Gemeinschaft zu gehören.

Um die NS-Ideologie zu verbreiten, nutzten die Nationalsozialisten die Presse und den Rundfunk. Der sogenannte Volksempfänger war ein einfaches Radiogerät, dessen Verkaufspreis von der Regierung niedrig gehalten wurde. So konnten ihn viele Menschen erwerben.

Propaganda
Verbreitung einer bestimmten Meinung, um Menschen von dieser zu überzeugen. Die Nationalsozialisten nutzten Propaganda, um ihre Weltanschauung zu verbreiten und um politische Gegner und Andersdenkende durch Falschdarstellungen schlechtzumachen.

Regime
meist abwertend verwendeter Begriff für Regierungen in antidemokratischen Systemen wie Diktaturen

> Während ... des Reichsparteitages ist Nürnberg eine Stadt, in der nur Freude herrscht, eine Stadt, die unter einem Zauber steht. Diese Atmosphäre und die Schönheit der Darbietungen und einer großzügigen Gastfreundschaft beeindruckte die Ausländer stark; und das Regime vergaß nie, sie zu dieser jährlichen Tagung einzuladen. Es ging davon eine Wirkung aus, der nicht viele widerstehen konnten; wenn sie heimkehrten, waren sie verführt und gewonnen.

M2 Der französische Botschafter Andrè Francois-Poncet berichtete 1947 (sprachlich vereinfacht)

1. Vermute, welche Empfindungen das Foto M1 beim Betrachter wecken sollte.
   Bienenkorb
2. Erkläre, welche Absichten die NS-Regierung mit Massenveranstaltungen verfolgte. (T1)
3. a) Gib wieder, wie der französische Botschafter die Stimmung in Nürnberg zum Reichsparteitag beschreibt. (M2)
   b) Erkläre die Aussage: „Wenn sie heimkehrten, waren sie verführt und gewonnen."

T2 • „Ein Volk, ein Reich, ein Führer“

Im Nationalsozialismus zählte das Volk als Ganzes. Jeder Einzelne arbeitete, um das Volk stark zu machen. Der Führer galt als Verkörperung des Volkes. Adolf Hitler bezeichnete sich selbst als das „Werkzeug der göttlichen Vorsehung“. Daraus leiteten die Nationalsozialisten ab, dass jeder Einzelne ihm folgen und sich seinem Willen unterwerfen musste.

M3 Plakat zur Amtsvereinigung von Reichskanzler und Reichspräsident (1934)

M4 Werbung für das günstig angebotene Volksempfänger-Radio (1936)

> Mit Stolz sehen wir: Einer bleibt von aller Kritik ausgeschlossen, das ist der Führer ... jeder fühlt und weiß: Er hatte immer recht, und er wird immer recht haben. In der kritiklosen Treue, in der Hingabe an den Führer, die nach dem Warum im Einzelfall nicht fragt, in der stillschweigenden Ausführung seiner Befehle liegt unser aller Nationalsozialismus verankert. Wir glauben daran, dass der Führer einer höheren Berufung zur Gestaltung des deutschen Schicksals folgt. An diesem Glauben gibt es keine Kritik.

M5 Rudolf Heß, Stellvertreter Hitlers in der NSDAP (Rundfunkansprache,1934)

4 Stelle dar, wie die Nationalsozialisten die Rolle des Führers begründeten. (T2)
Lerntempoduett

5 a) Beschreibe M3 und M4.
b) Erkläre die Aussagen der Bilder.
Partnerpuzzle

6 „Einer bleibt von aller Kritik ausgeschlossen, das ist der Führer.“
a) Erkläre diese Aussage von Rudolf Heß mit eigenen Worten. (M5)
b) Nimm Stellung dazu.
Think – Pair – Share

Propagandabilder auswerten

Die Nationalsozialisten wollten ihre Ideologie in der deutschen Bevölkerung verbreiten. Dazu nutzten sie gezielt unterschiedliche Mittel der Propaganda. Dabei spielten Bilder, vor allem Fotos, eine besondere Rolle. Die Nationalsozialisten bestimmten, welcher Eindruck von ihnen in der Öffentlichkeit verbreitet wurde. Adolf Hitler selbst ließ sich von dem Fotografen Heinrich Hoffmann für offizielle Aufnahmen fotografieren. Die Aufnahmen wurden beispielsweise in Zeitungen oder als Plakate oder Postkarten veröffentlicht.

Bei Propagandafotos handelt es sich nicht um Schnappschüsse. Die Situationen sind bewusst von einem Fotografen gestaltet worden, um Personen oder Ereignisse in einer bestimmten Weise darzustellen. Mit solchen Fotos, die massenhaft veröffentlicht wurden, sollte eine bestimmte Wirkung erzielt werden. Um die beabsichtigte Wirkung der Fotos zu verstehen, muss die Darstellung daher genau untersucht werden.

M1 Adolf Hitler umringt von SA-Männern und Jugendlichen im Braunen Haus in München, der Parteizentrale der NSDAP (Fotograf: Heinrich Hoffmann, 1930)

1. Schritt: Ein Propagandafoto beschreiben

- Formuliere deinen ersten Eindruck (Gedanken, Gefühle, Stimmung).
  Wenn ich das Bild betrachte, empfinde ich ... . Das Bild erinnert mich an ... .
  Ich nehme wahr, dass ... . Ich sehe ... .
- Beschreibe, was dargestellt wird. Nenne Einzelheiten.
  Das Bild zeigt ... . Dargestellt wird ... .
  Im Mittelpunkt ... . / Im Zentrum des Bildes ... .
  Im Vordergrund erkennt man ... . Rechts/Links von ... .
  Im Hintergrund ... . Oberhalb von ... . Darüber ... . Dahinter ... .

2. Schritt: Ein Propagandafoto einordnen

- Kläre, aus welchem Anlass das Bild gemacht wurde.
  Nutze zusätzliche Informationen aus der Bildunterschrift.
  Die Fotografie wurde gemacht im Jahr ... . Der Anlass ist nicht ... .
  Das Foto wurde aufgenommen, um ... . Der Fotograf ... .
- Nenne das Datum oder den Zeitpunkt, wann das Bild entstanden ist.
  Das Foto ist entstanden im Jahr ... .

3. Schritt: Ein Propagandafoto analysieren

- Erkläre, wie das Foto gestaltet wurde.
  Beachte die Anordnung der Personen, die Blickführung und die Umgebung.
  Die Zuhörer stehen ... . Sie blicken ... .
  Auffällig ist ... .
  Adolf Hitler ... . Er hat seine Hände ... . Er blickt ... .
- Erfasse die Wirkung auf den Betrachter des Bildes.
  Die dargestellten Personen wirken ... .
  Ihre Gesichtsausdrücke sind ... .
  Die Kleidung ... .
  ... blickt in die Kamera.
  Es wirkt, als schaue ... den Betrachter ... .
  ... hat seinen Blick abgewandt.
  Die anderen ... . Man erkennt das Symbol ... .
- Untersuche, welche Interessen der Auftraggeber mit dem Foto verfolgte.
  Der Auftraggeber wollte ... . Bewusst eingesetzt wurde ... .
  Dadurch entsteht beim Betrachter der Eindruck ... .
  Der Betrachter nimmt ... kaum wahr.
  Insgesamt wirkt die Darstellung wie ... .
  Wahrscheinlich wurde das Foto .... .

Tipps zu Schritt 3

Stellt das Foto als Standbild nach:
- Woran erkennt ihr, dass es sich um eine bewusst gestaltete Situation handelt?
- Warum kann es kein Schnappschuss sein?
- Welchen Eindruck vermittelt die Position der Personen?

M1 Propagandaplakat der NSDAP zum ersten Eintopfsonntag am 1. Oktober 1933

M2 Öffentliches Mittagessen am Eintopfsonntag (1935)

Formung der Volksgemeinschaft

T1 • Hilfsaktionen als Propaganda

Ab Oktober 1933 veranstalteten die Nationalsozialisten regelmäßig sogenannte „Eintopfsonntage". An diesen Sonntagen sollten die Menschen auf das traditionelle Sonntagsessen verzichten und stattdessen ein einfaches Eintopfgericht kochen. Das gesparte Geld sollte dem Winterhilfswerk gespendet werden, welches das Geld für Bedürftige sammelte.

Sonntagsessen
Traditionell wurde sonntags aufwendiger gekocht als an anderen Tagen. Es gab meist Fleisch und man lud häufig Gäste ein.

Im Rahmen der Eintopfsonntage wurden in vielen Städten Gemeinschaftsessen auf öffentlichen Plätzen veranstaltet. Ihre Bedeutung lag vor allem im Propagandaeffekt für die Politik der Nationalsozialisten. Deshalb nahmen an diesen Veranstaltungen auch immer wieder hochrangige NSDAP-Vertreter teil, so auch Adolf Hitler. Er wollte damit seine Volksnähe und die Einheit von Volk und Führer betonen.

T2 • Propaganda mit Freizeitangeboten

Zur Formung der Volksgemeinschaft sollte auch die NS-Organisation „Kraft durch Freude" (KdF) beitragen. Sie kümmerte sich besonders um Freizeitgestaltung und Urlaubsangebote. Preisgünstige Tagesausflüge mit Bus oder Bahn, aber auch Urlaubsreisen in die Alpen oder an Nord- und Ostsee wurden besonders für Arbeiter angeboten. Auf diese Weise sollte diese Bevölkerungsgruppe für den Nationalsozialismus gewonnen und fest in die Volksgemeinschaft eingebunden werden. Für Wohlhabendere unterhielt die KdF sogar eine eigene Kreuzfahrtflotte. Die Urlaubsangebote erfreuten sich bald einer solchen Beliebtheit, dass sich die KdF zum weltweit größten Reiseveranstalter entwickelte.

1. Vermute, worum es in M1 und M2 geht.
2. Eintopfsonntag – soziale Aktion oder Propaganda? Diskutiert. (T1)
3. Nimm Stellung zu den KdF-Projekten und der dahinterstehenden Absicht. (T2)
   Think – Pair – Share

T3 • Propaganda durch Gedenktage

Auch Kundgebungen, Fackelzüge, Aufmärsche und Feierstunden waren wichtige Mittel der NS-Propaganda. Mit solchen Veranstaltungen sollten die Sinne und Gefühle sowie das Denken der Menschen beeinflusst werden. Stets wurden für solche Veranstaltungen große Menschenmassen mobilisiert. Durch Rituale dieser Art sollte eine beinahe religiöse Atmosphäre geschaffen werden, um ein besonderes Gemeinschaftsgefühl zu erzeugen, das die Nationalsozialisten gezielt für ihre politischen Ziele ausnutzten.

M3 NS-Gedenkfeier für den Hitlerputsch von 1923 am 9. November 1935 in München

Hitlerputsch
Die NSDAP unter Adolf Hitler unternahm am 8./9. November 1923 einen erfolglosen Versuch, die Regierung in Berlin zu stürzen. Dabei kamen Männer der SA ums Leben. Derer wurde seit 1933 am 9. November gedacht.

> Die Aufnahmefähigkeit der großen Masse ist nur sehr beschränkt, das Verständnis klein, dafür jedoch die Vergesslichkeit groß. Aus diesen Tatsachen heraus hat sich jede wirkungsvolle Propaganda auf nur sehr wenige Punkte zu beschränken und diese schlagwortartig so lange zu verwerten, bis auch bestimmt der Letzte unter einem solchen Worte das Gewollte sich vorzustellen vermag.

M4 Adolf Hitler in „Mein Kampf" (1925)

4 a) Nenne propagandistische NS-Großveranstaltungen. (T3)
b) Erkläre das Ziel solcher Veranstaltungen. (T3)

5 a) Beschreibe M3.
b) Welche Wirkung hat das Bild auf dich?

6 Vermute, ob Veranstaltungen wie in M3 zur Formung einer nationalsozialistischen Volksgemeinschaft beitragen konnten.

7 a) Arbeite aus M4 Hitlers Sicht auf das Volk und die Funktionsweise von Propaganda heraus.
b) Nimm Stellung dazu.

Plakataufschrift
Ich bin aus der Volksgemeinschaft ausgestoßen!

M1 Eine Frau wird für eine angebliche Beziehung zu einem Zwangsarbeiter öffentlich bestraft (1941)

Unterdrückung mit System

T1 • Überwachung der Bevölkerung

Die Nationalsozialisten wollten alle Lebensbereiche der Menschen kontrollieren und so ihre Ideologie durchsetzen. Wer sich nicht einfügen wollte, weil er anders dachte und leben wollte, wurde öffentlich gedemütigt. Mit Bespitzelungen und Denunziationen wurden Gegner des Nationalsozialismus aufgespürt, verhaftet, misshandelt und vor Gericht gestellt. Vor solchen Unterdrückungsmaßnahmen war niemand sicher.

Denunziation
meint hier: jemanden anzeigen, der eine Meinung vertritt, die gegen den NS-Staat gerichtet ist

Blockwart
Bezeichnung für den Beauftragten der NSDAP, der etwa für 50 Haushalte verantwortlich war.

gebührlich
angemessen, wie vorgegeben

flaggen
eine Flagge anbringen; hier: die NSDAP-Flagge

Emigration
Auswanderung

verlustig erklärt
jemandem etwas aberkennen, etwas wegnehmen

Zwei Freunde sitzen abends ... beisammen und plaudern, zwischendurch fragt der Gast ängstlich, ob auch kein unbefugter Lauscher in der Wohnung sei, und erhält die Versicherung, die Hausangestellte sei fort ... Die beiden sprechen sich also ungeniert aus. Am nächsten Morgen in aller Frühe wird der Gast im Hotel aus dem Bett geholt von SA- und SS-Männern, wird bedroht und schließlich, unter schärfster Verwarnung „fürs nächste Mal" laufen gelassen. Er eilt zu seinem Freund, macht ihm Vorwürfe, sie seien doch bestimmt belauscht worden. Der Freund schwört ..., kein Fremder sei in der Wohnung gewesen, ... als die 12-jährige Tochter ... hereintritt mit der Eröffnung, sie habe die Unterhaltung mit angehört und es für ihre Pflicht gehalten, das Gehörte anzuzeigen.

M2 Bespitzelung – auch in der Familie (Aufzeichnungen von Walter Stresau, nach 1933)

Unser Blockwart ... sammelte auch Parteibeiträge ein und verkaufte Abzeichen für das ... „Winterhilfswerk“, Ansichtskarten, Broschüren (Themenhefte), alles Mögliche, womit sich die Parteikasse auffüllen ließ. Außerdem hatte er der Partei über das Betragen der Volksgenossen seines Blocks Bericht zu erstatten, damit man genau kontrollieren konnte, ob jemand nicht gebührlich geflaggt oder nicht ausreichend oder ... unwillig für die große Sache gespendet hatte.

M3 Ein Zeitzeuge berichtete 1969 über die Aufgaben eines Blockwarts

T2 • Ausbürgerung und Emigration

Bereits in den ersten Wochen nach Hitlers Amtsantritt als Reichskanzler emigrierten viele politische Gegner der Nationalsozialisten. Zu ihnen gehörten besonders Politiker der SPD und der KPD, aber auch Wissenschaftler und Schriftsteller. Sie verließen ihre deutsche Heimat aus Angst vor Verfolgung. Das Leben im Ausland bedeutete für sie den Verlust der Heimat, oftmals auch Ablehnung durch die Menschen des Gastlandes sowie wirtschaftliche Probleme.

Um die Emigranten auch noch im Exil schädigen zu können, erließ die NSDAP im Juli 1933 ein Gesetz, durch welches Emigranten die deutsche Staatsangehörigkeit aberkannt werden konnte.

namhafte Emigranten
Otto Wels
Hannah Arendt
Max Born
Ernst Bloch
Bertold Brecht
Thomas Mann
Lise Meitner

Reichsangehörige, die sich im Ausland aufhalten, können der deutschen Staatsangehörigkeit für verlustig erklärt werden, sofern sie durch ein Verhalten, das gegen die Pflicht zur Treue gegen Reich und Volk verstößt, die deutschen Belange geschädigt haben. ... Bei der Einleitung des Aberkennungsverfahrens ... kann ihr Vermögen beschlagnahmt, nach Aberkennung der deutschen Staatsangehörigkeit als dem Reiche verfallen erklärt werden.

M4 Auszug aus dem Gesetz über den Widerruf von Einbürgerungen und die Aberkennung der deutschen Staatsangehörigkeit vom 14. Juli 1933

... [Das Exil] ist schwer zu ertragen. Aber was es leichter macht, ist die Vergegenwärtigung der vergifteten Atmosphäre, die in Deutschland herrscht. Das macht es leichter, weil man in Wirklichkeit nichts verliert. Wo ich bin, ist Deutschland. Ich trage meine deutsche Kultur in mir. Ich lebe im Kontakt mit der Welt und ich betrachte mich selbst nicht als gefallenen Menschen.

M5 Der Schriftsteller Thomas Mann in der New York Times am 22. Februar 1938

1 a) Beschreibe M1.
b) Formuliere mögliche Gedanken und Gefühle der Frau. (M1)

2 a) Berichte, mit welchen Mitteln die Nationalsozialisten Menschen unter Druck setzten. (T1)
b) Erkläre den Grund dafür.
Lerntempoduett

3 Nimm Stellung zum Vorgang in M2.

(4) Die NSDAP war überall. Erkläre diesen Satz am Beispiel von M3.

5 Stelle die Lage der Emigranten dar. (T2, M5)

6 Arbeite aus M4 die Bestimmungen und den Zweck des Gesetzes heraus.

(7) Recherchiere die Lebensgeschichte zu einem Emigranten. (M5, Randspalte)

Arbeitsergebnisse präsentieren

Präsentationen von Arbeitsergebnissen sind ein wichtiger Bestandteil in vielen Geschichtsstunden. In Präsentationen übernehmen diejenigen, die ihre Ergebnisse vortragen, die Rolle eines Experten. Sie informieren ihre Mitschüler zu einem bestimmten Thema. Die Arbeitsergebnisse sollen dabei so anschaulich präsentiert werden, dass alle dem Vortrag gut folgen können.

Die Art und Weise, wie die Ergebnisse der Klasse vermittelt werden sollen, muss also im Vorhinein gut überlegt werden. Eine Präsentation erfordert eine genaue Planung: Wie kann das Thema treffend formuliert werden? Wo und wie kann man Informationen recherchieren? Wie soll präsentiert werden? Sollen die Ergebnisse mithilfe eines Plakates oder einer digitalen Präsentation dargestellt werden?

Spedition
Unternehmen, das den Transport von Waren anbietet.

Palästina
Region am Mittelmeer im Westen Asiens. Auf dem Gebiet liegen heute Israel, Jordanien sowie der Gazastreifen und das Westjordanland.

Hertha Hoffmann wurde 1892 in Dortmund geboren. 1919 gründete sie eine Spedition und begann vier Jahre später mit dem Verkauf von Autos. In der Automobilbranche war sie eine Wegbereiterin, sie gründete eine der ersten Fahrschulen. Darüber hinaus war sie Mitbegründerin verschiedener politischer Frauenverbände.
1933 wurde Hertha Hoffmann von den Nationalsozialisten enteignet und floh nach Palästina. Sie starb 1992 in Israel.

M1 Hertha Hoffmann

Dr. Kurt Hirschfelder wurde 1878 in Rexingen geboren. Er studierte Medizin und war ab 1906 als einer der ersten Kinderärzte in Krefeld tätig. In einem Krefelder Krankenhaus richtete Kurt Hirschfelder eine Station für Säuglinge ein. Des Weiteren engagierte er sich in der Mütterberatung.
Im Jahr 1933 erteilten ihm die Nationalsozialisten ein Berufsverbot. Am 29. Oktober 1941 nahm sich Kurt Hirschfelder das Leben, da er in ein KZ deportiert werden sollte.

M2 Kurt Hirschfelder

Else Lasker-Schüler wurde 1869 in Wuppertal geboren. Sie war eine bedeutende Schriftstellerin und erhielt zahlreiche Auszeichnungen.
1933 emigrierte sie in die Schweiz. 1938 wurde ihr die deutsche Staatsbürgerschaft aberkannt. Von der Schweiz aus reiste Else Lasker-Schüler mehrfach nach Palästina, bis die Schweiz ihr nach Ausbruch des Zweiten Weltkrieges als Staatenlose die Einreise zurück verweigerte. 1944 erkrankte Else Lasker-Schüler und starb 1945 an einem Herzanfall.

M3 Else Lasker-Schüler

1. Schritt: **Die Präsentation planen**

- Formuliert das Thema, das ihr erarbeiten wollt.
  - Zum Beispiel: Welche jüdische Persönlichkeit, die politisch, gesellschaftlich oder wirtschaftlich in Deutschland vor der Machtübernahme der Nationalsozialisten aktiv war, möchtet ihr vorstellen?
    Tipp: Lest dazu noch einmal T2 auf Seite 67, nutzt die Beispiele auf Seite 68 oder recheriert im Internet.
  - Wie möchtet ihr die Zuhörer in euren Vortrag einbinden?
- Recherchiert zu der Persönlichkeit, die ihr ausgewählt habt. Nutzt das Internet, Bibliotheken oder Archive oder befragt Experten.
- Überlegt, in welchem Rahmen die Ergebnisse präsentiert werden sollen.
  - An wen richtet sich eure Präsentation?
  - Was müsst ihr genau erklären, damit die Zuhörer alle Informationen verstehen?

... stammt aus ... .

Gelebt hat ... in der Zeit von ... bis ... .

Berühmt geworden ist ... durch ... .

Das Gebiet, auf dem ... hauptsächlich tätig war, war ... .

Das Leben war geprägt durch ... .

Noch heute ... .

2. Schritt: **Die Präsentation gestalten**

- Plant, wie ihr eure Ergebnisse anschaulich darstellen könnt:
  - Ist die Präsentation so gegliedert, dass alle gut folgen können?
  - Wollt ihr Bilder, Karten oder Tondokumente verwenden, die die Persönlichkeit, sein Leben und seine Leistung zeigen?
- Beachtet Folgendes besonders bei digitalen Präsentationen:
  - Sind die Folien mit Text und Bildern überfrachtet?
  - Ist die Schrift gut lesbar?
  - Sind Abbildungen erkennbar?
  - Sind Effekte notwendig?

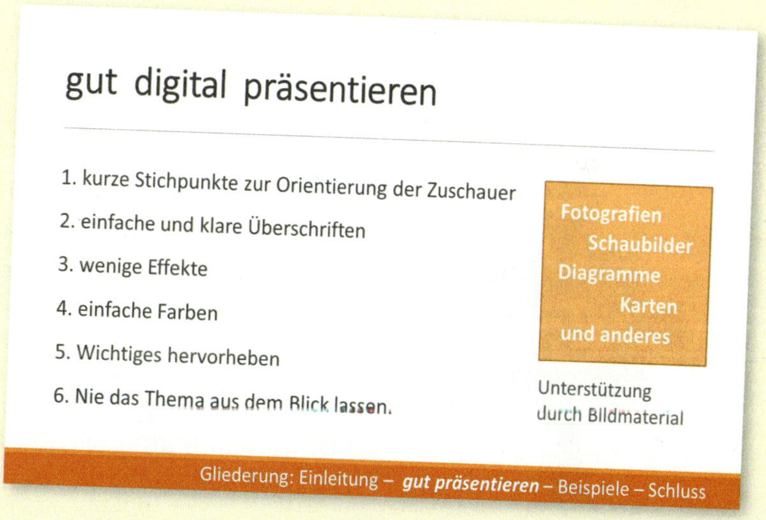

3. Schritt: **Ergebnisse präsentieren**

- Bereitet eine Einführung in euer Thema vor und erklärt, wie ihr vorgegangen seid.
  Die Mitglieder unsere Gruppe sind ... .
  Beschäftigt haben wir uns mit dem Thema: „ ... “.
  Unsere Aufgabe war ... .
  Wir sind folgendermaßen vorgegangen ... .
  Dabei sind wir zu diesen Ergebnissen gelangt: ... .
  Wir stellen ... vor.
- Präsentiert die Ergebnisse.
  Unsere Präsentation gliedert sich in .... beginnt mit ... .
  Dann folgt ... . Schließlich ... .
- Klärt im Anschluss, ob es Nachfragen gibt.

Tipps zu Schritt 3

- Testet vorab, ob die Technik funktioniert.
- Übt das Präsentieren, um zu überprüfen, ob alles zusammenpasst.
- Achtet darauf, frei zu sprechen!
- Vergesst nicht, alle Quellen anzugeben!

M1 Urkunde für ein Mädchen zur Schulentlassung 1936

M2 NS-Frauenzeitschrift zum Tag der Arbeit am 1. Mai 1940

Rollenbilder im Führerstaat

M3 Mutterkreuz

T1 • Frauen im NS-Staat: Gebären für „Führer, Volk und Vaterland"

Schon kurz nach Gründung der NSDAP hatte die NSDAP-Führung im Jahr 1921 festgelegt, dass Frauen nicht in die Parteiführung aufgenommen werden dürfen.

Nach 1933 verdrängten die Nationalsozialisten planmäßig Frauen aus der Arbeitswelt. Dies wurde über eine Reihe von Gesetzen und Fördermaßnahmen geregelt. Frauen sollten künftig nur noch in der Rolle als Hausfrau und Mutter wirken. Für Frauen mit vier und mehr Kindern gab es ab 1938 sogar einen Orden: das Mutterkreuz.

> Erst in unserer Zeit ist Klarheit darüber entstanden, dass Gleichberechtigung nur möglich ist, wenn die Frau ihrem naturgesetzten Leben in Freiheit und Selbstständigkeit folgt wie der Mann dem seinen. Das naturgesetzte Leben der Frau aber ist das Reich des Hauses, der Innenwelt, des Muttertums, der liebenden und helfenden Kameradin des Mannes.

M4 Auszug aus einem Ehe- und Familienratgeber (1940)

M5 Eine Grundlage des NS-Staates: die kinderreiche Familie (o. J.)

- Nur 10 % der Studierenden dürfen Frauen sein.
- Ehestandsdarlehen gibt es nur, wenn die Frau ihre Arbeit aufgibt. Bei Geburt des vierten Kindes gilt das Darlehen als zurückgezahlt.
- Es gibt finanzielle Hilfen für kinderreiche Familien.
- Alle verheirateten Beamtinnen werden entlassen.
- Frauen verlieren das passive Wahlrecht, also das Recht, gewählt zu werden.
- Es gibt keine Frauen als Richterinnen oder Staatsanwältinnen.
- Berufstätigkeit ist für Frauen erst ab einem Pflichtjahr in Haus- oder Landwirtschaft möglich.

M6 Aus Gesetzen über die Rolle der Frau im NS-Staat

Ehestandsdarlehen
Der Staat leiht einem Paar bei der Heirat einen bestimmten Geldbetrag zur Gründung einer Familie.

1 Stelle dir vor, du bekommst als Mädchen zur Schulentlassung die Urkunde M1. Beschreibe deine Empfindungen. (M1)

2 Beschreibe die Vorstellungen der Nationalsozialisten zur Rolle der Frau. (M2)

3 Nenne die Hauptaufgaben der Frau im NS-Staat. (T1)

4 Erkläre, was der Verfasser von M4 unter Gleichberechtigung versteht.
Placemat

5 Vermute, warum die Nationalsozialisten den Kinderreichtum förderten. (M3, M5)

6 a) Nenne Rechte, die den Frauen verweigert wurden. (M6)
b) Zeige auf, welche Bereiche den Frauen zugeordnet wurden.
Lerntempoduett

7 Hilfe Nimm Stellung zur Rolle der Frau im Nationalsozialismus. (T1, M1 – M6)

Hilfe zu

7 Berücksichtige zum Beispiel folgende Punkte: Berufstätigkeit, Gleichberechtigung, Haushalt, Kinderreichtum ...

HJ
(Hitlerjugend)
Jugendorganisation der NSDAP

BDM
(Bund Deutscher Mädel)
Teilorganisation der HJ für Mädchen

M1 Werbeplakat für die HJ (1935)

M2 Werbeplakat für den BDM (1940)

Kinder und Jugendliche im NS-Staat

T1 • Gleichgeschaltete Jugend

Die Nationalsozialisten wollten die Jugend für sich gewinnen und so die Zukunft des Nationalsozialismus sichern. Deshalb mussten alle Jugendlichen Mitglied in der Hitlerjugend (HJ) oder im Bund deutscher Mädel (BDM) sein. Ab 1936 gab es nur noch diese NS-Jugendorganisationen. Jugendverbände mit anderen Vorstellungen und Zielen wurden verboten.

> Diese Jugend ... lernt ja nichts anderes als deutsch denken, deutsch handeln. Und wenn so diese Knaben, diese Mädchen mit ... zehn Jahren in unsere Organisationen hineinkommen und dort ... zum ersten Mal überhaupt eine frische Luft bekommen, dann kommen sie vier Jahre zum Jungvolk und dann in die Hitlerjugend, und da behalten wir sie wieder vier Jahre. Und wenn sie dort noch nicht ganze Nationalsozialisten geworden sein sollten, dann kommen sie in den Arbeitsdienst und werden da weitere drei Jahre geschliffen ... und sie werden nicht mehr frei ihr ganzes Leben.

M3 Adolf Hitler in einer Rede am 2. Dezember 1938

1. Vermute, mit welchem Ziel die Plakate M1 und M2 entworfen wurden.
2. Erkläre, warum Hitler die Jugend für sich gewinnen wollte. (T1, M3)
3. a) Erkläre Hitlers Satz: „... und sie werden nicht mehr frei ihr ganzes Leben.“ (M3)
   b) Nimm Stellung zu dieser Aussage.
   Think – Pair – Share

T2 • Jugendarbeit im NS-Staat

Die Jugendlichen in den 1930er-Jahren verfügten nur über geringe Möglichkeiten zur Freizeitgestaltung. Zum Beispiel waren Urlaubsreisen für die meisten Familien nicht bezahlbar.

Hier setzte die nationalsozialistische Jugendarbeit ein. Durch damals attraktive Freizeitangebote wie Zeltlager, Lagerfeuer, Geländespiele, Sport und Heimabende gewannen HJ und BDM die Jugendlichen für sich und erzogen sie im Geist des Nationalsozialismus. Die Mädchen wurden auf ihre Rolle als Frau und Mutter vorbereitet. Die Jungen lernten, mit Waffen umzugehen und sich im Gelände zu orientieren.

Die Jungen wurden von Anfang an zu Helden erzogen, zu Tapferkeit, zu Soldaten, zur Fahne und Treue und so. Und wir Mädchen, wir wurden als Mutter erzogen: Kinder haben, sauber und ehrlich sein. Als ich noch in der Volksschule war in Haverlah, da kam von Salzgitter die BDM-Gruppe und hat in einer Scheune so ein Lager gemacht, die (Mädchen) übernachteten im Stroh. Das war während der Ferien, da musstest du einfach dran teilnehmen. Ja, und diese Marschkolonnen und dieses Gruppenbewusstsein, das wurde ja sehr unterstützt. Besonders bei den Jungens, die wurden ja direkt gedrillt, in 3er-Reihen zu marschieren. Wir [Mädchen] haben auch gelernt, in Marschkolonnen zu marschieren. [Sich einer solchen Sache zu verweigern,] hängt auch von der Erziehung im Elternhaus ab.

drillen
jemanden hart und mit vielen Wiederholungen trainieren lassen

M4 Zeitzeugin Lotte Mannel berichtet über den BDM (Interview, gekürzt, 1995)

M5 Hitlerjugend: Schießausbildung (1940)

M6 BDM: Zeltlager (1938)

4. Berichte, wie HJ und BDM Kinder und Jugendliche an sich banden. (T2)
5. Beschreibe, wie die Zeitzeugin die Aktivitäten des BDM und der HJ empfand. (M4)
6. Erkläre, warum die NS-Jugendorganisationen HJ und BDM für Jugendliche interessant waren. (T2, M4, M5, M6)
7. Bewerte die NS-Jugendpolitik.

M1 Illustration aus der Schulfibel (1941)

M2 Unterricht in einer Schulklasse (1941)

Schule im Nationalsozialismus

T1 • Gleichgeschaltete Schulen

In den ersten Jahren der NS-Zeit sollten die Lehrerkollegien aller Schulen gleichgeschaltet werden. Mit dem „Gesetz zur Wiederherstellung des Berufsbeamtentums" vom März 1933 schufen sich die Nationalsozialisten einen Vorwand, um jüdische und politisch andersdenkende Lehrkräfte zu entlassen. Wenig später wurde die Rassenzugehörigkeit für den Zugang zu höheren Schulen und Universitäten eingeführt.

Text der Tafelaufschrift in M4

Der Jude ist unser größter Feind! Hütet euch vor den Juden!

Seit 1934 war der Nationalsozialismus schon intensiver an unserer Schule zu spüren ... [zum Beispiel] dass Geschichtsunterricht bei uns sehr stark ausgerichtet war auf den Nationalsozialismus ... Als ich zwölf oder dreizehn war, wurde in der Schule der Hitlergruß eingeführt. ... Da fing es auch in der Schule an, dass man von Rassen sprach. In meiner Klasse waren fünf Juden. Die Eltern verzogen kurz darauf. Heute weiß ich, was passierte.

M3 Ein Zeitzeuge, geb. 1922, berichtet über die Schulzeit im Nationalsozialismus.

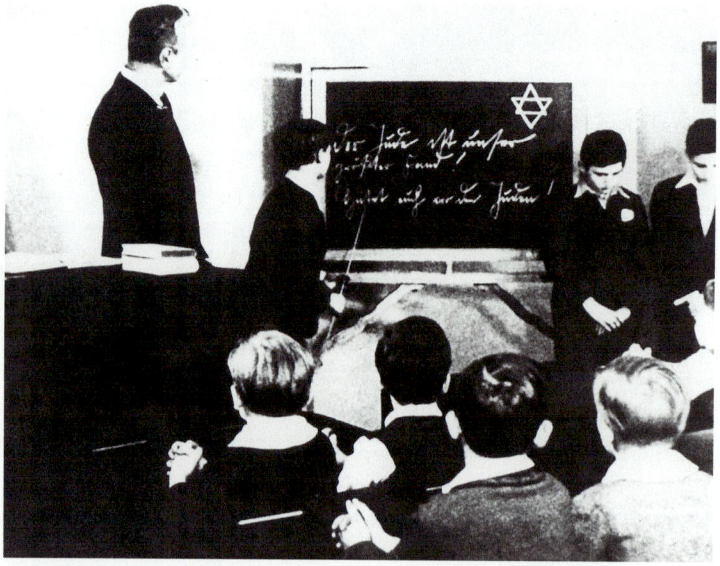

M4 Jüdische Schüler stehen vor ihrer Klasse. (vermutlich nach 1935)

T2 • Nationalsozialistische Eliteschulen

Um Nachwuchs für Leitungsaufgaben in der NSDAP zu gewinnen, gründeten die Nationalsozialisten Eliteschulen wie die Adolf-Hitler-Schulen und die Nationalpolitischen Erziehungsanstalten. Diese Schulen waren kostenlose Internatsschulen, in denen gut ausgebildete und treue Nationalsozialisten herangezogen werden sollten. Neben der schulischen Bildung gehörten vor allem die Vermittlung der nationalsozialistischen Weltanschauung und die militärische Ausbildung zum Lehrinhalt.

Die Kinder und Jugendlichen, die sich für eine solche Internatsschule bewerben wollten, mussten Mitglied der Hitlerjugend sein und in der Schule Bestnoten haben. Ihre Eltern mussten NSDAP-Mitglieder sein und eine arische Abstammung nachweisen können. Schließlich hatten die Bewerber auch gefährliche Mutproben zu bestehen, um aufgenommen zu werden.

Internat
Schule, in der Schülerinnen und Schüler nicht nur lernen, sondern auch unter der Woche wohnen

Spind
einfacher, schmaler, abschließbarer Schrank

rabiat
rücksichtslos, hart, gewalttätig

An den Internaten wurde gefordert und gedrillt, die Schüler mussten sich ständig beweisen: Die Stuben hatten sauber zu sein, die Betten akkurat hergerichtet, die Kleidung musste im Spind „auf Kante“ liegen, schulische und sportliche Höchstleistungen wurden erwartet. ...
Gewalt unter Schülern [war] keine Ausnahme. Diese wurde nicht nur ... geduldet, sondern gehörte inoffiziell zum Lehrplan: Die Gemeinschaft ... sollte sich selber erziehen. Wenn nötig mit rabiaten Methoden. Viele Lehrer und Erzieher ignorierten deshalb die Übergriffe, manche hießen sie sogar ausdrücklich gut.

M5 Über Gewalt an den nationalsozialistischen Eliteschulen (Darstellung von 2013)

M6 „Der ‚Hitlerjunge vom Dienst‘ kontrolliert die Spinde seiner Mitschüler“ an einen NS-Eliteinternat (Propagandafoto, o. J.)

❶ Zeige den Einfluss der Nationalsozialisten in der Schule. (M1, M2)

❷ Beschreibe, wie die Regierung die NS-Ideologie in der Schule durchsetzte. (T1)

❸ a) Arbeite die wichtigsten Informationen aus M3 und M4 heraus.
b) Formuliere Denkblasen für die beiden Schüler rechts neben der Tafel in M4.
c) Weise Zusammenhänge mit der NS-Ideologie nach.
d) Nimm Stellung.
Think – Pair – Share

④ a) Beschreibe die Funktion der NS-Eliteschulen. (T2)
b) Nenne die Aufnahmebedingungen. (T2)

⑤ In den NS-Internatsschulen ging es oft zu wie beim Militär. Weise dies anhand von M5 und M6 nach.

⑥ Bei M6 handelt es sich um ein Propagandafoto.
a) Erläutere, welche Wirkung beim Betrachter erzeugt werden sollte.
b) Was haben die vier Schüler in der Situation gedacht? Formuliere mögliche Gedanken.
Lerntempoduett

M1 Propagandaplakat von 1934

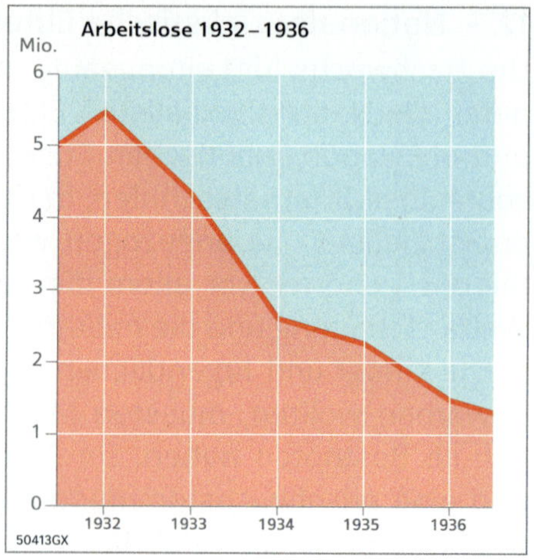

M2 Arbeitslosenstatistik

Das angebliche Wirtschaftswunder

T1 • Geschönte Arbeitslosenstatistik

Schon 1932 hatte sich ein positiver wirtschaftlicher Trend abgezeichnet. Die deutsche Wirtschaft erholte sich allmählich von den Folgen der Weltwirtschaftskrise. Dennoch stellte die Massenarbeitslosigkeit 1933 immer noch ein großes Problem dar.

Mit einer Reihe staatlicher Maßnahmen senkte die NS-Regierung zunächst die Arbeitslosenzahlen weiter und propagierte den Wirtschaftsaufschwung als ausschließlichen Erfolg der eigenen Politik. Auch die Arbeitsbeschaffungsprogramme, die die Nationalsozialisten betrieben, waren bereits in der Weimarer Republik entwickelt worden. Dennoch verstand es die NS-Propaganda auch hier, den Erfolg der Hitler-Regierung zuzuschreiben.

- Ab 1933: Verdrängung der Frauen aus der Arbeitswelt. 80 % der berufstätigen Frauen räumten Arbeitsplätze und wurden Hausfrauen.
- Ab 1933: Die Verdrängung von Bürgern jüdischen Glaubens aus der Arbeitswelt verminderte die Arbeitslosenzahlen.
- Ab 1935: Die Einführung der Wehrpflicht für 18- bis 25-jährige Männer nahm diese Altersgruppe für ein Jahr, ab 1936 für zwei Jahre komplett vom Arbeitsmarkt.
- Ab 1935: Der verpflichtende Einsatz im Reichsarbeitsdienst vor dem Wehrdienst reduzierte die Arbeitslosenzahlen.

M3 Maßnahmen der NS-Regierung zur Reduzierung der Arbeitslosigkeit

1 a) Beschreibe das Plakat M1.
b) Gib seine Aussageabsicht wieder.

2 Beschreibe die wirtschaftliche Lage in Deutschland 1933. (T1, M2)

3 a) Nimm Stellung zu den in M3 aufgeführten Maßnahmen.
b) Weniger Arbeitslose bedeutet nicht automatisch mehr Arbeitsplätze! Erkläre.

T2 • Arbeitsbeschaffung durch Aufrüstung

Die statistische Senkung der Arbeitslosenzahlen brachte der NS-Regierung Zustimmung in weiten Teilen der Bevölkerung und führte so zu einer Stabilisierung ihrer Machtposition. Staatliche Investitionen in die Wirtschaft flossen jedoch hauptsächlich in die Rüstungsindustrie zur Vorbereitung eines Krieges.

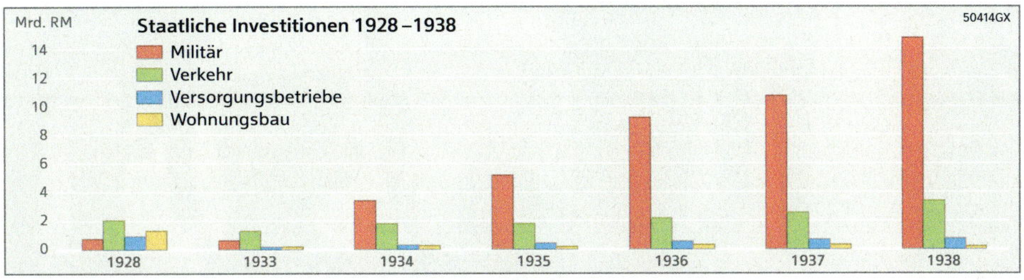

M4 Staatliche Investitionen (in Milliarden Reichsmark, gerundet)

Versorgungsbetriebe
Unternehmen, die für die Versorgung der Bevölkerung sorgen; hierzu gehören unter anderem neben der Versorgung mit Wasser oder Strom auch das Bereitstellen von Gesundheitseinrichtungen.

T3 • Aufschwung durch Staatsverschuldung

Durch die Wirtschaftspolitik der NSDAP war die Staatsverschuldung in den ersten Jahren stark angestiegen. Zur Deckung des Minus in der Staatskasse wurde die Besteuerung der Unternehmen angehoben. Auf keinen Fall sollten die Arbeiter stärker durch Abgaben belastet werden. Entgegen ausdrücklicher Empfehlungen von Finanzexperten setzten die Nationalsozialisten weitere Vergünstigungen für Arbeiter und Familien durch. Das Lohnniveau und der Lebensstandard erreichten dennoch nicht den Stand aus der Zeit vor der Weltwirtschaftskrise.

Als weitere Geldquelle nutzte die NSDAP die Enteignung jüdischen Vermögens. Das große Ziel war es, die Kosten für den Wirtschaftsaufschwung langfristig aus Kriegseinnahmen zu decken.

Entwicklung der Staatseinnahmen		Entwicklung der Staatsausgaben		Entwicklung der Staatsschulden	
1933	6,8 Mrd. RM	1933	8,1 Mrd. RM	1933	11,7 Mrd. RM
1935	9,3 Mrd. RM	1935	13,1 Mrd. RM	1935	14,6 Mrd. RM
1937	13,4 Mrd. RM	1937	18,9 Mrd. RM	1937	25,5 Mrd. RM
1939	23,1 Mrd. RM	1939	42,2 Mrd. RM	1939	42,6 Mrd. RM

M5 Die staatlichen Finanzen im Deutschen Reich

4 Die Senkung der Arbeitslosigkeit sollte die NS-Herrschaft festigen. Erkläre. (T2)

5 a) Vergleiche die Investitionen für Rüstung mit denen für Wohnungsbau, Versorgungsbetriebe und Verkehr. (M4)
b) Vermute mögliche Auswirkungen für die Bevölkerung.
Think – Pair – Share

6 Erkläre, wie die NSDAP die Staatsverschuldung verringern wollte. (T3)

7 Werte die Statistik M5 aus.

8 Erkläre den Zusammenhang zwischen Aufrüstung, Arbeitslosenzahlen und Staatsverschuldung.
Lerntempoduett

9 Beurteile die Wirtschaftspolitik der NSDAP.

M1 Boykott jüdischer Geschäfte (1933)

M2 Liebe zwischen Christen und Juden – eine Straftat (1933)

Juden werden zu Feinden gemacht

T1 • Entrechtet, ausgegrenzt und ausgebeutet

Wenige Wochen nach Hitlers Ernennung zum Reichskanzler begann die NSDAP, ihre antisemitischen Vorstellungen in die Tat umzusetzen. Im April 1933 rief sie zum Boykott jüdischer Geschäfte auf. Wenig später verhängte die Regierung Berufsverbote gegen jüdische Rechtsanwälte, Ärzte, Apotheker, Beamte, Künstler und Wissenschaftler. Diese Maßnahmen hatten zur Folge, dass bereits 1933 von den 540 000 deutschen Juden 33 000 ins Ausland gingen, unter ihnen berühmte Deutsche wie der Physiker Albert Einstein, die Schriftsteller Stefan Zweig und Alfred Döblin, der Komponist Kurt Weill und der Psychologe Erich Fromm.

Mit den Nürnberger Gesetzen wurde den Juden 1935 die deutsche Staatsbürgerschaft aberkannt und Beziehungen zu deutschen Staatsangehörigen verboten. Damit waren Juden vollständig diskriminiert.

Boykott
Wenn man etwas boykottiert, dann meidet man eine Sache gezielt und zeigt seine Abneigung dieser gegenüber.

diskriminieren
benachteiligen oder ausgrenzen von Einzelpersonen oder Gruppen aufgrund beispielsweise ihrer Herkunft, Religion oder ihres Geschlechts

> §1 (1) Eheschließungen zwischen Juden und Staatsangehörigen deutschen und artverwandten Blutes sind verboten. Trotzdem geschlossene Ehen sind nichtig …
> §2 Außerehelicher Verkehr zwischen Juden und Staatsangehörigen deutschen oder artverwandten Blutes ist verboten.

M3 Auszug aus dem Nürnberger Rassegesetz (1935)

1. Vermutet mögliche Gedanken des Ladenbesitzers (M1) und des Paares (M2).
2. Erkläre, mit welchen Maßnahmen Juden diskriminiert wurden. (T1, M1, M2, M3)

T2 • Die Novemberpogrome – offene Gewalt gegen Juden

Am 7. November 1938 erschoss ein 17-jähriger polnischer Jude einen Beamten der deutschen Botschaft in Paris. Er wollte mit dieser Tat dagegen protestieren, dass die Nationalsozialisten 17000 polnische Juden aus Deutschland abgeschoben hatten. Aus dieser Tat eines Einzelnen machte die NS-Propaganda eine „Verschwörung des Weltjudentums". Angeblich aus Rache, tatsächlich aber von den Nationalsozialisten bewusst geplant, plünderten am 9. November 1938 SA- und SS-Leute jüdische Geschäfte, zerstörten sie und brannten Synagogen nieder. Hunderte Juden wurden misshandelt und sogar ermordet. Nach diesen Gewalttaten erließ die NS-Regierung weitere Verordnungen, die es Juden unmöglich machten, ein menschenwürdiges Leben zu führen.

Pogrom
gewalttätige Handlungen gegen bestimmte Bevölkerungsgruppen, die beispielsweise aufgrund ihrer Herkunft oder Religion ausgegrenzt werden

Webcode
Filmclip über die Novemberpogrome
WES-100953-2

M4 Brennende Synagoge in Essen (1938)

M5 Zerstörtes Geschäft in Berlin (1938)

> Jetzt müssen es auch die Juden spüren! Sechs Jahre lang haben sie bei uns gelebt, sechs Jahre seit der Machtübernahme Adolf Hitlers, sechs Jahre lang wurde ihnen nicht ein Haar gekrümmt ... In unserer Stadt wurden die Schaufenster der jüdischen Geschäfte zertrümmert, die Einrichtung der Synagoge zerstört, die Juden selbst in Schutzhaft genommen. Sind das nicht nur geringschätzige Maßnahmen gegenüber einer Tat, wie sie jetzt in Paris geschah? Darum ist es notwendig, die Juden jetzt noch mehr auszuschließen als bisher und ihnen endlich ... derb zu zeigen, dass wir noch wach sind und uns zu wehren wissen.

M6 Aus dem Obernkirchener Anzeiger vom 11. November 1938

M7 Der Judenstern musste ab 1941 von allen jüdischen Bürgern in der Öffentlichkeit getragen werden.

3 Berichte über die Novemberpogrome in Deutschland am 9. November 1938. (T2, M4, M5)

4 a) Arbeite heraus, wie die Gewalttaten gerechtfertigt wurden. (M6)
b) Diskutiert darüber.

interpretieren

Eine grundlegende Arbeitsweise im Geschichtsunterricht ist das Interpretieren von Quellen. Hierbei kann es sich um Text-, Bild- oder auch gegenständliche Quellen handeln. Um eine Quelle erschließen zu können, beantwortest du zunächst die typischen W-Fragen. Diese können sich je nach Quellenart unterscheiden. Anschließend gleichst du den Inhalt der Quelle mit den historischen Fakten ab und ordnest sie in den geschichtlichen Zusammenhang ein. Zum Schluss fasst du deine Ergebnisse zusammen. Du formulierst alle deine Erkenntnisse zu der Quelle aus und deutest sie im geschichtlichen Zusammenhang.

1. Schritt: In den geschichtlichen Zusammenhang einordnen

- Erschließe die Quelle durch das Beantworten der W-Fragen. Bedenke, dass nicht immer alle W-Fragen beantwortet werden können.
- Achte auf die Unterschiede, die sich aus der Quellenart ergeben.
- Gleiche den Inhalt der Quelle mit historischen Fakten ab.

2. Schritt: Zusammenfassung der Ergebnisse

- Fasse die gewonnenen Erkenntnisse zusammen.

3. Schritt: Die Quelle im geschichtlichen Zusammenhang deuten

- Deute die Quelle im geschichtlichen Zusammenhang. Zum Beispiel indem du auf die Nachvollziehbarkeit der Meinung des Verfassers im historischen Kontext eingehst.
- Gehe auf die Haltung des Verfassers der Quelle bzw. auf die Verwendung des Gegenstands ein.

M1 Tagebucheintrag des deutschen Schriftstellers Victor Klemperer (1942)

Und der kleine Nadelstich ist manchmal quälender als der große Keulenschlag. Ich stelle einmal die Verordnungen zusammen:

1) Nach acht oder neun Uhr abends zu Hause sein. Kontrolle!
2) Aus eigenem Haus vertrieben
3) Radioverbot, Telefonverbot
4) Theater-, Kino-, Konzert-, Museumsverbot
5) Verbot, Zeitschriften zu abonnieren oder zu kaufen
6) Autobusse (Fahrten) verboten ...
8) Verbot, Zigarren zu kaufen oder irgendwelche Rauchstoffe
9) Verbot, Blumen zu kaufen ...
11) Verbot, zum [Frisör] zu gehen ...
13) Zwangsablieferung von Schreibmaschinen ...
31) Einkaufsbeschränkung auf eine Stunde ...

Ich glaube, diese 31 Punkte sind alles. Sie sind aber alle zusammen gar nichts gegen die ständige Gefahr der ... [Hausdurchsuchungen], der Misshandlung, des Gefängnisses, Konzentrationslagers und gewaltsamen Todes. ...

Interpretiere den Tagebucheintrag von Victor Klemperer.

1. Schritt: In den geschichtlichen Zusammenhang einordnen

- Beantworte folgende W-Fragen:

  - Wer? (Verfasser, Urheber)
    Viktor Klemperer, Schriftsteller ...
  - Was? (Quellenart und Inhalt)
    Tagebucheintrag ...
  - Wann? (Entstehungszeit)
  - Wo? (Entstehungsort)
  - Wie? (sachlich, eigene Meinung, Aufzählung ...)
  - An wen gerichtet? (Zielgruppe)
  - Wozu? (Zweck, Ziel)

  - Fasse die gewonnenen Erkenntnisse zusammen, indem du zunächst die W-Fragen in einem Fließtext beantwortest:
    Bei der Textquelle handelt es sich um ... . Der Verfasser ist ... .
    Er schreibt von ... . Er listet sowohl ... auf wie zum Beispiel ... , als auch ... .
    Klemperer berichtet im Jahr ... über die Situation ... . Sein Schreibstil ist ... .

2. Schritt: Zusammenfassung der Ergebnisse

- Beschreibe die Situation in Deutschland 1942 und besonders die Situation der Juden.
- Gleiche dann den Tagebucheintrag Viktor Klemperers mit den historischen Fakten ab.
- Mache dir zunächst Notizen:

historische Situation:	Textquelle:
- nationalsozialistische Herrschaft unter Adolf Hitler seit 1933	
- Zweiter Weltkrieg dauerte seit ...	
- Bürger jüdischen Glaubens wurden seit ... ausgegrenzt und diskriminiert	- der „kleine Nadelstich" → vielfache Verbote, die das alltägliche Leben betrafen - zum Beispiel ...
- seit 1935 galten die ... Gesetze	
- im Jahr ... fand die Reichspogromnacht statt	- der „große Keulenschlag" → ständige Gefahr von Gewalt
- seit dem Krieg wurden Juden ...	
- viele wurden in Konzentrationslager ... und ...	- zum Beispiel ...

- Formuliere anhand deiner Notizen einen Fließtext.

3. Schritt: Die Quelle im geschichtlichen Zusammenhang deuten

- Deute den Inhalt der Quelle im historischen Zusammenhang.
  Anhand des Tagebucheintrages erfährt der Leser ... . Dem Leser wird vor Augen geführt, mit welchen alltäglichen Erniedrigungen ... . Klemperer verdeutlicht ... .
- Gehe auf die Haltung des Autors ein:
  Victor Klemperer beschreibt die Situation aus der Sicht ... . Die Beschreibungen bieten einen direkten Einblick in die höchst bedrohliche und menschenunwürdige Situation, in der ... . Mit der Formulierung „der kleine Nadelstich" will Klemperer zum Ausdruck bringen ... . Des Weiteren ... .

M1 Schlagzeilen und Fotografien zu Ereignissen der Jahre 1936 bis 1938

a) Die Saarländer entscheiden nach 15 Jahren über ihre Zugehörigkeit zu Deutschland oder Frankreich.
b) Das Rheinland wird als Sicherheitszone entmilitarisiert.
c) Eine Vereinigung Österreichs mit Deutschland ist unzulässig.
d) Die Reichswehr ist auf ein 100 000-Mann-Heer begrenzt.

M2 Bestimmungen des Versailler Vertrages von 1919

Schritt für Schritt in den Krieg

T1 • Gezielte Vertragsverletzungen und Provokationen

In einer Volksabstimmung entschieden sich die Saarländer im Januar 1935 dafür, wieder zum Deutschen Reich zu gehören. Bereits 1933 wurde die Aufrüstung der Reichswehr begonnen und 1935 die allgemeine Wehrpflicht eingeführt. Es folgten die Besetzung des Rheinlandes 1936 und der Anschluss Österreichs an Deutschland 1938.

Mitte des Jahres 1938 forderte Hitler unter Kriegsdrohungen von der Tschechoslowakei die Abtretung des Sudetenlandes, weil dort viele Deutsche lebten. Großbritannien und Frankreich wollten einen Krieg vermeiden und stimmten im Münchener Abkommen vom 29. September 1938 dieser Forderung zu. Zwei Tage später besetzten deutsche Truppen das Sudetenland und am 15. März 1939 auch das restliche Tschechien.

Sudentenland
damalige Sammelbezeichnung für Gebiete entlang der Grenzen zwischen der Tschechoslowakei und Deutschland sowie Österreich, in denen überwiegend deutschsprachige Menschen lebten

❶ Stelle Zusammenhänge zwischen M1 und M2 her.

② Hilfe Erstelle eine Zeittafel zu den Ereignissen von 1933 bis 1939. (M1, T1)

❸ Prüfe, welche Ereignisse gegen den Versailler Vertrag verstießen. (T1, M2)
Partnerarbeit

❹ Erkläre, warum Großbritannien und Frankreich sich in der Sudetenkrise nicht gegen Deutschland stellten. (T1)

Hilfe zu
❷ Verwende für die Zeittafel Jahreszahlen oder vollständige Daten.

T2 • Gezielte Kriegsvorbereitungen

Deutschland sollte planmäßig auf einen Krieg vorbereitet werden. Dafür wurden zum Beispiel arbeitslose Männer im Reichsarbeitsdienst (RAD) zusammengefasst. Sie sanierten Straßen und öffentliche Gebäude und bauten die Autobahnen weiter aus. Diese waren damals nicht für den privaten Autoverkehr erforderlich, aber für Militärtransporte im Krieg von enormer Bedeutung. Außerdem vergab die nationalsozialistische Regierung Großaufträge zum Bau von Panzern und schweren Waffen an die Industrie.

All diese Maßnahmen kosteten den Staat sehr viel Geld. Sie wurden meist durch Kredite finanziert und verursachten somit hohe Schulden für die Staatskasse. Dies führte zu einer erneuten Geldentwertung. Die neue Inflation ließen die Nationalsozialisten aber mit finanzpolitischen Tricks verschleiern. Sie zeigte sich erst nach Kriegsende.

sanieren
ausbessern, reparieren

> Ähnlich der militärischen und politischen Aufrüstung hat eine wirtschaftliche zu erfolgen. Wir sind übervölkert und können uns auf der eigenen Grundlage nicht ernähren. Die endgültige Lösung liegt in einer Erweiterung des Lebensraumes bzw. der Rohstoff- und Ernährungsbasis unseres Volkes. Ich stelle folgende Aufgabe:
> 1. Die deutsche Armee muss in vier Jahren einsatzfähig sein.
> 2. Die deutsche Wirtschaft muss in vier Jahren kriegsfähig sein.

M3 Geheime Denkschrift Adolf Hitlers von 1936 (gekürzter Auszug)

M4 Privater Autoverkehr (nach 1936)

M5 Militärkolonne (1937)

5 Nenne Maßnahmen, mit denen die Nationalsozialisten den Krieg gezielt vorbereiteten. (T2, M3, M4)
Stühletausch

6 Erkläre, welche wirtschaftlichen Folgen diese Maßnahmen hatten. (T2)

7 Der Autobahnausbau war eine Maßnahme zur Kriegsvorbereitung. Begründe. (T2, M4, M5)

> Wenn ich in diesem Augenblick bewusst als deutscher Nationalsozialist spreche, so möchte ich ... bekunden, dass gerade uns in diesem jungen Deutschland das tiefste Verständnis beseelt ... für die begründeten Lebensansprüche der anderen Völker. Die Generation dieses jungen Deutschlands, die in ihrem bisherigen Leben nur die Not, das Elend und den Jammer des eigenen Volkes kennenlernte, hat zu sehr ... gelitten, als dass sie beabsichtigen könnte, das Gleiche anderen zuzufügen.
> Indem wir in grenzenloser Liebe und Treue an unserem eigenen Volkstum hängen, respektieren wir die nationalen Rechte auch der anderen Völker aus dieser selben Gesinnung heraus und möchten aus tiefinnerstem Herzen mit ihnen in Frieden und Freundschaft leben.

M1 Aus einer Rede Adolf Hitlers am 17. Mai 1933 vor dem Deutschen Reichstag

M2 Fotomontage von John Heartfield (Juni 1933)

Phrase
eine Aussage ohne Inhalt, leeres Gerede

Die nationalsozialistische Außenpolitik

T1 • Vorgetäuschte Friedenspolitik

Obwohl Adolf Hitler in seinem Buch „Mein Kampf“ seine Pläne für einen Eroberungskrieg offen dargelegt hatte, verschleierte er als Reichskanzler seine wahren außenpolitischen Absichten. Wie alle Parteien der Weimarer Republik beschränkte er sich zunächst darauf, eine Änderung des Versailler Vertrages zu verlangen. Nach 1933 schloss er ausgleichende Verträge mit Großbritannien und Polen, um das Ausland zu beruhigen. Auch nach innen betonte er seinen Friedenswillen, weil er das deutsche Volk noch nicht für kriegsbereit hielt.

1933: Verlängerung des Berlin-Vertrages von 1926 mit der UdSSR über wirtschaftliche und militärische Zusammenarbeit

1934: Deutsch-polnischer Nichtangriffspakt

1935: Deutsch-britisches Flottenabkommen zur Verhinderung eines Wettrüstens

M3 Verträge der NS-Regierung mit dem Ausland

> Die Umstände haben mich gezwungen, jahrzehntelang fast nur vom Frieden zu reden. Nur unter der fortgesetzten Betonung des deutschen Friedenswillens ... war es mir möglich, dem deutschen Volk Stück für Stück die Freiheit zu erringen und ihm die Rüstung zu geben, die immer wieder für den nächsten Schritt als Voraussetzung notwendig war. ...
> Es war nunmehr notwendig, das deutsche Volk psychologisch allmählich umzustellen und ihm langsam klarzumachen, dass es Dinge gibt, die ... mit Mitteln der Gewalt durchgesetzt werden müssen. Dazu war es aber notwendig, nicht etwa nun die Gewalt als solche zu propagieren, sondern es war notwendig, dem deutschen Volk bestimmte außenpolitische Vorgänge so zu beleuchten, dass die innere Stimme des Volkes selbst langsam nach der Gewalt zu schreien begann.

M4 Aus einer geheimen Rede Adolf Hitlers am 10. November 1938

T2 • Erfolge für Hitler durch britische Zugeständnisse

Die britische Außenpolitik gegenüber Deutschland war auf Appeasement ausgerichtet, das heißt, Großbritannien wollte Konflikte mit Deutschland vermeiden und einigen Forderungen nachgeben, um den Frieden zu bewahren. Die Menschen in Großbritannien befürworteten diese Politik, weil sie noch das Massensterben des Ersten Weltkrieges vor Augen hatten. Daher schritt die britische Regierung auch nicht ein, als Deutschland gegen den Versailler Vertrag verstieß, indem es die allgemeine Wehrpflicht wiedereinführte, das Rheinland besetzte und Österreich in das Deutsche Reich eingliederte.

Höhepunkt der Appeasement-Politik war der Abschluss des Münchener Abkommens am 30. September 1938. In diesem Abkommen zwangen der britische Regierungschef Chamberlain und der französische Regierungschef Daladier auf Drängen Hitlers die Tschechoslowakei dazu, das Sudetenland an Deutschland abzutreten.

Appeasement
Politik des Nachgebens und der Zugeständnisse, um Frieden zu wahren

Tschechoslowakei
Staat, der von 1918 bis 1992 existierte, in dem verschiedene Nationalitäten zusammenlebten. Das Gebiet der damaligen Tschechoslowakei gehört heute zu den Staaten Tschechien, Slowakei und teils zur Ukraine.

> Wir hatten die Wahl zwischen verzweifelter und aussichtsloser Verteidigung, die die Opferung nicht nur der gesamten erwachsenen männlichen Generation, sondern auch von Kindern und Frauen bedeutet hätte. Und zwischen der Annahme der Bedingungen, die in ihrer Rücksichtslosigkeit ohne Beispiel in der Geschichte sind.

M5 Der tschechische Regierungschef Syrovy am 30. September 1938

M6 Deutsche Gebietszuwächse bis 1939

1. a) Formuliere die Kernaussage von M1.
   Bienenkorb
   b) Hitlers Rede wurde 1933 im In- und Ausland mit großem Interesse verfolgt. Vermute mögliche Reaktionen.
2. Deute die Reaktion des Künstlers John Heartfield auf Hitlers Rede. (M1, M2)
3. Stelle die Grundzüge von Hitlers Außenpolitik dar. (T1, M3, M4)
4. a) Erkläre, warum Hitler auch die deutsche Bevölkerung über die Außenpolitik täuschen wollte. (M4)
   b) Nimm Stellung dazu.
5. a) Beschreibe die Appeasement-Politik Großbritanniens. (T2)
   b) Erkläre, warum diese Politik in Großbritannien große Zustimmung fand.
   Think – Pair – Share
6. a) Nenne das Ergebnis des Münchener Abkommens. (T2)
   b) Gib die tschechische Reaktion wieder. (M5)
   c) Bewerte die Rolle Großbritanniens und Frankreichs. (T2, M5)
7. a) Werte M6 aus.
   b) Diskutiert Ziel und Ergebnis der Appeasement-Politik.

Gegr. 1811
BIELEFELDER TAGEBLATT

Bielefeld, Sonnabend, 2. September 1939 — Verlag von J. D. Küster Nachf. — 129. Jahrg. / Nr. 205 / Ausgabe A

Deutschlands Gegenschlag gegen Polen

Die Wehrmacht im Vormarsch — Die deutsche Luftwaffe hat sich die Luftherrschaft über den polnischen Raum erkämpft

M1 Bielefelder Tageblatt (Westfälische Zeitung) vom 2. September 1939

Text der Zeitungsmeldung

Deutschlands Gegenschlag gegen Polen

Die Wehrmacht im Vormarsch – Die deutsche Luftwaffe hat sich die Luftherrschaft über den polnischen Raum erkämpft

Der Zweite Weltkrieg

T1 • Vom europäischen Krieg zum Weltkrieg

Am 1. September 1939 überfiel die Wehrmacht auf Hitlers Befehl das Nachbarland Polen und besetzte es. In weiteren Feldzügen des Jahres 1940 eroberte die deutsche Wehrmacht Dänemark und Norwegen, die Niederlande, Belgien und Frankreich. Nur Großbritannien widerstand den deutschen Angriffen. In Deutschland wurde Hitler für diese Eroberungen gefeiert. Kritik an Hitler oder Widerstand hatten keine Chance.

Im Sommer 1941 folgte der Überfall auf die Sowjetunion. Hitler wollte einen Krieg gegen die slawischen Völker führen, sie versklaven und „Lebensraum" im Osten gewinnen. So sah es seine Ideologie vor.

Webcode Filmclip über den Beginn des Zweiten Weltkrieges WES-100953-3

> Wie es den Russen geht, wie es den Tschechen geht, ist mir total gleichgültig ... Ob die anderen Völker in Wohlstand leben oder ob sie verrecken vor Hunger, das interessiert mich nur so weit, als wir sie als Sklaven für unsere Kultur brauchen ... Ob bei dem Bau eines Panzergrabens 10000 russische Weiber an Entkräftung umfallen oder nicht, interessiert mich nur insoweit, als der Panzergraben für Deutschland fertig wird.

M2 Heinrich Himmler, Führer der SS (1943)

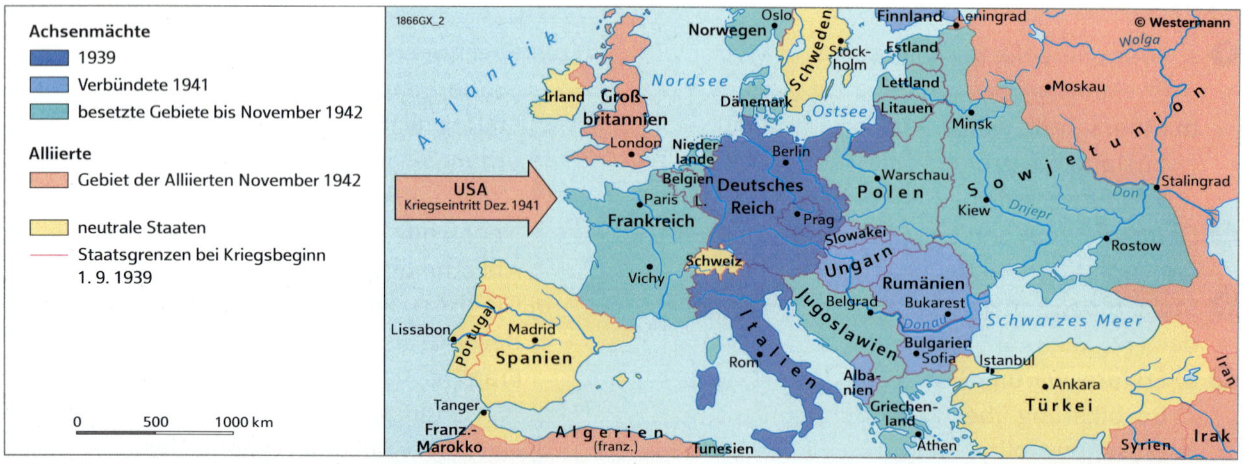

M3 Der Verlauf des Zweiten Weltkriegs in Europa bis 1942

T2 • Die Kriegswende

Im Winter 1942/43 erlitt die deutsche Wehrmacht bei Stalingrad eine vernichtende Niederlage. 230000 deutsche Soldaten waren gefallen, verhungert, erfroren oder in Kriegsgefangenschaft gestorben.

> In mehrtägiger Trauer wird das deutsche Volk seiner tapferen Söhne gedenken, die bis zum letzten Atemzug ... ihre Pflicht getan und damit die Hauptkraft ... [des Gegners] gegen die Ostfront gebrochen haben.

M4 Bericht aus dem Völkischen Beobachter vom 4. Februar 1943

Die NS-Propaganda missbrauchte die Niederlage von Stalingrad für ihre Zwecke. In einer Rede am 18. Februar 1943 rief Propagandaminister Goebbels den „totalen Krieg" aus, der Deutschland schließlich doch noch den Sieg bringen sollte. Eine fanatische Menge jubelte ihm zu.

Ab 1943 nahmen die Bombardierungen deutscher Städte durch die Luftstreitkräfte der Alliierten massiv zu. Die Versorgung der Bevölkerung brach zusammen, Lebensmittel und Brennstoffe wurden rationiert. Jugendliche und Männer, die für den Kriegsdienst zu alt waren, wurden an die Flugabwehrkanonen oder in den Volkssturm befohlen.

fanatisch
meint hier: begeistert, leidenschaftlich, mitgerissen

Alliierte
bedeutet wörtlich Verbündete.
Im Zweiten Weltkrieg waren die USA, Frankreich, Großbritannien und die Sowjetunion Verbündete gegen das nationalsozialistische Deutschland und wurden Alliierte genannt.

Volkssturm
Einberufung aller Männer zwischen 16 und 60, um in der Endphase des Zweiten Weltkrieges die Wehrmacht zu unterstützen

> Ich frage euch: Glaubt ihr mit dem Führer und mit uns an den endgültigen totalen Sieg des deutschen Volkes? ... Seid ihr entschlossen, dem Führer in der Erkämpfung des Sieges durch dick und dünn und unter Aufnahme auch der schwersten persönlichen Belastungen zu folgen? ... Ich frage euch: Wollt ihr den totalen Krieg? Wollt ihr ihn, wenn nötig, totaler und radikaler, als wir ihn uns heute überhaupt noch vorstellen können? ... Somit sind wir, wie von der ersten Stunde unserer Macht an und durch all die zehn Jahre hindurch, fest und brüderlich mit dem deutschen Volk vereint. Der mächtigste Bundesgenosse, den es auf dieser Welt gibt, das Volk selbst, steht hinter uns und ist entschlossen, mit dem Führer, koste es, was es wolle, ... den Sieg kämpfend zu erstreiten. Welche Macht der Welt könnte uns jetzt noch hindern, alles das durchzusetzen und zu erfüllen, was wir uns als Ziel gesteckt haben. Jetzt wird und muss es uns gelingen! ...

M5 Aus der Sportpalast-Rede von Joseph Goebbels vom 18. Februar 1943

1. Erkläre, welchen Eindruck die Meldung in M1 erweckt.
2. a) Berichte, wie es wirklich war. (T1)
   b) Erkläre den Zweck der Falschmeldung.
3. Beurteile die Aussage von Heinrich Himmler. (M2)
4. Hilfe Die NS-Ideologie und der Russlandfeldzug hängen zusammen. Weise dies nach.
   Think – Pair – Share
5. Erkläre, wodurch sich der Kriegsverlauf änderte. (T2)
6. Vergleiche M4 mit den Informationen aus T2.
7. a) Erkläre, was „totaler Krieg" bedeutet. (M5)
   b) Nenne Textstellen in M5, die das verdeutlichen.

Hilfe zu

4 Berücksichtige Seite 58/59.

Die NS-Herrschaft in besetzten Gebieten

neutral
meint hier: sich in einem Kriegsfall auf keine der gegnerischen Seiten stellen

Exil
Menschen leben im Exil, wenn sie aus verschiedenen Gründen ihr Heimatland verlassen mussten. Die Gründe können unter anderem Vertreibung oder Flucht sein.

T1 • Überfall auf die neutralen Niederlande

Am 10. Mai 1940 überfiel die deutsche Wehrmacht die neutralen Niederlande. Vier Tage später bombardierte die deutsche Luftwaffe Rotterdam. Die Altstadt wurde zerstört und 814 Zivilisten kamen ums Leben. Danach kapitulierte das niederländische Militär. Königin Wilhelmine und ihre Regierung flohen ins Exil nach London.

Die Nationalsozialisten sahen die Niederländer als Arier an. Deshalb sicherten sie ihnen zu Beginn der Besatzung zu, dass das bisher geltende Recht in Kraft bleibe. Außerdem sollten die Unabhängigkeit der niederländischen Gerichte gewahrt werden und die niederländischen Behörden ihre Verwaltungstätigkeit weiter ausüben können. Allerdings wurden niederländische Arbeitslose und ab 1942 sogar Menschen mit fester Arbeit zu Arbeitsdiensten in deutschen Rüstungsfabriken gezwungen. Insgesamt wurden fast 500 000 Niederländer als Zwangsarbeiter nach Deutschland deportiert.

Direkt nach dem Einmarsch der deutschen Wehrmacht begann die Verfolgung der niederländischen Juden. Diese durften öffentliche Orte nicht mehr besuchen, wurden aus Staatsämtern entlassen und mussten ab 1941 den Judenstern tragen. 1941 begannen die Nationalsozialisten zudem damit, die jüdische Bevölkerung in Vernichtungslager zu deportieren. 75 % der niederländischen Juden wurden dort ermordet.

M1 Rotterdam nach dem Angriff der deutschen Luftwaffe am 14. Mai 1940

M2 Festnahme von Amsterdamer Juden im Februar 1941

1. Arbeite die Informationen zum Überfall auf die Niederlande heraus. (T1, M1)
2. Erkläre, wie sich die deutschen Besatzer in den Niederlanden verhielten und welche Absicht sie verfolgten. (T1, M2)

T2 • Die Verbrechen in den besetzten Gebieten Osteuropas

Der Krieg gegen Polen und die Sowjetunion richtete sich nicht nur gegen eine andere Streitmacht, er war vielmehr ein Vernichtungskrieg. Menschen jüdischen Glaubens wurden durch Sondereinheiten der SS und der Wehrmacht aufgespürt und massenhaft ermordet. Teile der nichtjüdischen Bevölkerung wurden zur Zwangsarbeit verpflichtet oder durch Hunger getötet. Auf diese Art sollte der von Hitler geforderte „Lebensraum im Osten" für Deutsche geschaffen werden. Außerdem wurden Kriegsgefangene zur Zwangsarbeit herangezogen. All dies stellte gröbste Verstöße gegen das Völkerrecht dar, denn seit dem 19. Jahrhundert standen kriegsgefangene Soldaten und Verwundete sowie die Zivilbevölkerung in Kriegsgebieten unter einem besonderen Schutz.

Massaker
brutaler Massenmord

M3 Massaker von Wehrmacht und SS in der Ukraine (1941, Ort unbekannt)

M4 Die Schlucht Babi Jar bei Kiew. Nach dem Massenmord an 34 000 Kiewer Juden in der Schlucht Babi Jar wurden die Ränder der Schlucht gesprengt und die Toten verschüttet. Das Foto zeigt Soldaten beim Einebnen der Schlucht. (1941)

> Bei den sowjetischen Kriegsgefangenen ist es schon aus disziplinarischen Gründen nötig, den Waffengebrauch sehr scharf zu handhaben. Wer zur Durchführung eines gegebenen Befehls nicht oder nicht energisch genug von der Waffe Gebrauch macht, macht sich strafbar ... Waffengebrauch gegenüber sowjetischen Kriegsgefangenen gilt in der Regel ... als rechtmäßig.

M5 Befehl des Oberkommandos der Wehrmacht vom 8. September 1941

3 Berichte über die deutsche Kriegsführung in Osteuropa. (T2, M3, M4)

4 a) Arbeite aus M5 die genannten Gründe für den besonderen Waffengebrauch gegen sowjetische Kriegsgefangene heraus.
b) Nimm Stellung zu M5. Berücksichtige auch das Völkerrecht.

5 a) Stelle das Verhalten der Besatzer in den Niederlanden und in Osteuropa gegenüber. (T1, T2, M1–M5)
b) Stelle dar, wie sich die NS-Ideologie im Verhalten der Deutschen in den besetzten Gebieten widerspiegelte.
Think – Pair – Share

... die Juden [sollen] ... im Osten zum Arbeitseinsatz kommen. In großen Arbeitskolonnen ... werden die arbeitsfähigen Juden Straßen bauend in diese Gebiete geführt, wobei zweifellos ein Großteil durch natürliche Verminderung ausfallen wird.
Der ... verbleibende Restbestand wird, da es sich bei diesem ... um den widerstandsfähigsten Teil handelt, entsprechend behandelt werden müssen, da dieser ... bei Freilassung als Keimzelle eines neuen jüdischen Aufbaus anzusprechen ist. ... Im Zuge der praktischen Durchführung wird Europa von Westen nach Osten durchkämmt.

M1 Aus dem Protokoll der Wannseekonferenz über die geplante Vernichtung der Juden in Europa (1942)

Der Völkermord

T1 • Massenvernichtung seit Kriegsbeginn

Ab September 1939 folgten der Wehrmacht in die eroberten Gebiete spezielle Mordkommandos. Sie wurden Einsatzgruppen genannt. Sowohl die Einsatzgruppen als auch Angehörige der Wehrmacht ermordeten von 1941 bis 1942 fast 560000 Menschen; die meisten waren Juden.

Einsatzgruppen
bestanden aus Angehörigen der Waffen-SS, der Gestapo, der Kriminalpolizei und anderen Sicherheitsorganen.

Die Juden mussten sich mit dem Gesicht zur Erde an den Muldenwänden hinlegen. Dort befanden sich drei Gruppen mit Schützen ... Die nachfolgenden Juden mussten sich auf die Leichen der zuvor erschossenen Juden legen. Die Schützen standen jeweils hinter den Juden und haben diese mit Genickschüssen getötet ... Man kann sich nicht vorstellen, welche Nervenkraft es kostete, diese schmutzige Tat auszuführen.

M2 Aussage eines Mitglieds eines Einsatzkommandos über Massenerschießungen in der Ukraine (Aussage in einem Prozess nach dem Krieg, 1947)

T2 • Geplanter Völkermord

Ab 1941 baute die SS in Polen Vernichtungslager, die nur für die Tötung von Menschen errichtet wurden. Hierzu zählten die Lager Auschwitz, Treblinka, Belzec, Lublin-Majdanek und Sobibor. Insgesamt wurden ca. 6 Millionen Juden und etwa 500000 nichtjüdische Menschen getötet, darunter Roma, Sinti, Zeugen Jehovas, Kommunisten, Geistliche und Homosexuelle.

Auf der Wannseekonferenz in Berlin beschlossen hochrangige SS-Angehörige und NSDAP-Mitglieder im Januar 1942 die sogenannte „Endlösung der Judenfrage“. Mehr als elf Millionen Juden Europas sollten planmäßig ermordet werden. Zu dieser Zeit hatte der Völkermord an den Juden bereits begonnen.

M3 Ungarische Juden, Männer, Frauen und Kinder, bei der Ankunft in Auschwitz. Ärzte entschieden, wer arbeitsfähig war oder sofort ermordet wurde.

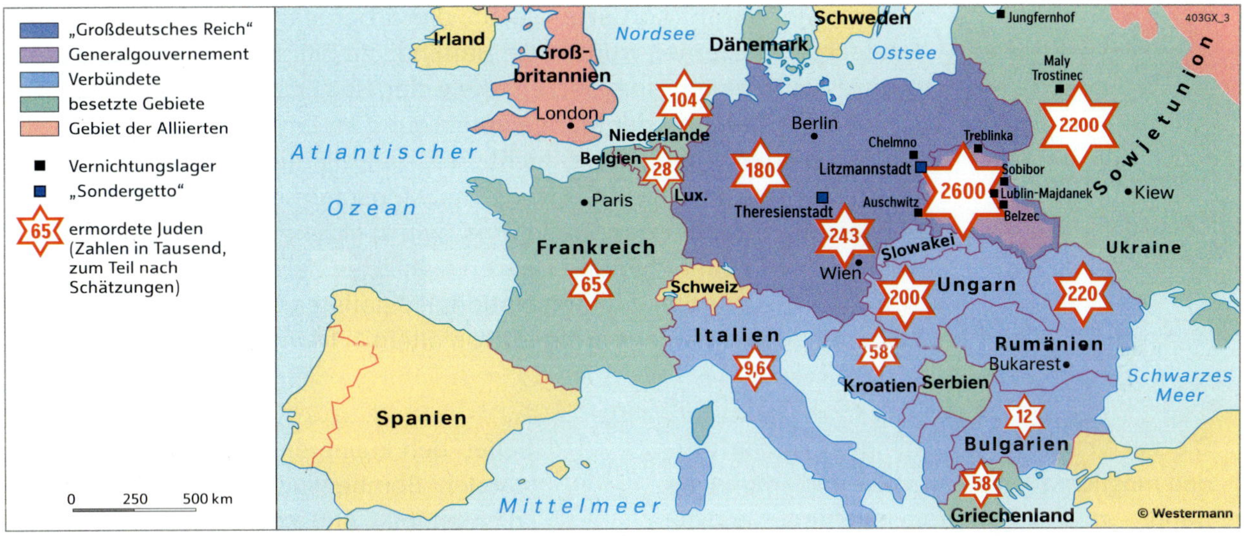

M4 Der Völkermord während des Zweiten Weltkriegs

1 a) Hilfe Untersuche die Sprache in M1.
b) Erkläre, warum diese Formulierungen benutzt wurden.
Bienenkorb

2 „Die Wehrmacht hatte mit den Massenmorden nichts zu tun. Das war allein die SS.“ Überprüfe diese Aussage. (T1, M2)

3 Nimm Stellung zu der Aussage in M2.
Think – Pair – Share

4 Berichte über die Beschlüsse der Wannseekonferenz. (T2, M1, M3)

5 a) Beschreibe die geografische Lage der Vernichtungslager. (M4)
b) Vermute Gründe für die Wahl der Standorte.

Hilfe zu

1 a) Erkläre, was mit folgenden Formulierungen tatsächlich gemeint ist:
- „durch natürliche Verminderung ausfallen“,
- „der verbleibende Restbestand“,
- „entsprechend behandeln“,

M1 Brillenberg im Vernichtungslager Auschwitz (1944)

Todesfabrik Auschwitz

T1 • Vernichtung durch Massenmord und Arbeit

Nachdem die deportierten Juden im Konzentrationslager Auschwitz angekommen waren, sortierte die SS die arbeitsfähigen Menschen aus. Deutschen Konzernen wurden die Häftlinge zu Billigstpreisen überlassen, um sie als Arbeiter einzusetzen. Viele der Häftlinge starben wegen der schweren Arbeit und der Mangelversorgung an Entkräftung.

Die bei der Ankunft als nicht arbeitsfähig eingestuften Häftlinge wurden ermordet. Von der Tötung der Menschen durch Gas bis hin zur Verwertung ihres letzten Eigentums, wie Kleidung, Schuhe und Brillen, aber auch von Zahngold und Haaren, war alles durchorganisiert.

In den KZs wurden von den Nationalsozialisten schätzungsweise vier Millionen Menschen ermordet, davon allein 1,1 Millionen in Auschwitz.

Die zur Vernichtung bestimmten Juden wurden möglichst ruhig – Männer und Frauen getrennt – zu den Krematorien geführt. Nach der Entkleidung gingen die Juden in die Gaskammern, die, mit Brausen und Wasserleitungsröhren versehen, völlig den Eindruck eines Baderaumes machten. Zuerst kamen die Frauen mit den Kindern hinein, dann die Männer. Die Tür wurde nun schnell zugeschraubt und das Gas sofort ... in die Einwurfluken durch die Decke der Gaskammer in einen Luftschacht bis zum Boden geworfen. Nach spätestens zwanzig Minuten regte sich keiner mehr.

M2 Aussage des Auschwitz-Kommandanten Rudolf Höß (1946)

Neben den kleineren SS-Kommandos ... standen Bombensuch- und Reparaturkommandos, Außenlager in der Rüstungsproduktion (Siemens, Daimler, BMW etc.) und – am mörderischsten – Außenlager in Untertage-Baustellen (Organisation Todt, Hochtief etc.). Die meisten Häftlinge hielten sich in Außenlagern auf; die KZ-Stammlager dienten nur noch der Registrierung, Verwaltung ... sowie als Sterbelager; hier suchten sich die Firmen ihre Häftlinge aus, wurden die Aufseher und Aufseherinnen ausgebildet.

M3 Auszug aus dem Zwangsarbeit-Archiv über die KZ-Außenlager

T2 • Die Befreiung der Konzentrationslager

Um die Spuren ihrer Verbrechen vor der heranrückenden sowjetischen Armee zu beseitigen, sprengte die SS im Herbst 1944 die Gaskammern und Krematorien in Auschwitz. Bei der Befreiung des KZ Auschwitz am 27. Januar 1945 trafen die Truppen der Sowjetunion nur auf wenige Überlebende.

> Am Morgen hörte man keine Pfiffe mehr, die uns zum Zählappell riefen. Wir hatten Angst herauszugehen, weil wir dachten, dass sie vielleicht mit Maschinengewehren auf uns warten. Wir warteten bis zum Mittag, bis eine der Frauen es nicht mehr aushielt. Sie rannte hinaus, ging zum Umschlagplatz, drehte sich um und lief schreiend zu uns zurück: „Nazi kaputt!"

M4 Bericht der Auschwitz-Überlebenden Renée Firestone (o. J.)

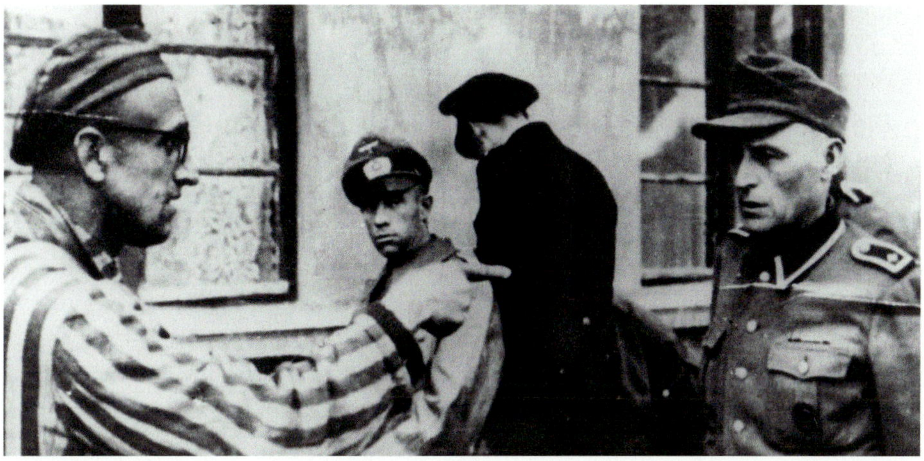

M5 Nach der Befreiung des KZ Buchenwald: ein jüdischer Häftling und einer seiner ehemaligen Aufseher (1945)

T3 • Der Holocaust

Der Völkermord der Nationalsozialisten an den Juden Europas wird als Holocaust bezeichnet. Dieses Verbrechen ist in seiner Grausamkeit in der Geschichte der Menschheit einmalig. Es war so unvorstellbar, dass es für diese Verbrechen keine Strafgesetze gab. Um die Schuldigen verurteilen zu können, mussten solche Gesetze im Nachhinein erlassen werden.

Holocaust
Begriff für den systematischen Völkermord an den Juden. Ein weiterer Begriff dafür ist Shoa. Dieses Wort kommt aus dem Hebräischen und bedeutet Katastrophe oder großes Unglück.

1. M1 gilt als Symbol für den Schrecken von Auschwitz. Erläutere.
2. Erkläre, wie das System Auschwitz funktionierte. (T1, M2, M3)
3. Nimm Stellung zum Bericht des KZ-Kommandanten Höß. (M2)
4. Versetze dich in die Situation der befreiten Personen in M4 oder M5 und beschreibe ihre Gefühle.
5. Der Holocaust war und ist ein unvorstellbares Verbrechen. Begründe. (M1, M2, M3, T1, T3) *Placemat*

Ein Projekt

Verfolgte Minderheiten

Neben Juden verfolgten die Nationalsozialisten weitere Minderheiten wie zum Beispiel Sinti und Roma, Homosexuelle oder Zeugen Jehovas. Andersdenkende wie Kommunisten, Sozialisten oder unangepasste Jugendliche wurden ebenfalls verfolgt. Zu den Opfern der nationalsozialistischen Politik gehörten darüber hinaus auch körperlich oder geistig Behinderte sowie erblich bedingt oder unheilbar Kranke.

Recherchiert in Gruppen zu verschiedenen Opfergruppen und präsentiert eure Ergebnisse. Ihr könnt euch an diesen Fragen orientieren:

- Warum wurden bestimmte Menschen diskriminiert und verfolgt?
- Wie zeigten sich Diskriminierung und Verfolgung?
- Welche Gedanken und Gefühle hatten die Menschen?
- Welchen Verlauf nahm das Leben dieser Menschen?
- Wie erging es den Überlebenden nach dem Krieg?

Folgende Quellen geben euch erste Einblicke in die Thematik.

Euthanasie
absichtliche Tötung unheilbar kranker Menschen. Im NS-Staat wurden Menschen getötet, deren Leben in den Augen der Machthaber nicht lebenswert war. Hierzu gehörten laut NS-Ideologie unter anderem auch Menschen mit geistiger Behinderung.

Die [Hanne] hatte das Down-Syndrom, mongoloid haben wir damals gesagt. ... Die Mutter war immer ganz, ganz, ganz lieb zu ihr. Die Mutter war vielleicht so Anfang 70 und die Hanne mochte Anfang 30 gewesen sein. ... Eines Tages waren die nicht mehr da ... und dann hieß es da: „Wo ist denn die Frau Soundso mit der Hanne?" – „Ja, die Alte, die konnte das ja nicht mehr. Die ist ins Heim gekommen." – „Und die Tochter?" „Ja, was soll so eine? Die wird 'ne Spritze gekriegt haben. Ist ja auch das Beste für sie." Das nahm man so hin, das nahm man so auf. Wobei ich damals auch nicht gewusst hatte, ... Euthanasie hätte mir damals nichts gesagt. Kannte ich gar nicht, das Wort. Spritze, ja, was heißt Spritze? Ja, hat mir damals auch nichts gesagt.

M1 Zeitzeuge Claus Günther über ein Euthanasie-Opfer in der Nachbarschaft (o. J.)

Wie ich nach Moringen gebracht wurde ... in Ketten, Hände und Füße in Ketten, musste ich also vom Bahnhof Northeim bis Moringen 12 km laufen. Alle Gelenke waren blau, und als man dann dieses Lager sah mit dem Stacheldraht, Scheinwerfern, SS-Bewachung, da wurde einem dann schon ganz anders zumute. Und dann stellte man überhaupt erst einmal fest, was ... auf einen zukam. Und das war natürlich etwas Grausames. Ja, und das Lagerleben, das dann begann, war trostlos. Morgens gab es eine Scheibe Brot mit Margarine, mittags eine Kelle mit Wassersuppe und abends eine Scheibe Brot mit drei Pellkartoffeln.

Günter Discher

M2 Günter Discher, 1942 als 17-jähriger zu Zwangsarbeit im Jugend-KZ Moringen verurteilt, weil er Swing-Musik hörte und den HJ-Beitritt verweigerte (o. J.)

Amalie Schaich wurde 1929 in Ravensburg geboren. 1938 wurden sie und ihre Geschwister den Eltern weggenommen. Der Vater kam sofort ins KZ, ihre Mutter wurde später nach Bergen-Belsen gebracht und dort ermordet. Amalie Schaich kam mit ihrer Schwester Scholastika ins Kinderheim Schönenbürg bei Ulm und 1939 in die St. Josefspflege. Sie gehörte zu den 39 Kindern, die nach Auschwitz gebracht wurden. In Auschwitz wurde sie vom KZ-Arzt Josef Mengele zum Arbeitseinsatz eingeteilt. Sie und weitere ältere Kinder wurden vor der Ermordung der Sinti und Roma in Auschwitz in KZs in Deutschland verlegt (Bergen-Belsen und Ravensbrück). Von den Mulfinger Kindern überlebten so nur vier. Amalie Schaichs Geschwister wurden in Auschwitz ermordet.

Amalie Schaich

M3 Biografie zu einer Dokumentation über die Verfolgung von Sinti und Roma (o. J.)

Paul von Großheim

Ich musste in einer Zelle sitzen, in der ein Bach von Urin war und ein Haufen voll Dreck, voll Kot auf der Pritsche. Und dann erschienen sie abends und schlugen uns zusammen. Ich habe nicht geschrien. Ich fand es so erbärmlich, dass ich vor diesen Leuten nicht einen Ausdruck gemacht habe. Aber sie haben mir mit dem Hammer den Hals so umgedreht, dass es drinnen direkt geknackt hat. Ich kam dann zurück ins Lübecker Marstallgefängnis und konnte natürlich gar nicht liegen, weil sie uns so zusammengeschlagen hatten. Und dann sagte ich zu einem Wachtmeister: „Ich kann nicht liegen, können Sie mir nicht irgendwie helfen, mein ganzer Rücken ist ja blutig". Und da sagte der: „Ich sehe gar nichts."

M4 Bericht des wegen seiner Homosexualität verfolgten Paul von Großheim (o. J.)

Ich erinnere mich an 13 Bibelforscherinnen. Sie weigerten sich aus Glaubensgründen am Appell teilzunehmen (es bedeutete für sie eine militärische Handlung). Sie mussten von anderen Häftlingen zum Appellplatz getragen werden. Der Lagerkommandant Koegel befahl den Blockältesten einige Kübel Wasser über diese Frauen zu schütten, und als sie sich weigerten, das zu tun, drohte er ihnen mit dem Bunker. Der Reif hatte alles überzogen und es war sehr kalt. Die völlig durchnässten Bibelforscherinnen wurden schließlich in den Bunker geschleift. Dort wurden die Hunde auf sie gehetzt. Ich musste am nächsten Tag aus den Habseligkeiten der Frauen 13 Pakete machen und diese im Keller einem SS-Mann abgeben. Da wurde mir klar, dass diese Frauen nicht mehr lebten, sie waren ermordet worden.

Appell
ausdrückliche Aufforderung, etwas zu tun oder nicht zu tun

Reif
feine Eisablagerung in Bodennähe

M5 Zeitzeugin Hermine Jursa berichtet über die Ermordung von Zeuginnen Jehovas im KZ Ravensbrück (1998)

Ein verwundeter Luftwaffenoffizier liegt im Sterben und will wissen, wofür er stirbt. Die Krankenschwester antwortet: „Sie sterben für Führer und Volk." Der Offizier bittet daraufhin um ein Bild Hitlers und eins des Luftwaffenchefs Göring. Die Schwester stellt Hitlers Bild zur Rechten und Görings Bild zur Linken des Sterbenden auf. Daraufhin sagt der Soldat: „Jetzt sterbe ich wie Christus!"

(Anmerkung: Jesus Christus wurde zwischen zwei Schwerverbrechern gekreuzigt.)

M1 Pfarrer Joseph Müller wurde 1944 für diesen Vergleich zum Tode verurteilt und hingerichtet.

Widerstand gegen den Nationalsozialismus

T1 • Der Widerstand hat viele Gesichter

Überall gab es Menschen, die mit dem Nationalsozialismus nicht einverstanden waren: einfache Bürgerinnen und Bürger, Studierende, Geistliche der christlichen Kirchen, Offiziere und Soldaten der Wehrmacht sowie Angehörige der verbotenen politischen Parteien. Zwischen 1933 und 1945 verschleppten Gestapo und SS ohne Gerichtsverfahren rund 1,1 Millionen Menschen vorübergehend oder auf Dauer in die Konzentrationslager, wenn sie diese für Gegner des Nationalsozialismus hielten. Von 1933 bis 1944 ließen deutsche Gerichte insgesamt 11 881 Todesurteile vollstrecken, viele davon an Widerstandskämpfern.

... Bei der Allgemeinen Ortskrankenkasse (AOK) in Hildesheim ... kamen einige Kollegen sogar in brauner Uniform zum Dienst, andere trugen das Parteiabzeichen am Jackett. Kurz darauf wollte mich mein Chef zum Eintritt in die Partei bewegen ... und legte mir eine Eintrittserklärung für die NSDAP auf den Schreibtisch ... In der Folgezeit wurde ich wegen meiner ablehnenden Haltung zunehmend unter Druck gesetzt. Darum habe ich dann auch gekündigt und bis Kriegsbeginn in einer Druckerei gearbeitet. In die Partei bin ich nie eingetreten.

M2 Der Zeitzeuge Alfred Lücke über die Arbeit bei der AOK im Jahr 1937 (Zeitzeugenbericht, 1974)

Als Hitler an die Macht kam, bin ich – um der Verhaftung zu entgehen – sofort illegal untergetaucht. ... Unsere Aufgabe als Widerstandskämpfer war ... ein gut verfasstes Flugblatt, eine ... illegale Zeitung, die dem Hitler die Maske herunterriss, ... seine Diktatur darstellte, den ganzen Unterdrückungsapparat aufzeigte, das war es, was wir machten.

M3 Adolf Maislinger war von 1934 bis 1942 in Haft und danach im KZ Dachau. (o. J.)

1. a) Erkläre den Vergleich in M1.
   b) Bewerte die Folgen für Pfarrer Müller.
2. Nenne gesellschaftliche Gruppen, die Widerstand gegen Hitler leisteten. (T1)
3. Widerstand leisteten Menschen durch Verweigerung oder aktives Handeln. Zeige auf, wie dies in M2 und M3 deutlich wird.
   Think – Pair – Share

Im Namen des ... deutschen Volkes fordern wir vom Staat Adolf Hitlers die persönliche Freiheit ... zurück ... Der deutsche Name bleibt für immer geschändet, wenn nicht die deutsche Jugend endlich aufsteht, rächt und sühnt zugleich, ihre Peiniger zerschmettert und ein neues geistiges Europa aufrichtet.

M4 Aus einem Flugblatt der Geschwister Scholl von 1942

Sophie und Hans Scholl
verbreiteten Flugblätter gegen die Politik Hitlers. Deswegen wurden sie verhaftet, zum Tode verurteilt und 1943 hingerichtet.

Claus Schenk Graf von Stauffenberg
verübte am 20. Juli 1944 ein Attentat auf Hitler. Das Attentat misslang. Stauffenberg und viele seiner Mitstreiter wurden hingerichtet.

Es ist Zeit, dass jetzt etwas getan wird. Derjenige allerdings, der etwas zu tun wagt, muss sich bewusst sein, dass er wohl als Verräter in die deutsche Geschichte eingehen wird. Unterlässt er jedoch die Tat, dann wäre er ein Verräter vor seinem eigenen Gewissen.

M5 Graf von Stauffenberg im Juli 1944

... entscheidend ist die Unerträglichkeit, dass seit Jahr und Tag im Namen des deutschen Volkes Verbrechen auf Verbrechen und Mord auf Mord gehäuft wird und dass es sittliche Pflicht ist, mit allen verfügbaren Mitteln diesen im Namen Deutschlands geübten Verbrechen Einhalt zu tun.

M6 Generaloberst Ludwig Beck über das Unrecht der Nationalsozialisten (1944)

Ludwig Beck
gehörte zu der Gruppe hoher Offiziere, die das Attentat auf Hitler geplant hatten. Er wurde nach dem gescheiterten Attentat am 21. Juli hingerichtet.

Clemens August Graf von Galen
war katholischer Bischof von Münster. Er kritisierte in seinen Gottesdiensten die Verbrechen der Nationalsozialisten. Wegen seiner Beliebtheit in der Bevölkerung wurde er nicht verhaftet.

Da [die Tötung psychisch Kranker] ... als Mord mit dem Tode zu bestrafen ist, erstatte ich gemäß § 139 des Reichsstrafgesetzbuches pflichtgemäß Anzeige und bitte, die bedrohten Volksgenossen unverzüglich ... zu schützen und mir von dem Veranlassten Nachricht zu geben.

M7 Aus der Anzeige des Bischofs von Galen, verlesen am 3. August 1941 in der Lambertikirche zu Münster

4 Die Geschwister Scholl, Graf Stauffenberg, Ludwig Beck und andere starben für ihre Überzeugung. Nenne anhand von M4 bis M7 Argumente, die für ihren Widerstand sprechen.
Gruppenpuzzle

5 Bischof von Galen erstattete Anzeige gegen die Regierung und ging damit ein hohes Risiko ein. Erkläre. (M7)

6 Recherchiere über einen Widerstandskämpfer und berichte in der Klasse.

M1 Am 8. November 1939 hielt Adolf Hitler vor führenden NS-Funktionären eine Rede im Münchner Bürgerbräukeller. Kurz nach 21.00 Uhr verließen er und die NSDAP-Spitze das Lokal. 21.20 Uhr detonierte eine Bombe.

M2 Georg Elser (1903 – 1945)
„Ich habe den Krieg verhindern wollen."

Motive von Widerstandskämpfern

T1 • Georg Elsers Bombenattentat auf Adolf Hitler

Seit 1938 plante der Kunsttischler Georg Elser ein Attentat auf Adolf Hitler. Am 8. November 1939 ließ er bei einer Versammlung der NSDAP mit Hitler und anderen Parteigrößen im Münchner Bürgerbräukeller per Zeitzünder eine Bombe detonieren. Acht Menschen starben, 63 wurden verletzt. Hitler hatte jedoch kurz zuvor den Saal verlassen, sodass das Attentat scheiterte.

Georg Elser wurde drei Wochen später festgenommen, ohne Gerichtsverfahren ins Konzentrationslager verschleppt und am 9. April 1945 auf Befehl Hitlers von seinen Bewachern ermordet.

Tischler
Beruf, in dem Gegenstände aus Holz hergestellt werden

pietistisch
sehr gläubig sein

Sein Gerechtigkeitssinn, sein tief verwurzelt pietistischer Charakter geben ihm die Energie, vom Herbst 1938 an über ein Jahr mit der ihm eigenen Gewissenhaftigkeit und Ausdauer das Attentat zu planen und vorzubereiten. Eine schwierige Gewissensfrage war dem vorausgegangen: Dem Pietisten ist Gewalt zutiefst fremd, seine Religiosität verbietet ihm eigentlich den Tyrannenmord. Elser entscheidet sich dennoch für den Anschlag. Er sieht keine andere Möglichkeit, das drohende Unheil zu stoppen.

M3 Beitrag aus der Frankfurter Rundschau (26. November 2019)

1. Stelle Vermutungen zu M1 an und formuliere Fragen.
   Bienenkorb
2. Beschreibe den historischen Hintergrund des Ereignisses aus M1. (T1)
3. a) Nenne das Motiv für das Attentat. (M3)
   b) Beschreibe den Gewissenskonflikt, dem sich Elser ausgesetzt sah. (M3)
   c) Diskutiert darüber, ob Georg Elser ein Held oder ein Krimineller war.

T2 • Die Gruppe Helmuth Hübener

Auch Jugendliche leisteten aktiv Widerstand gegen die Nationalsozialisten. Zu ihnen gehörte der Hamburger Helmuth Hübener. Ab 1941 hörte er zusammen mit seinen Freunden Rudolf Wobbe, Karl-Heinz Schnibbe und Gerhard Düwer ausländische Radiosender. Dies war verboten und galt als Straftat.

Die Inhalte der ausländischen Nachrichten verbreiteten die Jugendlichen auf Flugblättern und forderten die Leser zum Widerstand auf. Die Gruppe wurde jedoch enttarnt und ihre Mitglieder wurden verhaftet. Am 11. August 1942 fand die Gerichtsverhandlung vor dem Volksgerichtshof in Berlin statt. Der 17-jährige Helmuth Hübener wurde zum Tode verurteilt und am 27. Oktober 1942 hingerichtet. Seine beiden Mitangeklagten erhielten hohe Freiheitsstrafen.

Volksgerichtshof
von 1936 bis 1945 wurden vor diesem Gericht über Personen gerichtet, denen während der NS-Diktatur Hoch- und Landesverrat, das heißt Verbrechen gegen den Staat, vorgeworfen wurden.

Nachdem wir ... die englischen Nachrichten zusammen angehört hatten, waren wir richtig gefesselt und fasziniert. Man wollte immer mehr davon hören ... Jeden Tag haben wir in der Zeitung gelesen: Schwarzhörer – 10 Jahre Zuchthaus, lebenslänglich. ... [Helmuth] hatte sich entschlossen, nicht nur ab und zu ein paar Flugblätter zu verteilen, sondern einen ausgewachsenen Aufklärungswiderstand zu betreiben ... „Wir können den Leuten erklären und ihnen zeigen, dass es Gruppen gibt, die dagegen sind. Sodass dann doch viele Menschen anfangen, darüber nachzudenken und zu reden."

M4 Auszug aus Karl-Heinz Schnibbes Buch „Jugendliche gegen Hitler" (1991)

Text der Bekanntmachung

Der am 11. August 1942 vom Volksgerichtshof wegen Vorbereitung zum Hochverrat und landesverräterischer Feindbegünstigung zum Tode und zum dauernden Verlust der bürgerlichen Ehrenrechte verurteilte 17 Jahre alte

Helmuth Hübener
aus Hamburg

ist heute hingerichtet worden.

Berlin, den 27. Oktober 1942.

Der Oberreichsanwalt beim Volksgerichtshof

M5 Rudolf Wobbe, Helmuth Hübener, Karl-Heinz Schnibbe (Foto, um 1940)

Bekanntmachung.

Der am 11. August 1942 vom Volksgerichtshof wegen Vorbereitung zum Hochverrat und landesverräterischer Feindbegünstigung zum Tode und zum dauernden Verlust der bürgerlichen Ehrenrechte verurteilte 17 Jahre alte

Helmuth Hübener
aus Hamburg

ist heute hingerichtet worden.

Berlin, den 27. Oktober 1942.

Der Oberreichsanwalt beim Volksgerichtshof.

M6 Bekanntmachung der Hinrichtung von Helmuth Hübener (1942)

4. Nenne die Vergehen, für die die Gruppe um Helmuth Hübener angeklagt wurde. (T2)
5. Arbeite aus M4 heraus, wie sich die Widerstandstätigkeit der Gruppe entwickelte.
6. Erkläre, was Helmuth Hübener mit seinen Aktionen erreichen wollte. (M4)
7. Nimm Stellung zu den Urteilen gegen die Jugendlichen. (T2, M5, M6)

M1 D-Day: Landung von alliierten Truppen in der Normandie am 6. Juni 1944

Das Kriegsende in Europa

T1 • Erfolge der Alliierten

zermürben
meint hier: so lange angreifen, bis sie aufgeben

Im Juni 1944 gelang es Streitkräften der Alliierten, in der Normandie in Nordfrankreich zu landen. Nun wurden die deutschen Truppen an allen Fronten zurückgedrängt. Zudem verstärkten alliierte Luftstreitkräfte die Bombardierung deutscher Städte, um die Bevölkerung zu zermürben. Die Menschen lebten in ständiger Angst vor den Bombenangriffen.

M2 Das von Bomben zerstörte Köln (1945)

1. Vermute, warum die Landung der Alliierten in der Normandie so riskant war. (M1)

2. Berichte vom Kriegsverlauf ab Juni 1944. (T1, M1, M2)

T2 • Die bedingungslose Kapitulation Deutschlands

Im April 1945 hatten die Alliierten Deutschland besetzt. Während der Schlacht um Berlin beging Hitler am 30. April 1945 Selbstmord, einen Tag später Propagandaminister Goebbels. Am 7. Mai 1945 unterzeichnete Generaloberst Jodl die bedingungslose Kapitulation Deutschlands gegenüber den Alliierten. Damit war der Krieg in Europa beendet.

Die Deutschen empfanden den Tag der Kapitulation unterschiedlich. Für die einen war es ein Tag der Befreiung von der NS-Diktatur. Für sie hatten Entrechtung, Verfolgung, Zwangsarbeit, Folter, Mord und systematische Vernichtung ein Ende. Andere waren zutiefst enttäuscht und verzweifelt über die vollständige Niederlage Deutschlands.

Insgesamt hatte der Zweite Weltkrieg über 55 Millionen Todesopfer gefordert, davon 29,2 Millionen Zivilisten und ungefähr 25,8 Millionen Soldaten.

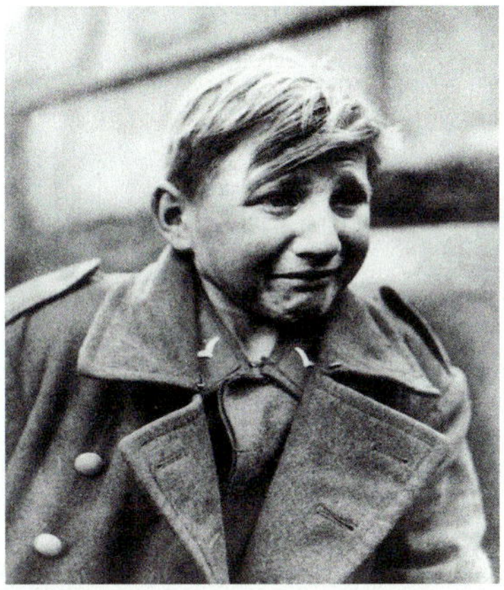

M3 Der 15-jährige Kindersoldat Hans-Georg Henke (1945)

M4 Münchener begrüßen US-Soldaten. (1945)

> Ich frage die Frau ... , ob sie etwas von Hitler und den anderen Großen der NSDAP gehört habe; nein, danach zu fragen hatte sie gar keine Zeit gehabt, anders ausgedrückt: Das interessierte sie nicht mehr. Das „Dritte Reich" ist schon so gut wie vergessen, jeder ist sein Feind gewesen, „immer" gewesen.

M5 Eintrag im Tagebuch des Autors Victor Klemperer vom 11. Mai 1945

3. Hilfe Beschreibe die Situation in Deutschland am Kriegsende. (T1, T2)
4. Hilfe Vergleiche die beiden Fotos vom Kriegsende 1945. (M3, M4)
5. Erkläre die Aussage von Victor Klemperer: „Jeder ist sein Feind gewesen, immer gewesen." (M5)

Hilfe zu
3. Berücksichtige zum Beispiel folgende Punkte: Zerstörungen, Todesopfer, Empfindungen der Menschen, NS-Regierung.
4. Denke auch darüber nach, warum das Verhalten der Menschen so unterschiedlich war.

M1 Flüchtlinge aus Ostpreußen ziehen auf der zugefrorenen Ostsee Richtung Westen. (1945)

M2 Flüchtlinge warten an einem Bahngleis in Berlin auf die Weiterfahrt. (1945)

Menschen verlieren ihre Heimat

T1 • Flucht und Vertreibung

In den letzten Kriegsmonaten flohen aus den deutschen Ostgebieten Millionen Menschen vor der sowjetischen Armee oder sie wurden vertrieben. Der Weg in den Westen wurde für viele ein Weg in den Tod. Viele erfroren im harten Winter 1944/45, andere ertranken in der Ostsee, als ihre Fluchtschiffe durch die russische Kriegsmarine versenkt wurden.

Nach Kriegsende gingen die Vertreibungen weiter. Insgesamt verloren 14 Millionen Menschen durch Flucht und Vertreibung ihre Heimat, 600000 Menschen starben.

Am Abend des 17. Juni wurde durch Lautsprecherwagen verkündet, dass alle Einwohner, die keine Bescheinigung ... besaßen, sich am nächsten Morgen um 7.00 Uhr auf dem Sammelplatz ... zur Ausweisung stellen müssen. Zuwiderhandelnde würden in Konzentrationslager abtransportiert. ... Das Allernotwendigste wurde zusammengepackt. ... Da wir nur 100 Reichsmark bei uns haben durften und alles übrige Geld, Schmuck, Sparkassenbücher und andere Wertsachen abgeben mussten, ... versteckte ich einen ansehnlichen Geldbetrag.

M3 Erinnerungen eines Vertriebenen aus dem Sudetenland (o. J.)

1 a) Beschreibe M1 und M2.
b) Schließe daraus auf die Lage der Flüchtlinge.

2 Hilfe Berichte über Ursachen und Ausmaße von Flucht und Vertreibung. (T1)
Partnervortrag

3 Hilfe Stelle dar, wie die Menschen bei der Vertreibung behandelt wurden. (M3)

Hilfe zu
2 Beachte auch M2 von Seite 86.
3 Berücksichtige die folgenden Punkte: Befehl, Gepäck, Drohung.

T2 • Zwangsumsiedlungen

Da die Sowjetunion kein direkter Nachbar Deutschlands war, jedoch für ihre Kriegsschäden einen Gebietsausgleich beanspruchte, einigten sich die Alliierten auf die Westverschiebung Polens: Der östliche Teil Polens wurde der Sowjetunion zugesprochen. Polen erhielt als Ausgleich die deutschen Ostgebiete Schlesien, Pommern und Teile Ostpreußens.

Die Westverschiebung Polens führte dazu, dass Hunderttausende polnischer Bürger von Ostpolen in die ehemaligen deutschen Ostgebiete zwangsweise umgesiedelt wurden. So erlitten diese Polen ein ähnliches Schicksal wie die deutschen Heimatvertriebenen.

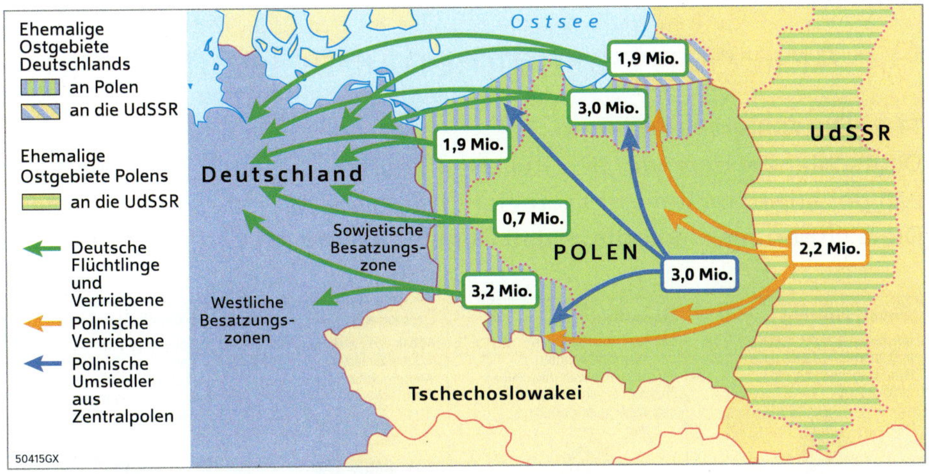

M4 Die Westverschiebung Polens 1945

Eintracht
friedliches Zusammenleben in gegenseitigem Respekt

Am 5. Dezember 1945 fuhren wir los. ... Am 6. Januar 1946 kamen wir in Ludmierzyce (Leimerwitz) an. Wir kamen in ein Haus, in dem alle Fenster eingeschlagen waren. In einem kleinen Zimmer im ersten Stock wohnte eine 85-jährige Oma, Amalia Kaul, mit drei Enkelkindern: .... Die Kinder waren Waisen – ihre Mutter war durch eine Bombenexplosion während der Offensive der sowjetischen Armee umgekommen, der Vater war an der Front bei der Wehrmacht gefallen ... Wir ließen uns in der großen Küche nieder. Es gab keinen Strom. Mein Vater dichtete irgendwie die Fenster ab, heizte den Ofen an, brachte Stroh aus der Scheune und breitete es zum Schlafen auf dem Boden aus. Das war unser erstes luxuriöses Nachtlager seit so langer Zeit. Was war das für eine Freude – es war warm, Mama kochte uns Nudeln. Mit unseren Deutschen haben wir in Eintracht gelebt. Die Kauls hatten kein Vieh, sie litten Hunger. ... Wir gaben den deutschen Kindern Milch ... Ich habe mit ihnen gespielt.

M5 Zeitzeugin Jozefa Domaradzka-Okrzesa berichtet 1997 über ihre Umsiedlung aus Ostpolen nach Schlesien im Jahre 1945

4. Gib die wichtigsten Fakten zur Westverschiebung Polens wieder. (T2, M4)
5. Erläutere, wie die Zeitzeugin in M5 die Begegnung mit den Deutschen erlebte.
6. Recherchiere, aus welchen Gründen es heute auf der Welt zu Flucht und Vertreibung kommt, und berichte.

fanatisch
sich ohne Rücksichtnahme und intensiv für etwas einsetzen oder interessieren

a) Es muss den Deutschen klargemacht werden, dass Deutschlands rücksichtslose Kriegsführung und der fanatische Widerstand der Nazis die deutsche Wirtschaft zerstört und Chaos und Leiden unvermeidlich gemacht haben, und dass sie nicht der Verantwortung für das entgehen können, was sie selbst auf sich geladen haben ...
c) Das Hauptziel der Alliierten ist es, Deutschland daran zu hindern, je wieder eine Bedrohung des Weltfriedens zu werden ...

M1 Auszug aus den Richtlinien für die US-Besatzungstruppen in Deutschland (1945)

Die Alliierten bestimmen über Deutschland

T1 • Die Alliierten regieren

Deutschland wurde von den Alliierten besetzt und nach den Grundsätzen der sogenannten vier Ds regiert. Das bedeutete: Demokratisierung, Denazifizierung, Demontage und Demilitarisierung.

M2 Beschluss der vier Siegermächte vom Sommer 1945: die vier Ds.

T2 • Denazifizierung – Anspruch und Wirklichkeit

Alle erwachsenen Deutschen mussten nach dem Krieg den Alliierten über ihre Rolle im NS-Staat Auskunft geben. Dieses Verfahren war Teil der Denazifizierung. Als Folge wurden ehemalige Nationalsozialisten und Mitglieder von NS-Organisationen aus ihren Ämtern entfernt und zur Rechenschaft gezogen.

Die Denazifizierung verlief unterschiedlich. In den drei Westzonen förderten die Alliierten den politischen Neubeginn: Gemeinderäte und Landtage wurden gewählt und neue Zeitungen als Zeichen der neuen Pressefreiheit zugelassen. Nach der Gründung der Bundesrepublik wurden die Strafen für ehemalige NS-Angehörige bald gemildert oder aufgehoben, weil Fachleute für den Neuanfang gebraucht wurden. Richter und Staatsanwälte, die in der NS-Zeit sogar an Todesurteilen gegen Widerstandskämpfer beteiligt waren, kehrten in ihre Berufe zurück. Ebenso bekleideten hohe Beamte und führende Männer der Wirtschaft mit NS-Vergangenheit bald wieder Leitungspositionen. Auch Ärzte, die Menschenversuche durchgeführt und an der Euthanasie beteiligt waren, durften wieder praktizieren.

In der Sowjetischen Besatzungszone, der späteren DDR, dagegen verlor fast ein Drittel der ehemaligen NSDAP-Mitglieder ihren Arbeitsplatz.

T3 • Die Nürnberger Prozesse

1945 und 1946 fanden in Nürnberg die Prozesse gegen 24 Hauptverantwortliche des NS-Staates statt. Dazu wurden neue Strafgesetze erlassen, weil es keine Gesetze für Verbrechen dieses Ausmaßes gab.

> a) Verbrechen gegen den Frieden: ... Planen, Vorbereitung, Einleitung oder Durchführung eines Angriffskrieges ...
> b) Kriegsverbrechen: ... Verletzungen der Kriegsgesetze ... (wie) Mord, Misshandlungen oder Deportation zur Sklavenarbeit ...
> c) Verbrechen gegen die Menschlichkeit: ... Mord, Ausrottung, Versklavung, Deportation oder andere unmenschliche Handlungen, Verfolgung aus politischen, rassischen oder religiösen Gründen ...

M3 Aus den Bestimmungen des Internationalen Militärgerichtshofes (1945)

M4 Die Anklagebank beim Kriegsverbrecherprozess in Nürnberg 1946

① Karl Dönitz (Kriegsmarine)
② Baldur von Schirach (Reichsjugendführer)
③ Hermann Göring (Innenminister, Luftwaffen-Chef)
④ Rudolf Heß (Hitlers Stellvertreter)
⑤ Joachim von Ribbentrop (Außenminister)
⑥ Wilhelm Keitel (Wehrmacht)
⑦ Ernst Kaltenbrunner (Chef der Sicherheitspolizei)
⑧ Alfred Rosenberg (NS-Ideologe)
⑨ Alfred Jodl (Wehrmacht)
⑩ Albert Speer (Architektur, Rüstung)
⑪ Julius Streicher (SA-General, Herausgeber des „Stürmers")
vorn: die Verteidiger

> Ich war hier mit Massenmord konfrontiert. Und ich wollte diese Mistkerle nicht davonkommen lassen. Ich dachte, wie kann ich Gerechtigkeit schaffen? Einerseits habe ich 24 Angeklagte und andererseits habe ich eine Million Opfer [der SS-Einsatzgruppen], sagte ich mir damals. In so einer Situation wird es nie Gerechtigkeit geben.

M5 Benjamin Ferencz, Chefankläger in den nachfolgenden Prozessen, über die Verbrechen der SS-Einsatzgruppen (Radio-Interview, 2020)

Benjamin Ferencz

1. Nenne die Hauptaussage von M1.
2. Erkläre die Politik der vier Ds. (T1, M2)
3. a) Berichte über die Denazifizierung. (T2)
   b) NS-Anhänger gelangten nach 1949 in der BRD wieder in Führungspositionen. Beurteile diese Entwicklung.
   Think – Pair – Share
4. Erkläre, warum für die Prozesse zu den NS-Verbrechen neue Gesetze erlassen wurden. (T3, M3)
5. Nenne zu M3 Beispiele aus der NS-Zeit.
6. Recherchiere über einen der Angeklagten, seinen Werdegang, die Anklage und das Urteil. (M4)
7. Diskutiert den Schlusssatz von M5.

Ein Projekt

Warschauer Ghetto
Stadtteil von Warschau, der während der Herrschaft der Nationalsozialisten über Polen als Sammellager für Juden abgesperrt wurde. Um der Deportation in Vernichtungslager zu entgehen, organisierten jüdische Widerstandskämpfer dort 1943 einen Aufstand, der von der SS blutig niedergeschlagen wurde.

T1 • Gegen das Vergessen

Bis in die 1960er-Jahre wurden die Verbrechen der Nationalsozialisten in der Bundesrepublik Deutschland mehr oder minder totgeschwiegen. Viele Menschen wollten die Verbrechen, die in deutschem Namen begangen worden waren, einfach verdrängen, weil sie selbst Schuld auf sich geladen hatten oder als Betroffene die Geschehnisse vergessen wollten.

In den folgenden Jahrzehnten wandelte sich allmählich das Bewusstsein. Heute sind die Erinnerung an NS-Verbrechen und die Anerkennung der deutschen Schuld für die Mehrheit der Deutschen eine Selbstverständlichkeit. Gleichwohl wird diese Haltung von politisch rechts stehenden Gruppen immer noch infrage gestellt. Umso wichtiger ist es, durch eine angemessene Erinnerungskultur dafür zu sorgen, dass die NS-Verbrechen nicht vergessen oder verharmlost werden.

M1 Bundeskanzler Willy Brandt kniet während eines Staatsbesuches in Polen vor dem Denkmal für die Opfer des Aufstandes im Warschauer Ghetto. (7. Dezember 1970)

Viele Völker gedenken ... [am 8. Mai] des Tages, an dem der Zweite Weltkrieg in Europa zu Ende ging. Seinem Schicksal gemäß hat jedes Volk dabei seine eigenen Gefühle. ...
Wir Deutsche begehen den Tag unter uns, und das ist notwendig. Wir müssen die Maßstäbe allein finden. Schonung unserer Gefühle durch uns selbst oder durch andere hilft nicht weiter. Wir brauchen und wir haben die Kraft, der Wahrheit, so gut wir es können, ins Auge zu sehen, ohne Beschönigung und ohne Einseitigkeit.
Der 8. Mai ist für uns vor allem ein Tag der Erinnerung an das, was Menschen erleiden mussten. Er ist zugleich ein Tag des Nachdenkens über den Gang unserer Geschichte. Je ehrlicher wir ihn begehen, desto freier sind wir, uns seinen Folgen verantwortlich zu stellen.

M2 Rede des Bundespräsidenten Richard von Weizsäcker vor dem Deutschen Bundestag im Rahmen einer Gedenkveranstaltung zum 40. Jahrestag des Kriegsendes (8. Mai 1985)

① Das Stelenfeld des Holocaust-Mahnmals in Berlin

② Das ehemalige Gestapo-Gefängnis in Köln – heute ist es ein NS-Dokumentations-zentrum

③ Ehemaliges Gestapo-Gefängnis und Konzentrations-lager in Brauweiler bei Pulheim – heute befindet sich dort eine Gedenkstätte

④ Stolpersteine in Köln am Ebertplatz

⑤ WDR-App „Stolperstein NRW" – sie informiert über die Schicksale der Menschen hinter den Stolpersteinen

⑥ Die Dauerausstellung „Ideologie und Terror der SS" im Museum Wewelsburg

⑦ 27. Januar – Erinnerungstag im deutschen Fußball

NieWieder
INITIATIVE ERINNERUNGSTAG IM DEUTSCHEN FUSSBALL

M3 Verschiedene Formen der Erinnerung

❶ Beschreibe, wie sich in der Bundesrepublik das Erinnern an die Verbrechen der National-sozialisten veränderte. (T1)

❷ Die Ereignisse in M1 und M2 waren für die Erinnerungskultur in Deutschland von großer Bedeutung. Vermute Gründe.
Partnerpuzzle

❸ Recherchiere zu M1 oder M2 direkte Reaktionen und die langfristige Wirkung.

❹ Recherchiere über ein Beispiel aus M3 und stelle es der Klasse in geeigneter Form vor.

❺ Diskutiert, ob Deutschland aufgrund der NS-Vergangenheit eine besondere Verantwortung im Umgang mit seiner Geschichte hat.

Rechtsextremismus – Neonazis heute

A) Die Nazis haben mit ihrem Krieg dafür gesorgt, dass Deutschland geteilt wurde und heute kleiner als nach dem Ersten Weltkrieg ist.

B) Hitler hat die Arbeitslosen von der Straße geholt, indem er zum Beispiel Frauen aus der Arbeitswelt verdrängte und viele Arbeitslose in der Rüstungsindustrie einsetzte.

C) Wer sich anpasste oder Mitläufer war, konnte sich einigermaßen sicher vor den Nazis fühlen.

D) Sehr viele Deutsche waren von Hitler begeistert. Man darf darüber aber nicht ihre Verbrechen vergessen.

E) Es gab 1933 keine linke Mehrheit. Hitler konnte sich nur durchsetzen, weil er seine Gegner verfolgte, in Gefängnisse sperren oder ermorden ließ.

M1 Sprüche der „Ewiggestrigen"

F) Die Bombardierung deutscher Städte und die Vertreibung der Deutschen war schrecklich. Der Völkermord an den Juden wird dadurch nicht weniger schrecklich. Bombardierung und Vertreibung gab es nur, weil Hitler den Krieg begonnen hatte.

G) Wie kann jemand frauen- und kinderfreundlich sein, wenn er Tausende Frauen und Kinder ermorden ließ? Außerdem haben die Nationalsozialisten Frauen systematisch aus der Berufswelt und der Politik gedrängt.

1 Manche Menschen meinen immer noch, dass im Nationalsozialismus nicht alles so schlecht gewesen sei, wie es Schulbücher und Massenmedien darstellen.

a) Suche zu den Sprüchen der „Ewiggestrigen" auf dem Cartoon M1 die passende Richtigstellung A–G.

b) Führe auch eigene Argumente an.

T1 • Rechtsextremismus und Gewalt

Auch heute gibt es Menschen, die nationalsozialistische Ideen vertreten. Sie bilden rechtsextreme Parteien oder Gruppen. Einige verüben sogar Gewalttaten. Eine solche Gruppe war der „Nationalsozialistische Untergrund“ (NSU). Seiner Mordserie sind neun Menschen mit Migrationshintergrund und eine Polizistin zum Opfer gefallen. Im Jahr 2015, als die Bundesrepublik Deutschland eine große Zahl an Flüchtlingen aufnahm, wurden 222 Fälle rechtsradikal motivierter Anschläge auf Wohnunterkünfte für Asylbewerber registriert. Ebenso verübten Rechtsextremisten Gewalttaten gegen Juden sowie deren Friedhöfe oder Synagogen.

Rechtsextreme Parteien und Gruppen
Junge Nationaldemokraten, NPD, pro NRW, Identitäre Bewegung, Teile der AfD, Pegida und weitere Kleingruppen

Rechtsextremisten
Menschen mit extremer Meinung in die rechte politische Richtung. Sie haben nichtdemokratische, fremdenfeindliche Ansichten und lassen keine anderen Meinungen zu.

> Extremisten lehnen die Demokratie ab und wollen den Staat verändern. Sie halten das eigene Volk, die eigene Nation für höherwertig als andere Völker und Nationen. Rechtsextremisten verachten Menschen, die nicht zu ihrer Nation gehören. ... Sie schüchtern sie ein und gehen oft gewalttätig vor. In den letzten Jahren gab es brutale Überfälle auf Menschen aus anderen Ländern..

M2 Lexikonartikel zum Rechtsextremismus

M3 Gedenktafel für die NSU-Opfer auf dem Halitplatz in Kassel

M4 Blumen und Kerzen vor der Synagoge in Halle an der Saale nach dem Anschlag 2019

> Fast jeden zweiten Tag hat es im vergangenen Jahr in Deutschland einen Anschlag auf eine Flüchtlingsunterkunft gegeben. ... Demnach verzeichnete das BKA bis 3. Dezember 2018 bundesweit 143 Straftaten gegen Asylunterkünfte. ... Hinter fast allen Taten stecken laut Zeitung Rechtsradikale. 2018 waren rechtsextreme Täter für 140 der 143 gemeldeten Übergriffe verantwortlich.

M5 Zeitungsartikel (Die Welt vom 12. Januar 2019)

2 Berichte, wie sich Rechtsextremismus in Deutschland zeigt. (T1, M1 – M5)
Lerntempoduett

3 Stellt der Rechtsextremismus eine Gefahr für unsere Demokratie dar? Diskutiert diese Frage.

ALL THE NEWS ALL THE TIME

Los Angeles Times

IN THREE PARTS — 42 PAGES

TIMES OFFICE

VOL. LXI | CCC | MONDAY MORNING, DECEMBER 8, 1941. | DAILY, FIVE CENTS

JAPS OPEN WAR ON U.S. WITH BOMBING OF HAWAII

M1 Auszug aus der Titelseite der Los Angeles Times vom 8. Dezember 1941

Der Krieg in Ostasien

T1 • Japans Überfall auf Pearl Harbor (Hawaii)

totalitärer Staat
Diktatur, in der eine bestimmte Weltanschauung vertreten und mittels Gewalt in allen Bereichen des Lebens durchgesetzt wird

Ein weiterer Kriegsschauplatz des Zweiten Weltkrieges war Ostasien. Japan, ein totalitärer Staat, war mit Deutschland und Italien seit 1940 verbündet. Japan strebte die Vorherrschaft in Ostasien und im Pazifik an. Um Rohstoffe und „Lebensraum" zu erbeuten, besetzte Japan ab 1937 Korea, Teile Chinas sowie Inseln im Pazifik und beutete diese Gebiete brutal aus.

Am 7. Dezember 1941 überfielen japanische Bomber den US-Stützpunkt Pearl Harbor auf Hawaii im Pazifik. Daraufhin erklärte US-Präsident Roosevelt Japan den Krieg und trat dem Bündnis Großbritanniens und der UdSSR bei. Damit war der Krieg zum Weltkrieg geworden.

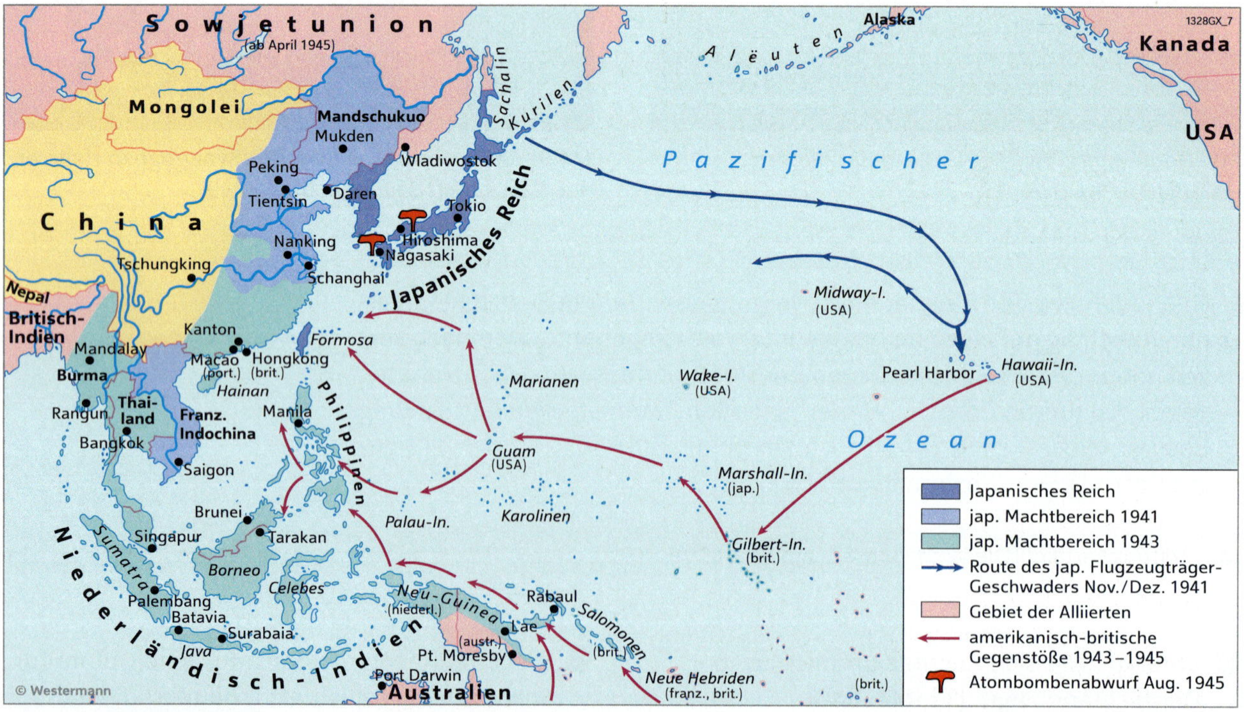

M2 Der Krieg im Pazifik

T2 • Das Ende des Krieges in Fernost

Vier Jahre kämpften US-Truppen und britische Verbände in Ostasien gegen die Truppen Japans. Es war ein erbitterter Krieg zu Lande und auf See. Trotz der amerikanisch-britischen Übermacht weigerte sich die Führung Japans zu kapitulieren.

Um den Krieg zu beenden, gab US-Präsident Truman den Befehl, die neu entwickelten Atombomben einzusetzen. Im August 1945 warfen US-Flugzeuge je eine dieser neuen Bomben über Hiroshima und Nagasaki ab. Unter dem Eindruck der grauenvollen Zerstörungen durch die Atombomben kapitulierte Japan am 2. September 1945.

> Insgesamt kamen laut einer japanischen Studie von 1950 durch den Abwurf der Atombombe auf Nagasaki rund 74000 Menschen bis Ende 1945 ums Leben, was etwa jedem dritten Einwohner entsprach. Weitere 75000 Menschen wurden verletzt. In Hiroshima lag allein die Zahl der Toten im gleichen Zeitraum bei rund 140000. (Die Zahl der an den Spätfolgen Verstorbenen ist hier nicht einbezogen.)

M3 Auszug aus einer Fachzeitschrift vom 6. August 2015

M4 Hiroshima nach dem Abwurf der Atombombe im August 1945

1. Übersetze die Zeitungsmeldung M1.
2. Benenne den Verursacher des Krieges im Pazifik. (T1)
3. a) Beschreibe Japans Außenpolitik. (T1)
   b) Hilfe Vergleiche sie mit den Zielen Hitlers in Europa.
4. Stelle die verbündeten Kriegsparteien zusammen. (T1; Seite 86, T1)
5. Weise nach, dass der Krieg ein Weltkrieg war. (T1, M2)
6. Berichte, wie es zum Einsatz der Atombomben in Japan kam. (T2)
7. Ermittle anhand von M3 die Anzahl der Todesopfer und Verletzten.
8. Hilfe Diskutiert über den Einsatz von Atombomben als militärisches Mittel. (T2, M3, M4)
   Placemat

Hilfe zu

3 b) Berücksichtige die Seiten 58/59, 82/83 und 86.

8 Atombomben sind Massenvernichtungswaffen. Opfer waren Zivilisten. Der Atombombeneinsatz war auch in den USA umstritten.

M1 Die Mannschaft des Flugzeuges, das die erste Atombombe abwarf, einen Tag vor dem Abwurf (5. August 1945)

> Jetzt war mit einem Mal dieser Albtraum vorüber, und an seine Stelle trat die helle und tröstliche Aussicht, ein oder zwei zerschmetternde Schläge könnten den Krieg beenden ... Ob die Atombombe anzuwenden sei oder nicht, darüber wurde überhaupt nicht gesprochen.

M2 Kommentar des britischen Premierministers Winston Churchill (1953)

Der Einsatz der Atombombe

T1 • Der Atombombenabwurf über Hiroshima und Nagasaki

Bis Mitte 1944 beherrschte Japan weite Gebiete im Pazifik. Dies änderte sich, als die US-amerikanischen Streitkräfte die Marianen-Inseln eroberten. Von dort aus griffen sie mit ihren Luftstreitkräften Ziele auf den japanischen Hauptinseln an und schwächten Japan damit entscheidend. Trotzdem gaben die japanischen Truppen nicht auf. Sie zeigten auch in ausweglosen Situationen, dass sie eher bis zum Tod kämpfen als sich ergeben würden.

Nach dem ersten erfolgreichen Atombombentest der USA am 16. Juli 1945 befahl US-Präsident Truman den Abwurf je einer Atombombe auf die japanischen Städte Hiroshima und Nagasaki am 6. und 9. August 1945. Ziel war es, den Kriegswillen der Japaner zu brechen.

> Vor 16 Stunden warf ein amerikanisches Flugzeug eine Bombe auf Hiroshima, ein wichtiges Militärzentrum, ab. Diese Bombe hatte stärkere Gewalt als 20000 Tonnen TNT. ... Es ist eine Atombombe. Es ist eine Nutzung der Urkraft des Weltalls. Die Gewalt, aus der die Sonne ihre Kraft schöpft, ist gegen jene losgelassen, die den Fernen Osten in den Krieg gestürzt haben.

M3 Aus einer Pressemitteilung von US-Präsident Truman am 7. August 1945

TNT
Sprengstoff mit hoher Sprengkraft

M4 Der Atombombenabwurf auf Hiroshima

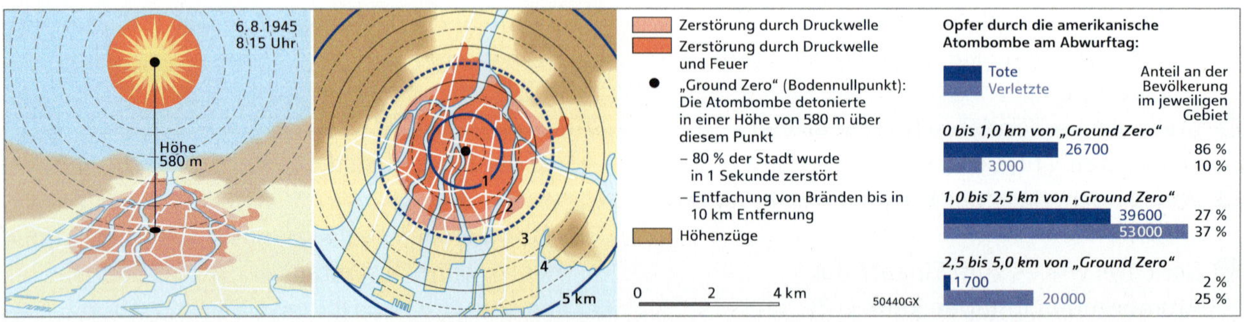

T2 • Die Folgen für die Bevölkerung

Erstmals waren Massenvernichtungswaffen eingesetzt worden, die keine militärischen Ziele, sondern eine ganze Stadt in Schutt und Asche legten. Die Welt sah, welch hohes Maß an Todesopfern, Verletzten und Zerstörung durch diese neuen Waffen bewirkt wurde.

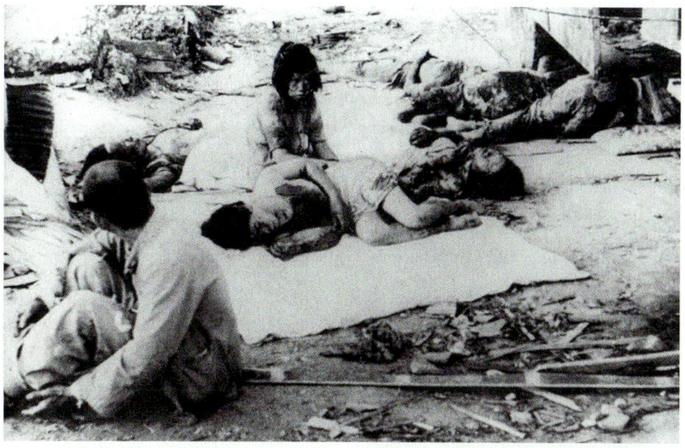

M5 Tote und Verletzte – Opfer des Atombombenabwurfs über Hiroshima: Bei der Detonation der Atombombe starben Schätzungen zufolge zwischen 70 000 und 90 000 Menschen durch die Druck- und Hitzewelle. An der tödlichen Strahlung starben bis 1946 ca. 160 000 Menschen. Weitere Tausende Menschen erkrankten und starben an Spätfolgen der Verstrahlung.

> Einige Leute, die mich mit meinem blutüberströmten Gesicht sahen, fingen an zu schreien. Eine Angestellte ... brachte mich zum Rot-Kreuz-Krankenhaus ... Dorthin strömten Verletzte. Viele waren im Freien von der Glutwelle erfasst worden, ihre Gesichter dunkelrot verbrannt, die Lippen dick aufgequollen. Die Haut hing ihnen in Fetzen vom Körper. Ob es sich um Männer handelte oder um Frauen ..., konnte ich nicht erkennen. Sie hatten jegliches menschliche Aussehen verloren.

M6 Die Überlebende Fumiko Hashizume in einem Interview am 28. Juli 2015

T3 • Atomwaffen heute

Nach dem Abwurf der Atombomben auf Hiroshima und Nagasaki sind keine Atomwaffen mehr eingesetzt worden, jedoch verfügen heute weltweit neun Länder über Atomwaffen. Sie werden weiterentwickelt und als Mittel der Bedrohung eingesetzt. Um die Gefahr des Einsatzes von Atomwaffen einzudämmen, wurde der Atomwaffensperrvertrag geschlossen. Ihn haben 191 Staaten unterzeichnet.

Atomwaffensperrvertrag
internationaler Vertrag. Die Vertragspartner verpflichten sich, keine Atomwaffen zu beschaffen oder weiterzugeben, Atomwaffen abzubauen und Atomenergie nur für friedliche Zwecke zu nutzen. Leier kommt es immer wieder zu Verstößen gegen die Abmachungen.

1. Beschreibe die Stimmung der Alliierten kurz vor dem ersten Atombombenabwurf. (M1, M2)
2. Erkläre, wie der Einsatz der Atombombe gerechtfertigt wurde. (T1, M3)
3. Werte die Grafik M4 aus.
   Partnerabfrage
4. a) Beschreibe die Folgen der Atombombenabwürfe. (T2, M5, M6)
   b) Nimm Stellung. (T2, T3, M5, M6)
5. Recherchiere über die atomare Bewaffnung weltweit, ihr Zerstörungspotential und wie Atomwaffen politisch genutzt werden.

1933
30.1. Hitler wird Reichskanzler
28.2. Reichstagsbrandverordnung
23.3. Ermächtigungsgesetz
1.4. Boykott jüdischer Geschäfte

1932
Hitler wird Reichspräsident

1935
Nürnberger Gesetze

9./10.11.1938
Novemberpogrome

ab 1941
Errichtung von Vernichtungslagern

20.1.1942
Wannseekonferenz

1945/46
Nürnberger Prozesse

1930 – 1935 – 1940 – 1945

1.9.1939
deutscher Überfall auf Polen

22.6.1941
deutscher Überfall auf die Sowjetunion

8.5.1945
Kapitulation Deutschlands

Die NS-Diktatur in Deutschland

Wie konnten die Nationalsozialisten eine Diktatur errichten?

Reichspräsident von Hindenburg ernannte 1933 Adolf Hitler zum Reichskanzler. Damit erhielten die Nationalsozialisten die Exekutive. Im Ermächtigungsgesetz von 1933 übernahm die NS-Regierung zudem die Legislative. Mit dem Gesetz über die Staatsnotwehr von 1934 erklärte Hitler den Mord an den SA-Führern für rechtens und bemächtigte sich so auch der Judikative. Damit hatte er alle drei Staatsgewalten in seiner Hand und regierte Deutschland als Diktator. Seine politischen Gegner wurden größtenteils inhaftiert und ermordet.

Wie erging es Juden und anderen Minderheiten in dieser Zeit?

Seit 1933 wurden jüdische Bürger aus dem öffentlichen Leben verdrängt und ihre Geschäfte boykottiert. Die Nürnberger Gesetze von 1935 machten Juden zu Bürgern zweiter Klasse. Während der Novemberpogrome 1938 kam es zu offener Gewalt gegen Juden.

Mit dem Krieg begann die Deportation von Juden in Konzentrationslager. Ab 1941 wurden Juden aus allen besetzten Gebieten in Vernichtungslager deportiert und dort ermordet. Insgesamt ermordeten die Nationalsozialisten sechs Millionen Juden und etwa 500 000 nichtjüdische Menschen, darunter Roma, Sinti, Zeugen Jehovas, Kommunisten, Geistliche und Homosexuelle.

Wie kam es zum Zweiten Weltkrieg und welche Folgen hatte er?

Bis zum Beginn des Zweiten Weltkrieges 1939 hatte Hitler den Krieg vorbereitet. Dabei hatte er zum Beispiel internationale Verträge gebrochen oder die Wehrmacht aufgerüstet. Mit dem deutschen Überfall auf Polen begann ein Krieg, der zu einem Weltkrieg wurde. Die Alliierten kämpften gegen die deutsche Wehrmacht und bombardierten deutsche Städte. Nach sechs Jahren Krieg war Deutschland zerstört. Es wurde unter den Alliierten aufgeteilt. Die NS-Regierung war beseitigt und die Verantwortlichen wurden in Nürnberg von den Alliierten vor Gericht gestellt und verurteilt.

Antisemitismus
Antisemitismus bezeichnet Judenfeindlichkeit, die durch Rassenhass und Verschwörungstheorien begründet wird. In der Zeit des Nationalsozialismus führte der Antisemitismus zum Völkermord an den Juden.

Atombomben
Atombomben sind Massenvernichtungswaffen. Zwei Bomben dieser Art wurden 1945 über Hiroshima und Nagasaki in Japan von US-Bombern abgeworfen. Beide Städte wurden völlig zerstört. Ca. 250000 Menschen kamen ums Leben. Es war der bis heute einzige Einsatz von Atombomben.

Diktatur
Als Diktatur bezeichnet man eine Herrschaftsform, in der ein Einzelner oder eine Gruppe totale Macht besitzt. Dabei vereint diese Person bzw. Gruppe die Staatsgewalten Exekutive, Legislative und Judikative in einer Hand.

Gleichschaltung
Für alle Bereiche wurden ab 1933 NS-Organisationen geschaffen. Wer diesen nicht angehörte, musste mit Nachteilen rechnen. Gewerkschaften, Parteien, kirchliche oder sonstige Vereine wurden verboten. Die Gestapo schaltete NS-Gegner aus.

Holocaust
Bezeichnung für den Völkermord an den Juden Europas durch die Nationalsozialisten. Bis 1945 fielen in Vernichtungslagern ca. 6 Millionen Juden dem Holocaust zum Opfer.

Konzentrationslager
Lager, in denen die Nationalsozialisten ihre politischen Gegner und unerwünschte Personen unter menschenunwürdigen Bedingungen gefangen hielten, folterten und ermordeten.

Nationalsozialismus
Der Nationalsozialismus ist eine rechtsextreme, antidemokratische und nationalistische Ideologie. Ihre Merkmale sind Rassismus und Antisemitismus, das Führerprinzip und das Bestreben, das eigene Land durch Eroberungen zu vergrößern.

Rassenlehre
Die Nationalsozialisten vertraten die Ansicht, dass die arische Rasse höherwertig sei und andere beherrschen müsse. Sie erklärten die Juden zu einer minderwertigen Rasse. Die Rassenlehre war Ursache für die Diskriminierung, Verfolgung und Vernichtung der Juden Europas.

Novemberpogrome
Am 9. November 1938 wurden von SA und SS Synagogen in Brand gesetzt, jüdische Geschäfte geplündert und mehrere Hundert Juden getötet. Danach begann die Deportation der Juden in Konzentrationslager.

Vernichtungskrieg
Damit will ein Staat einen anderen erobern und dessen Bevölkerung ermorden oder vertreiben. Die NS-Führung wollte die slawischen Völker „vernichten", um in Osteuropa neuen „Lebensraum" zu schaffen.

Die NS-Diktatur in Deutschland

1. Der Weg in die Diktatur

a) Übertrage die Tabelle in deine Geschichtsmappe und ergänze die freien Felder.

	Adolf Hitler			
Datum	30.01.1933			02.08.1934
Staatsamt / Gesetz	Reichskanzler			
Staatsgewalt	Regierungsgewalt		richterliche Gewalt	
	EXEKUTIVE	LEGISLATIVE		

b) Fasse die Ergebnisse aus der Tabelle in einem anschaulichen Fließtext zusammen.

Stühletausch

2. Eine Karikatur erschließen

a) Beschreibe die Darstellung.
b) Formuliere die Hauptaussage der Karikatur.
c) Ordne die Karikatur historisch ein.

Partnervortrag

M1 „Deutsches Verhängnis" (Karikatur von A. Paul Weber, 1931/32)

3. Ein Schaubild zeichnen

Bereits ab 1933 und in den Folgejahren begann Hitler mit der planmäßigen Vorbereitung des Krieges. Bestimme zu den nachfolgenden Ereignissen Jahreszahlen oder genaue Daten. Ordne sie in chronologischer Reihenfolge.

Zerschlagung der Tschechoslowakei – Anschluss des Sudetenlandes – Aufrüstung – Besetzung des entmilitarisierten Rheinlandes – Einführung der allgemeinen Wehrpflicht – Eingliederung Österreichs

4. Judenverfolgung in Deutschland – von der Ausgrenzung zum Völkermord

Übertrage die Tabelle in deine Geschichtsmappe und ordne den Jahreszahlen die nachfolgenden Stichpunkte richtig zu.

Jahr	Geschehen
1933	
1935	
1938	
1941	
1942-45	

Novemberpogrome – Nürnberger Gesetze – Judenboykott – Judenstern – Verschleppung in Vernichtungslager – Juden werden zu Bürgern zweiter Klasse – Zerstörung von jüdischen Geschäften und Synagogen – Menschen werden am Einkauf in jüdischen Geschäften gehindert – Wannseekonferenz beschließt die Endlösung – Menschen werden als Juden kenntlich gemacht

M2 Adolf Hitler auf der Treppe zur Rednertribüne

5. Ein Propagandafoto untersuchen

Mehrere Hunderttausend Mitglieder verschiedener NS-Organisationen marschierten beim Erntedankfest 1934 am Bückeberg bei Hameln auf.

a) Beschreibe den Eindruck, den diese Propaganda-Massenveranstaltung bei den Teilnehmern und dem späteren Bildbetrachter erwecken soll.
b) Nimm Stellung dazu.

Think – Pair – Share

6. Falsche Begriffe

Jeweils zwei Begriffe pro Zeile passen nicht zum Thema „NS-Diktatur in Deutschland".
a) Finde sie heraus.
b) Formuliere zu den übrigen Begriffen passende Oberbegriffe.

Judikative – Initiative – Legislative – Direktive – Exekutive
Rassismus – Demokratie – Führerprinzip – Monarchie – Volk ohne Raum
Sudetenland – Bayern – Rheinland – Österreich – Saargebiet
Parteienverbot – Freiheit – Gleichschaltung – NS-Organisationen – Mitbestimmung
Deutschland – Schweiz – Japan – Italien – Schweden

M1 Panzer der USA und der Sowjetunion stehen sich 1961 an einem Grenzkontrollpunkt in Berlin gegenüber.

Geteilte Welt und Kalter Krieg

➔ Warum wurde die Welt geteilt?

➔ Was bedeutet Kalter Krieg?

➔ Wie endete der Kalte Krieg?

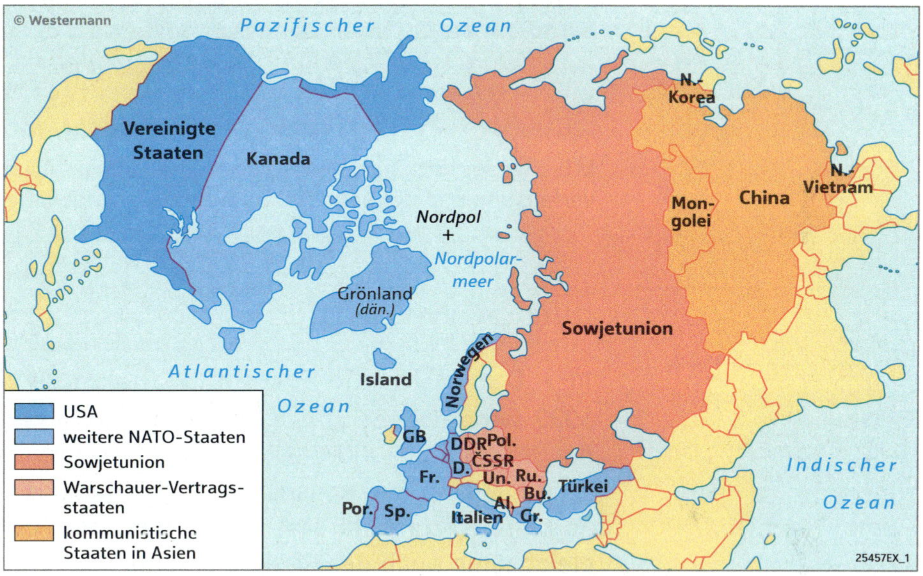

M2 Die in zwei Machtblöcke geteilte Welt nach 1949

M3 Der sowjetische Regierungschef Michail Gorbatschow und der amerikanische Präsident Ronald Reagan (1987)

Text des abgebildeten Buches

Verfassung
der Union der
Sozialistischen
Sowjetrepubliken
(UdSSR)

M1 „Sei gegrüßt, berühmter Volksführer Stalin – Durchsetzer der sozialistischen Verfassung und der echten Demokratie" (sowjetisches Plakat, 1933)

Die Sowjetunion

T1 • Das politische System: Sozialismus und Alleinherrschaft

1922 wurde Josef Stalin Generalsekretär der Kommunistischen Partei der Sowjetunion (KPdSU). Sein politisches Ziel war es, ein sozialistisches System durchzusetzen. Ein Merkmal dieses Systems war die Ein-Parteien-Herrschaft. Das heißt, dass der Generalsekretär der KPdSU gleichzeitig auch der Regierungschef war. Für den einzelnen Menschen bedeutete dies, dass sein Leben in fast allen Bereichen durch die KPdSU gesteuert wurde.

Um seine Macht zu stärken, ließ Stalin Gegner, auch innerhalb der eigenen Partei, rücksichtslos verfolgen. Sie wurden in Straflagern inhaftiert, des Landes verwiesen oder in Schauprozessen zum Tode verurteilt. Bis in die 1930er-Jahre gelang es Stalin, in der Partei seine Machtstellung zu festigen und alle Gegner auszuschalten. Danach übte er bis zu seinem Tod 1953 eine Alleinherrschaft aus. Ständige Propaganda auf Spruchbändern und Plakaten sorgten für ein bestimmtes Bild Stalins in der Öffentlichkeit. Er wurde als „Übervater" dargestellt, der danach strebte, seinen „Kindern", dem Volk, Wohltaten zukommen zu lassen.

1. Hilfe Beschreibe das Plakat M1.
2. Nenne Merkmale des sozialistischen Systems der Sowjetunion. (T1)
3. Fasse Stalins Weg zum Alleinherrscher zusammen. (T1)

Hilfe zu

1. Du kannst mit einem Gesamteindruck beginnen: Wie wirkt das Plakat? Was wird groß, was wird klein dargestellt? Was sieht man im Vordergrund, was im Hintergrund?

T2 • Wirtschaft: Kollektivierung und Industrialisierung

Stalin ließ das Wirtschaftssystem der Sowjetunion zentral nach Fünfjahresplänen organisieren. Nach diesen Plänen wurde jeder Betrieb und jeder Bauernhof gesteuert.

Um die landwirtschaftliche Produktion zu steigern, wurden Höfe zu Genossenschaften (Kolchosen) zusammengefasst. Großbauern wurden mit Zwangsmaßnahmen von ihren Höfen vertrieben und häufig in Arbeitslager verschleppt. Doch das Ziel der Produktionssteigerung wurde nicht erreicht. Stattdessen sanken die Erträge und es kam zu Hungersnöten, durch die Millionen Menschen starben.

Auch bei der Industrialisierung wollte Stalin die Bevölkerung zu Höchstleistungen antreiben. Bei vielen Großprojekten, wie Staudammbauten oder der Entwicklung der Eisenbahn, wurden Zwangsarbeiter eingesetzt. Diese lebten in Lagern unter menschenunwürdigen Bedingungen.

Durch die Zwangsmaßnahmen gelang es Stalin, die industrielle Produktion zu steigern. In Gegenden, in denen bisher niemand gelebt hatte, wurden Industriezentren und neue Städte gegründet. Allmählich wirkten sich diese Produktionssteigerungen auch auf die Lebensbedingungen der Menschen aus und der Lebensstandard verbesserte sich.

Kollektivierung
Zusammenschluss – privater Besitz wurde zu staatlichem Besitz und vom Staat zentral verwaltet.

Fünfjahresplan
Plan, in dem alle wirtschaftlichen Handlungen für fünf Jahre im Voraus genau bestimmt wurden: zum Beispiel die Verteilung von Geldern und Vorgaben für die Produktion

Genossenschaft
Zusammenschluss privater Höfe zu großen staatlichen Betrieben, mit dem Ziel, wirtschaftlicher zu arbeiten. Häufig ergaben sich jedoch wirtschaftliche Nachteile.

M2 Strafgefangene arbeiten in einem Steinbruch. (1932)

M3 Der erste Traktor einer neuen Fabrik in Leningrad (1930)

4 Das Wirtschaftssystem der Sowjetunion wird als Planwirtschaft bezeichnet. Erkläre. (T2)
Lerntempoduett

5 a) Nenne Maßnahmen, mit denen Stalin die Wirtschaft fördern wollte. (T2, M2, M3)
b) Hilfe Stalin ließ sich in der Öffentlichkeit als Wohltäter des Volkes darstellen. Diskutiert über diese Darstellung.
Fishbowl-Diskussion

Hilfe zu
5 b) Überlegt, ob es Pro- oder Kontra-Argumente zu dieser Aussage gibt.
- Gab es wirtschaftlich erfolgreiche und nicht erfolgreiche Maßnahmen?
- Wie ging Stalin mit seinen Gegnern um?
- Worauf gründeten die Erfolge?
- Welche Folgen hatten Stalins Maßnahmen für den einzelnen Menschen?

Folgende Wahrheiten erachten wir als selbstverständlich:
- dass alle Menschen gleich sind;
- dass sie von ihrem Schöpfer mit ... Rechten ausgestattet sind und dass dazu Leben, die Freiheit und das Streben nach Glück gehören;
- dass zur Sicherung dieser Rechte Regierungen unter den Menschen eingesetzt werden, die ihre rechtmäßige Gewalt aus der Zustimmung der Regierten herleiten;
- dass, wann immer eine Regierungsform diesen Zielen zu schaden droht, es das Recht des Volkes ist, sie zu ändern oder abzuschaffen ...

M1 Aus der Unabhängigkeitserklärung der USA von 1776

Die USA

T1 • Politisch: Die erste Demokratie

Im Jahr 1776 erklärten dreizehn englische Kolonien in Nordamerika ihre Unabhängigkeit und gaben sich eine eigene Verfassung. Damit gründeten sie die Vereinigten Staaten von Amerika, die USA. Sie war die erste Demokratie der Neuzeit. In ihrer Unabhängigkeitserklärung schrieben die USA erstmals Menschenrechte fest. Diese wurden zu einem Vorbild für viele spätere europäische Verfassungen und wurden teilweise sogar wortgetreu übernommen.

In der amerikanischen Bevölkerung war der Stolz auf die eigene Verfassung stark verbreitet. Deren demokratische Prinzipien galten als unveränderbar und mussten gegen alle Bedrohungen verteidigt werden. Das war einer der Gründe für die Teilnahme der USA an den beiden Weltkriegen. Beide Male war der Kriegseintritt der USA mitentscheidend für den Sieg der Alliierten.

Durch die Siege in den beiden Weltkriegen sahen sich die USA immer stärker in der Rolle eines „Weltpolizisten“. Sie wollten zum Beispiel für eine Verbreitung demokratischer Staatsformen sorgen und griffen in den Jahrzehnten nach dem Zweiten Weltkrieg wiederholt auch mit militärischen Mitteln in Konflikte anderer Staaten ein.

1. Hilfe Wähle eine der in M1 genannten „Wahrheiten“, die du für besonders wichtig hältst. Begründe deine Entscheidung.
   Kugellager
2. Erkläre, warum die USA an den beiden Weltkriegen teilnahmen. (T1)
3. Diskutiert über das Selbstverständnis der USA, „Weltpolizist“ zu sein.

Hilfe zu

1. Du kannst dich fragen, was die von dir ausgewählte „Wahrheit“ für den einzelnen Menschen bedeutet.
   Du kannst auch überlegen, ob dir Beispiele aus deinem Alltag einfallen, bei denen diese „Wahrheit“ sichtbar wird.

T2 • Wirtschaft: Ein kapitalistisches System

Der Nordosten der USA ist ein sehr rohstoffreiches Gebiet. Die Einwanderer sorgten im 19. Jahrhundert dafür, dass sich diese Region zum größten und modernsten Industriegebiet weltweit entwickeln konnte. Außerdem führte das amerikanische System des Kapitalismus zu einer immer größeren Industrieproduktion. Dadurch wurden die USA schon vor dem Ersten Weltkrieg zu der weltweit stärksten Wirtschaftsmacht.

> Das Gesetz des Wettbewerbs mag ... für den Einzelnen gelegentlich hart sein, für die Menschen ist es jedoch zum Besten, weil es auf jedem Gebiet das Überleben des Tüchtigen sicherstellt. Daher begrüßen wir die Ungleichheit der Lebensbedingungen und die Konzentration von Industrie und Handel in den Händen von wenigen.

M2 Der Industrielle Andrew Carnegie über das amerikanische Wirtschaftssystem (1889)

Eine Folge des kapitalistischen Systems war der immer größer werdende Abstand zwischen den Bevölkerungsschichten. Wer Vermögen hatte, konnte in die Wirtschaft investieren und wurde immer reicher. Wer kein oder nur ein geringes Einkommen hatte, war nicht sozial abgesichert und konnte nur mit Mühe seine Familie ernähren.

M3 Szene vor einem Landhaus in den USA (1929)

M4 Eine Familie in New York (1912)

4 Nenne Gründe für den Aufstieg der USA zu einer Weltwirtschaftsmacht. (T2)

5 Hilfe Diskutiert über die Aussagen von Andrew Carnegie. (M2)
Fishbowl-Diskussion

6 Beschreibe die Folgen des Kapitalismus für das Leben der Menschen. (T2, M3, M4)

Hilfe zu

5 Überlegt, was für ein Zusammenhang gemeint sein könnte mit dem „Überleben des Tüchtigen“ und der „Ungleichheit der Lebensbedingungen“. Prüft auch, ob diese Aussage der Realität entspricht. Fallen euch Beispiele ein?

M1 Der britische Premierminister Winston Churchill, der US-amerikanische Präsident Harry S. Truman und der sowjetische Staatschef Josef Stalin auf der Potsdamer Konferenz vom 17. Juli bis 2. August 1945

Zwei Machtblöcke entstehen

T1 • Aus Verbündeten werden Gegner

Während des Zweiten Weltkriegs waren sich die USA und die UdSSR im Kampf gegen den gemeinsamen Gegner Deutschland noch einig. Doch zum Ende des Krieges wuchsen die Vorbehalte gegeneinander. Beide Staaten vertraten politische und gesellschaftliche Systeme, die völlig gegensätzlich waren. Die USA förderten den Aufbau demokratischer Strukturen und standen für ein kapitalistisches Wirtschaftssystem. Demgegenüber strebte die UdSSR danach, ihr sozialistisches System auf andere Staaten zu übertragen.

Das gemeinsame Ziel der ehemaligen Verbündeten, das nationalsozialistische Deutschland zu besiegen, war erreicht. Eine Basis für eine weitere Zusammenarbeit gab es nicht. Beide Seiten fühlten sich vom jeweils anderen bedroht und rüsteten militärisch immer stärker auf. Die Westmächte befürchteten eine Ausbreitung des Sozialismus, die UdSSR ihrerseits eine immer größere Ausbreitung des Einflusses der USA. So entstanden Machtblöcke, deren Feindschaft die Weltpolitik bestimmte.

totalitär
In einem totalitären Staat sind die Menschen ganz dem Staat unterworfen. Es gibt ein extremes politisches Ziel, dem alles unterstellt ist.

Regime
meint hier abwertend eine nichtdemokratische Regierungsform

1. Hilfe Beschreibe, wie die Regierungschefs auf dich wirken. (M1)
2. Hilfe Vergleiche die Inhalte von T1 mit der Wirkung des Fotos M1.
   Placemat
3. Es gab für eine Zusammenarbeit zwischen den USA und der UdSSR keine Basis mehr. Begründe. (T1)
4. Beschreibe die Befürchtungen der gegnerischen Blöcke. (T1)

Hilfe zu

1. Achte auf Handhaltung und Gesichtsausdruck.
2. Formulierungshilfen: Die Regierungschefs wirken auf dem Foto ... . Demgegenüber wird im Text deutlich, ...

M2 Die in zwei Machtblöcke geteilte Welt nach 1945

imperialistisch
Imperialistische Staaten haben das Ziel, ihre Macht über die eigenen Grenzen hinaus immer weiter zu vergrößern.

Faschismus
rechtsradikale, antidemokratische politische Bewegung; Diktatur, in der Andersdenkende verfolgt werden

Ich bin der Ansicht, dass es die Politik der Vereinigten Staaten sein muss, die freien Völker zu unterstützen, die sich der Unterwerfung durch ... Druck von außen widersetzen. Ich bin der Ansicht, dass unsere Hilfe in erster Linie in Form wirtschaftlicher und finanzieller Unterstützung gegeben werden sollte. ... Die Saat des totalitären Regimes gedeiht in Elend und Mangel ... Sie wächst sich vollends aus, wenn in einem Volk die Hoffnung auf ein besseres Leben erstirbt. ... Die freien Völker blicken auf uns und erwarten, dass wir sie in der Erhaltung der Freiheit unterstützen.

M3 US-Präsident Truman über die Politik der USA in einer Rede am 12. März 1947

Infolge des Zweiten Weltkriegs und in der Nachkriegsperiode sind wesentliche Änderungen in der internationalen Lage eingetreten. Diese bestehen in einer neuen Aufstellung ... und in einer Neugruppierung. ... So sind zwei Lager entstanden: das imperialistische, antidemokratische Lager, dessen Hauptziel darin besteht, die Weltvormachtstellung des amerikanischen Imperialismus zu erreichen und die Demokratie zu zerstören, und das antiimperialistische Lager, dessen Hauptziel es ist, den Imperialismus zu überwinden, die Demokratie zu konsolidieren [wiederherzustellen] und die Überreste des Faschismus zu beseitigen.

M4 Andrej Shdanow, ein enger Mitarbeiter Stalins, in einer Rede am 22. September 1947

5 Erkläre anhand der Karte M2, warum man sagt: „Es standen sich zwei Machtblöcke gegenüber."
Lerntempoduett

6 Wähle eine der Quellen M3 und M4. Gib den Inhalt mit eigenen Worten wieder.
Partnerpuzzle

7 a) Arbeite heraus, mit welchen Begriffen der jeweilige Gegner beschrieben wird. (M3, M4)
b) Vergleiche die beiden Quellen.
Venn-Diagramm

Ich habe mich stets um die Freundschaft der Russen bemüht, aber ... die Verkopplung ihrer Macht mit der Besetzung und Kontrolle so ungeheurer und weiter Gebiete beunruhigen mich ebenso sehr wie Sie. ... Ein eiserner Vorhang ist vor ihrer Front niedergegangen.

M1 Winston Churchill in einem Schreiben an US-Präsident Truman am 12. Mai 1945

M2 Das geteilte Europa zur Zeit des Kalten Krieges

Europa wird geteilt

T1 • Der „Eiserne Vorhang“

Die sowjetische Armee war während des Zweiten Weltkriegs im Kampf gegen Deutschland in Ost- und Südeuropa immer weiter vorgerückt. Seit 1945 standen nun die von Deutschland im Krieg besetzten Länder unter sowjetischem Einfluss. Stalin wollte dort kommunistische Systeme errichten. Dies sahen die westlichen Regierungen als Bedrohung an. Das Ziel ihrer Politik gegenüber der Sowjetunion war nun, eine weitere Ausbreitung des Kommunismus in Europa zu verhindern.

> Dieser Krieg ist nicht wie in der Vergangenheit: Wer immer ein Gebiet besetzt, erlegt ihm auch sein eigenes gesellschaftliches System auf. Jeder führt sein eigenes System ein, so weit seine Armee vordringen kann.

M3 Stalin am 11. April 1945 in einem Gespräch mit anderen Politikern (Auszug aus dem Buch „Gespräche mit Stalin“ von Milovan Djilas)

1 a) Was meinte Churchill mit dem Begriff „eiserner Vorhang“? (M1)
Bienenkorb
b) Nenne je drei europäische Staaten der beiden Machtblöcke. (M2)

2 Hilfe Begründe, warum die westlichen Regierungen den sowjetischen Einfluss in Osteuropa als Bedrohung ansahen. (T1, M3)

3 Erläutere die Kernaussage aus dem Gespräch Stalins mit anderen Politikern. (M3)

Hilfe zu
2 Bedenke mögliche Aspekte: die Größe der Sowjetunion im Vergleich zu Europa, die zahlenmäßige Stärke der Armee, die Aussage Stalins.

T2 • Der Marshall-Plan

Die USA hatten das Ziel, den Einfluss der Sowjetunion in Europa einzudämmen. Dafür wollten sie mit den europäischen Ländern wirtschaftlich enger zusammenarbeiten. Der US-amerikanische Außenminister George Marshall entwickelte 1947 ein Förderprogramm für Europa (ERP), das allen europäischen Staaten offenstand. Auf diese Weise strebte er eine enge wirtschaftliche Bindung der Empfängerstaaten mit den USA an.

Die UdSSR wertete dieses Programm als Bedrohung. Sie fürchtete eine größere Einflussnahme der USA in Europa. Deshalb verbot sie den osteuropäischen Ländern, an dem Förderprogramm teilzunehmen.

> Unsere Politik ist nicht gegen irgendein Land oder eine Doktrin, sondern gegen Hunger, Armut, Verzweiflung und Chaos gerichtet. ... Jede Regierung, die willens ist, bei der Aufgabe des Wiederaufbaues mitzuwirken, wird ... volle Unterstützung erfahren.

M4 George Marshall erläutert 1947 das Wiederaufbauprogramm in einer Rede.

Doktrin
politische Theorie; bestimmte Ansichten, die als Richtlinie genommen werden

ERP
„European Recovery Program“ – offizielle Bezeichnung für den Marshall-Plan

M5 Ein west- und ein ostdeutsches Plakat zum Marshall-Plan

4 Erkläre, wie George Marshall den sowjetischen Einfluss eindämmen wollte. (T2)

5 Arbeite aus M4 heraus, welches Ziel George Marshall mit seinem Plan verfolgt.

6 Vermute, warum die sowjetische Regierung den Staaten unter ihrem Einfluss die Teilnahme an dem Förderprogramm verbot. (T2)
Think – Pair – Share

7 Hilfe Ordne die beiden Plakate aus M5 je einem der beiden deutschen Staaten zu. Begründe deine Entscheidung.
Lerntempoduett

Hilfe zu
7 Was wird positiv oder negativ dargestellt? Welche Bedeutung haben die Symbole?

M1 Eine unterbrochene Eisenbahnlinie an der Berliner Sektorengrenze (1948)

Die erste Konfrontation der Blöcke

T1 • Der Beginn der Berlin-Blockade

Berlin war nach dem Zweiten Weltkrieg in vier Sektoren unterteilt, obwohl die gesamte Stadt in der sowjetischen Besatzungszone lag. Die besondere Lage Berlins führte zu einer ersten direkten Konfrontation zwischen den westlichen Alliierten und der UdSSR.

Im Juni 1948 führten die Westalliierten in ihren Besatzungszonen und in Westberlin eine neue Währung ein, die D-Mark. Als Reaktion darauf ließ Stalin in der sowjetischen Zone ebenfalls eine neue Währung einführen und forderte deren Gültigkeit für ganz Berlin. Dies lehnten die westlichen Alliierten ab.

Daraufhin ließ die sowjetische Regierung am 24. Juni 1948 alle Land- und Wasserwege nach Westberlin sperren. Außerdem wurde die Stromversorgung unterbrochen und die Lieferung von Kohle in die westlichen Stadtteile eingestellt.

Von dieser Blockade waren 2,2 Millionen Berliner betroffen. Stalins Absicht war es, eine Unzufriedenheit in der Berliner Bevölkerung gegen die Westmächte zu erzeugen und diese damit zum Abzug aus Berlin zu zwingen.

Webcode
Filmclip über die Berlin-Blockade
WES-100953-4

1. Hilfe Ein Verkehrsweg ist unterbrochen. Überlegt, welche Folgen dies für den Alltag der Menschen hatte. (M1)
   Kugellager
2. Beschreibe den Konflikt zwischen den Westalliierten und der UdSSR, der zur Berlin-Blockade führte. (T1)
3. Nenne Maßnahmen und Ziele der sowjetischen Regierung bei der Berlin-Blockade. (T1)

Hilfe zu
1. Welche Bereiche des Alltags sind von Lieferungen abhängig?

T2 • Die Berliner Luftbrücke

Um die Bewohner Westberlins trotz der Blockade weiterzuversorgen, errichteten die Westmächte eine sogenannte Luftbrücke. Alle zwei bis drei Minuten landete ein Flugzeug. Die Berliner Flughäfen mussten für die Landung der vielen Flugzeuge extra ausgebaut werden. Besonders die Berliner Kinder jubelten ihnen zu. Denn die Piloten der sogenannten „Rosinenbomber“ warfen häufig vor der Landung Süßigkeiten, zu denen auch Rosinen zählten, an kleinen Fallschirmen ab.

In über 200 000 Flügen wurden Millionen Tonnen von Kohle, Lebensmitteln, Medikamenten und Industriegütern nach Berlin geflogen. Selbst die Teile eines Kraftwerks wurden nach Berlin gebracht und dort montiert. Die Kosten für die Luftbrücke der Westmächte beliefen sich auf ca. 252 Millionen Dollar.

Die Blockade brachte aus sowjetischer Sicht nicht den erwünschten Erfolg. Durch die Hilfeleistungen stieg das Ansehen der westlichen Alliierten in der Bevölkerung sogar an. Am 12. Mai 1949 reagierte die Regierung der UdSSR und hob die Blockade wieder auf.

M2 Die Berliner Luftbrücke

M3 Berliner Kinder bei der Ankunft eines „Rosinenbombers“ (1948)

Rosinenbomber
umgangssprachliche Bezeichnung für die Flugzeuge der Westalliierten im Rahmen der Luftbrücke

M4 US-amerikanische Karikatur (1949)

4 Beschreibe, wie die Berliner Luftbrücke funktionierte. (T2, M2, M3)

5 a) Hilfe Vermute Gedanken und Fragen der Kinder in M3.
b) Entwickle einen Dialog zwischen den Kindern.

6 Hilfe Arbeite die Hauptaussage der Karikatur heraus. (M4)

Hilfe zu

5 a) Welche Hoffnungen und Wünsche könnten die Kinder haben?
Hoffentlich kann ich heute … .
Wenn ich groß bin, möchte ich … .
Wie viele Flugzeuge kommen wohl … .

6 Übergroß wird ein amerikanischer Soldat dargestellt, der … .

M1 Plakat zum Beitritt der BRD in die NATO (1955)

M2 Manöver der Staaten des Westblocks in Niedersachsen (1976)

Militärbündnisse in West und Ost

T1 • Die NATO

Am 4. April 1949 gründeten die USA mit weiteren meist europäischen Staaten die North Atlantic Treaty Organization, die NATO. 1955 trat auch die BRD diesem Bündnis bei.

North Atlantic Treaty Organization
(Organisation des Nordatlantikvertrages)
Militärbündnis; die Vertragsstaaten haben vereinbart, einander militärisch zu unterstützen, wenn ein Bündnispartner angegriffen wird. Eine weitere selbstgewählte Aufgabe ist die Friedenssicherung weltweit.

148/149
Die Vereinten Nationen (UNO)

Artikel 1
Die Parteien verpflichten sich, in Übereinstimmung mit der Satzung der Vereinten Nationen, jeden internationalen Streitfall, an dem sie beteiligt sind, auf friedlichem Wege so zu regeln, dass der internationale Friede, die Sicherheit und die Gerechtigkeit nicht gefährdet werden, und sich in ihren internationalen Beziehungen jeder Gewaltandrohung oder Gewaltanwendung zu enthalten, die mit den Zielen der Vereinten Nationen nicht vereinbar sind.
Artikel 5
Die Parteien vereinbaren, dass ein bewaffneter Angriff gegen eine oder mehrere von ihnen in Europa oder Nordamerika als ein Angriff gegen sie alle angesehen werden wird; sie vereinbaren daher, dass im Falle eines solchen bewaffneten Angriffs jede von ihnen in Ausübung des ... Rechts auf Selbstverteidigung der Partei oder den Parteien, die angegriffen werden, Beistand leistet, indem jede von ihnen unverzüglich ... die Maßnahmen, einschließlich der Anwendung von Waffengewalt, trifft, die sie für erforderlich erachtet ...

M3 Aus dem Gründungsvertrag der NATO von 1949

M4 Plakat der DDR für den Warschauer Vertrag (1965)

M5 Manöver der Staaten des Ostblocks in Brandenburg (1980)

T2 • Der Warschauer Vertrag

Auch die Staaten des Ostblocks beschlossen 1955 mit dem Warschauer „Vertrag über Freundschaft, Zusammenarbeit und gegenseitigen Beistand“ die Gründung eines Militärbündnisses. Ein Jahr später schloss sich die DDR diesem Vertrag an.

> **Artikel 1:** Die vertragschließenden Parteien verpflichten sich in Übereinstimmung mit der Satzung der Organisation der Vereinten Nationen, sich in ihren internationalen Beziehungen der Drohung mit Gewalt oder ihrer Anwendung zu enthalten und ihre internationalen Streitfragen mit friedlichen Mitteln so zu lösen, dass der Weltfrieden und die Sicherheit nicht gefährdet werden.
> **Artikel 4**: Im Falle eines bewaffneten Überfalls in Europa auf einen oder mehrere Teilnehmerstaaten des Vertrages ... wird jeder Teilnehmerstaat des Vertrages ... dem Staat oder den Staaten, die einem solchen Überfall ausgesetzt sind, sofortigen Beistand ... mit allen Mitteln, die ihnen erforderlich erscheinen, einschließlich der Anwendung von militärischer Gewalt, erweisen.

M6 Aus dem Warschauer Vertrag von 1955

1. Vergleiche die Aussagen von M1 und M4.
2. Friedensbündnis oder Bedrohungspakt? Entwickle Argumente für eine der beiden Bezeichnungen. Untersuche dazu die Materialien M1 – M6.
3. Stellt euch vor, im UN-Sicherheitsrat treffen Vertreter beider Bündnisse aufeinander. Führt ein Rollenspiel durch, bei dem die Funktion des eigenen Bündnisses begründet wird.

entwickeln

Im Geschichtsunterricht werden häufig auf Grundlage von Fakten weiterführende Überlegungen angestellt. So sollst du zum Beispiel zu Geschehnissen oder Problemen Einschätzungen, Lösungen oder Gegenpositionen erarbeiten. Hierzu erklärst du die Situation zunächst genau. Anschließend entwickelst du auf Grundlage der Tatsachen eigene Ideen. Es ist wichtig, dass deine Ideen an die tatsächliche Situation anknüpfen und zukunftsorientiert sind.

1. Schritt: **Material sichten und Fakten sammeln**
- Sichte das Material und trage die Fakten zusammen.

2. Schritt: **Situation erklären**
- Erkläre die Situation auf Grundlage des erarbeiteten Materials.

3. Schritt: **Entwicklung eigener Ideen**
- Überlege ausgehend von den Tatsachen eigene Einschätzungen, Lösungen oder eine Gegenposition.

M1 Amerikanische und sowjetische Panzer stehen einander am „Checkpoint Charlie" in Berlin gegenüber (26. Oktober 1961)

eskalieren
gefährlich werden, verschärfen, sich steigern

Geschehnisse Ende Oktober 1961

In den Wochen nach dem Mauerbau kam es immer wieder zu angespannten Situationen zwischen den sowjetischen und amerikanischen Soldaten. Bei den Streitigkeiten ging es unter anderem um die Frage, ob sich Vertreter der jeweils anderen Seite in der sowjetischen bzw. amerikanischen Zone frei bewegen dürfen oder nicht. Der Kontrollpunkt Checkpoint Charlie war einer der bekanntesten Grenzübergänge. Hier durften Militärangehörige der Siegermächte und Vertreter der BRD und der DDR ohne weitere Kontrolle passieren. Als die DDR-Grenzposten am 25. Oktober 1961 plötzlich amerikanische Soldaten auf dem Weg in die sowjetische Zone aufforderten, sich auszuweisen, eskalierte die Situation. Sowjetische und amerikanische Panzer fuhren auf und blieben einige Tage dort stehen. Beide Seiten hatten die Freigabe zu feuern.

Entwickle Lösungsansätze für den auf dem Foto gezeigten Konflikt.

1. Schritt: **Material sichten und Fakten sammeln**

- Schau dir das Foto M1 auch auf Seite 118 an. Beschreibe es möglichst genau. Nutze dafür die W-Fragen (Wer? Wo? Wann? Was? Wie? Warum? ...)
- Lies den Text T1 und ergänze deine Notizen durch weitere Informationen.

2. Schritt: **Situation erklären**

- Erläutere zunächst die historische Situation mithilfe der vorgegebenen Stichworte. Schreibe in ganzen Sätzen.

Stichworte:

- nach dem Zweiten Weltkrieg	- Berlin	- Sowjetunion
- Deutschland besetzt	- August 1961	- keine militärische Auseinandersetzung
- Zonen Siegermächte,	- Grenzmauer	
- Teilung Deutschlands	- Westmächte / USA	- Spannungen

Fließtext:
Nach dem Zweiten Weltkrieg wurde Deutschland ... .
Die Siegermächte bildeten ... . Daraufhin wurde Deutschland ... .
Berlin stellte einen Sonderfall dar: ... . Im August 1961 wurde dann ... .
Die Westmächte und die USA standen der ... . Es gab zwar keine ..., aber ...

- Erkläre den dargestellten Konflikt auf Grundlage deiner Bildbeschreibung und der zusätzlichen Informationen:
  Auf dem Foto sind amerikanische und sowjetische Panzer sowie ... . In der Mitte des Fotos sieht man den Grenzübergang ... . Das Foto zeigt die Geschehnisse vom 26. Oktober 1961, wenige Wochen nach ... . In dieser Zeit gab es einige Konflikte ... . Zum Beispiel ... . Am 25. Oktober ... . Dies war eine Provokation, da ... . Beide Seiten rüsteten auf, indem sie zahlreiche Panzer an der Grenze postierten.

Provokation
durch gezieltes Verletzen von Regeln jemanden reizen. Es soll so eine bestimmte Handlungsweise ausgelöst werden.

3. Schritt: **Entwicklung eigener Ideen**

- Benenne als Erstes das Problem, für das du Lösungsansätze entwickelst.
  Für die auf dem Foto dargestellte Situation sollen ... .
  Man sieht einander feindliche gegenüberstehende Soldaten, ...
  Zunächst einmal ist festzuhalten, dass ... .
- Entwickle eigene Lösungsansätze.
  Beide Seiten standen in dieser Situation vor dem Problem, ... Des Weiteren fühlten sich beide im Recht. Denn ... . Die Kontrolle war eine eindeutige ... . Eine mögliche Auflösung der Situation hätte erreicht werden können, indem die Befehlshaber ... . Eine andere Möglichkeit wäre ... . Ebenso denkbar ... .

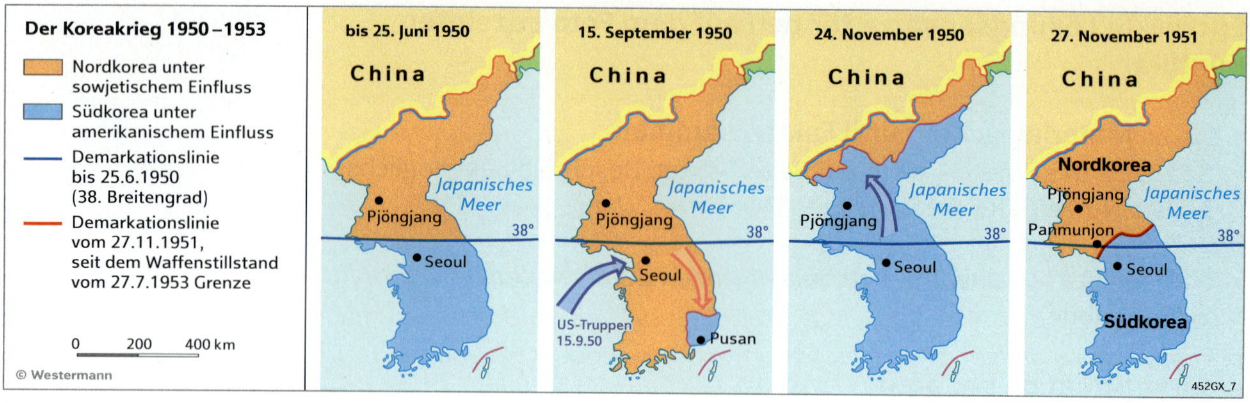

M1 Der Verlauf des Korea-Krieges

Der Korea-Krieg 1950–1953

T1 • Stellvertreterkrieg

In der Zeit des Kalten Krieges haben die Sowjetunion und die USA nie einen direkten Krieg gegeneinander geführt. Aber in mehreren Konflikten zwischen anderen Ländern unterstützten sie die dortigen Gegner mit Waffen oder auch Soldaten, um ihre Interessen zu wahren. Diese Art der Auseinandersetzung zwischen den beiden Weltmächten in der Zeit des Kalten Krieges nennt man Stellvertreterkrieg.

Interessen wahren
hier gemeint: Die USA und die Sowjetunion unterstützten jeweils die Gruppen, die ihre Ideen von Politik und Wirtschaft teilten und umsetzen wollten.

T2 • Der Beginn des Krieges

Der erste dieser Stellvertreterkriege war der Korea-Krieg. Im Norden Koreas herrschte eine Regierung, die nach dem Vorbild der Sowjetunion ein sozialistisches System errichtet hatte. Industrie und Großgrundbesitz wurden verstaatlicht. Im Süden war ein kapitalistisches System eingeführt worden, das von den USA unterstützt wurde. Die Regierungen beider Landesteile betrachteten sich als Feinde und erhoben Anspruch auf die Herrschaft über Gesamtkorea.

Im Juni 1950 überschritten nordkoreanische Truppen die Grenze zu Südkorea. Damit begann ein dreijähriger Krieg, in dessen Verlauf sich die Front immer wieder verschob. Die Sowjetunion und das ebenfalls sozialistische China unterstützten Nordkorea mit Waffenlieferungen. Der UN-Sicherheitsrat bemühte sich vergeblich um eine Einstellung der Kampfhandlungen. Schließlich entschied er, UN-Truppen unter amerikanischem Oberbefehl nach Korea zu entsenden.

1. Hilfe Untersuche die Karte M1 und beschreibe grob den Verlauf des Korea-Krieges.
2. Erkläre den Begriff „Stellvertreterkrieg". (T1)
   Placemat
3. Hilfe Begründe, warum der Korea-Krieg ein Beispiel für einen Stellvertreterkrieg ist. (T2,T3)

Hilfe zu
1. Wer sind die Kriegsgegner?
   Wie ist der zeitliche Verlauf?
   Wie ist der Grenzverlauf bei Kriegsende?
3. Wie sind die beiden Weltmächte am Krieg beteiligt?

T3 • Das Ende des Krieges und die Folgen

Als die US-Truppen zunächst erfolgreich bis fast vor die chinesische Grenze vordrangen, griff China direkt in den Krieg ein. US-Truppen und südkoreanische Einheiten mussten sich aus dem Norden zurückziehen. 1951 festigte sich die Front. Doch erst 1953 einigten sich die Konfliktparteien auf einen Waffenstillstand. Der Grenzverlauf war gegenüber dem Beginn des Krieges fast unverändert.

Leidtragende des Krieges war vor allem die Zivilbevölkerung. Viele Menschen verloren ihre Heimat und waren geflohen. Durch starke Bombenangriffe wurde besonders Nordkorea schwer verwüstet und die Ernte zerstört.

Zivilbevölkerung
Menschen, die in einem Krieg keiner bewaffneten Gruppe angehören und laut internationalem Recht nicht in die Kriegshandlungen einbezogen werden dürfen

M2 Südkoreaner flüchten aus dem Kampfgebiet, Soldaten rücken vor an die Front. (1950)

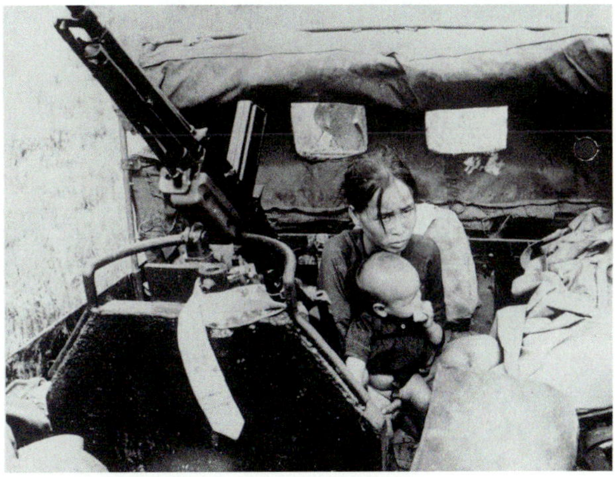

M3 Eine Koreanerin sucht mit ihrem Kind Schutz bei den UN-Truppen. (1950)

T4 • Die Situation heute

Im Jahr 2000 brachte ein erstes Treffen zwischen dem nordkoreanischen Staatschef Kim Jong-il und dem südkoreanischen Präsidenten Kim Dae-Jung erste Anzeichen von Entspannung. Am 15. August 2000 durften erstmals 16 000 Südkoreaner nach langer Trennung ihre Verwandten in Nordkorea besuchen.

Ein endgültiger Friedensvertrag zwischen den beiden koreanischen Staaten konnte aber bis heute nicht abgeschlossen werden. Immer wieder kam es zu politischen wie auch militärischen Konflikten. Bis heute besteht zwischen den beiden koreanischen Staaten eine fast undurchlässige Grenze, die weiterhin Tausende Familien trennt.

M4 Familientreffen zwischen Nord- und Südkoreanern (2009)

4 Hilfe Schildere die Folgen des Krieges für die Zivilbevölkerung. (T2, M2, M3)

5 Betrachte das Bild M4. Verfasse einen Tagebucheintrag aus Sicht einer der Personen. (T4, M4)
Marktplatz

Hilfe zu
4 Überlegt, was für Auswirkungen der Koreakrieg für die Familie gehabt haben könnte:
- Flucht vor der Front,
- Trennung der Familie,
- Verbot, die Grenze zu übertreten.

M1 Zivilisten gehen bei Kämpfen in einem Graben in Deckung. (1966)

M2 Eine Vietnamesin vor den Trümmern ihres zerbombten Hauses (1972)

Ein Stellvertreterkrieg – der Vietnam-Krieg

T1 • Ein geteiltes Land

Nord- und Südvietnam entstanden nach dem Zerfall der französischen Kolonie Indochina. Wie auch Korea war das Land in einen kommunistischen Norden und einen kapitalistischen Süden geteilt. In Nordvietnam übernahmen Kommunisten unter der Führung von Ho Chi Minh die Regierung, in Südvietnam herrschte eine antikommunistische Diktatur.

Viele Bauern in Südvietnam waren verarmt und hofften auf ein besseres Leben, wenn sie sich den Kommunisten des Nordens anschließen würden. Deshalb bildete sich in Südvietnam eine kommunistische Widerstandsbewegung gegen die Regierung in der Hauptstadt Saigon. Diese Guerilla-Truppen, die sogenannten Vietcong, nutzten den Dschungel zur Deckung und errichteten ein Wege- und Tunnelsystem für den Nachschub. Unterstützt von der Sowjetunion und China drangen sie immer weiter in Richtung der Hauptstadt Saigon vor.

Guerilla-Truppen
Das sind kleine bewaffnete Gruppen, die in ihrem Land gegen Armeen anderer Länder kämpfen. Sie greifen meist aus dem Hinterhalt an und tarnen sich als normale Bürger, tragen also keine Uniform.

Napalmbombe
Bomben mit besonderer Brennwirkung. Brennendes Napalm ist nur sehr schwer zu löschen.

T2 • Der „schmutzige Krieg"

Als der Vietcong immer größere Gebiete unter seine Kontrolle bringen konnte, griffen die USA ein. Die amerikanische Regierung glaubte aufgrund der guten Militärtechnik ihrer Einheiten an einen schnellen Sieg.

Die Kämpfe im vietnamesischen Dschungel waren jedoch schwierig. Deshalb setzte das amerikanische Militär giftige Entlaubungsmittel und Napalmbomben ein. Von Februar 1965 bis Oktober 1968 wurden 107 700 Luftangriffe mit insgesamt 2,5 Millionen Tonnen Bomben geflogen. Sie trafen Nachschublager und Militäreinheiten des Vietcong, aber auch die Zivilbevölkerung. Allein bis 1968 schickten die USA 500 000 Soldaten nach Südvietnam.

T3 • Protest gegen den Krieg

Der Vietnamkrieg dauerte immer länger an, ohne dass die amerikanische Armee einem Sieg näher kam. Die Regierung der USA musste erkennen, dass der Konflikt nicht mit militärischen Mitteln zu gewinnen war. Außerdem zeigten immer mehr Zeitungen und Fernsehsender, wie die vietnamesische Zivilbevölkerung zum Beispiel an Verbrennungen durch die Napalmbomben litt. Durch das Bekanntwerden dieser Kriegsgräuel entstand besonders unter Jugendlichen eine weltweite Protestbewegung gegen die Kriegsführung der Amerikaner. In den USA verweigerten immer mehr junge Menschen den Wehrdienst oder desertierten.

Durch den Druck der Öffentlichkeit schlossen die USA 1973 schließlich ein Waffenstillstandsabkommen mit Nordvietnam und zogen ihre Truppen ab. Der Krieg endete zwei Jahre später durch den Sieg des kommunistischen Nordens. Vietnam wurde ein sozialistischer Staat.

Kriegsgräuel
grausame Gewalttaten, die während eines Krieges, vor allem an der Zivilbevölkerung des Gegners, begangen werden

desertieren
Soldat verlässt ohne Erlaubnis die Armee und kommt militärischen Pflichten nicht nach

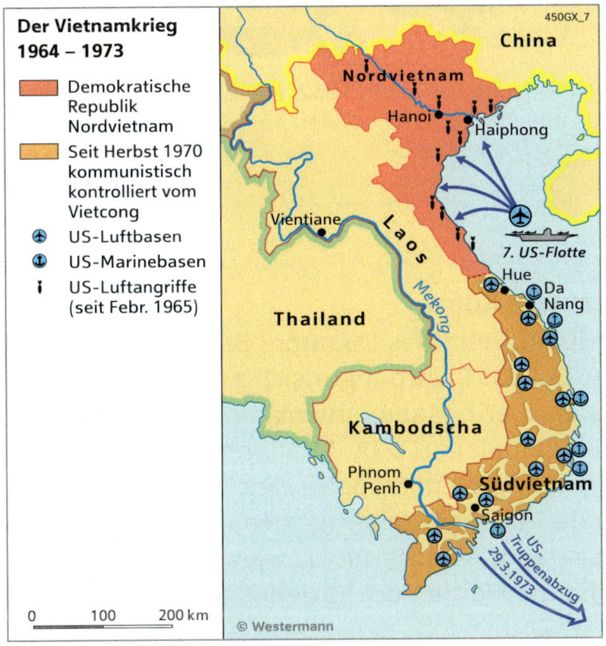

M3 Der Vietnam-Krieg (1964–1973)

M4 Proteste in den USA gegen den Vietnam-Krieg (1969)

❶ Hilfe Betrachte die Bilder M1 und M2. Wähle eine Person aus und formuliere mögliche Gedanken.
Marktplatz

❷ Nenne die beiden Regierungsformen in Vietnam. (T1)

❸ Vermute, warum der Vietcong Zulauf aus der armen ländlichen Bevölkerung erhielt.

❹ Beschreibe, mit welchen Mitteln die USA den Krieg in Vietnam führten. (T2, M2)

⑤ Werte die Karte M3 aus.

❻ Hilfe Der Krieg in Vietnam wird auch als „schmutziger Krieg" bezeichnet. Begründe. (T2, T3, M3)

❼ Nenne Gründe, warum sich die USA aus Vietnam zurückzogen. (T3, M4)

Hilfe zu

❶ Du kannst die Gedanken auch als Gedankenblasen gestalten.

❻ Der Krieg wird als schmutzig bezeichnet, weil … . Der Einsatz richtete sich nicht nur … .

M1 „Einverstanden, Herr Präsident, wir wollen verhandeln!"(britische Karikatur, 1962) – Die Karikatur zeigt links sitzend den sowjetischen Regierungschef Nikolai Chruschtschow und rechts den amerikanischen Präsidenten John F. Kennedy.

Die Kuba-Krise

T1 • Sowjetische Raketen auf Kuba

Durch eine Revolution und den Sturz des Diktators Batista wurde Fidel Castro 1959 Staatschef auf Kuba. Castro legte sich zunächst nicht auf einen der Blöcke fest. Als er aber begann, amerikanische Konzerne zu enteignen, kam es zum Konflikt mit den USA. 1961 versuchten diese erfolglos, die kubanische Regierung zu stürzen. Im gleichen Jahr brach die amerikanische Regierung die diplomatischen Beziehungen zu Kuba ab und verhängte einen Handelsboykott. Da die Sowjetunion gleichzeitig den Handel mit Kuba ausbaute, wurden die Beziehungen zwischen den beiden Staaten enger.

Diese Annäherung sahen die USA mit großem Misstrauen und ließen Kuba von ihrem Geheimdienst überwachen. Im Oktober 1962 entdeckte dieser auf Kuba Abschussrampen für sowjetische Atomraketen. Mit diesen Raketen konnte fast jedes Ziel in den USA erreicht werden. Die amerikanische Regierung bildete innerhalb weniger Tage einen Krisenstab, der darüber beriet, wie die USA auf diese Bedrohung reagieren sollte.

enteignen
beschlagnahmen – die Konzerne wurden Besitz des kubanischen Staates

diplomatische Beziehungen
Vertreter verschiedener Staaten sprechen miteinander über die jeweiligen Interessen der Staaten. So entstehen Beziehungen zwischen den Ländern. Sie zeigen einander Wertschätzung.

Handelsboykott
Der gesamte Handel mit einem Land wird eingestellt: Es werden keine Waren dorthin geliefert und keine von diesem Land gekauft.

1 a) Beschreibe die Karikatur M1.
b) Die Karikatur bezieht sich auf einen Konflikt zwischen den USA und der UdSSR. Vermute, worum es in diesem Konflikt gehen könnte.
Marktplatz

2 Erkläre, wodurch sich der Handelsstreit zwischen den USA und Kuba zu einem militärischen Konflikt gesteigert hat. (T1)

3 Begründe, warum die Beziehungen zwischen Kuba und der Sowjetunion enger wurden. (T1)

T2 • Ein Kompromiss als Lösung

Am 22. Oktober 1962 verkündete Präsident Kennedy eine Seeblockade gegen Kuba und verlangte, dass die UdSSR innerhalb von 24 Stunden die Raketen wieder abbaut. Die mit weiteren Raketen beladenen Schiffe auf dem Weg nach Kuba sollten abdrehen, sonst würden die USA angreifen. Damit stand die Welt am Rand eines dritten Weltkriegs.

Zeitgleich mit diesen öffentlichen Drohungen verhandelten allerdings die amerikanischen und sowjetischen Geheimdienste. Sie einigten sich schließlich auf einen Kompromiss: Die USA waren bereit, Raketen aus der Türkei abzuziehen, die 1959 dort stationiert worden waren. Auf dieses Angebot ging die sowjetische Regierung ein. Sie zogen ihre Schiffe zurück und begannen mit dem Abbau der Raketenstellungen auf Kuba.

Beide Regierungen waren sich bewusst, dass ein Atomkrieg in letzter Minute verhindert worden war. Um zukünftige Krisen schneller zu verhindern, wurde eine direkte Telefonverbindung, der sogenannte „Heiße Draht", zwischen den Regierungen eingerichtet. Gleichzeitig begann eine Politik, bei der beide Staaten fortan den Machtbereich des anderen akzeptierten. Somit stellte die Kuba-Krise einen Wendepunkt im Kalten Krieg dar.

Krisenstab
Gruppe von Experten, die während einer Notsituation über Entscheidungen berät und Maßnahmen empfiehlt

Seeblockade
Sperrung eines Seewegs, um die Versorgung eines Landes mit Waren oder die freie Bewegung des Militärs auf dem Meer zu verhindern

M2 Reichweiten der sowjetischen Raketen auf Kuba

M3 Reichweiten der amerikanischen Raketen in der Türkei

4. Entwickle Schlagzeilen zu den einzelnen Ereignissen der Kuba-Krise. (T1, T2)
5. Beschreibe, inwieweit die UdSSR und die USA bedroht waren. (M2, M3)
6. Hilfe Stell dir vor, die beiden Regierungschefs begründen ihr Einlenken gegenüber ihren Militärberatern. Formuliere eine der beiden Ansprachen.
7. Durch den ausgehandelten Kompromiss erschien keine Seite als Verlierer. Erkläre. (T2)

Hilfe zu

6. Folgende Formulierungen können dir helfen:
Es mussten schwere Entscheidungen getroffen werden … . Hierbei ging es nicht darum, … . Was wäre die Alternative gewesen? …

M1 Der Vorsitzende der Kommunistischen Partei in der Tschechoslowakei, Alexander Dubček, spricht im Mai 1968 über seine Reformideen.

M2 Panzer der Staaten des Warschauer Vertrages fahren am 20. August 1968 in die tschechoslowakische Hauptstadt Prag ein.

Der Prager Frühling

T1 • Reformbestrebungen in der Tschechoslowakei

Im Jahr 1968 wurde Alexander Dubček Vorsitzender der kommunistischen Partei in der Tschechoslowakei (ČSSR). Sein Ziel war es, die Partei zu reformieren und damit einen „Sozialismus mit menschlichem Antlitz" zu schaffen. Als erste Maßnahmen wollte er die Meinungsfreiheit erlauben und die Pressezensur abschaffen. Außerdem sollten Auslandsreisen gestattet werden. Bei der tschechischen Bevölkerung stieß er mit diesen Maßnahmen auf große Zustimmung.

Die Regierung der Sowjetunion und der anderen Staaten des Warschauer Vertrages befürchteten eine Ausbreitung dieser Ideen und damit einen Verlust ihrer Macht im jeweils eigenen Land. Am 20. August 1968 marschierten Truppen der Warschauer Vertragsstaaten in Prag, der Hauptstadt der ČSSR, ein und besetzten die Stadt.

ZK
Zentralkomitee; Führungsspitze einer kommunistischen Partei

KPČ
Kommunistische Partei der Tschechoslowakei

Die sozialistischen Staaten setzen sich für die strikte Beachtung der Souveränität aller Länder ein. Und wir wenden uns nachdrücklich gegen die Einmischung in die inneren Angelegenheiten anderer Staaten. ... Aber bekanntlich ... gibt es auch allgemeine Gesetzmäßigkeiten des sozialistischen Aufbaus, und ein Abweichen von diesen Gesetzmäßigkeiten könnte zu einem Abweichen vom Sozialismus im Allgemeinen führen.

M5 Leonid Breschnew, kommunistischer Parteichef in der UdSSR, am 12. November 1968

Partei- und Staatsfunktionäre der ČSSR haben sich an die Sowjetunion und andere Bündnisstaaten gewandt, dem tschechoslowakischen Brudervolk dringend Hilfe zu erweisen, einschließlich der Hilfe von Streitkräften. ... Die Bedrohung der sozialistischen Ordnung ... ist zugleich eine Bedrohung des europäischen Friedens. Die Sowjetregierung und die Regierungen der Bündnisstaaten ... haben ... beschlossen, der erwähnten Bitte ... nachzukommen.

M6 Der Radiosender der Truppen des Warschauer Vertrages am 21. August 1968

M3 Panzer der Staaten des Warschauer Vertrages besetzen am 20. August 1968 Prag.

M4 Der Student Emil Gallo stellt sich am 21. August 1968 den Panzern der Warschauer Vertragsstaaten entgegen.

An das gesamte Volk der ČSSR
Gestern, am 20. August 1968, ... überschritten Truppen der Sowjetunion, ... die Staatsgrenze der ČSSR. Dies geschah ohne Wissen des Präsidenten der Republik, des Präsidiums der Nationalversammlung ... Das Präsidium des ZK der KPČ ruft alle Bürger unserer Republik auf, Ruhe zu bewahren und den einrückenden Truppen keinen Widerstand zu leisten, weil die Verteidigung unserer Staatsgrenzen nunmehr unmöglich ist. ... Das Präsidium des ZK der KPČ erachtet diesen Akt als widersprechend nicht nur den Grundprinzipien der Beziehungen zwischen den sozialistischen Staaten, sondern auch als eine Bestreitung der Grundnormen internationalen Rechtes.

M7 Bericht des Präsidiums des ZK der KPČ am 20. August 1968

Man hat also unser Land besetzt, liebe Freunde, und was dazu noch hinzugefügt werden kann, ist nicht viel und verhältnismäßig traurig. Der tschechoslowakische Rundfunk versuchte, den Bericht des Präsidiums des ZK der KPČ ... auszustrahlen. Alle Sender, über die wir verfügen, wurden allerdings allmählich außer Betrieb gesetzt, und wir wissen nicht, wie viele von Ihnen diese Informationen hören werden. ... Verehrte Freunde, in den Stunden, die die schwerste Prüfung für unser Land und jeden Bürger dieser Republik ist, müssen wir sagen, dass wir, die Mitarbeiter des tschechoslowakischen Rundfunks ... voll und ganz hinter ... der legalen (rechtmäßigen) Regierung und dem Präsidium des ZK der KPČ mit Alexander Dubcek an der Spitze stehen.

M8 Radio Prag, 21. August 1968

1. Versetze dich in jeweils eine Person in M1–M4. Beschreibe mögliche Gedanken und Gefühle.
2. Beschreibe Reformversuche in der ČSSR. (T1)
3. Bearbeite M5 bis M8.
   a) Gib jedem Quellentext eine Überschrift.
   b) Formuliere jeweils eine Kernaussage.
4. Beschreibe den Ablauf der Ereignisse des 20. und 21. August 1968 in Prag. (M1 – M8)
5. Stelle die Haltung der Verfasser in M6 und M7 gegenüber.
   Partnerpuzzle
6. Erläutere, warum diese Reformzeit als „Prager Frühling" bezeichnet wird.
7. Recherchiere darüber, wie der Konflikt in der ČSSR endete.
8. Recherchiere über Alexander Dubček und verfasse einen Steckbrief.

> Wir müssen ... auf der Suche nach Frieden ausdauernd bleiben ... Vor allem müssen Atommächte ... solche Konfrontationen vermeiden, die einem Gegner nur die Wahl zwischen einem demütigenden Rückzug oder einem Atomkrieg lassen. Wenn man im Atomzeitalter den letzteren Kurs einschlagen wollte, dann wäre dies nur der Beweis für den kollektiven Todeswunsch für die Welt. ...

M1 US-Präsident John F. Kennedy (1963)

Entspannung und Abschreckung

T1 • Verhandlungen und Verträge

Die verschiedenen internationalen Konflikte hatten gezeigt, dass die Welt jederzeit kurz vor einem Atomkrieg stehen konnte. Außerdem verursachte die immer stärkere Aufrüstung des Militärs auf beiden Seiten immens steigende Rüstungsausgaben. Deshalb nahmen die USA und die UdSSR in den 1960er-Jahren Verhandlungen über eine Begrenzung ihrer Waffenbestände auf.

Allerdings konnten erste Schritte in diese Richtung nur nach langen Verhandlungen erreicht werden. Keiner der politischen Gegner wollte in den Gesprächen Schwäche zeigen und hinter dem anderen zurücktreten. Dennoch gelang es, nach und nach Abrüstungsverträge abzuschließen:

- 1963: In einem ersten Schritt beschlossen die USA und die Sowjetunion zusammen mit Großbritannien, Atombombentests einzuschränken.
- 1968: Die damaligen Atommächte, die USA, die UdSSR, Großbritannien, Frankreich und China, verpflichteten sich, ihre Atomwaffen nicht weiterzugeben.
- 1972: Im sogenannten SALT-Vertrag legten die USA und die UdSSR fest, ihre Abwehrraketen auf jeweils 100 zu begrenzen. Mit diesem Vertrag verpflichteten sich die beiden Weltmächte erstmals, ihr Rüstungsarsenal bewusst zu beschränken.

SALT
Strategic Arms Limitation Talks; wörtlich übersetzt: Gespräche über die Begrenzung strategischer Waffen

Rüstungsarsenal
Waffenvorrat, Gesamtheit aller Waffen und Zubehör

1 Hilfe Fasse die Hauptaussage aus der Rede von Präsident Kennedy zusammen. (M1)

2 a) Beschreibe, wie sich das Verhältnis zwischen den USA und der UdSSR entwickelte. (T1)
b) Hilfe Nimm Stellung dazu.

3 Die Zeit bis zum Anfang der 1970er-Jahre bezeichnet man als Phase der Entspannung. Begründe. (T1)
Placemat

Hilfe zu

1 Kennedy nennt einen bestimmten Konfliktfall, den er vermeiden will.

2 b) Schreibe in ganzen Sätzen. Folgende Formulierungshilfen kannst du nutzen:
- Mir gefällt besonders/nicht, dass ... , denn ... .
- Ich finde, es ist eine große Leistung, dass ... , weil ... .
- Ich bin der Meinung, dass ... , weil ... .

Um den Frieden zu erhalten, müssen wir stark genug sein, jeden … Aggressor überzeugen zu können, dass Krieg keinen Vorteil, sondern nur Katastrophen bringen würde. … Die Abschreckung ist von entscheidender Bedeutung für die Erhaltung und den Schutz unserer Lebensform …

M2 US-Präsident Ronald Reagan (1983)

T2 • Strategie der Abschreckung

Einen Tiefpunkt erreichte die Beziehung zwischen den USA und der UdSSR 1979. In diesem Jahr marschierte die Sowjetunion in Afghanistan ein, um eine von ihr unterstützte Regierung an die Macht zu bringen.

Damit begann in den 1980er-Jahren eine neue Phase im Kalten Krieg. Allen führenden Politikern war bewusst, dass ein Krieg nicht gewonnen werden konnte. Dennoch strebten beide Staaten danach, militärisch stärker als der Gegner zu sein. Wurde von einem Staat ein neues Waffensystem entwickelt, bemühte sich der Gegner um ein noch besseres und stationierte ebenfalls neue Waffen.

Diese Politik, den Gegner durch ein größeres Waffenpotenzial einzuschüchtern und so von militärischen Aktionen abzuhalten, nennt man die Strategie der Abschreckung. Für die jeweilige Wirtschaft bedeutete diese Politik eine enorme Belastung, da die Rüstungsausgaben riesige Summen verschlangen.

156
Ein Fallbeispiel: Afghanistan

Agressor
jemand, der absichtlich andere angreift. Meint hier einen Staat, der einen Angriff auf einen anderen Staat begeht, obwohl er weiß, dass er damit einen Krieg auslösen kann.

M3 Karikatur gegen das Wettrüsten (westdeutsche Karikatur von 1981)

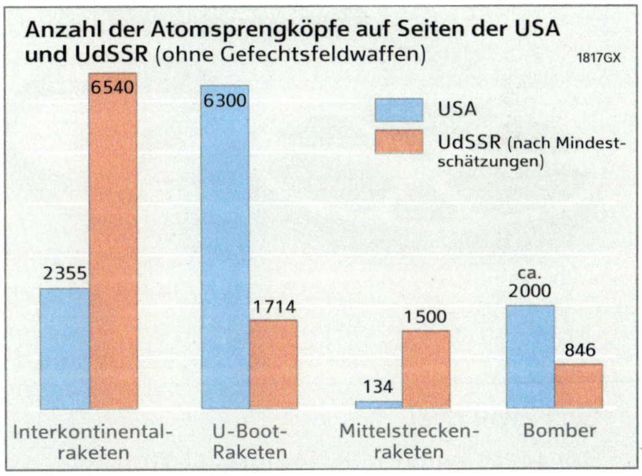

M4 Die Rüstungsarsenale der USA und der UdSSR Mitte der 1980er-Jahre

4. Erläutere, wie Präsident Reagan den Frieden erhalten wollte. (M2)
5. Beschreibe, wie sich das Verhältnis zwischen den Weltmächten veränderte. (T2)
6. Erkläre die Hauptaussage der Karikatur M3.
7. Arbeite den Zusammenhang zwischen M3 und M4 heraus.
8. Diskutiert über Vor- und Nachteile von Entspannung und Abschreckung als Strategie in der Politik.
   Fishbowl-Diskussion

Feindbilder in Spielfilmen erkennen

Spielfilme sind im Kino oder Fernsehen zu sehen und bei den Zuschauern sehr beliebt. Eine wichtige Aufgabe eines Spielfilms ist es, den Zuschauer zu unterhalten. Außerdem bilden sie oft zeitgeschichtliche Situationen ab. Das führt dazu, dass sie später Auskunft über den damaligen Zeitgeist geben können. Dies können alltägliche Dinge wie Mode oder Wohnkultur sein, aber auch gesellschaftliche und politische Stimmungen. Dies gilt häufig auch für Spielfilme, die in der Zeit des Kalten Krieges entstanden. In vielen Filmen werden Figuren nicht nur als Gegenspieler dargestellt, sondern als politische Feinde. So werden über die Handlung eines Spielfilms Feindbilder aufgebaut.

Um Gegenspieler für den Zuschauer deutlich werden zu lassen, werden die Figuren häufig durch bestimmte Verhaltensweisen, besondere Kostüme, auffällige Aussprache oder den Einsatz von Musik gekennzeichnet. Die Darstellung der Figuren ist oft, aber nicht immer, überzogen. Es gibt auch Einzelheiten, die der Wirklichkeit entsprechen. So entsteht beim Zuschauer der Eindruck, dass das Gezeigte wahr ist.

Rocky IV
Der amerikanische Boxer Rocky Balboa will den Tod seines Freundes Apollo Creed rächen. Dieser war in einem Boxkampf gegen den sowjetischen Boxer Ivan Drago tödlich verletzt worden. Rocky willigt ein, in Moskau gegen Drago zu kämpfen. Damit er den Kampf gewinnen kann, zieht er sich für sein Training nach Sibirien zurück. Bei eisiger Kälte bereitet er sich dort auf den Kampf vor.

Eins Zwei Drei
Der Amerikaner MacNamara ist Vertreter von Coca-Cola in Westberlin. Er plant den Umsatz zu steigern, indem er Coca-Cola auch in Ostberlin verkauft. Dazu muss er mit den Kommunisten verhandeln. Das lehnt die amerikanische Geschäftsleitung ab. Kompliziert wird die Situation, als sich die Tochter des amerikanischen Vorstandvorsitzenden, in einen jungen Kommunisten aus Ostberlin verliebt.

Liebesgrüße aus Moskau
Der britische Geheimagent James Bond muss sich gegen den sowjetischen Geheimdienst und die Verbrecherorganisation PHANTOM durchsetzen. PHANTOM will eine sowjetische Maschine zum Entschlüsseln von Geheimcodes stehlen. Gleichzeitig hat sie das Ziel, den britischen und russischen Geheimdienst gegeneinander auszuspielen. James Bond erhält den Auftrag, die Pläne von PHANTOM zu durchkreuzen.

1. Schritt: Einen Spielfilm einordnen

- Recherchiere zur Entstehung des Spielfilms:
  - Was ist das Thema des Spielfilms?

  Der Spielfilm … handelt von … . Der Film thematisiert … .
  - Wann und wo ist der Film produziert worden?

  Produziert wurde der Film im Jahr … in … .
  - Wer ist der Regisseur?

  Regisseur des Films ist … . Über den Regisseur wissen wir … .
  Andere bekannte Filme von ihm sind … .
  - Zu welcher Zeit und an welchem Ort spielt die Filmhandlung?

  Die Filmhandlung spielt in … im Jahr … .
  - Auf welche geschichtlichen Ereignisse bezieht sich die Handlung?

  Die Handlung des Films … . Zeitlich ist der Film … einzuordnen.
  Hauptfiguren des Films sind … . … hat die Absicht … . … hingegen versucht, … .

2. Schritt: Feindbilder erkennen

- Beschreibe, welche Gegenspieler in dem Spielfilm auftreten und wie sie handeln.

  Gegenspieler zur Hauptfigur … ist … .
  Beide Figuren haben einen Konflikt wegen … .
  In der Handlung des Films treffen beide … .
  Die Konfrontation zeigt sich durch … .
- Erkläre, wie in der Spielhandlung politische Feindbilder dargestellt werden.

  Der Gegenspieler … zur Hauptfigur … kann als politisches Feindbild gesehen werden, weil … .
  In den Gesprächen wird deutlich … .
  Das Verhalten von … ist … .
  Politische Symbole, die verwendet werden, sind … .
  An der Sprache wird deutlich, dass … .
- Untersuche, inwieweit in dem Film die beiden Seiten positiv oder negativ beschrieben werden.

  Die Hauptfigur wird … dargestellt. Sie verhält sich … .
  Im Unterschied dazu reagiert der Gegenspieler … .
  Unterstützt wird der Eindruck durch den Einsatz von … .

Tipps zu Schritt 2:

Achte auf:
- die Kostüme
- Zeichen und Symbole
- die Aussprache
- den Einsatz von Farben
- die Unterstützung durch Musik
- das Verhalten der Figuren
- den Gesichtsausdruck der Figuren

3. Schritt: Einen Spielfilm beurteilen

- Beurteile, inwieweit der Spielfilm die geschichtliche Situation richtig aufgreift oder übertrieben darstellt.

  Der Film greift die historischen Ereignisse im Jahr … in … .
  Dies erkenne ich an … .
  Richtig ist, dass … . Ich erkenne … .
  Übertrieben dargestellt scheint mir … . Dies wurde von dem Regisseur so umgesetzt, damit … .
  Gelungen finde ich … . Nicht nachvollziehbar ist für mich … .
  Insgesamt ist der Film … .

Auch in Europa war das Konzept gemeinsamer Sicherheit lange eine politisch kaum vorstellbare Utopie. Uns ist es damals dennoch gelungen, in wahrlich schwierigen Zeiten die „Konferenz für Sicherheit und Zusammenarbeit in Europa" (KSZE) ins Leben zu rufen. Mit ihr ist die Idee gemeinsamer Sicherheit mehr und mehr an die Stelle einer konfrontativen Konfliktlogik getreten.

M1 Der deutsche Außenminister Frank-Walter Steinmeier äußerte sich 2014 rückblickend über die Ergebnisse der Konferenz für Sicherheit und Zusammenarbeit in Europa (KSZE) von 1973.

Die KSZE – eine Friedensinitiative

Utopie
Wunschvorstellung einer perfekten Wirklichkeit, zum Beispiel von einem Ort, an dem Menschen friedlich zusammenleben

neutral
meint hier: sich in einem Konfliktfall auf keine der miteinander streitenden Seiten stellen. Deshalb können politisch neutrale Staaten gute Vermittler bei internationalen Krisen sein.

Gesprächsforum
Diskussionsrunde, in der Vertreter unterschiedlicher Sichtweisen sich über ein Thema austauschen

T1 • Europäisches Bemühen um Verständigung

In den 1970er-Jahren wurde in Europa die atomare Bedrohung durch die beiden Supermächte USA und UdSSR mit wachsender Sorge betrachtet. Immer stärker wuchs die Einsicht, dass nur ein Austausch über grundsätzliche politische Positionen zwischen den West- und den Ostmächten einen dauerhaften Frieden sichern könnte.

Im November 1972 trafen sich erstmals die Botschafter der Staaten des West- und Ostblocks, um eine gemeinsame Konferenz vorzubereiten. Schließlich begann am 3. Juli 1973 in Helsinki, der Hauptstadt des politisch neutralen Finnlands, die internationale Konferenz für Sicherheit und Zusammenarbeit in Europa (KSZE). An diesem Gesprächsforum nahmen Vertreter aus 33 europäischen Staaten sowie aus Kanada und den USA teil. Die Hoffnungen, durch einen Austausch zu gegenseitiger Akzeptanz zu gelangen, waren sowohl bei den Vertretern des Ost- als auch des Westblocks groß. Zwei Jahre lang wurde zu den Themengebieten Kultur, Wissenschaft, Wirtschaft, Umweltschutz und Abrüstung miteinander beraten und verhandelt. Im August 1975 unterzeichneten schließlich alle Regierungsvertreter der teilnehmenden Staaten die sogenannte Schlussakte von Helsinki. Damit fand erstmalig ein friedlicher Austausch seinen Abschluss, an dem alle Staaten der NATO und des Warschauer Vertrages gemeinsam teilnahmen und sich über die Gestaltung ihrer weiteren Beziehungen einigten.

1. Hilfe Außenminister Steinmeier betont die Sicherheit als positives Ergebnis der KSZE. Diskutiert, was Sicherheit für die Menschen damals bedeutet haben könnte. (M1)
2. a) Erkläre den Begriff KSZE.
   b) Nenne Themengebiete, über die bei der KSZE verhandelt wurde. (T1)
3. Vermute, warum auch die USA und Kanada an der KSZE teilnahmen.
4. Hilfe Begründe, warum die KSZE eine besondere Bedeutung hatte. (T1)

Hilfe zu

1. Denke an Aspekte wie zum Beispiel die militärische Bedrohung oder geschlossene Grenzen.
4. Was war das Neue an der KSZE? Welche Haltung hatten die Staaten vorher zueinander?

T2 • Die Ergebnisse von Helsinki

Die Teilnehmerstaaten der KSZE verpflichteten sich in der Schlussakte zu weitreichenden Maßnahmen. Neben dem Verzicht auf militärische Gewaltanwendung, der gegenseitigen Anerkennung der Nachkriegsgrenzen und der Einhaltung der Menschenrechte wurde auch die Verbesserung von Ein- und Ausreisemöglichkeiten und der Familienzusammenführung festgeschrieben.

> Um die weitere Entwicklung von Kontakten auf der Grundlage familiärer Bindungen zu fördern, werden die Teilnehmerstaaten Gesuche auf Reisen wohlwollend prüfen mit dem Ziel, Personen zu erlauben, in ihr Territorium ... einzureisen oder aus ihm auszureisen, um Mitglieder ihrer Familie zu besuchen.

M2 Auszug aus der Schlussakte der KSZE vom 1. August 1975

M3 „Helsinki und die Folgen" (Karikatur von Ivan Steiger, BRD, 1975)

T3 • Ist die KSZE gescheitert?

Trotz der Vereinbarungen in der Schlussakte setzten die Staaten des Ostblocks die Beschlüsse nicht in vollem Umfang um. In vielen Staaten gründeten sich Bürgerrechtsgruppen, die die Einhaltung der KSZE-Vereinbarungen forderten. Eine freie Meinungsäußerung war aber weiterhin kaum möglich.

❺ Nenne Ergebnisse der KSZE. (T2, M2)

⑥ a) Formuliere die Kernaussage von M3.
b) Vermute, warum gerade dieses Ergebnis für den Zeichner bedeutsam war.

❼ Viele Menschen waren von der KSZE enttäuscht. Begründe. (T3)

❽ Fast vierzig Jahre nach der KSZE äußerte sich Frank-Walter Steinmeier in M1 positiv zu der Konferenz. Nimm dazu Stellung.

⑨ Aus der KSZE wurde 1995 die Organisation für Sicherheit und Zusammenarbeit in Europa (OSZE). Recherchiere über deren Zielsetzung.

M1 Abstimmung im Sicherheitsrat der Vereinten Nationen: In einem internationalen Konflikt wird eine der Konfliktsparteien aufgefordert, Flüchtlinge in ihre Heimat zurückkehren zu lassen. (1967)

M2 Friedenstruppen der Vereinten Nationen, auch Blauhelmsoldaten genannt, überwachen den Waffenstillstand zweier Kriegsparteien (1981)

Die Vereinten Nationen (UNO)

T1 • Frieden schaffen – Frieden bewahren

Vor dem Hintergrund der zwei schrecklichen Weltkriege im 20. Jahrhundert wurden 1945 die Vereinten Nationen gegründet. In diesem Staatenbündnis wollten die 51 Gründungsnationen zukünftige Generationen vor Kriegen schützen. In der Charta der UNO werden Ziele und Aufgaben beschrieben.

Zentrale Ziele der UNO, der heute 193 Staaten angehören, sind die Wahrung des Weltfriedens und die internationale Sicherheit. Streitigkeiten sollen ohne Gewaltanwendung friedlich und durch Diplomatie beigelegt werden. Zudem sollen durch die Zusammenarbeit der Nationen die Menschenrechte geachtet werden und wirtschaftliche, soziale, kulturelle und humanitäre Probleme gelöst werden.

Charta
Gründungsvertrag der UN, in dem Ziele, Aufgaben und die Organisation der UN festgeschrieben sind

Diplomatie
Ziel der Diplomatie ist es, Konflikte friedlich zu lösen, indem auf die Wünsche beider Seiten eingegangen und ein Kompromiss gefunden wird.

humanitär
Ein humanitäres Problem liegt vor, wenn Menschen sich in Notsituationen befinden, in denen ihr Leben bedroht ist.

> Wir, die Völker der Vereinten Nationen – fest entschlossen, künftige Geschlechter vor der Geißel des Krieges zu bewahren, die zweimal zu unseren Lebzeiten unsagbares Leid über die Menschheit gebracht hat, ... haben beschlossen, in unserem Bemühen um die Erreichung dieser Ziele zusammenzuwirken.

M3 Erster Satz der Charta der Vereinten Nationen

1. Formuliere Fragen zu den Bildern M1 und M2.
2. a) Erkläre, warum die Vereinten Nationen geschaffen wurden. (T1)
   b) Nenne Ziele der Vereinten Nationen. (T1)
3. Fasse die Aussagen von M3 in eigenen Worten zusammen.
4. Recherchiere, welche Staaten nicht zur UNO gehören.

T2 • Der Sicherheitsrat

Der Sicherheitsrat der Vereinten Nationen trägt die Hauptverantwortung für die Wahrung des Weltfriedens und der internationalen Sicherheit. Bei einer Bedrohung der internationalen Sicherheit, einem Friedensbruch oder einem Angriff gegen einen Staat hat er eine Reihe von Möglichkeiten zu reagieren:

- friedliche Streitbeilegung, zum Beispiel durch Vermittlung, Verhandlung,
- Strafmaßnahmen gegen Staaten, zum Beispiel Unterbrechung von Handelswegen oder Kommunikationsverbindungen, Handelsverbote,
- Friedensmissionen, zum Beispiel Beobachter entsenden, Luftangriffe durchführen, Bodentruppen entsenden.

Die fünf ständigen Mitglieder des Sicherheitsrates haben eine besondere Stellung. Soll eine Resolution beschlossen werden, müssen sie sich einig sein. Legt eines von ihnen sein Veto ein, dann kann keine Resolution beschlossen werden.

Resolution
Beschlüsse, die zum Beispiel Aufforderungen enthalten. Resolutionen der UNO orientieren sich immer an Grundsätzen der Charta.

Veto
Wer ein Vetorecht hat, kann mit seiner Stimme Entscheidungen und Beschlüsse verhindern.

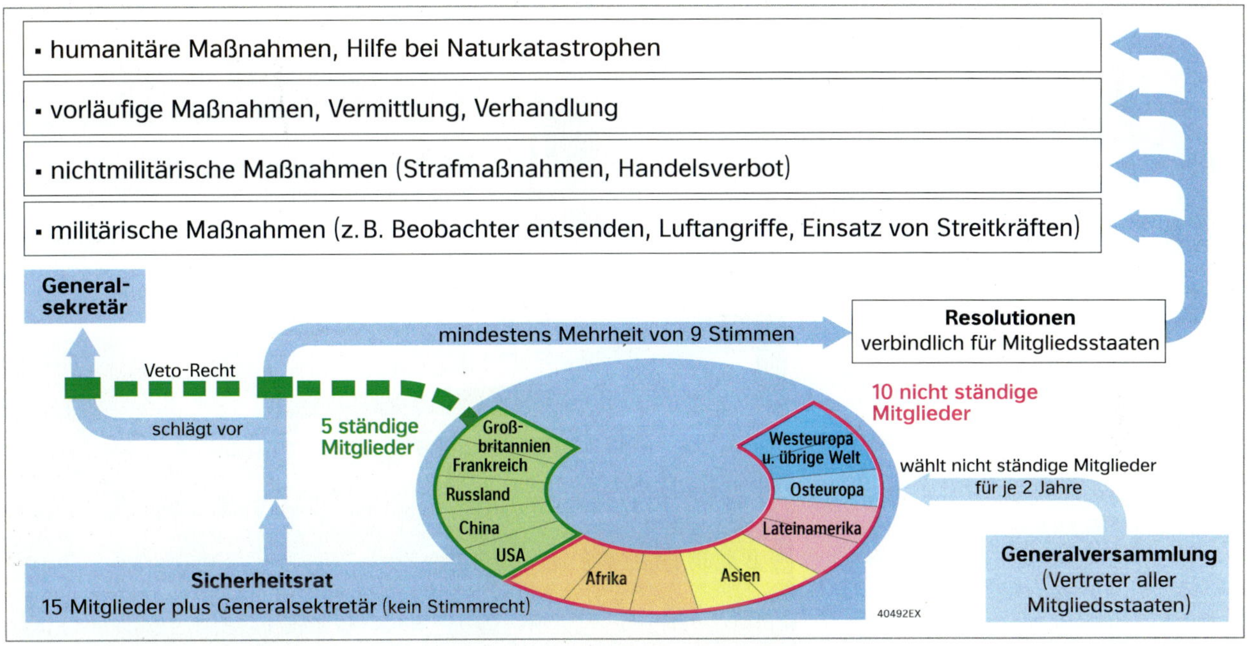

M4 Der Sicherheitsrat der Vereinten Nationen (vereinfachte Darstellung)

5 Arbeite aus M4 und T2 heraus:
a) Welche Länder sind die ständigen Mitglieder des Sicherheitsrates? (M4)
b) Welche Länder sind die nichtständigen Mitglieder des Sicherheitsrates? (M4)
c) Welche Bedingungen müssen vorliegen, damit der Sicherheitsrat eine Resolution beschließt? (T2, M4)
d) Hilfe Welche Maßnahmen kann der Sicherheitsrat ergreifen? (T2, M4)

6 Erkläre das Vetorecht. (T2)
Placemat

7 Recherchiere, aus welchen Gründen es im UN-Sicherheitsrat Vetomächte gibt.

Hilfe zu
5 d) Fertige eine Tabelle mit vier Spalten an: humanitäre, vorläufige, nichtmilitärische, militärische Maßnahmen. Liste dann aus M4 und T2 auf.

M1 Flagge der Vereinten Nationen

M2 Weltsicherheitsrat der Vereinten Nationen (2004)

M3 Regionalgruppe Hamburg der Gesellschaft für bedrohte Völker (2019)

M4 Demonstration gegen den Irak-Krieg in Frankfurt a.M. (1990)

M5 Teilnehmer eines Spendenlaufs zur Unterstützung von UNICEF (2016)

Ein Projekt

Einsatz für den Frieden

Neben allen internationalen Konflikten und Kriegen gab es bereits seit Mitte des 19. Jahrhunderts Menschen und Organisationen, die sich für gewaltfreie Konfliktlösungen einsetzten. Diese Initiativen haben bis heute das Ziel, Konflikte zwischen Staaten oder anderen Interessengruppen friedlich zu lösen. Häufig decken sie aber auch Menschenrechtsverletzungen auf und informieren die Öffentlichkeit darüber. Auf dieser Seite lernst du Beispiele für solche Organisationen oder einzelne Personen kennen.

M6 Deutsche UN-Blauhelmsoldaten in Somalia (1993)

M7 Protestaktion der Organisation „Reporter ohne Grenzen" gegen die Inhaftierung von Journalisten (2014)

M8 Verleihung des Friedensnobelpreises an Malala Yousafzai (2014)

M9 Aktion von Amnesty International zur Unterstützung politisch Verfolgter (2015)

M10 Friedensdemonstration in Hamburg (1984)

1. Recherchiere über eine Organisation, Aktion oder Person dieser Seite. Präsentiere deine Ergebnisse. (M1 – M10)
2. Hilfe Berichte über eine Organisation in deinem Ort oder deiner Region, die sich für den Frieden einsetzt.
3. Hilfe Diskutiert, ob ihr ein eigenes Friedensprojekt an eurer Schule durchführen könnt.

Hilfe zu

2. Vielleicht sind Vertreter dieser Organisationen zu einem Interview oder einer Zeitzeugenbefragung in deiner Klasse bereit.
3. Sammelt in einer Mindmap Ideen, was ihr in eurer Schule für ein Projekt durchführen könnt. Besprecht eure Ideen mit eurer Klassenleitung und der Schulleitung.

M1 Der amerikanische Präsident Ronald Reagan und der sowjetische Staatschef Michail Gorbatschow bei einem Gespräch in Moskau (1988)

Das Ende des Kalten Krieges

T1 • Reformen in der Sowjetunion

In der Sowjetunion gab es Mitte der 1980er-Jahre kaum noch Wirtschaftswachstum. Gründe dafür waren das Wettrüsten und die Probleme in der Planwirtschaft. Mit dem Amtsantritt von Michail Gorbatschow als sowjetischer Partei- und Staatschef 1985 setzte eine öffentliche Diskussion über die Probleme des Landes ein. Gorbatschow hatte mit seiner Politik eine Neugestaltung der Gesellschaft zum Ziel. In einer Verfassungsreform setzte er 1988 als ersten Schritt die Trennung von Partei und Staat durch.

Auch außenpolitisch prägte Gorbatschow eine Politik der Entspannung und Offenheit. Durch mehrere Zusammenkünfte zwischen Ost und West wurde das bestehende Misstrauen allmählich überwunden und die Sicherheitslage in der Welt begann sich zu verändern. Die USA und die Sowjetunion schlossen neue Abkommen zur Rüstungsbegrenzung. 1987 unterzeichneten sie einen Vertrag zur Vernichtung aller atomaren Mittelstreckenwaffen.

Trennung von Partei und Staat
In der Sowjetunion gab es nur eine Partei. Deren oberster Politiker war automatisch das Staatsoberhaupt der Sowjetunion. Dies wurde während Gorbatschows Regierungszeit abgeschafft.

1. a) Beschreibe die Stimmung der beiden Regierungschefs in M1.
   b) Wiederhole, wie das Verhältnis zwischen den USA und der Sowjetunion bisher war.
   Bienenkorb
2. Vermute, was sich in der Beziehung zwischen den beiden Staaten verändert haben könnte.
   Placemat
3. Beschreibe die innen- und außenpolitischen Ziele von Gorbatschow. (T1)

T2 • Der Zerfall des Ostblocks

Gorbatschow wurde in seiner Heimat wegen der weiterhin schlechten Versorgungslage und mangelnder Erfolge seiner Reformpolitik kritisiert. Gleichzeitig begannen sich immer mehr Menschen in der UdSSR und auch in anderen Staaten des Ostblocks für mehr Demokratie und Menschenrechte einzusetzen. Einzelne Republiken der Sowjetunion strebten nach staatlicher Eigenständigkeit.

Gorbatschow versuchte, den Zerfall der Sowjetunion durch einen neuen Unionsvertrag zu verhindern, konnte ihn aber nicht aufhalten. Im Dezember 1991 löste sich die Sowjetunion selbst auf. Alle ihre Teilstaaten wurden unabhängig.

Im Januar 1992 erklärte US-Präsident George Bush den Ost-West-Gegensatz und damit den Kalten Krieg für beendet.

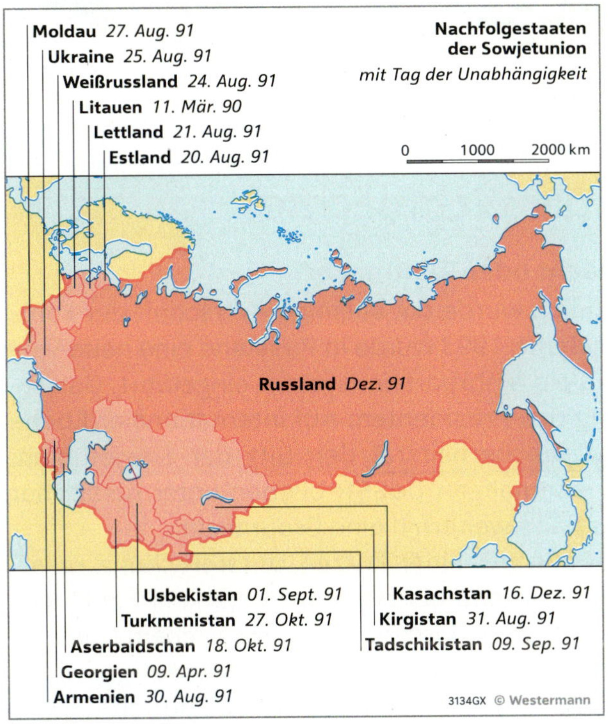

M2 Der Zerfall der Sowjetunion

M3 „Riskante Baustelle" (Karikatur, 1988)

❹ Erkläre, wie es zum Ende des Kalten Krieges kam. (T1)

❺ Beschreibe anhand von M2 den Zerfall der Sowjetunion.

❻ Hilfe Erläutere den Zusammenhang zwischen der Aussage von M3 und den Informationen aus den anderen Materialien. (T2, M2)
Think – Pair – Share

⑦ Informiere dich über einen der Staaten in M2 und bereite eine Präsentation vor.

⑧ In der Außenpolitik fand Gorbatschow große Anerkennung. Innenpolitisch hatte er viele Kritiker.
a) Stellt Pro- und Kontra-Aspekte gegenüber.
b) Begründet eure eigene Haltung gegenüber Gorbatschow.

Hilfe zu
❻ Hammer und Sichel sind ein Symbol auf der sowjetischen Flagge.

M1 Die russisch-amerikanischen Beziehungen nach dem Kalten Krieg (Karikatur, 2014)

Neue Rollen für die Weltmächte?

T1 • Russland – Großmacht oder Weltmacht?

Mit dem Ende der Sowjetunion wurde die alleinige Herrschaft der kommunistischen Partei abgeschafft. 1993 wurde in Russland eine neue Verfassung verabschiedet und ein Mehrparteiensystem eingeführt. Geblieben ist eine starke Stellung des Präsidenten. Auf internationaler Ebene übernahm Russland im Weltsicherheitsrat den Sitz der Sowjetunion. Auch die Atomwaffen der ehemaligen UdSSR blieben unter russischer Kontrolle. Damit bleibt Russland weiterhin eine Großmacht.

Seit 2000 ist Wladimir Putin mit einer kurzen Unterbrechung russischer Präsident. Er möchte Russland als Weltmacht stärken. Ein Mittel, politisch Einfluss zu nehmen, ist die Lieferung von russischem Gas und Öl. Die Abhängigkeit anderer Länder von diesen Energieträgern gibt Russland die Möglichkeit, politischen Druck auf die belieferten Länder auszuüben. Auch mit militärischen Mitteln macht Russland deutlich, dass es sich als Weltmacht versteht und in seinen Entscheidungen unabhängig sein will. So besetzte Russland beispielsweise 2014 die ukrainische Halbinsel Krim im Schwarzen Meer und löste damit eine internationale Krise aus. Seit 2015 greift Russland in den Bürgerkrieg in Syrien ein. Dabei stellt es sich auf die Seite der syrischen Regierung, während die USA deren Gegner unterstützt.

Weltsicherheitsrat
Sicherheitsrat der Vereinten Nationen, bestehend aus fünf ständigen und zehn nichtständigen Staaten. Aufgabe des Rates ist es, den Weltfrieden zu bewahren und für internationale Sicherheit zu sorgen.

1. a) Beschreibe die Karikatur M1.
   b) Formuliere die Hauptaussage.
2. Beschreibe Russland als Nachfolgestaat der Sowjetunion. (T1)
3. Erläutere, mit welchen Mitteln Russland seine Stellung als Weltmacht sichern will. (T1)
   Placemat

T2 • Neue Konflikte

Zu Beginn der 1990er-Jahre setzten die USA und Russland die Entspannungspolitik fort. 1994 unterzeichneten beide Staaten ein weiteres Abrüstungsabkommen.

Schon bald entstanden aber neue Konflikte zwischen den alten Gegnern des Kalten Krieges. Die NATO war bis zum Ende des Kalten Krieges ein rein westliches Militärbündnis. Nach dem Kalten Krieg bot sie allen ehemaligen Ostblockstaaten Kooperations- und Beitrittsverhandlungen an. Etliche Staaten folgten diesem Angebot. Aus russischer Sicht rückte damit der frühere Gegner direkt an die eigene Grenze vor.

Ein weiterer Auslöser für die Abkehr von der Entspannungspolitik waren islamistische Terroranschläge am 11. September 2001 auf Ziele in den USA. Die USA begannen daraufhin zusammen mit NATO-Verbündeten einen Krieg in Afghanistan, da dort die Auftraggeber vermutet wurden. Internationale Gremien wie die Vereinten Nationen wurden kaum noch einbezogen. Mit der Begründung der Selbstverteidigung bei terroristischer Gefahr trafen die USA wichtige Entscheidungen allein. Eine partnerschaftliche Zusammenarbeit zwischen den USA und Russland, wie sie am Ende des Kalten Krieges angestrebt wurde, gab es seitdem nicht mehr.

M2 Islamistische Terroristen brachten 2001 die Türme des World Trade Centers in New York mit entführten Passagierflugzeugen zum Einsturz. Der Anschlag forderte über 3000 Menschenleben.

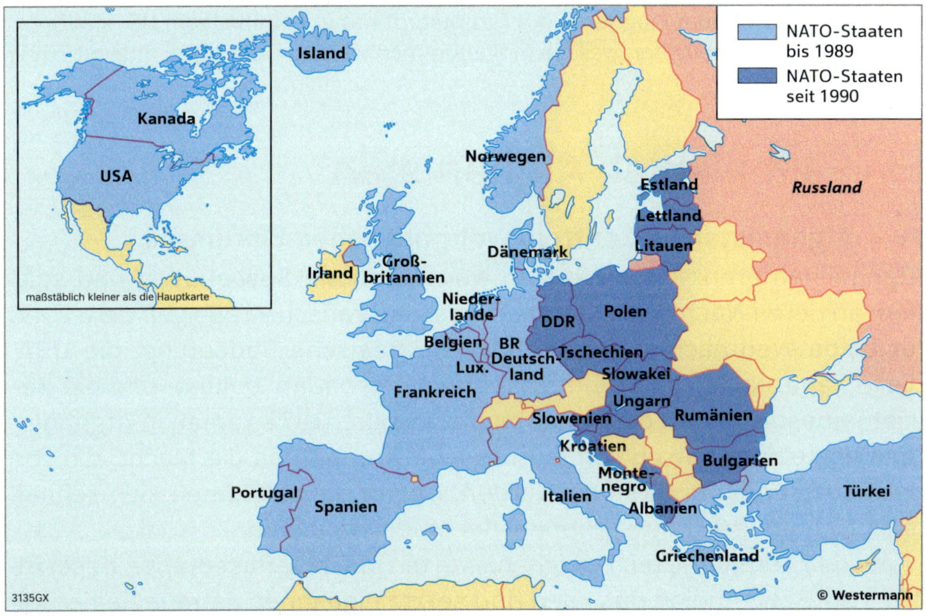

M3 Die Erweiterung der NATO seit 1990

4 Erläutere die Konflikte zwischen den USA und Russland. (T2)

5 Vergleiche die Karte M3 mit der Karte M2 auf Seite 124. Beschreibe die Veränderungen.

6 Hilfe Diskutiert über die Rolle einer Weltmacht nach dem Ende des Kalten Krieges.
Fishbowl-Diskussion

Hilfe zu
6 Aspekte, die ihr durchdenken solltet:
- Wodurch wird ein Staat zu einer Weltmacht?
- Welche internationalen Aufgaben hat eine Weltmacht?
- Welches Verhältnis haben andere Staaten zu einer Weltmacht?

M1 Menschen flüchten in einem US-Militärtransportflugzeug aus Afghanistan (15. August 2021)

M2 Hunderte Menschen, die aus Afghanistan flüchten wollen, laufen auf dem Flughafen der Hauptstadt Kabul neben einem US-Militärflugzeug her, weil sie mitgenommen werden wollen. (16. August 2021)

Ein Fallbeispiel: Afghanistan

T1 • Afghanistan im Zentrum weltpolitischen Einflusses

Afghanistan grenzte bis 1991 im Norden an die Sowjetunion und seitdem an deren Nachfolgestaaten. Diese geografische Lage gab dem Land für beide Weltmächte eine wichtige strategische Bedeutung: die USA, die in Zentralasien ihren Einflussbereich ausbauen wollten, und die Sowjetunion, die genau dieses verhindern wollte. 1978 kamen in Afghanistan nach einem Putsch kommunistische Gruppen an die Macht, die von der Sowjetunion unterstützt wurden. Gegen diese bildeten sich schnell islamische Widerstandsgruppen: die Mudschaheddin.

Als den Kommunisten in Afghanistan ein Machtverlust drohte, besetzte 1979 die Sowjetunion das Land und setzte eine ihnen getreue Regierung ein. Trotz der militärischen Übermacht der sowjetischen Besatzungsarmee blieb der Widerstand der Mudschaheddin ungebrochen. Diese wurden von den USA und dem islamischen Nachbarstaat Pakistan mit Waffen und finanziellen Mitteln unterstützt.

Nach zehnjähriger Besetzung zog sich die Sowjetunion 1989 wieder aus Afghanistan zurück. Die kommunistische Regierung konnte sich zunächst an der Macht halten. 1992 brach sie aber unter dem Druck und den Angriffen der Widerstandsgruppen zusammen. Es begann eine Zeit der Bürgerkriege, aus denen 1996 die Gruppe der Taliban als Sieger hervorging und die Macht übernahm.

Putsch
unerwartete und meist gewaltsame Entmachtung einer Regierung

Taliban
islamistische Terrorgruppe mit einer von strengen religiösen Regeln geprägten Weltanschauung, die sie radikal und brutal durchsetzt

T2 • Die Terrorherrschaft der Taliban

Nach der Einnahme der Hauptstadt Kabul riefen die Taliban das „Islamische Emirat Afghanistan" aus. Sie wollten mit allen Mitteln die islamische Scharia als Grundlage der Gesellschaft umsetzen.

> In den von ihnen beherrschten Gebieten setzten die Taliban unerbittlich ihre Verhaltensvorschriften durch. Männer mussten Bärte tragen, Musik und Fernsehen waren ebenso wie die meisten Sportarten verboten. ... Bei Zuwiderhandlung drohten, je nach Schwere des Delikts, Prügelstrafen, Auspeitschung oder Gefängnis. Die schlimmsten Einschränkungen trafen jedoch die Frauen, die weitgehend aus der Öffentlichkeit verbannt wurden. Die Taliban schlossen alle Mädchenschulen und verboten Frauen zu arbeiten.

M3 Der Islamwissenschaftler Guido Steinberg beschrieb 2011 die Taliban

T3 • Die Taliban – Partner oder Feind?

Nach dem Rückzug der Sowjetunion und deren Auflösung im Jahr 1992 sahen die USA in den Taliban zunächst Partner, um ihren Einfluss in der Region auszubauen und zu sichern. Diese Strategie kehrte sich aber ins Gegenteil um, nachdem die Terrororganisation Al Qaida am 11. September 2001 einen brutalen Terrorangriff auf Ziele in den USA verübte. Der Anführer von Al Qaida versteckte sich in Afghanistan und die Taliban waren nicht bereit, ihn an die USA auszuliefern. Deshalb begannen die USA mit internationaler Unterstützung eine Militäroperation. Innerhalb kürzester Zeit gelang den USA und ihren Verbündeten die Zerschlagung der Talibanherrschaft. Schon im Dezember 2001 fanden zwischen verschiedenen afghanischen Interessensgruppen unter Moderation der UN Friedensgespräche statt. 2004 wurde eine neue Regierung gewählt.

Parallel zu diesen Gesprächen bildete die NATO die militärische Truppe ISAF zur Unterstützung der Regierung und zur Sicherung des öffentlichen Lebens in Afghanistan. Dennoch konnten die Taliban durch gezielte Terroranschläge und militärische Angriffe ihren Einfluss wieder ausbauen. Nach dem Abzug der westlichen Truppen im Jahr 2021 übernahmen die Taliban im September 2021 erneut die Macht über ganz Afghanistan. Innerhalb weniger Wochen war es ihnen gelungen, die afghanischen Regierungstruppen zu besiegen. Die internationale Unterstützung zur Festigung demokratischer Strukturen in Afghanistan war damit gescheitert.

Scharia
Rechtsvorschriften, die aus dem Koran abgeleitet werden. Dabei werden zum Beispiel auch körperliche Strafen angewandt.

Delikt
Tat, Vergehen, Verstoß

Al Qaida
islamistisches Terrornetzwerk

ISAF
International Security Assistance Force oder auf Deutsch Internationale Sicherheitsunterstützungstruppe. An dieser Mission waren bis zu 50 Staaten beteiligt.

1. a) Beschreibe die Fotos in M1 und M2.
   b) Stelle zwei Fragen an jedes Foto.
2. Schildere die Einflussnahme der beiden Weltmächte in Afghanistan. (T1)
3. Stelle dar, gegen welche Menschenrechte die Taliban verstießen. (T2, M3)
4. Beschreibe die Entwicklung in Afghanistan nach dem Terroranschlag von 2001. (T3)
5. Recherchiere die heutige Situation in Afghanistan.
6. Führe eine Konfliktanalyse durch. Nutze die Methodenseite 160/161.

Inhalte der Transparente (Auswahl)

„Es ist der Freitag der Bewaffnung Die Freie Armee Revolutionsversammlung.“

„Das Volk, das den Tod wünscht (das bereit ist, zu sterben), kann nicht unterdrückt werden.“

M1 Demonstranten in Ebrad in der Nähe der syrischen Hauptstadt Damaskus fordern den Rücktritt des Herrschers Baschar al-Assad (4. März 2011)

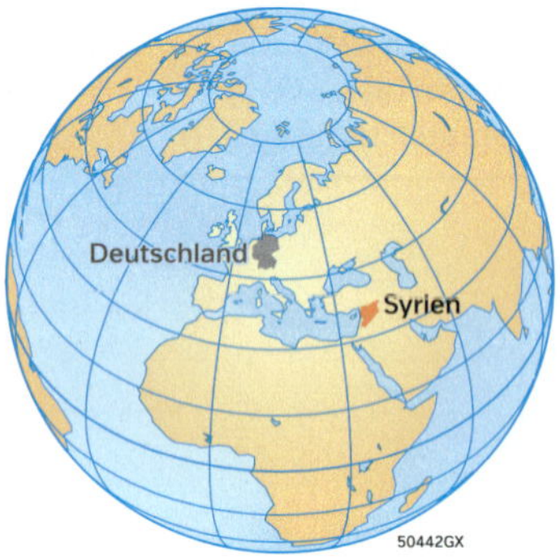

Ein Fallbeispiel: Syrien

T1 • Von friedlichen Protesten zum Bürgerkrieg

Anfang 2011 kam es in Syrien zu friedlichen, später zu gewaltsamen Protesten gegen den autoritär herrschenden Präsidenten Baschar al-Assad. Die Demonstranten forderten den Rücktritt des Präsidenten sowie Freiheit und Demokratie. Assad ließ die Demonstrationen mithilfe des Militärs niederschlagen. Hunderte Menschen starben, Tausende wurden verhaftet. Soldaten aus Assads Armee, die nicht mehr auf die eigene Bevölkerung schießen wollten, desertierten. Sie bildeten eine eigene Armee, die „Freie Syrische Armee“, die ebenfalls den Sturz Assads forderte.

T2 • Neue Rebellengruppen führen zu neuen Kämpfen

Anfangs war noch klar, wer gegen wen kämpfte. Auf der einen Seite die Armee des Präsidenten Assad, die sein System verteidigen und festigen sollte. Auf der anderen Seite die Freie Syrische Armee und die Rebellen, die für Freiheit und Demokratie kämpften.

Zunehmend organisierten sich weitere Gruppen über ihre Religion und Herkunft. Es bildeten sich außerdem terroristische Gruppen, die zwar auch Assad stürzen wollten, aber keine demokratischen Ziele verfolgen, sondern einen islamistischen Gottesstaat gründen wollen.

Die Kämpfe wurden immer heftiger, Regierungstruppen bombardierten Städte. Gegenseitig warfen sich die Akteure den Einsatz von Giftgas vor. Bemühungen, den Konflikt diplomatisch, auch mithilfe der UNO, zu regeln, scheiterten. NGOs warfen allen Kriegsseiten Menschenrechtsverletzungen vor. Die Terrororganisation Islamischer Staat (IS) rief ein Kalifat auf syrischem Gebiet aus. Sie gingen brutal gegen Andersgläubige und diejenigen vor, die sich nicht ihren radikal islamischen Vorstellungen unterwarfen. Männer wurden ermordet, Frauen versklavt.

desertieren
Soldat verlässt verbotenerweise die Armee und kommt militärischen Pflichten nicht nach

Kalifat
abgetrenntes Gebiet, über das ein Kalif herrscht. Der Kalif soll der Stellvertreter des ersten Propheten der Muslime, Mohammed, sein. Die Menschen leben dort unter strengen religiösen Regeln des Islam.

T3 • Fremde Mächte greifen ein

Um den terroristischen IS zurückzudrängen, führte eine internationale Allianz unter der Leitung der Vereinigten Staaten seit September 2014 Luftschläge gegen Stellungen des IS in Nordsyrien durch. Der internationalen Allianz, die die Luftangriffe flog, gehörten neben den US-amerikanischen auch französische, britische, jordanische, türkische und saudiarabische Kampfjets an. Im Jahr 2015 autorisierte der US-amerikanische Präsident Barack Obama außerdem den Einsatz von Bodentruppen. Sie sollten jene Kräfte ausbilden und beraten, die gegen den IS kämpften. Nachdem die USA den Einsatz von Bodentruppen zunächst stetig ausgeweitet hatten, zogen sie unter Präsident Donald Trump ihre Soldaten ab Dezember 2018 überraschend aus Nordsyrien ab. Die Allianz flog im Januar 2019 ihre letzten Luftangriffe.

Auch Russland griff seit 2015 immer stärker in das Kriegsgeschehen ein. Es verbündete sich dabei mit dem Regime Assad und bekämpfte nicht nur den IS, sondern auch die anderen Rebellengruppen. Nachdem der IS geschlagen war, gingen die Kämpfe gegen die Rebellen mit ungehinderter Härte weiter. Ganze Städte wie Aleppo wurden durch syrische und russische Bomben zerstört.

autorisieren
genehmigen, erlauben

M2 Durch Luftangriffe zerstörte Häuser in Aleppo (2015)

M3 Syrische Kinder in einem Flüchtlingslager in Griechenland (2020)

1. Formuliere drei Sprechblasen mit Forderungen der Demonstranten. (M1)
   Bienenkorb
2. a) Nenne die Forderungen der Demonstranten. (T1)
   b) Arbeite heraus, wie Assad auf die Demonstrationen reagierte. (T1)
3. Stelle dar, wie sich die Kämpfe in Syrien entwickelten. (T2)
4. Beschreibe die Rollen
   a) der USA im Syrienkonflikt, (T3)
   b) Russlands im Syrien-Konflikt. (T3, M2)
5. Fasse die bisherigen Folgen des Syrien-Krieges zusammen. (T1 – T3, M2, M3)
6. Recherchiere zur aktuellen Entwicklung in Syrien.
7. Führe zum Syrien-Krieg eine Kofliktanalyse durch. Informiere dich dazu auf Seite 160/161.

Einen internationalen Konflikt untersuchen

Internationale Konflikte gab und gibt es in politischen, gesellschaftlichen oder wirtschaftlichen Zusammenhängen. Diese Konflikte können sich sowohl auf eine Region bzw. einzelne Staaten als auch international auswirken.

Die Ursprünge vieler Konflikte reichen weit in die Geschichte zurück. Um die Hintergründe und Entwicklungen von konflikthaften Situationen verstehen zu können, kann es notwendig sein, auch die historischen Wurzeln von aktuellen Konflikten genau zu untersuchen: Welche Konfliktparteien gibt es? Was sind ihre Interessen und Motivationen? Wie hat sich der Konflikt entwickelt?

Bei dieser Methode helfen dir konkrete Fragen dabei, möglichst umfassend Informationen zu sammeln, um den Konflikt schließlich einordnen und beurteilen zu können.

① Friedliche Proteste in Syrien gegen Bascha al-Assad

② Assad setzt Soldaten gegen Demonstranten ein.

③ Soldaten wenden sich gegen Assad und gründen die „Freie Syrische Armee“

④ Terrorgruppen organisieren sich

⑤ Terroristische Anschläge nehmen zu
Islamistische Gruppen wollen
Assad absetzen und einen Gottesstaat
(IS) gründen

⑥ Diplomatische Bemühungen
der UNO scheitern

⑦ Frankreich, Großbritannien,
die USA und Russland kämpfen
gegen den IS

⑧ Russland verbündet sich mit Assad

⑨ Der IS wird zerschlagen

⑩ Städte werden zerstört
Menschen fliehen vor den
Bombenangriffen aus Syrien

⑪ Noch immer kein Ende der Kämpfe
in Syrien in Sicht
Bislang gibt es mehr als 400 000 Tote

⑫ UNO schätzt: 6,7 Millionen Syrer sind auf der Flucht

M1 Schlagzeilen über den Syrien-Konflikt

1. Schritt: Einen Konflikt beschreiben

Kläre, worum es geht:

- Wann und wo ist der Konflikt ausgebrochen?
  Der Konflikt ist im Jahre … . Es lässt sich nicht genaue festlegen, wann ….
  Der Konflikt ist in … . Der Konflikt bezieht sich auf das Gebiet … .
- Worum wird konkret gestritten?
  In dem Konflikt geht es … .
- Was löste den Konflikt aus?
  Anlass für den Ausbruch des Konfliktes war … . Ausgelöst wurde der Konflikt durch … .
- Wer streitet mit wem? Wer sind die Konfliktparteien?
  Zu den Konfliktparteien gehören … auf der einen Seite und … auf der anderen Seite. Zerstritten sind … . Es streiten … und … miteinander.
- Tipp: Wähle jeweils die Fragen aus, die für deine Analyse des Konflikts notwendig sind.

M2 Friedensberatungen zum Syrien-Konflik im schweizerischen Genf (2016)

2. Schritt: Einen Konflikt untersuchen

Untersuche, was möglich ist:

- Wer verfolgt welche Absicht?
  Die … wollen … . Sie haben die Absicht, … . … verfolgt das Ziel … .
  Die andere Konfliktpartei will aber … . Sie zielt darauf, … .
  Sie beabsichtigt … .
- Welche Argumente oder Behauptungen werden vorgebracht?
  Die … behaupten … . Sie argumentieren, dass … .
  Sie begründen ihre Meinung … .
  Andererseits nennen die … folgende Argumente.
  Ihre Behauptungen beziehen sich auf … . Sie sind der Meinung … .
- Wie reagieren andere Staaten und Organisationen?
  Auf den Konflikt reagieren … . … unterstützt … .
  Die Bevölkerung erhält Unterstützung von … .
  Politiker aus … stehen auf der Seite von … .

M3 Bombardierung eines Stadtviertels von Damaskus (2017)

3. Schritt: Lösungsansätze untersuchen

Erläutere, was geschehen soll:

- Haben sich andere Staaten oder internationale Organisationen eingeschaltet, um den Konflikt zu lösen?
  Es hat/haben sich … . Um in dem Konflikt zu vermitteln, versucht … .
  Von den Konfliktparteien wurde … .
- Gibt es Lösungsansätze?
  Beschlossen ist … . Es wird noch überlegt, … .
  Eine Lösung könnte sein … . Noch nicht entschieden ist, … .
  Fraglich ist … .

Tipp: Recherchiere weitere Informationen unter:
https://www.frieden-fragen.de/

Hoheitszeichen
Zeichen, mit dem die Zugehörigkeit zu einem Staat angezeigt wird, zum Beispiel eine Landesflagge

Krimtataren
Volksgruppe auf der Krim. Ihre Sprache gehört zu den Turksprachen und ähnelt dem Türkischen.

Autonomierechte
Rechte zur Selbstverwaltung, zum Beispiel zur Erhebung von Steuern

separatistische Bewegung
kämpft dafür, dass ihr Gebiet von dem Staat, zu dem es gehört, losgelöst wird

M2 Soldaten ohne Hoheitszeichen am Flughafen von Simferopol auf der Krim-Halbinsel (28. Februar 2014)

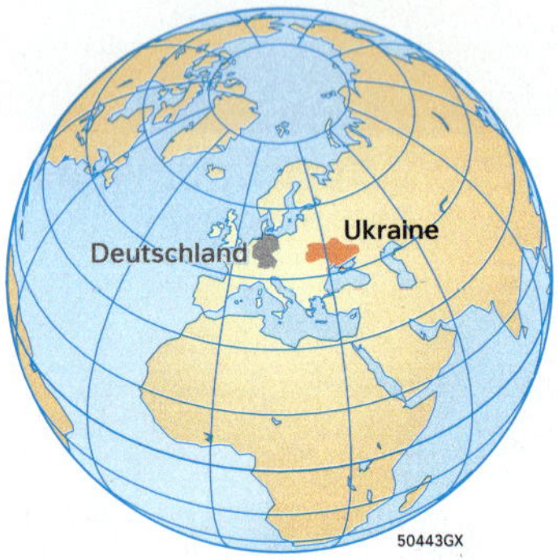

Ein Fallbeispiel: Ukraine

T1 • Die Halbinsel Krim

Die Krim ist eine Halbinsel, die im Norden an die Ukraine und im Osten an Russland grenzt. Die Bevölkerung auf der Krim setzt sich aus Ukrainern, Russen, Krimtataren und anderen Minderheiten zusammen.

Eine strategisch wichtige Bedeutung hat die Krim durch ihre Lage im Schwarzen Meer, denn die Häfen dort sind Standorte für die Marine des ukrainischen und des russischen Militärs. In den letzten Jahrhunderten wechselte der Staatsbesitz der Krim mehrfach zwischen Russland und der Ukraine. Mit der Auflösung der Sowjetunion im Jahr 1991 wurde die Krim als Teil der Ukraine bestätigt, erhielt aber weite Autonomierechte.

T2 • Die Eskalation der Krim-Krise

Zu Beginn des Jahres 2014 bildete sich in der Ukraine eine immer größer werdende Bürgerbewegung, die sich für eine stärkere Anbindung der Ukraine an die EU und eine Loslösung von Russland einsetzte. Die Auseinandersetzungen mit der ukrainischen Regierung eskalierten so stark, dass schließlich der Präsident des Landes nach Russland floh.

Diese politisch unübersichtliche Situation machte sich Russland zunutze, um auf der Krim verdeckt eine separatistische Bewegung von Teilen der russischstämmigen Bevölkerung zu fördern. Über die Grenze zwischen der Krim und Russland wurde diese Bewegung mit Waffen beliefert. In der Öffentlichkeit bestritt die russische Regierung aber jede Form der Unterstützung.

T3 • Besetzung oder Volkswille?

Am 27. Februar 2014 besetzten russische Soldaten, die ihre nationalen Kennzeichen verborgen hatten, das Parlamentsgebäude auf der Krim. Die Abgeordneten wurden gezwungen, ein Referendum durchzuführen, bei dem die Bevölkerung der Krim über einen Anschluss an Russland abstimmen sollte. Dieses nach ukrainischem Recht illegale Referendum fand am 16. März 2014 statt. Als Ergebnis wurden fast 97 % Zustimmung zur Angliederung an Russland veröffentlicht. Menschenrechtsorganisationen zweifelten dieses Ergebnis an.

Schon am Tag nach dem Referendum stellte die Krim einen Beitrittsantrag an Russland. Diesem stimmte das russische Parlament am 21. März zu. Russland betrachtet die Krim seitdem als Teil des eigenen Staatsgebietes. In einer Resolution am 27. März 2014 erklärte die UN sowohl das Referendum als auch den Anschluss der Krim an Russland für illegal.

Referendum
Abstimmung der Bevölkerung über ein Gesetz oder eine Gesetzesänderung

Resolution
ein Beschluss bzw. eine Aufforderung zu einem bestimmten Handeln

T3 • Der Krieg gegen die Ukraine

Neben der Besetzung der Krim unterstützte die russische Regierung auch Separatisten in den östlichen Provinzen der Ukraine militärisch. Sie warf der Ukraine vor, dort die russischstämmige Bevölkerung zu unterdrücken. Dieser seit 2014 andauernde Konflikt eskalierte, als der russische Präsident Putin am 21. Februar 2022 die von den Separatisten kontrollierten Gebiete als unabhängige Volksrepubliken anerkannte. Drei Tage später, am 24. Februar, begannen russische Truppen einen Krieg gegen die Ukraine. Trotz internationaler Proteste und harter Wirtschaftssanktionen gegen Russland ließ Putin die Angriffe gegen die Ukraine fortsetzen. Viele NATO-Staaten unterstützten die Ukraine in diesem Krieg mit Waffenlieferungen, sprachen sich aber gegen ein direktes Eingreifen aus.

M3 Die Ukraine vor dem Kriegsausbruch 2022

M4 Durch Raketenbeschuss zerstörtes Wohnhaus in Charkiw (2022)

1. Vermutet Gründe, warum Soldaten Hoheitszeichen ihrer Uniformen entfernen. (M2)
2. Nenne die Ursachen für den Konflikt zwischen Russland und der Ukraine auf der Krim. (T1)
3. Erstelle eine Zeitleiste zur Entwicklung von der Krim-Krise zum Krieg gegen die Ukraine. (T2 – T4)
4. a) Recherchiere, wie die internationale Staatengemeinschaft versuchte, den Krieg zu beenden.
   b) Nimm Stellung zu diesen Versuchen.
5. Führe eine Konfliktanalyse durch. Nutze die Methodenseite 160/161.

M1 Ein Roboter assistiert dem Standpersonal auf einer Automesse in China. (2018)

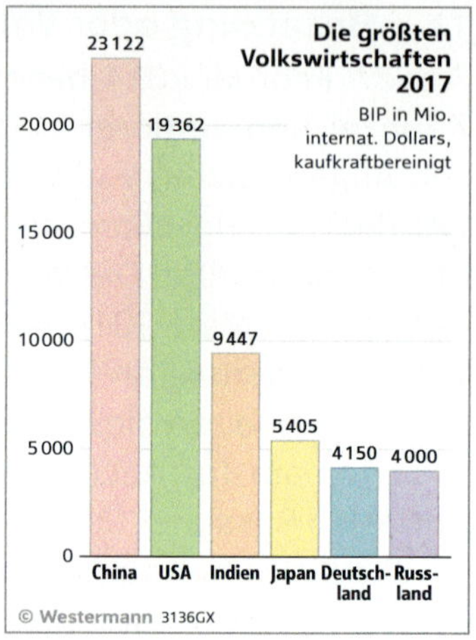

M2 Wirtschaftsleistungen (2017)

Eine neue Großmacht – China

T1 • Ein Land der Widersprüche

China ist das bevölkerungsreichste und viertgrößte Land der Erde. Allein diese Fakten machen es zu einer Großmacht. In den letzten Jahrzehnten vollzog China zudem eine bedeutende gesellschaftliche und wirtschaftliche Entwicklung. Dadurch wuchs Chinas Einfluss in der internationalen Politik, sodass es sich neben den USA und Russland zu einer neuen Großmacht entwickelte. Dennoch ist China ein Land der Widersprüche.

Smog
Luftverschmutzung, die durch Ausstoß von Schadstoffen durch Verkehr und Industrie verursacht wird. Sie tritt vor allem in Großstädten auf.

autoritäres Regierungssystem
Herrschaftsform mit demokratischen Strukturen, in der aber eine Person oder Partei sehr große Macht hat

> Einerseits bietet es Bilder smogverhangener Städte und verschmutzter Flüsse; andererseits tätigt es weltweit die größten Investitionen in Energiegewinnung aus Sonnen-, Wind- und Wasserkraft. Einerseits hat es ein ... autoritäres Regierungssystem, andererseits eine historisch außergewöhnliche wirtschaftliche und technologische Dynamik.

M3 S. Heilmann, Professor für chinesische Politik und Wirtschaft (2018)

T2 • Chinas weltweites Engagement

China verfolgt nicht nur das Ziel, seine weltweite Bedeutung weiter auszubauen, sondern seine Entwicklung auch als Vorbild für andere Länder darzustellen. Hierzu fördert es Projekte von internationaler Bedeutung. Ein Beispiel ist die 2016 von China gegründete Asiatische Infrastruktur Investment Bank (AIIB). Deren Aufgabe ist es, Projekte aus dem Bereich der Infrastruktur zu fördern. Dazu zählen Energieerzeugung, Wasserversorgung und Umweltschutz. Diese Bank hatte schon bei ihrer Gründung 57 Mitglieder. Im Jahr 2021 waren es 87 Staaten, darunter 16 EU-Länder. Weitere Staaten bewarben sich um eine Mitgliedschaft. Über 50 Entwicklungsprojekte wurden bislang gefördert.

T3 • Die neue Seidenstraße

Das wirtschaftlich größte Projekt der chinesischen Regierung ist der Aufbau einer „neuen Seidenstraße“. Dieser Name bezieht sich auf den bis zum Mittelalter bedeutendsten Handelsweg zwischen China und Europa. Doch bei der „neuen Seidenstraße“ geht es nicht nur um den Ausbau eines Handelsweges. Vielmehr wird hierbei auch die Abhängigkeit einzelner Staaten in Asien oder Afrika von chinesischen Krediten ausgenutzt, um für China den Zugang zu Rohstoffen zu sichern.

> Die „neue Seidenstraße“ ist ein chinesisches Projekt aus dem Jahr 2013. Ziel ist es, wie einst mit der historischen Seidenstraße den eurasischen Handel anzukurbeln – allerdings unter chinesischer Kontrolle und Dominanz. ... Inzwischen sind 65 Länder dabei. ... Mit dem jahrtausendealten Handelsweg hat das nichts mehr zu tun. Es ist eher eine Metapher für ein von China dominiertes Handelssystem. Der Kitt, der es zusammenhält, sind chinesische Investitionen in Milliardenhöhe.

eurasisch
europäisch-asiatisch

Kitt
Klebemittel

M4 Kommentar aus der Frankfurter Rundschau (9. Juli 2018)

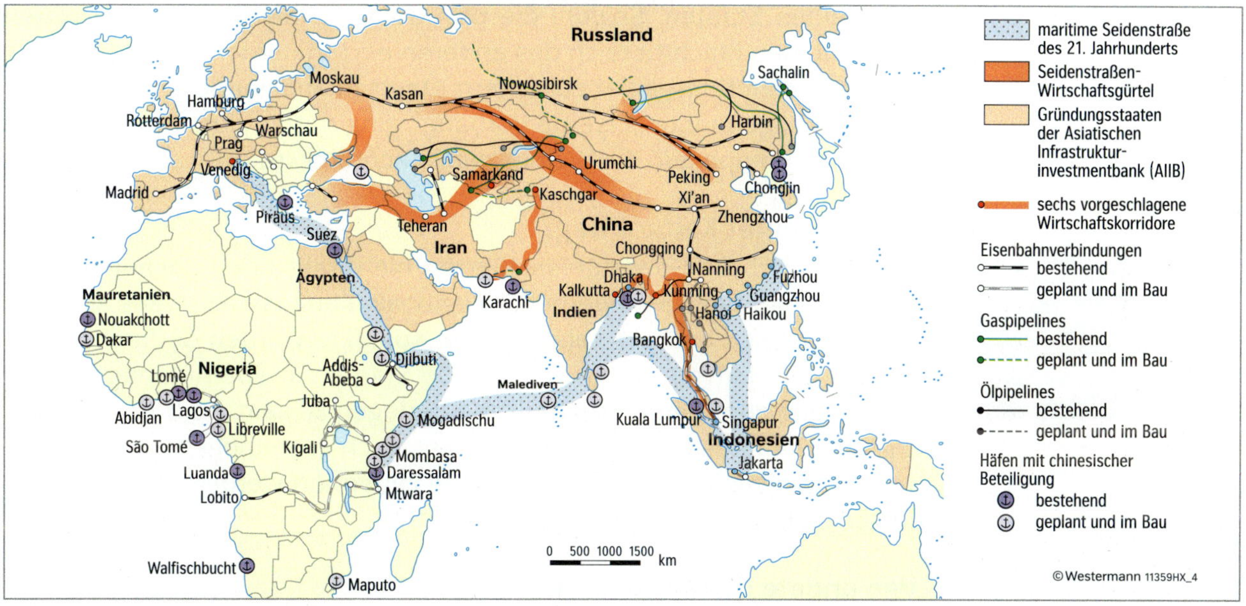

M5 Die „neue Seidenstraße“

❶ a) Beschreibe M1.
b) Vermute, was China den Messebesuchern mit dem Roboterassistenten zeigen will.

❷ Begründe, warum China als Großmacht bezeichnet wird. (T1, M2)

❸ Erkläre, wieso die AIIB ein Beispiel für das Streben Chinas nach weltweiter Bedeutung ist. (T2)

④ a) Stelle dar, was die „neue Seidenstraße“ ist. (T3)
b) Die „neue Seidenstraße“ wird auch kritisch betrachtet. Erkläre. (T3, M4)

⑤ Wähle einen der Wege der „neuen Seidenstraße“ von China nach Europa. Nenne die Staaten, durch die dieser Weg führt. (M5)

1945 Gründung der Vereinten Nationen

25.7.1945 Potsdamer Konferenz

1949 Gründung der NATO

1950 – 1953 Korea-Krieg

1955 Zusammenschluss der Warschauer Vertragsstaaten

1962 Kuba-Krise

ab 1962 Zeit der friedlichen Koexistenz

1969 – 1979 Verhandlungen zur Rüstungsbegrenzung

1980er-Jahre Wettrüsten – Strategie der Abschreckung

ab1985 Entspannungspolitik unter Gorbatschow

1990 Zerfall der Sowjetunion

1945 | 1950 | 1955 | 1960 | 1965 | 1970 | 1975 | 1980 | 1985 | 1990

Geteilte Welt und Kalter Krieg

Warum wurde die Welt geteilt?

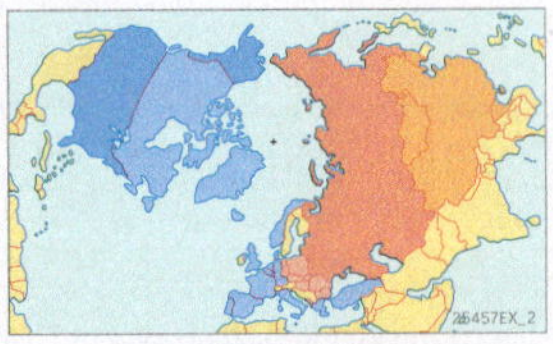

Im Zweiten Weltkrieg bekämpften die USA und die Sowjetunion den gemeinsamen Feind Deutschland, doch schon bald nach dem Sieg zeigten sich die Gegensätze zwischen den politischen und wirtschaftlichen Systemen. Die Folge war eine jahrzehntelange Gegnerschaft zwischen den beiden Staaten. Sowohl die USA als auch die Sowjetunion waren bestrebt, den Machtbereich des anderen einzudämmen und gleichzeitig das eigene Einflussgebiet zu sichern. Deutschland wurde schließlich geteilt. Der sogenannte „Eiserne Vorhang“ ging mitten durch Deutschland und teilte Europa und die Welt in zwei Machtblöcke.

Was bedeutet Kalter Krieg?

Die USA und die Sowjetunion führten nie direkt Krieg gegeneinander. Allerdings griffen sie wiederholt in regionale Konflikte ein, wenn sie ihren Einflussbereich bedroht sahen. Diese Konflikte wurden dadurch zu sogenannten Stellvertreterkriegen. Beide Staaten strebten danach, durch Aufrüstung dem Gegner militärisch überlegen zu sein. So bestand ständig die Gefahr eines Atomkriegs. Erst nach jahrelangen Abrüstungsverhandlungen konnten kleine Schritte vereinbart werden, um das Wettrüsten zu begrenzen.

Wie endete der Kalte Krieg?

Mit dem neuen Staatschef der UdSSR Michail Gorbatschow begann im Jahr 1985 eine Phase der Entspannung. In der Folge seiner Politik der Offenheit und Reformen kam es zur Loslösung der sozialistischen Länder aus dem Ostblock. Als sich schließlich die Sowjetunion selbst auflöste, endete damit auch der Kalte Krieg.

Anstelle der Sowjetunion übernahm Russland neben den Vereinigten Staaten die Rolle einer Weltmacht. Statt der anfangs angestrebten Zusammenarbeit der beiden Weltmächte auf Augenhöhe, standen sich Russland und die USA mit der NATO bald wieder als gegnerische Pole in der internationalen Staatengemeinschaft gegenüber.

Eiserner Vorhang

Als Eiserner Vorhang wird die Grenze in Europa zwischen den beiden politischen Blöcken bezeichnet. Diese Grenze war so streng gesichert und kontrolliert, dass deren Überwindung für die Menschen ohne staatliche Genehmigung nicht möglich war.

Entspannungspolitik

Die Kuba-Krise hatte gezeigt, wie schnell die Welt vor einem dritten Weltkrieg stehen kann. Die Regierungen beider Weltmächte erkannten, dass sie mit einer direkten militärischen Auseinandersetzung die Zerstörung der gesamten Welt riskieren würden. Um eine solche Situation zukünftig im Vorfeld zu verhindern, begannen die USA und die Sowjetunion mit Abrüstungsverhandlungen. Dennoch blieb das gegenseitige Misstrauen so groß, dass in den Verhandlungen nur kleine Schritte bei der Begrenzung der Waffen erreicht werden konnten.

Friedensbewegung

Anfang der 1980er-Jahre protestierten immer mehr Menschen in vielen Staaten gegen die ihrer Meinung nach unsinnige Aufrüstung. In immer größeren Demonstrationen und Protestaktionen forderten sie ein Ende des Wettrüstens.

Kalter Krieg

Die Zeit zwischen dem Ende des Zweiten Weltkriegs und der Auflösung der Sowjetunion 1991 wird als Zeit des Kalten Krieges bezeichnet. In dieser Zeit standen sich die beiden Supermächte USA und UdSSR mit ihren jeweils verbündeten Staaten als gegnerische Blöcke gegenüber.

Luftbrücke

Ende Juni 1948 bis Mai 1949 blockierte die Sowjetunion alle Land- und Wasserwege zu den westlichen Zonen Berlins. In dieser Zeit brachten Flugzeuge der Westmächte Lebensmittel und Versorgungsgüter nach Westberlin. Diese zahlreichen Flüge im Minutentakt nannte man Luftbrücke.

Stellvertreterkrieg

In der Zeit des Kalten Krieges griffen sich die beiden Weltmächte USA und Sowjetunion militärisch nie direkt an. Allerdings nahmen sie Einfluss in regionalen Konflikten, wenn sie ihre Interessen bedroht sahen. Dann wurde die jeweils verbündete Kriegspartei mit Waffen und durch die eigene Armee unterstützt.

Strategie der Abschreckung

Obwohl die Abrüstungsverhandlungen weitergeführt wurden, investierten beide Weltmächte immer mehr Geld in ihre Waffenarsenale. Dieses Wettrüsten hatte das Ziel, dem Gegner militärisch überlegen zu bleiben und ihn von einem Angriff abzuschrecken.

Weltmacht

Als Weltmacht wird ein Staat bezeichnet, der eine sehr große Fläche und eine hohe Bevölkerungszahl aufweist. Außerdem verfügt dieser Staat über eine große internationale Wirtschaftskraft und militärische Bedeutung, zum Beispiel durch den Besitz von Atomwaffen. Weltweit ist ein solcher Staat mit politischen Verbündeten vernetzt und sichert so seinen internationalen Einflussbereich.

Geteilte Welt und Kalter Krieg

1. Wer sagt was?

Ⓑ Die Verkopplung ihrer Macht mit der Besetzung und Kontrolle so ungeheurer und weiter Gebiete beunruhigt mich ebenso sehr wie Sie. Ein eiserner Vorhang ist vor ihrer Front niedergegangen.

Ⓒ Wer immer ein Gebiet besetzt, erlegt ihm auch sein eigenes System auf, ... so weit seine Armee vordringen kann.

Ⓐ Ich bin der Ansicht, dass es die Politik der Vereinigten Staaten sein muss, die freien Völker zu unterstützen, die sich der Unterwerfung durch Druck von außen widersetzen. ... Die freien Völker blicken auf uns und erwarten, dass wir sie in der Erhaltung der Freiheit unterstützen.

② Winston Churchill

③ Harry S. Truman

① Josef Stalin

a) Ordne den Politikern auf dem Foto die Namen und die Zitate zu.
b) Begründe, warum die Aussagen der Zitate einen Widerspruch zur Aussage des Fotos bilden.

Lerntempoduett

2. Wahr oder falsch?

Welche der folgenden Aussagen ist wahr? Schreibe die Aussagen in deinen Hefter und verbessere dabei die falschen.

1. Am 24. Juni 1948 ließ die sowjetische Regierung alle Luftwege nach Westberlin sperren.
2. Im Korea-Krieg führten die USA und die Sowjetunion einen direkten Krieg gegeneinander.
3. Der erste Stellvertreterkrieg war der Korea-Krieg.
4. Der UN-Sicherheitsrat beschloss die Entsendung von UN-Truppen nach Korea unter amerikanischem Oberbefehl.
5. Im Jahr 2000 wurde die Grenze zwischen Nord- und Südkorea endgültig wieder für alle Menschen geöffnet.
6. In Südvietnam bildete sich eine kapitalistische Widerstandsbewegung gegen die Regierung in Saigon.
7. Bis 1968 schickten die USA 500 000 Soldaten nach Südvietnam.
8. Durch den Druck der Öffentlichkeit schlossen die USA 1973 ein Waffenstillstandsabkommen mit Nordvietnam.
9. Nach der Lösung der Kuba-Krise wurde eine direkte E-Mail-Verbindung zwischen den Regierungen der USA und der Sowjetunion eingerichtet.

3. Zwei unterschiedliche politische Strategien

Finde die passenden Satzteile und schreibe sie in dein Heft.

Entspannung

Abschreckung

Aufgrund der immer weiter steigenden Rüstungsausgaben ...	... konnten kleine Erfolge erzielt werden.
Erst nach langjährigen Verhandlungen	... wurde erreicht, als sowjetische Truppen in Afghanistan einmarschierten.
Mit dem SALT-Vertrag ...	... bedeutete diese Strategie eine enorme Belastung durch die hohen Rüstungsausgaben.
Ein Tiefpunkt in der Beziehung zwischen den USA und der UdSSR ...	... strebten beide Staaten nach militärischer Überlegenheit.
Auch wenn Politikern bewusst war, dass ein Krieg nicht gewonnen werden konnte ...	... nahmen die USA und die UdSSR in den 1960er-Jahren Verhandlungen auf.
Für die jeweilige Volkswirtschaft	... verpflichteten sich die USA und die UdSSR erstmals, ihr Rüstungsarsenal zu begrenzen.

4. Eine Zeitleiste in Karikaturen

1962

1949

1988

1981

a) Fertige dir eine Kopie dieser Seite an.
b) Ordne dann die Karikaturen auf einer Zeitleiste zum Kalten Krieg in der richtigen Reihenfolge an und füge die korrekten Jahreszahlen hinzu.
c) Gib den Karikaturen einen passenden Titel.

Stühletausch

M1 Menschen aus Ost- und Westberlin feiern am Brandenburger Tor in der Nacht vom 9. auf den 10. November 1989 die Öffnung der Berliner Mauer

Der Weg zur deutschen Einheit

- → Warum war Deutschland geteilt?
- → Wie lebten die Menschen in beiden deutschen Staaten?
- → Wie kam es zur Wiedervereinigung Deutschlands?

M2 Deutschland und die vier Siegermächte

M3 Wirtschaftswunder West – Mangelwirtschaft Ost

M1 Kinder spielen in Hamburg zwischen Trümmern und Hausruinen. (1946)

Deutschland nach dem Zweiten Weltkrieg

kapitulieren
sich dem Feind ergeben, aufgeben

Latrine
Toilette; meint meist sehr einfache Toiletten, die von mehreren benutzt werden

T1 • Leben in Ruinen

Am 8. Mai 1945 hatte das Deutsche Reich bedingungslos kapituliert, der Zweite Weltkrieg in Europa war beendet. Doch der Kampf ums Überleben ging weiter. Viele Menschen lebten in zerstörten Häusern, und die hygienischen Zustände waren katastrophal. Millionen Männer waren gefallen, vermisst oder in Kriegsgefangenschaft. Frauen schafften die Trümmer der zerbombten Häuser weg. Sie organisierten Lebensmittel und Brennmaterial zum Heizen. Außerdem kümmerten sie sich um die Kinder sowie um Alte und Kranke.

Pforzheim. Aus einem Trümmerhaufen dringt ein dünner Rauch. Ich gehe ihm nach und befinde mich nach halsbrecherischer Turnerei in einem Keller. Die Wände sind vereist. In der Ecke liegt ein Säugling, in Fetzen gehüllt, auf Lumpen. Acht Leute wohnen hier. Der Ofen besteht aus einem alten Benzinkanister. Der Raum dient als Esszimmer, Schlafzimmer, Küche und Latrine ... Der Deutsche hungert. Er friert. Er sieht seine Kinder sterben.

M2 Aus dem Brief eines Schweizers an seinen Freund in den USA (Mai 1947)

1. Versetze dich in eines der Kinder in M1. Welche Gedanken gehen dir durch den Kopf? *Marktplatz*
2. Schildere die Lage in Deutschland nach dem Krieg. (T1)
3. Beschreibe die Rolle der Frauen im Nachkriegsdeutschland. (T1)
4. Erläutere, welche Auswirkungen die Zerstörungen auf das Leben der Menschen hatten. (T1, M1, M2)

T2 • Die Aufteilung Deutschlands in Besatzungszonen

Auf der Potsdamer Konferenz im Juli und August 1945 hatten die alliierten Siegermächte die Aufteilung Deutschlands in vier Besatzungszonen festgelegt. Berlin lag in der sowjetischen Besatzungszone und wurde ebenfalls in vier Teile geteilt. Sie wurden Sektoren genannt. Außerdem beschlossen die Alliierten, dass die Gebiete östlich der Flüsse Oder und Neiße an Polen und die Sowjetunion abgegeben werden mussten.

Die Hauptaufgabe der Alliierten war zunächst, die Versorgung der Bevölkerung mit Lebensmitteln und Wohnraum sicherzustellen. Weiterhin mussten die Wirtschaft, die Infrastruktur und die Verwaltung wieder aufgebaut werden. Parallel dazu beauftragten die Alliierten deutsche Politiker, die Bundesländer zu gründen.

Die Siegermächte planten zunächst, Deutschland gemeinsam zu regieren. Dieses Vorhaben scheiterte jedoch schon bald, weil die westlichen Besatzungsmächte (Großbritannien, Frankreich, USA) auf der einen Seite und die Sowjetunion auf der anderen Seite gegensätzliche politische Ziele verfolgten.

alliiert
verbündet

Infrastruktur
Dinge, die für eine funktionierende Gesellschaft und Wirtschaft notwendig sind; zum Beispiel:
- Verkehrsinfrastruktur, (Straßen, Eisenbahn, Luftverkehr u.a.)
- technische Infrastruktur (Strom, Wasser u.a.),
- soziale Infrastruktur (Schulen, Gesundheitswesen u.a.)

124/125 Zwei Machtblöcke entstehen

M3 Deutschland wurde 1945 in Besatzungszonen aufgeteilt.

5 a) Beschreibe die Aufteilung Deutschlands durch die Siegermächte. (M3, T2)
b) Ordne die Länder den Besatzungsmächten zu. (M3)
Stühletausch

6 In T2 werden Hauptaufgaben der Alliierten nach der Aufteilung Deutschlands genannt. Wähle eine aus und überlege, was konkret damit verbunden war.
Think – Pair – Share

M1 Deutschland und die vier Siegermächte

Zwei Staaten in Deutschland

M2 Konrad Adenauer (1876 – 1967), erster Bundeskanzler der BRD

T1 • Gründung der Bundesrepublik Deutschland (BRD)

Die Gegensätze zwischen den westlichen Alliierten und der Sowjetunion verschärften sich. Im Sommer 1948 gaben die Westalliierten den Auftrag, auf ihrem Gebiet einen Staat nach westlichem Vorbild aufzubauen. Der Parlamentarische Rat, der aus Abgeordneten der Länderparlamente bestand, erarbeitete daraufhin das Grundgesetz, das am 23. Mai 1949 in Kraft trat. Am 14. August 1949 wurde der erste deutsche Bundestag gewählt. Der erste deutsche Bundeskanzler wurde Konrad Adenauer (CDU); die Hauptstadt wurde Bonn.

M3 Walter Ulbricht (1893 – 1973), erster Regierungschef der DDR

T2 • Die Antwort der Sowjetunion auf die Gründung der BRD

In der östlichen Besatzungszone strebte die Sozialistische Einheitspartei Deutschlands (SED) danach, einen neuen deutschen Staat zu gründen, und zwar nach sowjetischem Vorbild. Nach Vorgabe der Sowjetunion fanden jährlich Volkskongresse statt. Der zweite Volkskongress berief 1948 den deutschen Volksrat ein. Dieser bestand hauptsächlich aus Mitgliedern der SED. Er erhielt den Auftrag, eine gesamtdeutsche Verfassung auszuarbeiten. Der Deutsche Volksrat setzte am 7. Oktober 1949 die Verfassung in der sowjetischen Besatzungszone in Kraft. Somit wurde ein knappes halbes Jahr nach Gründung der BRD die Deutsche Demokratische Republik (DDR) gegründet. Die Hauptstadt wurde Ostberlin. Der erste Regierungschef in der DDR wurde Walter Ulbricht.

1 a) Beschreibe M1.
b) Hilfe Formuliere die Hauptaussage der Zeichnung.

2 Berichte, wie es zur Gründung der beiden deutschen Staaten kam. (T1, T2)

Hilfe zu

1 b) Du kannst folgende Begriffe nutzen: Siegermächte, Westalliierte, Sowjetunion, Uneinigkeit, verschiedene Richtungen, zwei Teile.

T3 • Das Grundgesetz der Bundesrepublik Deutschland

Im Grundgesetz der BRD sind die Grund- und Menschenrechte festgeschrieben sowie die Errichtung eines Mehrparteiensystems, die Gewaltenteilung und die gegenseitige Kontrolle von Legislative, Exekutive und Judikative.

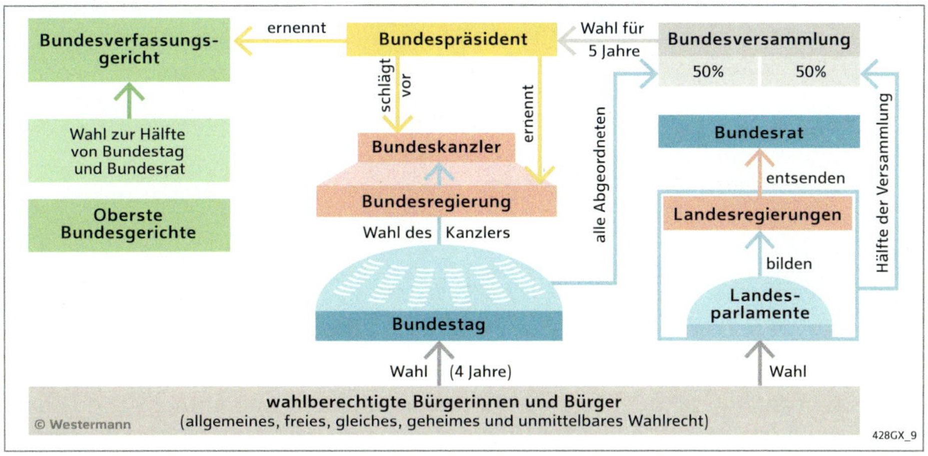

M4 Der Staatsaufbau der Bundesrepublik Deutschland

M5 Flagge der BRD

T4 • Die Verfassung der Deutschen Demokratischen Republik

Der gesamte Staatsaufbau der DDR wurde von der SED bestimmt. Die Wahlberechtigten wählten über eine von der SED festgelegte Einheitsliste die Volkskammer. Dies war die Legislative. Das wichtigste Gremium war der Staatsrat. Dort hatte der Chef der SED den Vorsitz.

Einheitsliste
Liste mit von der SED vorgegebenen Politikern. Auf dem Wahlzettel konnte nur mit Ja oder Nein für die gesamte Liste gestimmt werden.

Zentralkomitee
Führungsspitze einer kommunistischen Partei

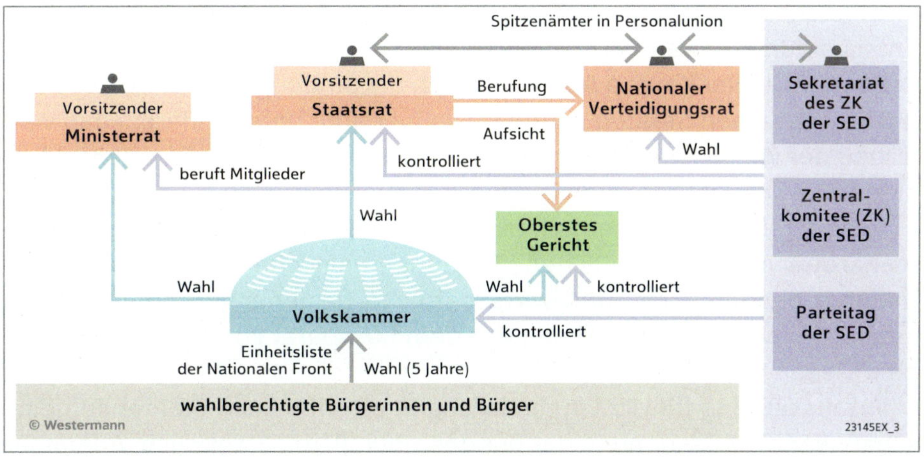

M6 Der Staatsaufbau der Deutschen Demokratischen Republik

M7 Flagge der DDR

3 „Vom Volk ausgehende Staatsgewalt“, „Mehrparteiensystem“, „unabhängige Gerichte“ sind wichtige Grundsätze eines demokratischen Rechtsstaats. Untersuche, ob diese Grundsätze in beiden deutschen Staaten verwirklicht waren. (M4, M6)
Partnervortrag

M1 Der französische Ministerpräsident Pierre-Mendès-France, der deutsche Bundeskanzler Konrad Adenauer, der britische Außenminister Anthony Eden und der US-Außenminister John Foster Dulles stellen sich nach Unterzeichnung der Pariser Verträge 1954 der Presse.

Die Westintegration der Bundesrepublik

T1 • Adenauers Orientierung Richtung Westen

Obwohl mit der Bundesrepublik ein eigener westdeutscher Staat gegründet worden war, verfügte dieser nicht über die staatliche Souveränität. Das bedeutete, dass die Bundesrepublik nicht eigenständig über ihre Innen- und Außenpolitik bestimmen konnte. Vielmehr lag die letzte Entscheidungsgewalt bei den Westalliierten.

Bundeskanzler Konrad Adenauer trieb die Bindung der Bundesrepublik an die westlichen Staaten voran. Er wollte damit unter anderem das Vertrauen der westlichen Alliierten sichern, um für die BRD die vollständige staatliche Souveränität zu erlangen.

Im Petersberger Abkommen bekannte sich die BRD zur engen Zusammenarbeit mit der westlichen Staatengemeinschaft. Der BRD waren dadurch diplomatische und wirtschaftliche Beziehungen erlaubt. Auch internationalen Organisationen wie dem Europarat konnte die BRD jetzt beitreten.

Voraussetzung für die Eingliederung in die westliche Staatengemeinschaft war die Aussöhnung der Bundesrepublik mit Frankreich. Adenauer bemühte sich daher um eine Verbesserung der deutsch-französischen Beziehungen. Mit der Europäischen Gemeinschaft für Kohle und Stahl (EGKS) wurde 1951 eine erste überstaatliche Organisation gegründet. Diese weitete sich 1957 mit der Unterzeichnung der Römischen Verträge aus. Ein Bestandteil dieser Verträge war zum Beispiel die Gründung der Europäischen Wirtschaftsgemeinschaft, ein Grundstein für die Entwicklung der Europäischen Union.

Petersberger Abkommen
Vereinbarung zwischen der BRD und den Westalliierten. Darin wurde unter anderem festgehalten, dass die BRD internationale Beziehungen eingehen durfte.

diplomatische Beziehungen
internationale Zusammenarbeit, bei der Vertreter verschiedener Länder verhandeln, um die jeweiligen Interessen ihres Landes umzusetzen

Europarat
Vereinigung europäischer Staaten, die sich für Demokratie und Menschenrechte einsetzen

Römische Verträge
Bezeichnung für Verträge, die 1957 von sechs europäischen Staaten in Rom unterzeichnet wurden. In diesen wurde vor allem die wirtschaftliche Zusammenarbeit geregelt.

258
Die Europäische Wirtschaftsgemeinschaft

T2 • Die Pariser Verträge und der „Deutschlandvertrag“

Im Zuge der Integration der BRD in die westliche Staatengemeinschaft wurde in den 1950er-Jahren auch die Wiederbewaffnung Westdeutschlands zum Thema. Im Jahr 1954 trafen sich der französische Ministerpräsident, der westdeutsche Bundeskanzler, der britische und auch der US-Außenminister in Paris. Dort beschlossen sie die Wiederbewaffnung der BRD, den Eintritt Westdeutschlands in das westliche Militärbündnis, die NATO, und die Souveränität der Bundesrepublik. Nachdem die nationalen Parlamente den Beschlüssen zugestimmt hatten, traten die Pariser Verträge und speziell der darin enthaltene „Deutschlandvertrag“ in Kraft.

Vor allem die SPD, aber auch kirchliche Gruppen lehnten Adenauers Westpolitik ab. Sie sahen durch den Beitritt der Bundesrepublik zu westeuropäischen Bündnissen und durch die Wiederbewaffnung die Chance für eine Wiedervereinigung schwinden. Am Ende setzte sich Bundeskanzler Adenauer durch.

Wiederbewaffnung
Nach dem Zweiten Weltkrieg wurde die deutsche Armee aufgelöst. Infolge der Westintegration wurde sie in der BRD wieder aufgebaut.

Besatzungsstatut
Regelwerk, in dem die Beziehungen zwischen der BRD und den Westalliierten festgeschrieben wurde

Das Besatzungsstatut fiel fort. Alle wirtschaftlichen Beschränkungen hörten auf. ... Durch den Einbau in das umfassendste Verteidigungssystem der Geschichte erhielten wir die denkbar größte Sicherheit. Wir waren nicht mehr Objekt politischer und strategischer Überlegungen, sondern Mithandelnde. ... Wenn wir Mithandelnde wurden, konnten wir auch unsere ganze Kraft dafür einsetzen, dass die bestehenden Spannungen auf friedlichem Wege gelöst wurden. ... Es war und ist richtig, dass die Wiedervereinigung in Freiheit nur mit Zustimmung der vier Alliierten, also auch mit Zustimmung Sowjetrusslands, erfolgen konnte. Ich war der Auffassung, dass es klug wäre, wenn man sich für diese Politik zunächst die Hilfe von wenigstens drei der vier Großmächte sicherte, wie wir das im Deutschlandvertrag taten. Ich hoffte, dass es möglich sein würde, im richtigen Augenblick mit Sowjetrussland an den Verhandlungstisch zu kommen, wenn wir die Hilfe dieser drei Mächte hätten.

M2 Bundeskanzler Konrad Adenauer zum Deutschlandvertrag in seinen Erinnerungen 1965

Die Aufstellung deutscher Streitkräfte in der Bundesrepublik und in der Sowjetzone (DDR) muss die Chancen der Wiedervereinigung für unabsehbare Zeit auslöschen und die Spannung zwischen Ost und West verstärken. ... Die Verständigung über eine Viermächtevereinbarung zur Wiedervereinigung muss vor der militärischen Blockbildung den Vorrang haben. Es können und müssen die Bedingungen gefunden werden, die für Deutschland und seine Nachbarn annehmbar sind, um durch Deutschlands Wiedervereinigung das friedliche Zusammenleben der Nationen Europas zu sichern.

M3 Gegner der Pariser Verträge im „Deutschen Manifest“ vom 29. Januar 1955

1. Stelle Fragen an das Foto M1.
2. a) Nenne Adenauers wichtigstes Ziel für die Bundesrepublik Deutschland. (T1)
   b) Stelle die Stationen, die zum Erreichen dieses Ziels führten, dar. (T1, T2)
   Partnervortrag
3. Arbeite wesentliche Inhalte der Pariser Verträge heraus. (T2)
4. Stelle die Argumente für und gegen die Pariser Verträge gegenüber. (M2, M3)
5. Nimm aus heutiger Sicht zur Politik Adenauers Stellung. (M1 – M3, T1, T2).

M1 Plakat zum Monat der deutsch-sowjetischen Freundschaft. Dieser wurde erstmals 1949 anlässlich des 70. Geburtstages Stalins begangen.

Die Ostintegration der DDR

Ostblock
Sammelbegriff für die Sowjetunion und alle Länder, die unter ihrem Einfluss standen

T1 • „Von der Sowjetunion lernen heißt siegen lernen"

Gemäß dieser Parole wurde in der sowjetischen Besatzungszone schon bald nach Kriegsende mit der Übernahme des politischen und wirtschaftlichen Systems der Sowjetunion begonnen. Nach Gründung der DDR wurde diese Politik in allen Bereichen vorangetrieben. Der Außenhandel der DDR wurde auf den Ostblock ausgerichtet. Bereits seit Anfang 1950 war die DDR Mitglied des osteuropäischen Rates für gegenseitige Wirtschaftshilfe (RGW), dessen Ziel es war, einen gemeinsamen Markt unter Führung der Sowjetunion zu schaffen.

Auf politischer Ebene war die DDR kurz nach ihrer Gründung von allen osteuropäischen Staaten anerkannt worden. In der Folgezeit schloss sie zahlreiche Freundschaftsverträge und Abkommen über kulturelle, wissenschaftliche und technische Zusammenarbeit mit anderen Staaten Osteuropas. Ein wichtiger Vertrag war der Görlitzer Vertrag, der 1950 mit Polen geschlossen wurde. In diesem bestätigte die DDR die Oder-Neiße-Linie als gültige Grenze zwischen Deutschland und Polen und förderte so die Aussöhnung mit dem ehemaligen Kriegsgegner Polen.

T2 • Militärische Integration

Im Mai 1955 reagierte die Sowjetunion auf die Gründung der NATO mit einem eigenen Verteidigungsbündnis. Zusammen mit Polen, Bulgarien, der Tschechoslowakei, Ungarn, Rumänien, Albanien und der DDR schloss sie den Warschauer Vertrag. Zwar besaß die DDR zu diesem Zeitpunkt offiziell noch keine Streitkräfte, inoffiziell existierten aber bereits seit 1952 militärische Verbände. Mit der Gründung einer Armee 1956 und der Unterzeichnung des Warschauer Vertrages erhielt die DDR die staatliche Souveränität durch die Sowjetunion.

131
Der Warschauer Vertrag

M2 „Die Deutsche Eiche“ (westdeutsche Karikatur von Felix Mussil, 1955)

1. a) Beschreibe M1.
   b) Vermute, was die Darstellung beim Betrachter bewirken soll.
2. Stelle Stationen der Ostintegration der DDR dar. (T1, T2)
   Partnervortrag
3. Analysiere die Karikatur M2.
4. Nimm Stellung zu der Aussage: Die Folgen der West- und der Ostintegration waren für beide deutschen Staaten die Wiedererlangung der staatlichen Souveränität und der internationalen Gleichberechtigung, gleichzeitig aber auch die Festigung der deutschen Teilung.

Zusatzinformation

Im August 1945 waren 40 % der VW-Werkshallen in Wolfsburg zerstört oder stark beschädigt. Des Weiteren waren kaum Rohstoffe und Fachkräfte vorhanden. Die Hälfte der Mitarbeiter war damit beschäftigt, Trümmer wegzuräumen.

M1 Am 5. August 1955 feiert VW in Wolfsburg den Bau des millionsten Käfers.

Wirtschaftswunder im Westen

1950 =	11,0 %
1951 =	10,4 %
1952 =	9,5 %
1953 =	8,4 %
1954 =	7,6 %
1955 =	5,6 %
1956 =	4,4 %
1957 =	3,7 %
1958 =	3,7 %
1959 =	2,6 %
1960 =	1,3 %
1961 =	0,8 %

M2 Registrierte Arbeitslose in der BRD

127
Der Marshall-Plan

T1 • Soziale Marktwirtschaft

Der erste Wirtschaftsminister der Bundesrepublik, Ludwig Erhard, unterstützte Maßnahmen für den Wiederaufbau der deutschen Wirtschaft und vertrat das System der sozialen Marktwirtschaft. In einer solchen Wirtschaftsordnung bilden sich die Preise für Waren und Dienstleistungen durch Angebot und Nachfrage. Es gibt privates Eigentum und einen freien Markt. Der Staat kann allerdings die Marktwirtschaft einschränken, um zu große soziale Ungerechtigkeiten zu verhindern. Zum Beispiel gibt es Gesetze zum Kündigungsschutz und Gesetze zur Unterstützung von Kranken oder Arbeitslosen.

Die soziale Marktwirtschaft, aber auch finanzielle Unterstützung aus den Vereinigten Staaten im Rahmen des Marshall-Plans hatten zur Folge, dass sich die Wirtschaft der Bundesrepublik schnell von den Kriegsfolgen erholte und einen raschen Aufschwung erfuhr. Schon bald sprachen die Menschen von einem „Wirtschaftswunder“. Zum Symbol dieser Zeit wurde der VW-Käfer, das Auto für den Normalverdiener.

Ludwig Erhard selbst hat sich stets gegen den Begriff „Wirtschaftswunder“ gewehrt. Er sah den wirtschaftlichen Aufstieg als Folge von harter Arbeit und nicht als ein Wunder, das über Nacht gekommen war.

1. Formuliere eine kurze Nachrichtenmeldung zu M1.
2. Liste Merkmale der sozialen Marktwirtschaft auf. (T1)
   Placemat
3. a) Stelle die Informationen aus M2 in einem Diagramm dar.
   b) Werte dein Diagramm aus.
4. Erkläre den Begriff Wirtschaftswunder. (M1, T1, M2)

T2 • Kaufrausch und Konsum

Der Export deutscher Produkte ins Ausland stieg. Gleichzeitig verbesserte sich im Inland das Angebot an Gütern des täglichen Bedarfs. Supermärkte und moderne Warenhäuser nach amerikanischem Vorbild eröffneten überall in den Städten.

> Fresswelle hieß die erste Etappe: Der Kuchen mit Schlagsahne wurde wiederentdeckt, wiedererobert. Dann warf man sich in Schale: Die Bekleidungswelle rollte. Dann begann man wieder zu reisen ... Die Deutschen erreichten Kärnten, das Salzkammergut, den Lago Maggiore.

M3 Der Journalist Hellmuth Karasek blickte 1978 auf die Jahre des Wirtschaftswunders zurück.

M4 Kühlschrankwerbung 1952

M5 Fernsehprospekt 1955

M6 Reiseprospekt 1958

T3 • Gastarbeiter in Deutschland

Der wirtschaftliche Aufschwung führte schließlich Ende der 1950er-Jahre zu einem Arbeitskräftemangel. Um dem zu begegnen, warb die Bundesregierung ausländische Arbeitskräfte an. Bis 1973 waren es etwa 14 Millionen, von denen 11 Millionen nach einer befristeten Zeit wieder in ihre Heimat zurückkehrten. Diese „Gastarbeiter" wurden oft für körperlich anstrengende und schlecht bezahlte Arbeiten eingesetzt.

5 Hilfe Beschreibe, welche Bedeutung das Wirtschaftswunder für die Westdeutschen hatte. (M3 – M6, T2)

6 Erläutere den Begriff „Gastarbeiter". (T3)

7 Hilfe Stelle den Verlauf des Wirtschaftswunders anhand der Doppelseite dar.
Stühletausch

Hilfe zu

5 Denke daran, dass die Menschen eine lange Zeit des Verzichts hinter sich hatten.

7 Verwende folgende Begriffe:
Wiederaufbau, soziale Marktwirtschaft, hohe Produktivität, wirtschaftlicher Aufschwung, Arbeitskräftemangel, Gastarbeiter.

Das „Lied vom Wirtschaftswunder“

M1 Leben nach dem Krieg

1. Formuliert Überschriften zu den Bildern in M1.
2. Fasse die einzelnen Strophen des „Liedes vom Wirtschaftswunder“ in eigenen Worten zusammen. (M2)
3. Stelle die wirtschaftlichen Veränderungen in einer Tabelle (Nachkriegsjahre, 1950er-Jahre) gegenüber. (M2)
4. Das „Lied vom Wirtschaftswunder“ setzt sich humorvoll, aber auch kritisch mit der Nachkriegszeit auseinander. Arbeitet heraus, welche Zustände und Entwicklungen der Autor kritisch hinterfragt.
   Think – Pair – Share

Lied vom Wirtschaftswunder

Die Straßen haben Einsamkeitsgefühle
Und fährt ein Auto, ist es sehr antik
Nur ab und zu mal klappert eine Mühle
Ist ja kein Wunder nach dem verlorenen Krieg
Aus Pappe und aus Holz sind die Gardinen
Den Zaun bedeckt ein Zettelmosaik
Wer rauchen will, der muss sich selbst bedienen
Ist ja kein Wunder nach dem verlorenen Krieg
Einst waren wir mal frei
Nun sind wir besetzt
Das Land ist entzwei
Was machen wir jetzt?

Jetzt kommt das Wirtschaftswunder
Jetzt kommt das Wirtschaftswunder
Jetzt gibt's im Laden Karbonaden schon und Räucherflunder
Jetzt kommt das Wirtschaftswunder
Jetzt kommt das Wirtschaftswunder
Der deutsche Bauch erholt sich auch und ist schon sehr viel runder
Jetzt schmeckt das Eisbein wieder in Aspik
Ist ja kein Wunder nach dem verlorenen Krieg
Man muss beim Autofahren nicht mehr mit Brennstoff sparen
Wer Sorgen hat, hat auch Likör und gleich in hellen Scharen
Die Läden offenbaren uns wieder Luxuswaren
Die ersten Nazis schreiben fleißig ihre Memoiren
Denn den Verlegern fehlt es an Kritik
Ist ja kein Wunder nach dem verlorenen Krieg
Ist ja kein Wunder nach dem verlorenen Krieg

Wenn wir auch ein armes Land sind
Und so ziemlich abgebrannt sind
Zeigen wir, dass wir imposant sind
Weil wir etwas überspannt sind
Wieder hau'n wir auf die Pauke
Wir leben hoch hoch hoch hoch hoch höher hoch

Das ist das Wirtschaftswunder
Das ist das Wirtschaftswunder

Zwar gibt es Leut, die leben heut noch zwischen Dreck und Plunder
Doch für die Naziknaben, die das verschuldet haben
Hat unser Staat viel Geld parat und spendet Monatsgaben
Wir sind 'ne ungelernte Republik
Ist ja kein Wunder, ist ja kein Wunder
Ist ja kein Wunder nach dem verlorenen Krieg

M2 Das „Lied vom Wirtschaftswunder“ (aus dem Film „Wir Wunderkinder“, Text von Günter Neumann, gesungen von Wolfgang Neuss und Wolfgang Müller 1958)

Zettelmosaik
In der Nachkriegszeit wurde mit unzähligen kleinen Zetteln an Bretterzäunen nach einer Arbeit und Überlebenswichtigem gesucht.

rauchen
Zigaretten waren nur schwer zu bekommen und wurden deshalb auch gegen andere Waren getauscht.

Karbonaden
Fleischgericht

Räucherflunder
Fischgericht

Aspik
aus Fleisch oder Fisch hergestelltes Gelee, aus dem wiederum Wurstwaren hergestellt werden

Memoiren
niedergeschriebene Lebenserinnerungen, die meist in Form eines Buchs veröffentlicht werden

imposant
außergewöhnlich beeindruckend

Plunder
unnütze, billige Dinge

Monatsgaben
monatliche finanzielle Unterstützung vom Staat

M1 Ostberliner stehen Schlange vor einem Geschäft der DDR-Handelsorganisation. (1953)

Genossenschaften
Zusammenschluss von Betrieben aus gleichen wirtschaftlichen Bereichen, zum Beispiel Landwirtschaft, Fischerei oder Wohnungsbau. In der DDR geschah dies meist unter Zwang, und es ergaben sich wirtschaftliche Nachteile.

Die Planwirtschaft im Osten

T1 • Wirtschaften nach Plan

Die Wirtschaft der DDR orientierte sich streng am sowjetischen Modell. Industriebetriebe wurden verstaatlicht und landwirtschaftliche Betriebe in Genossenschaften umgewandelt. Die Regierung gab Fünfjahrespläne vor, in denen Produktionsmengen, Löhne, Preise und Arbeitszeiten festgelegt waren. Rohstoffe für die Produktion wurden den Betrieben vom Staat zugewiesen.

M2 Arbeiterin stellt eine Anzeige zum Stand der Planerfüllung ein

Vom sozialistischen Wettbewerb kündet eine große Tafel am Eingang zum Maschinensaal der Fabrik. Hier steht der Name jeder Arbeiterin und jedes Arbeiters fein säuberlich aufgelistet. Dahinter dann ist zu lesen, wie oft der- oder diejenige krank gewesen ist. Wie viele Stunden sie oder er gearbeitet hat. Und zu wie viel Prozent sie oder er den Plan erfüllt hat. Und alle Faulenzer, die weniger als 110 % Planerfüllung aufweisen, sind mit Rot gekennzeichnet.

M3 Bericht einer westdeutschen Gruppe nach einem Besuch in einer Strickerei in der DDR von 1984

1. Stelle zwei Fragen zum Bild M1.
2. Liste Merkmale der Planwirtschaft auf. (T1)
   Lerntempoduett
3. Erkläre, wie die Leistungen der Arbeitenden in der DDR gesteigert werden sollten. (M2, M3)

T2 • Mangel und Tauschwirtschaft

Die Fünfjahrespläne konnten die grundlegende Versorgung der Bevölkerung sicherstellen. Das Angebot in den Geschäften deckte den Grundbedarf. Es gab immer ausreichend Lebensmittel, sodass niemand hungern musste. Gleichfalls gab es ausreichend Kleidung. Wer aber etwas Besonderes suchte, zum Beispiel italienischen Rotwein, Südfrüchte, moderne Küchengeräte oder hochwertige Kleidung, der wurde meist nicht fündig.

Der Mangel erzeugte jedoch eine Gesellschaft des gegenseitigen Helfens. Stieß man bei einem Einkauf unverhofft auf länger schon vermisste Waren, so dachte man auch an Freunde und Bekannte. Dieses Mitdenken beruhte auf Gegenseitigkeit. Bei einem Gang in die Stadt war es daher wichtig, immer genügend Geld bei sich zu haben und ausreichend Stoffbeutel zum Transport unverhoffter Waren. Solche Waren aller Art wurden vielfach getauscht und damit zum Zahlungsmittel.

fündig werden
etwas finden, auf etwas stoßen

unverhofft
unerwartet

Wertausgleich
Beim Tausch von Waren oder Dienstleistungen mit unterschiedlichem Wert wurde dieser Unterschied durch eine zusätzliche Geldzahlung ausgeglichen.

> Ein Normalfall verläuft so: Ein Mann braucht eine Etagenheizung, der Heizungsinstallateur braucht einen „Trabant“ (Auto) für seine Frau. Der Mann hat eine Tiefkühltruhe zu bieten. Er sucht (über eine Zeitung) den Tauschpartner „Tiefkühltruhe gegen Auto“ (bei Wertausgleich) und tauscht dann Auto gegen Etagenheizung (bei Wertausgleich).

M4 Tauschwirtschaft in der DDR

T3 • Wirtschaftlicher Rückstand

Insgesamt gesehen blieb der Lebensstandard in der DDR deutlich hinter dem in Westdeutschland zurück. Zum Symbol des Rückstandes wurden die Pkw der DDR. Sie galten als „Luxusgüter“, wurden in viel zu niedriger Stückzahl produziert und kaum weiterentwickelt. 1988 betrug die Wartezeit auf ein Auto im Schnitt 15 Jahre.

Anteile der Haushalte	West	Ost
mit Auto	97 %	52 %
mit Farb-TV	94 %	52 %
mit Telefon	98 %	9 %

M5 Vergleich von BRD und DDR anhand verschiedener Merkmale 1988/1989

M6 Trabant P50 (Baujahr 1958)

M7 Trabant 601 (Baujahr 1989)

4. Neben der Planwirtschaft entstand eine zweite Wirtschaftsform. Erkläre. (T2)
5. Übertrage die Informationen aus M4 in ein Schaubild.
6. Hilfe Erläutere anhand der Doppelseite, welche Auswirkungen die Planwirtschaft auf das Leben der Menschen hatte. *Placemat*
7. Überprüft eure Fragen aus Aufgabe 1. Welche könnt ihr beantworten? *Bienenkorb*

Hilfe zu
6. Gehe auf folgende Aspekte ein: Wettbewerb am Arbeitsplatz, Tauschwirtschaft, gegenseitige Hilfe, Lebensstandard.

M1 Plakate für den Eintritt in eine Landwirtschaftliche Produktionsgenossenschaft (LPG) (1950er-Jahre)

Kollektivierung der Landwirtschaft

T1 • Vom Einzelbauern zum LPG-Mitglied

Gut
größerer landwirtschaftlicher Betrieb

preisen
etwas positiv hervorheben, loben

Bereits 1945 hatte die Sowjetunion in ihrer Besatzungszone Gutsbesitzer und Großbauern enteignet und das Land ohne Entschädigung an Neubauern verteilt. 1952 beschloss die SED die Einführung der LPGs. Bauern sollten ihr Land den Genossenschaften übertragen und auch ihre Tiere und Maschinen einbringen. Die LPG bot dafür geregelte Arbeitszeiten, feste Einkommen und gesetzlich garantierten Urlaub. Dennoch war die Bereitschaft der Bauern, in die LPGs einzutreten, eher gering. 1956 erwirtschafteten Privatbetriebe noch 70 % der landwirtschaftlichen Gesamtproduktion.

Obwohl der Eintritt in die LPG freiwillig stattfinden sollte, sah die Wirklichkeit in den meisten Fällen anders aus. Der Staat versuchte, die Landwirte zum Eintritt in die LPGs zu drängen, zum Beispiel mit immer höheren Abgaben oder durch mangelnde Belieferung mit Produktionsmitteln und Baustoffen. Unter dem Leitspruch „Sozialistischer Frühling auf dem Lande" erzwang die DDR-Führung Anfang 1960 den Abschluss der Kollektivierung. Um der Zwangskollektivierung zu entgehen, entschlossen sich viele Bauern zur Flucht in die westdeutsche Bundesrepublik. Einige begingen Selbstmord.

Autos mit Lautsprechern fuhren durch den Ort und nannten die Bauernhöfe beim Namen, die sich für die Kollektivierung der Landwirtschaft entschieden hatten, und nannten auch die, die dem Fortschritt der Industrialisierung im Wege standen. Hier wurde mein Vater auch genannt. Er geriet in Misskredit (schlechtes Ansehen), wo doch unsere Familie im Ort angesehen war. Jeden Tag kamen Männer, die sogenannten Werber, die immer wieder die Vorzüge der Kollektivierung priesen. Die Werber verfolgten die Eltern überall hin, sogar in den Stall, und redeten. Fristen wurden gesetzt und neue Werber geschickt, die ihren Parteiauftrag hatten.
Mein Vater floh eines Nachts durch die Scheune in den Garten und dann über den Zaun. Man sagte mir nicht, wo er sich aufhielt. Mutter wusste es sicher selbst nicht so genau und weinte. Er glaubte, so den Werbern und der landwirtschaftlichen Umgestaltung zu entkommen. Das Hoftor, was gleichzeitig Eingang zum Haus war, hielt man nur noch verschlossen ... Das Umdenken „vom Ich zum Wir" wurde seitens des Staates mit aller Gewalt gefordert. ... Wochenlang ging das Tauziehen, bis schließlich mein Vater als einer der letzten den Hof aufgab. Er unterschrieb seinen Beitritt zur Landwirtschaftlichen Produktionsgenossenschaft ... Die Eltern waren müde und mürbe geworden, sie sahen keinen Ausweg mehr. Einen normalen Tag zu Hause gab es schon lange nicht mehr. ... Es dauerte nicht lange, da wurden die Kühe, Pferde und Schweine von zu Hause abgeholt und in die vorgesehenen Gemeinschaftsställe gebracht. Noch heute sehe ich meine Mutter weinend in der Tür stehen und wie sie dem ausgetriebenen Vieh über den Rücken strich. Sie nahm von jeder Kuh, jedem Schwein, von den Pferden Abschied. Dieser Tag war schlimmer als Omas Tod und der Beerdigungstag dazu.

M2 Irmgard Mahlow erinnert sich im Jahr 2008

Insgesamt waren es noch 11 Bauern, die den Beitritt bzw. der Bildung einer LPG noch fernstanden. Die Gewinnung dieser Bauern erfolgte in der Form, dass am 23.9.59 eine Aussprache durch Genossen G., 1. Sekretär der Kreisleitung, mit den Bauern durchgeführt wurde, wozu nur 7 Bauern erschienen waren und es wenige Diskussionen gab. An diesem Abend wurde festgelegt, am Freitag, den 25.9.59 die Aussprache in der Wohnung eines Bauern fortzusetzen dieser Bauer hatte jedoch dann Ausreden, dass es in seiner Wohnung nicht ginge. Daraufhin wurden zwei Gruppen gebildet ... Nach eingehender Aussprache einigten sich die Bauern, sich alles nochmals zu überlegen, und legten fest, am Montag erneut zusammenzukommen.
Die Genossen der Gemeinde hielten sich nicht an diese Vereinbarung, sondern holten bereits am Sonnabend um 10.00 Uhr die Bauern nacheinander auf das Gemeindeamt, was am Sonntag fortgesetzt wurde. Das Ergebnis dieser Aussprachen ist, dass es am Montagabend zur Bildung einer LPG ... kam ...

M3 Bericht von SED-Mitgliedern einer LPG am 3. Oktober 1959

1 Beschreibe, wofür die Plakate in M1 werben.

2 Arbeite aus T1 heraus:
a) Was erwartete der Staat mit der Einführung von LPGs von den Bauern?
b) Was erhielten die Bauern im Gegenzug?

3 Stelle dar, wie die Bauern zum Eintritt in die LPG bewegt wurden. (T1)
Lerntempoduett

4 Arbeitet aus M2 und M3 die Methoden der direkten und indirekten Beeinflussung der Bauern heraus.
Partnerpuzzle

5 Entwickelt ein Streitgespräch zwischen einem Bauern, der in eine LPG eingetreten ist, und einem Bauern, der an seinem Privatbetrieb festhalten möchte.

in Beziehung setzen

Im Geschichtsunterricht begegnen dir unterschiedliche Materialien, wie Bildquellen, Textquellen oder auch Karikaturen. Bei dem Operator „in Beziehung setzen“ geht es darum, Verbindungen zwischen verschiedenen Materialien zu finden. Genauer gesagt sollst du zwischen den Inhalten oder bestimmten Ereignissen, die in den Materialien dargestellt werden, Zusammenhänge verdeutlichen. Um das zielgerichtet tun zu können, wird dir vorgegeben, in welchen Zusammenhang du die Materialien einordnen sollst.

1. Schritt: **Material erschließen**
- Sichte das Material und erarbeite dessen Inhalt.
- Kläre offene Fragen.
- Mache dir Notizen im Hinblick auf das vorgegebene Thema.

2. Schritt: **Den historischen Zusammenhang erarbeiten**
- Gleiche den Inhalt des Materials mit den historischen Fakten ab.
- Was ist unmittelbar vorher und nachher passiert?
- Gibt es parallel laufende Geschehnisse?

3. Schritt: **In den vorgegebenen Zusammenhang einordnen**
- Zeige abschließend die Zusammenhänge in einem Fließtext auf.

	BIP in Millionen Euro		BIP je Einwohner	
Jahr	DDR	BRD	DDR	BRD
1950	37285	261950	2023	5240
1960	72887	573720	4228	10350
1970	112985	897000	6624	14790

M1 Wirtschaftsdaten der DDR und der BRD

BIP= Bruttoinlandsprodukt
Alles, was Menschen in einem Staat produzieren, ob Waren oder Dienstleistungen, hat einen Wert. Die Summe aller Produkte (zum Beispiel Autos) und Dienstleistungen (zum Beispiel Haare schneiden), die innerhalb eines Jahres erwirtschaftet werden, wird als BIP bezeichnet.

Recherchehinweis
Für Schritt 2 kannst du weitere Recherchen anstellen, zum Beispiel:
BRD: zu den finanziellen Wirtschaftshilfen der USA, dem Wiederaufbau der Fabriken oder der Währungsreform;
DDR: zur Demontage der Fabriken, Enteignung oder Rohstoffknappheit.

Setze die wirtschaftliche Entwicklung in der DDR und in der BRD in Beziehung zu ausgewählten historischen Entwicklungen.

1. Schritt: Material erschließen

- Erarbeite die Tabelle, indem du die gegebenen Informationen in Stichpunkten aufschreibst.
- Notiere offene Fragen zu deinen Stichpunkten und recherchiere.

Infos Tabelle
- Thema: wirtschaftliche Entwicklung der DDR und der BRD
- Entwicklung des BIP
  - DDR: von 1950 zu 1960 Verdopplung
    von 1960 ...
  - BRD: von 1950 zu 1960 ...
    ...
- Vergleich DDR und BRD: ...

offene Fragen
- Warum produzieren die Menschen in der BRD pro Kopf mehr als in der DDR?
- Warum gibt es in der DDR trotz Verdopplung des BIP keinen Wirtschaftsaufschwung?
- ...

2. Schritt: Den historischen Zusammenhang erarbeiten

- Recherchiere den historischen Zusammenhang:
  - Welche Faktoren gab es für den wirtschaftlichen Aufschwung in der BRD? Was bremste den Aufschwung in der DDR?
- Um den historischen Zusammenhang zu erarbeiten, lies noch einmal die Seiten 180/181 und 184/185.
- Recherchiere zu weiteren Aspekten (Recherchehinweis Seite 188).

3. Schritt: In den vorgegebenen Zusammenhang einordnen

- Verfasse einen Fließtext und beginne mit einem Einleitungssatz zu den Bezugspunkten:
  Im Folgenden setze ich die wirtschaftliche Entwicklung in der DDR und in der BRD mit ausgewählten historischen Entwicklungen in Beziehung.
- Erläutere kurz den historischen Zusammenhang:
  In den 1950er- und 1960er-Jahren gab es einen wirtschaftlichen Aufschwung in ...
- Gehe ausführlich auf die Zusammenhänge ein.
  Der wirtschaftliche Aufschwung in der BDR steht zum Beispiel in engem Zusammenhang mit ... . Denn in den 1950er-Jahren ... . wirkte sich positiv auf die Wirtschaft aus. Darüber hinaus gibt es weitere Faktoren, die ... . Wenn man sich im Vergleich die wirtschaftliche Entwicklung der DDR anschaut, ...

M1 Demonstrationszug streikender Bauarbeiter zum Haus der Ministerien in Ostberlin (16. Juni 1953)

M2 Demonstranten in Ostberlin fliehen, nachdem erste Schüsse gefallen sind. (17. Juni 1953)

Staatliche Gewalt gegen das Volk

T1 • Der 17. Juni 1953

Ende Mai 1953 beschloss die Regierung der DDR, die Arbeitsnorm um zehn Prozent zu erhöhen, ohne jedoch die Löhne anzupassen. Dagegen protestierten am 16. Juni 1953 Tausende Ostberliner Arbeiter.

Innerhalb eines Tages entwickelte sich daraus ein Volksaufstand in über 700 Städten und Gemeinden in der DDR. Die Menschen forderten unter anderem die sofortige Wiedervereinigung, den Rücktritt der Regierung und freie Wahlen. In der Nacht zum 17. Juni 1953 schlugen die Truppen der sowjetischen Besatzungsmacht den Aufstand mit Panzern blutig nieder.

Arbeitsnorm
zu erbringende Arbeit innerhalb einer bestimmten Zeit

verbrecherische Elemente
Straftäter; Menschen, die gegen das Gesetz verstoßen

Provokateure
Menschen, die mit ihrem Verhalten eine bestimmte Reaktion bei ihrem Gegenüber erzielen wollen, ihn reizen / provozieren.

> Im Verlaufe des 17. Juni 1953 versuchten bezahlte verbrecherische Elemente aus Westberlin, die Bevölkerung des demokratischen Sektors (Ostberlin) zu Gewalttaten ... aufzuhetzen. ... Die Bevölkerung distanzierte sich von den Provokateuren und ihren verbrecherischen Handlungen und trug mit zur Festnahme einer großen Anzahl der Täter durch die Volkspolizei bei.

M3 SED-Zeitung „Neues Deutschland“ am 18. Juni 1953

1. Suche dir eine Person aus M1 oder M2 aus und formuliere mögliche Gedanken.
2. Beschreibe die Ursachen und den Verlauf des Aufstandes vom 17. Juni 1953. (T1)
3. Nenne die Forderungen der Aufständischen. (T1)
4. Hilfe Vermute, was die SED mit ihrem Zeitungsartikel erreichen wollte. (M3)

Hilfe zu
4. Vergleiche M3 mit den Ergebnissen aus Aufgabe 2.

T2 • Der Bau der Berliner Mauer

Viele Jahre war die Grenze zwischen Ost- und Westberlin offen. Dies nutzten viele DDR-Bürger, um aus politischen oder wirtschaftlichen Gründen in die Bundesrepublik zu flüchten. So gingen der DDR jährlich viele gut ausgebildete Fachkräfte verloren. Außerdem bedeutete die große Zahl der Ausreisen einen starken Verlust an Ansehen – sowohl im eigenen Land als auch im Ausland.

In der Nacht zum 13. August 1961 begann die DDR-Regierung daher, eine Mauer quer durch die Stadt errichten zu lassen. Familien und Freunde wurden getrennt. Ostberliner, die im Westen arbeiteten, verloren ihren Arbeitsplatz. Soldaten, die die Grenze bewachten, hatten den Befehl, auf Flüchtlinge zu schießen.

In den folgenden Jahrzehnten wurde die Mauer zum Symbol der deutschen Teilung. Viele Menschen fanden sich im Laufe der Zeit mit dem Zustand ab, und die Deutschen entfremdeten sich zunehmend.

1949	129245
1950	197788
1951	165648
1952	182393
1953	331390
1954	184198
1955	252870
1956	279189
1957	261622
1958	204092
1959	143917
1960	199188
1961	155042

M4 Flüchtlinge aus der DDR bis zum Mauerbau am 13.8.1961

Webcode
Filmclip über den Bau der Berliner Mauer
WES-100953-5

> Was sollte ich denn tun? Mehr als 30000 Menschen, und zwar mit die besten und tüchtigsten Menschen aus der DDR, verließen im Monat Juni das Land. Man kann nur unschwer ausrechnen, wann die ostdeutsche Wirtschaft zusammengebrochen wäre, wenn wir nicht alsbald etwas gegen die Massenflucht getan hätten ... Also blieb nur die Mauer übrig.

M5 Der sowjetische Regierungschef Chruschtschow über den Mauerbau (1961)

M6 Die Mauer wurde unter bewaffneter Aufsicht gebaut. (1961)

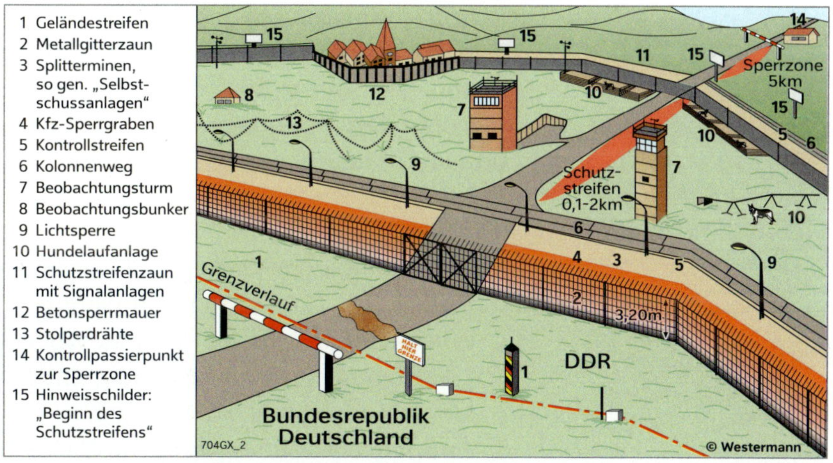

M7 Grafische Darstellung unterschiedlicher Grenzanlagen zur Bundesrepublik Deutschland zwischen den Jahren 1961 und 1989

5 a) Erstelle aus M4 ein Balkendiagramm.
b) Werte das Diagramm aus.

6 Nenne die Gründe für den Mauerbau und dessen Folgen. (T2, M4–M7)

7 Beschreibe die Grenzbefestigungen. (M7)

8 Die DDR-Regierung bezeichnete die Mauer als „Schutzwall des Friedens". Nimm Stellung dazu.

M1 Westberliner im August 1961 an der kurz zuvor errichteten Mauer

Leben mit der Mauer

T1 • Reaktionen im Westen: Enttäuschung

Die ersten Reaktionen der Westberliner auf den Beginn des Mauerbaus bestanden aus Neugier, Schrecken und Angst. Am 16. August 1961 versammelten sich 250000 Berliner im Westteil der Stadt. Sie forderten energisch Reaktionen der Westmächte. Der US-amerikanische Präsident Kennedy antwortete jedoch, dass nur ein Krieg die sowjetische Entscheidung, die Grenze zu Westberlin zu sperren, rückgängig machen könne. Dies führte zu großer Enttäuschung bei den Westberlinern.

Durch den Mauerbau wurden von einem auf den anderen Tag Familien und Freunde auseinandergerissen.

Am Freitag, dem 11. August feierten wir mit meiner Freundin Marianne meinen 13. Geburtstag. Sie wohnte im Ostteil der Stadt und ich im Westteil. Marianne war für das Wochenende zu Besuch gekommen ... Der 13. August war ein Sonntag. Die Unruhe auf der Straße verstanden Marianne und ich nicht so genau. Es hieß, eine Stacheldrahtgrenze wird um Westberlin gezogen. Wir fuhren mit den Rädern zur Grenze. Da sahen wir die Militärwagen mit den riesigen Rollen von Stacheldraht. Alles wurde ausgerollt, sodass kein Mensch mehr durchkonnte. Dann hörten wir, alle „Ost-Besucher" müssen eilig zurück, die Züge halten nicht mehr an den Bahnhöfen in Ostberlin. ... Marianne packte hektisch alles zusammen. Ich brachte sie noch zur Bahnstation. Damals wussten wir noch nicht, dass wir uns nie wiedersehen werden.

M2 Eine Zeitzeugin berichtet 2014

T2 • Reaktionen im Osten: erzwungene Zustimmung

In Ostberlin war die Bevölkerung vom Bau der Mauer ebenso überrumpelt worden und entsetzt. Auch hier versammelten sich immer wieder Menschengruppen und protestierten. Sie wurden aber rasch von der Volkspolizei aufgelöst. Zudem bereiteten Parteifunktionäre Zustimmungserklärungen zum Mauerbau vor und diese mussten dann zum Beispiel Belegschaften von Betrieben unterschreiben. Die SED ließ sich die Grenzschließung damit von der Bevölkerung der DDR bestätigen und legitimieren.

Volkspolizei
Polizei der DDR

legitimieren
als rechtmäßig anerkennen

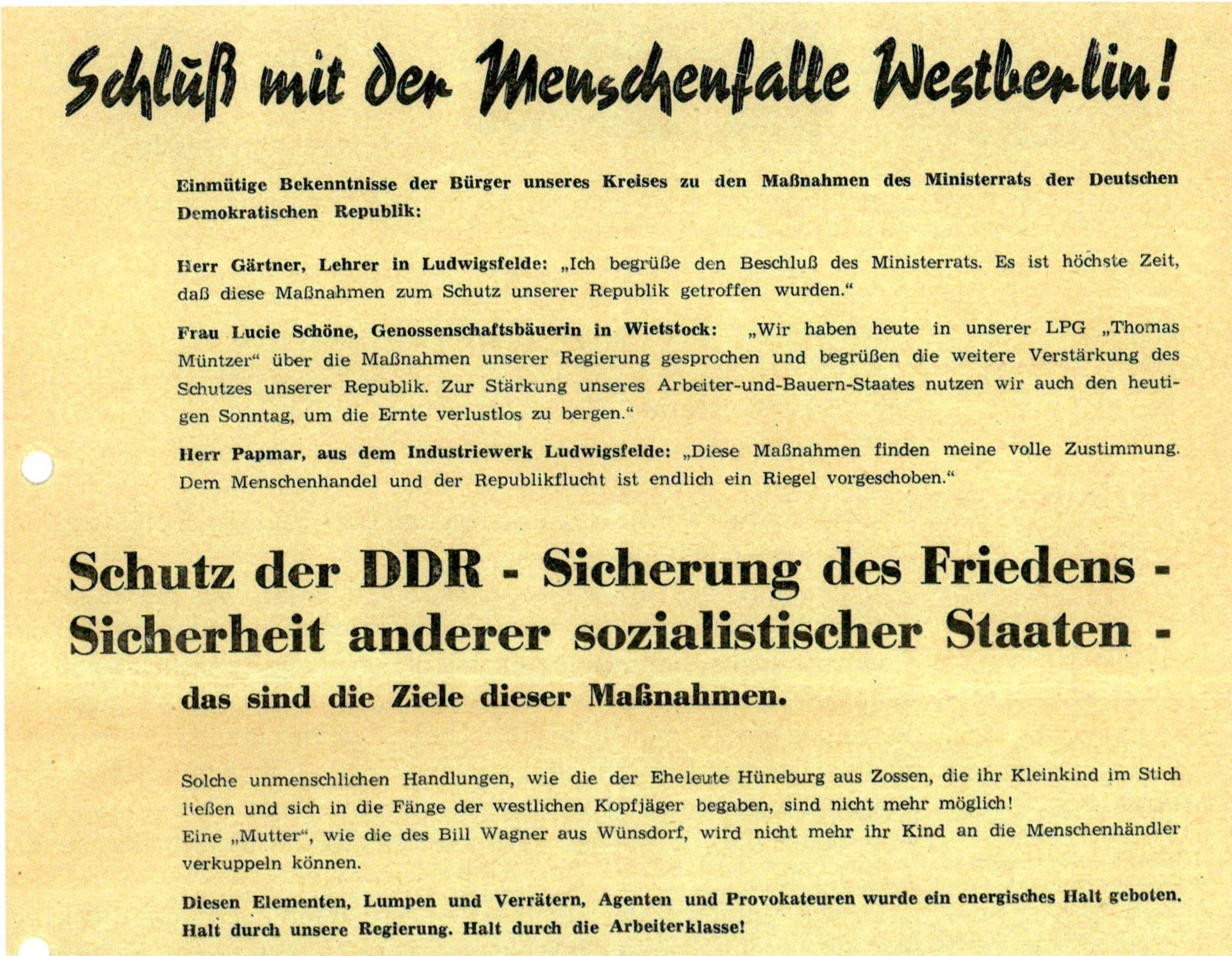

Schlüß mit der Menschenfalle Westberlin!

Einmütige Bekenntnisse der Bürger unseres Kreises zu den Maßnahmen des Ministerrats der Deutschen Demokratischen Republik:

Herr Gärtner, Lehrer in Ludwigsfelde: „Ich begrüße den Beschluß des Ministerrats. Es ist höchste Zeit, daß diese Maßnahmen zum Schutz unserer Republik getroffen wurden."

Frau Lucie Schöne, Genossenschaftsbäuerin in Wietstock: „Wir haben heute in unserer LPG „Thomas Müntzer" über die Maßnahmen unserer Regierung gesprochen und begrüßen die weitere Verstärkung des Schutzes unserer Republik. Zur Stärkung unseres Arbeiter-und-Bauern-Staates nutzen wir auch den heutigen Sonntag, um die Ernte verlustlos zu bergen."

Herr Papmar, aus dem Industriewerk Ludwigsfelde: „Diese Maßnahmen finden meine volle Zustimmung. Dem Menschenhandel und der Republikflucht ist endlich ein Riegel vorgeschoben."

Schutz der DDR - Sicherung des Friedens - Sicherheit anderer sozialistischer Staaten -

das sind die Ziele dieser Maßnahmen.

Solche unmenschlichen Handlungen, wie die der Eheleute Hüneburg aus Zossen, die ihr Kleinkind im Stich ließen und sich in die Fänge der westlichen Kopfjäger begaben, sind nicht mehr möglich!
Eine „Mutter", wie die des Bill Wagner aus Wünsdorf, wird nicht mehr ihr Kind an die Menschenhändler verkuppeln können.

Diesen Elementen, Lumpen und Verrätern, Agenten und Provokateuren wurde ein energisches Halt geboten. Halt durch unsere Regierung. Halt durch die Arbeiterklasse!

M3 Flugblatt der „Nationalen Front des demokratischen Deutschlands" vom 13. August 1961 (Ausschnitt). Die „Nationale Front" war ein Zusammenschluss aller Parteien der DDR.

1. Sammelt in einem Blitzlicht spontane Gedanken zu M1.
2. Beschreibe Folgen des Mauerbaus. (T1, M2)
3. Erkläre, wodurch sich die Staatsführung der DDR den Mauerbau legitimieren ließ. (T2)
4. Hilfe Interpretiere das Flugblatt M3.

Hilfe zu

4. Überlege, was diese Formulierungen meinen: „Menschenfalle Westberlin", „Menschenhandel", „Republikflucht", „westliche Kopfjäger", „Lumpen und Verräter".

M1 Knopfloch-, BH-, Absatz- und Gießkannenkamera, Koffer mit Abhörtechnik für Agenten, Geruchsproben – Gegenstände zur Überwachung durch den Geheimdienst der DDR

„Firma Horch und Guck"

T1 • Das Ministerium für Staatssicherheit (MfS)

Die junge Regierung der DDR empfand Kritik seitens der Bürger als Bedrohung ihrer Macht. Deshalb gründete sie 1950 das Ministerium für Staatssicherheit (MfS). Es wurde von den DDR-Bürgern auch Stasi oder „Firma Horch und Guck" genannt.

Die Aufgabe des MfS war es, alles zu verhindern, was der Regierung gefährlich werden konnte. Dazu wurde in der DDR ein umfassendes Überwachungssystem aufgebaut, mit dem fast alle Bereiche des öffentlichen und privaten Lebens überwacht wurden. Jeder, der sich gegen die Regierung stellte, musste damit rechnen, von der Staatssicherheit verfolgt zu werden. Die Zahl der hauptamtlichen Mitarbeiter stieg von anfangs 1000 auf über 91 000 im Herbst 1989. Hinzu kamen inoffizielle Mitarbeiter (IM), von denen 1989 rund 189 000 für die Staatssicherheit tätig waren.

Zu den Methoden der Staatssicherheit zählten auch Unterdrückung, Freiheitsberaubung und Einschüchterung, zum Beispiel die Androhung, den Ausbildungsplatz zu verlieren.

inoffiziell
nicht offiziell, geheim

1. Betrachte M1. Überlege, wozu ein Staat solche Dinge gebraucht haben könnte.
2. a) Erkläre, weshalb das Ministerium für Staatssicherheit gegründet wurde. (T1)
   b) Nenne die Aufgaben des MfS. (T1)
   c) Erläutere seine Methoden. (M1, T1)
   Lerntempoduett
3. Hilfe Diskutiert über das Verhältnis von Bürgern und Staat in der DDR. (M1, T1)
   Fishbowl-Diskussion

Hilfe zu

3. Denke dabei auch an die Grundrechte der Menschen.

T2 • Vernehmungsmethoden der Staatssicherheit

Wenn man von der Staatssicherheit verhaftet wurde, konnte es sein, dass man nicht erfuhr, wo man sich befand. Auch Angehörige erfuhren oftmals nicht, dass man verhaftet worden war.

> Ich sehe noch heute das lauernde Gesicht, das verachtende Lächeln, die gierigen Augen, höre die unangenehme ... Stimme, wie sie mir ... mitteilte: „Wir haben die Macht ... wir können mit Ihnen machen, was wir wollen, es gibt niemanden, der Ihnen helfen kann ... Für uns ist es ein Leichtes, Sie sterben zu lassen ... Sie kommen in einen Barkas ... auf dem steht Brot oder Butter oder Gemüse, auf jeden Fall eine neutrale Aufschrift. Sie kommen nirgends lebend an. Da wird uns niemand hindern, niemand interessiert sich dafür. Sie verschwinden auf ewig. Nie in Ihrem Leben werden Sie die Möglichkeit haben, über das, was Sie hier erlebt haben, zu sprechen. Sollten Sie es trotzdem tun, so überleben Sie das nicht.

M2 Die Zeitzeugin Marietta Jablonski erinnert sich an eine Vernehmung 1971

Barkas
Kleintransporter

Spitzel
jemand, der für eine Belohnung Informationen über Menschen in seinem Umkreis an andere weitergibt

Aktuelle Kamera
Nachrichtensendung in der DDR

T3 • Gegenseitiges Misstrauen

Die inoffiziellen Mitarbeiter (IM) waren Bürger, die von der Staatssicherheit angeworben wurden. Sie sollten verdeckte Spitzeldienste leisten. Solch ein IM war zum Beispiel der Nachbar, eine Studentin, ein Mitarbeiter im Betrieb, manchmal auch ein Freund und sogar ein Familienmitglied. Viele folgten damit ihrer politischen Überzeugung oder erhofften sich Vergünstigungen. Andere wurden von der Staatssicherheit unter Druck gesetzt und unterschrieben daraufhin die Verpflichtungserklärung zur Mitarbeit. Viele Menschen in der DDR wagten es daher nicht, offen ihre Meinung zu sagen.

> Von 1972 bis 1976 studierte ich in Göttingen und besuchte mehrmals im Jahr meinen Onkel in Erfurt. Es war jedes Mal ein beklemmendes Gefühl. Wenn man in der Wohnstube saß, die Tagesschau, bei der der Ton leise gedreht war, oder die Aktuelle Kamera sah und begann, über Politik zu sprechen, sprang mein Onkel sofort auf, sah nach, ob die Fenster geschlossen waren, und sagte: „Nicht so laut, man weiß nie, wer vorbeigeht." ... Keiner traute dem anderen. Die Angst war jederzeit zu spüren.

M3 Bericht des Zeitzeugen Klaus Langer (2009)

4 Versetze dich in die Lage von Marietta Jablonski und beschreibe deine Gefühle bei der Vernehmung. (M2)
Marktplatz

5 Nenne Gründe, aus denen Menschen für die Staatssicherheit als IM arbeiteten. (T3)

6 Erkläre die Aussage: „Keiner traute dem anderen." (T3, M3)

M1 Der 19-jährige DDR-Grenzpolizist Conrad Schumann flüchtet am 15. August 1961 mit einem Sprung über den Stacheldrahtzaun nach Westberlin.

Ein Projekt

Flucht in den Westen

Auch nach dem Bau der Mauer im August 1961 versuchten Menschen, in den Westen zu fliehen. Mindestens 136 Menschen kamen dabei von 1961 bis 1989 an der Berliner Mauer ums Leben. Sie wurden erschossen oder verunglückten bei ihren Fluchten tödlich. Im gleichen Zeitraum gelangen aber auch mehr als 45000 Fluchten, zählt man die über die innerdeutsche Grenze hinzu. Viele Fluchten waren spektakulär, die Flüchtenden erfindungsreich.

Auf dieser Seite findet ihr einige Beispiele von Fluchten über die innerdeutsche Grenze. Recherchiert die Geschichten dieser Menschen, die sich trotz Lebensgefahr für eine Flucht entschieden hatten.

Recherchiert Antworten auf folgende Fragen:

- Wer hatte die Idee zur Flucht?
- Warum wollten die Menschen aus der DDR fliehen?
- Welche Vorbereitungen trafen die Menschen?
- Welche Schwierigkeiten gab es?
- Welche Ängste, Gefühle hatten die Menschen?
- Wie lief die Flucht genau ab?
- Wie war das Leben nach der Flucht?
- Haben sich die Hoffnungen der Menschen erfüllt?

Gestaltet abschließend eine Präsentation für eure Mitschüler. Die Form der Präsentation könnt ihr selbst wählen.

Schwimmend von Kühlungsborn nach Fehmarn (1971)

Mit einem Aqua-Scooter nach Dänemark (1968)

Durch den „Tunnel 57“ (1964)

Mit einem Ausflugsdampfer nach Westberlin (1962)

Mit dem Heißluftballon (1979)

Durch eine Flugzeugentführung nach Westberlin (1979)

Mit einer Seilbahn nach Westberlin (1965)

Mit dem Surfbrett über die Ostsee (1986)

Mit einer Planierraupe (1966)

Mit Pfeil und Bogen (1983)

Mit einer Leiter nach Westberlin (1985)

Schikanen
Taten, die zum Ziel haben, jemandem absichtlich Schwierigkeiten zu bereiten

M1 Cover des Comics „drüben!" von Simon Schwartz

Erzählte Geschichte im Comic „drüben!"

T1 • „Ständige Ausreise aus der DDR"

Um die DDR legal verlassen zu können, gab es nur die Möglichkeit, einen Antrag auf „ständige Ausreise aus der DDR" zu stellen. Wer einen solchen Antrag stellte, musste mit erheblichen Schikanen rechnen, denn der Staat diskriminierte Menschen, die ausreisen wollten.

Gleichzeitig ließ die DDR eine kontrollierte und begrenzte Übersiedlung zu, um mögliche Unruhen im Land zu verhindern. Zudem zahlte die Bundesrepublik „Gebühren" für Ausreisende. Diese Zahlungen waren für den DDR-Staatshaushalt sehr wichtig. Von 1961 bis 1988 reisten so etwa 383 000 Menschen legal aus.

In seinem Comic „drüben!" erzählt Simon Schwartz, geboren 1982 in Erfurt, von seiner Kindheit. Seine Eltern hatten Anfang 1980 einen Ausreiseantrag gestellt, der 1984 bewilligt wurde.

T2 • Getrennte Familien

Der Ausschnitt zeigt ein Gespräch zwischen Simon und seiner Mutter. Nach der Übersiedlung nach Westberlin ist Simon traurig, weil er niemals von seinen Großeltern vom Kindergarten abgeholt wird.

M2 Getrennte Familien (Ausschnitt aus dem Comic „drüben!")

T3 • Zu Besuch in der DDR

Simon möchte seine Großeltern besuchen. Nach der Übersiedlung nach Westberlin ist es seinen Eltern verboten, jemals wieder in die DDR einzureisen. Simon wird beim Übergang über die Grenze deshalb von einer Arbeitskollegin seiner Mutter begleitet.

M3 Zu Besuch in der DDR (Ausschnitte aus dem Comic „drüben!")

1. Berichte über die Möglichkeit, die DDR legal zu verlassen. (T1)
2. Beschreibe anhand von M2 die Lebenssituation von Simons Familie.
3. Erkläre anhand von T3 und M3 die Situation an der Grenze.
4. Formuliere die Gefühle und Gedanken, die Simon in dieser Situation vielleicht hatte. (M3)

M1 Bravo Titelblatt (1957)

M2 Filmplakat (1956)

M3 Demo für Miniröcke (1970)

Jugend im Westen

T1 • Jung sein in der Bundesrepublik

Die Gesellschaft in der Bundesrepublik änderte sich in den 1960er-Jahren tiefgreifend. Die Autorität von Eltern und Lehrern wurde hinterfragt. Werte wie Pünktlichkeit, Fleiß und Gehorsam waren für viele junge Leute nicht mehr attraktiv, sondern Selbstentfaltung und Lebensqualität. Konflikte mit den Eltern blieben nicht aus. Die Jugendlichen stritten zum Beispiel über Mode, über die Haarlänge und über Musik.

Als 1961 die Anti-Baby-Pille auf den deutschen Markt kam, wurden auch die Kontakte zwischen den Geschlechtern freier.

Damals 1957, ich war elf, schoss aus dem Radio „Tutti Frutti", und die ersten Takte verbannten meine bisherigen Lieblingslieder „Ave Maria", „Was hat der Hans mit der Grete getan", „Der lachende Vagabund" und sogar „Marina" schlagartig aus meinem Frischlingsherzen. Worum es ging, verstand ich nicht, aber dieser Schluckaufgesang und die elektrisierende Musik rockten mich durch ... Elvis Presley hatte mich angezündet, und ich dachte: Jetzt ist Erdbeben. ... Er hat uns gegen unsere Eltern, denen ja sonst alles gehörte, etwas Eigenes gegeben. Bis jetzt hatten wir immer zu hören bekommen: ‚Dafür bist du noch zu jung.' Mit Elvis in den Ohren konnten wir zurückbrüllen: ‚Dafür seid ihr schon zu alt.'"

M4 Der Rockmusiker Udo Lindenberg erinnerte sich 1980

1 a) Betrachte M1 – M3.
b) Beschreibe die Gefühle, die vermittelt werden.

2 Stelle die Veränderungen der Jugendkultur in den 1950er/60er-Jahren in der Bundesrepublik dar. (T1, M4)

T2 • Jugendkulturen in der Bundesrepublik

In den 1970er-Jahren waren viele Jugendliche in der Bundesrepublik politisch aktiv. Umweltschutz und Frieden waren ihnen wichtig. Sie demonstrierten gegen politische Entscheidungen und gegen Atomkraft. Viele von ihnen lebten „alternativ“, strickten sich ihre Pullover selbst und kauften Bioprodukte in Naturkostläden ein.

Ganz anders waren die Punker. Ihre Bewegung war 1976 in England entstanden und verbreitete sich zu Beginn der 1980er-Jahre auch in Deutschland. Sie verachteten alles Bürgerliche und provozierten mit zerrissenen Klamotten, bunt gefärbten Haaren und Iro-Frisur.

Wieder ganz anders erschienen die Popper, die auch zu Beginn der 1980er-Jahre in der BRD auftraten. Ihnen war teure Markenkleidung wichtig, ein Ausdruck für Wohlstand und Konsum. Ihre Haare trugen sie meistens kurz mit einem Seitenscheitel, und sie hatten einen Pony, der über einem Auge lag – die Poppertolle. An Politik waren sie in der Regel nicht interessiert und wurden deshalb auch von politisch interessierten Jugendlichen verachtet. Auf diese Jugendlichen schauten wiederum die Popper herab.

Natürlich gab es auch Mischformen. So gab es auch Jugendliche, die Markenkleidung trugen und trotzdem gegen Atomkraft waren und in Naturkostläden einkauften. In der BRD hatte sich in den 1980er-Jahren eine gesellschaftliche Vielfalt von Lebensformen und Lebensstilen herausgebildet.

Naturkostläden
auch Bioläden; dort werden Produkte aus ökologischer und nachhaltiger Landwirtschaft verkauft

bürgerlich
meint hier: Lebensweise und Einstellung, die sich an konservativen Werten orientiert

Iro
Kurzform für Irokesenschnitt. Frisur, bei der die Haare in der Mitte stehen gelassen und hochfrisiert werden. Die Ursprünge der Frisur liegen bei Kriegern der Irokesen, eines indigenen Volkes Nordamerikas.

M5 Verschiedene Lebensstile Jugendlicher in der BRD in den 1970er- und 1980er-Jahren

3 a) Beschreibe die verschiedenen Lebensstile Jugendlicher in den 1970er- und 1980er-Jahren. (T2)
Partnerabfrage
b) Ordne die Bilder in M5 den Lebensstilen zu.

4 a) Befragt Personen, die ihre Jugend in den 1950er-, 1960er-, 1970er- oder 1980er-Jahren in der Bundesrepublik erlebt haben, nach ihren Erinnerungen.
b) Präsentiert die Ergebnisse in geeigneter Form.

M1 Titelblatt einer Jugendzeitschrift (1957)

M2 Filmplakat (1978)

M3 FDJ-Aufmarsch in Berlin (1979)

Jugend im Osten

T1 • Jung sein in der Deutschen Demokratischen Republik

Die Kinder und Jugendlichen im Osten hatten die gleichen Bedürfnisse wie ihre Altersgenossen in der BRD. Aber die Staatsführung der DDR wollte aus ihnen „sozialistische Persönlichkeiten" formen. Daher übte der Staat schon früh Einfluss auf die Kinder und Jugendlichen aus. Kinder unter 14 Jahren waren in der Pionierorganisation zusammengefasst. Danach trat man in die „Freie Deutsche Jugend" (FDJ) ein.

Mit Sportfesten, Ferienlagern und anderen Veranstaltungen nahm die Jugendorganisation, die bereits 1946 gegründet worden war, Einfluss auf verschiedene Lebensbereiche der Jugendlichen. 1982 waren 77,2 % der 14- bis 25-jährigen Mitglieder der FDJ. Viele traten freiwillig ein, doch manche auch, um Nachteile zu vermeiden. Denn wer sich im staatlich vorgegebenen Rahmen bewegte, wurde bestmöglich gefördert.

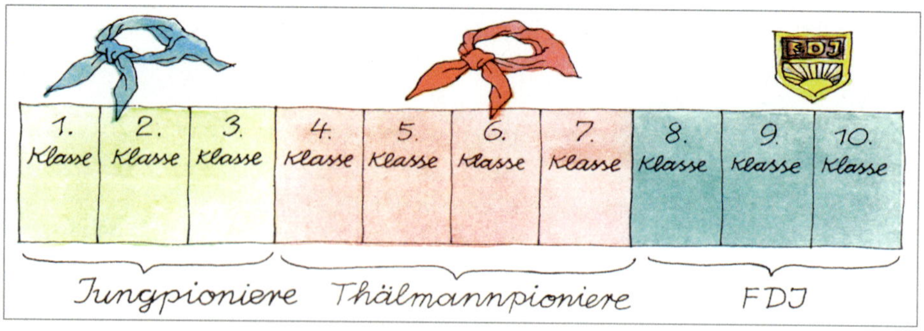

M4 Kinder- und Jugendorganisationen in der DDR

1 a) Betrachte M1 – M3.
b) Beschreibe die Gefühle, die vermittelt werden.

2 Zeige auf, wie der Staat Einfluss auf die Erziehung der Kinder und Jugendlichen in der DDR nahm. (T1, M3, M4)

T2 • Jugendkulturen in der DDR

Ebenso wie in der Bundesrepublik wollten auch die Heranwachsenden in der DDR eigene Wege gehen, englischsprachige Musik hören, ihre eigene Mode tragen. Das war in der DDR aber viel schwieriger. Dennoch gab es auch hier Jugendgruppen, die sich nicht vom Staat bevormunden lassen wollten.

In den 1970er-Jahren entwickelte sich in der DDR die Blueserszene. Ihre Vorbilder waren die Hippies in den USA. Die Blueser wollten frei sein und unangepasst. Sie verehrten die Musik von Jimi Hendrix, The Doors und Bob Dylan und reisten an den Wochenenden angesagten inländischen Blues- und Rockbands hinterher. Die Staatsmacht fühlte sich von den Jugendlichen provoziert und es kam häufig zu Auseinandersetzungen mit ihnen. Anfang der 1980er-Jahre tauchten auch Punks in der DDR auf. Diese galten dort als kriminell. Die Stasi schleuste Spitzel in die Bewegung ein und ging mit Hausdurchsuchungen, Verhaftungen und Platzverweisen gegen diese Jugendlichen vor.

Beatles
sehr erfolgreiche britische Band, die für ein neues Lebensgefühl stand: Individualität und Freiheit

Aufzug
meint hier: Aussehen, Erscheinungsbild, Frisuren- und Kleidungsstil

Räson
Vernunft, Einsicht

Allein schon wegen unserer Haare hießen wir dann schnell „die Gammler". Der Meister, die Mutter, in der Berufsschule – überall hieß es, die Haare müssen ab! Na ja, die Haare blieben aber dran ... Später bin ich mal in eine Polizeikontrolle gekommen und wir mussten unsere Ausweise vorzeigen. Dummerweise hatte ich gerade ein Foto von den Beatles in meiner Brieftasche. Das haben sie mir gleich weggenommen. Kurz darauf bekam meine Mutter ein Schreiben. Alle Jugendlichen, bei denen sie was gefunden hatten, mussten mit ihren Eltern zum Kulturhaus in der Karl-Heine-Straße kommen. Da warteten Polizisten und Jugendrichter auf uns ... Die Kinder würden ihnen (den Eltern) entgleiten, mit der Musik und ihrem Aufzug würden sie offen gegen den Staat rebellieren und, weil sie noch keine 18 wären, sei es in ihrer Verantwortung, die Kinder wieder zur Räson zu bringen.

M5 Ein Leipziger erinnert sich an seine Jugend im Osten 1960

M6 Bluesertreffen in Weimar (Ende der 1970er-Jahre)

❸ Beschreibe die verschiedenen Lebensstile Jugendlicher in der DDR. (T2, M5, M6)

❹ Vergleiche sie mit denen der Jugendlichen in der BRD. (Seite 200/201)
Venn-Diagramm

⑤ a) Befragt Personen, die ihre Jugend in den 1950er-, 1960er-, 1970er- oder 1980er-Jahren in der DDR erlebt haben, nach ihren Erinnerungen.
b) Präsentiert die Ergebnisse in geeigneter Form.

M1 Schüler und Studenten demonstrieren im Mai 1968 in Düsseldorf gegen die Beschlüsse der Regierung

Proteste im Westen

T1 • Die „68er-Bewegung" in der BRD

M2 Der von der RAF entführte Arbeitgeberpräsident Hanns Martin Schleyer (1977)

In den 1960er-Jahren kritisierten die jungen Menschen in Westdeutschland die Maßnahmen der Regierung und die gesellschaftlichen Verhältnisse. Die Jugend, hauptsächlich Studenten, forderte eine Reform der Hochschulen und eine angemessene Aufarbeitung des Nationalsozialismus. Um die Öffentlichkeit auf ihre Forderungen aufmerksam zu machen, veranstalteten sie Sitzblockaden und Demonstrationen. Es kam auch zu gewaltsamen Zusammenstößen zwischen der Polizei und der Studentenbewegung.

Ende der 1960er-Jahre zerfiel die Bewegung und die Mitglieder schlossen sich den neu entstehenden Frauen-, Friedens- und Umweltbewegungen oder bestehenden Parteien an. Einige aber radikalisierten sich und versuchten, als „Rote Armee Fraktion" (RAF) mit Terror und Mord gesellschaftliche Veränderungen herbeizuführen.

1. Wofür bzw. wogegen protestieren die Menschen in M1?
2. Nenne die Ziele der Studentenbewegung. (T1)
3. Einige Protestler radikalisierten sich ab 1970 in der RAF. Recherchiere die Entführung von Hanns Martin Schleyer und weitere Anschläge. Wie reagierte die Regierung der Bundesrepublik darauf?
4. Hilfe Gestaltet eine Collage über heutige Protestbewegungen in der Welt.
5. Diskutiert über angemessene Formen des Protestes.

Hilfe zu

4. Denkt zum Beispiel an den Klimawandel, an Krieg, an den Umgang mit Minderheiten …

T2 • Außerparlamentarische Opposition (APO) in der BRD

Aus der Studentenbewegung entstand die Außerparlamentarische Opposition (APO), die sich als einzige Gegenkraft zur herrschenden Regierung sah. Außerparlamentarisch war sie deshalb, weil eine Opposition außerhalb des Parlamentes, des Bundestages, stattfand. Ihr Protest richtete sich vor allem gegen die geplanten Notstandsgesetze der Regierung. Diese sahen vor, dass die Regierung in Krisensituationen bestimmte Grundrechte beschränken konnte. Die APO befürchtete eine Gefährdung der Demokratie und erinnerte an das Ermächtigungsgesetz von 1933, mit dem die Nationalsozialisten die NS-Diktatur eingerichtet hatten. Auch der Krieg der USA in Vietnam, unter dem vor allem die Zivilbevölkerung litt, veranlasste die APO zu Sitzblockaden und Demonstrationen.

Zwei Ereignisse radikalisierten die bis dahin friedlichen Proteste. Beim Staatsbesuch des iranischen Schahs im Jahr 1967 kam es zu Demonstrationen gegen die politischen Zustände im Iran. Während dieser Proteste wurde der Student Benno Ohnesorg von einem Polizisten erschossen. Knapp ein Jahr später, im April 1968, überlebte einer der wichtigsten Wortführer der APO, Rudi Dutschke, einen Mordanschlag nur schwer verletzt.

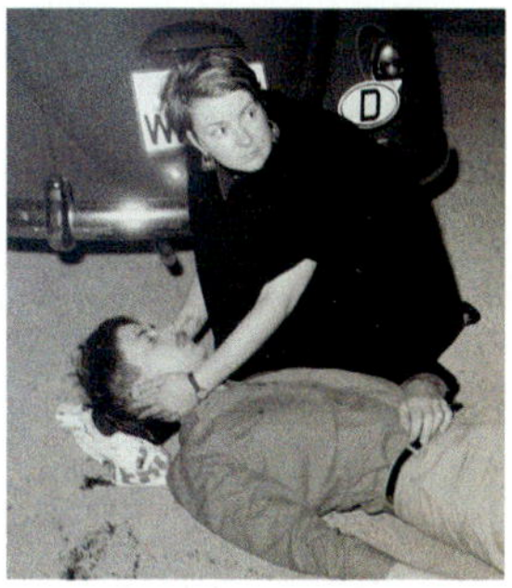

M3 Der angeschossene Benno Ohnesorg (1967)

Schah
Titel des damaligen Herrschers von Persien (heute Iran)

Was in den Sechzigerjahren als Emanzipationsprozess begann, lebt bis heute fort. Mag auch der aufrührerische Geist von 1968 vergangen sein – die erstickende Normalität von einst ist nur selten wieder ... zurückgekehrt ... Und so manches davon ist – wenn auch in abgeschwächter Form – in breitere Bevölkerungskreise eingedrungen: ... die Alltäglichkeit nichtehelicher Beziehung, die Idee der Wohngemeinschaft, eine freiere Kindererziehung nicht nur in Krabbelstuben, Kinderläden oder freien Schulen, sondern auch in Kindergärten und Regelschulen, offenere Umgangsformen der Menschen untereinander ...

M4 Der Zeitzeuge Volkhard Brandes urteilte 1988 über die Wirkung der Studentenproteste

Ich behaupte hingegen, dass die Studentenrevolte ... der Bundesrepublik Deutschland per saldo mehr Negatives als Positives vermittelt hat ... Natürlich gehört die Studentenrevolte zur Geschichte der Bundesrepublik, aber doch nicht zu ihrer Erfolgsgeschichte. Wenn diese Geschichte ... einigermaßen erfolgreich verlief, so doch gewiss nicht wegen, sondern trotz der 68er-Generation. Sie hat sich unbrauchbaren politischen Ideen verschrieben. Sie war politisch zum Teil realitätsblind. Sie hat das Thema und die Praxis der Gewalt in die Geschichte der Bundesrepublik eingebracht ...

M5 Der Politikwissenschaftler Kurt Sontheimer urteilte 1993 rückblickend über die Zeit

⑥ Arbeite aus T2 heraus, wogegen die APO protestierte.

⑦ Recherchiere zu Benno Ohnesorg oder Rudi Dutschke und verfasse einen Steckbrief (T2, M3, Internet)
Partnervortrag

⑧ Arbeitet aus M4 und M5 heraus, wie die Autoren die Folgen der Studentenbewegung beurteilen und welche Belege sie anführen.
Partnerpuzzle

⑨ Diskutiert, warum die Beurteilungen so unterschiedlich ausfallen. (M4, M5)

M1 Der in der DDR lebende Sänger Wolf Biermann während eines Auftritts in der Kölner Sporthalle im November 1976. Die DDR hatte die Konzertreise auf Druck von außen genehmigt.

Berlin (ADN). Die zuständigen Behörden der DDR haben Wolf Biermann ... das Recht auf weiteren Aufenthalt in der Deutschen Demokratischen Republik entzogen ... Biermann befindet sich gegenwärtig in der Bundesrepublik Deutschland. Mit seinem feindseligen Auftreten gegenüber der Deutschen Demokratischen Republik hat er sich selbst den Boden für die weitere Gewährung der Staatsbürgerschaft der DDR entzogen.

M2 Meldung der DDR-Nachrichtenagentur vom 17. November 1976

im Untergrund
im Verborgenen, geheim, unerkannt

offener Brief
ein Schreiben, das durch ein Medium, wie eine Zeitung, veröffentlicht wird. Damit drücken Personen ihre Meinung zu einem Thema öffentlich aus und fordern meist eine Reaktion ein.

Proteste im Osten

T1 • Ausgrenzung der Kritiker in der DDR

Die DDR akzeptierte keine Kritik. Alle, die mit dem Staat unzufrieden waren und etwas verändern wollten, mussten im Untergrund handeln. Die DDR ging konsequent gegen Kritiker vor. Häufig erhielten sie Berufsverbot sowie Hausarrest oder wurden von der Staatssicherheit verfolgt.

Ein Beispiel hierfür ist der Liedermacher Wolf Biermann. Er war 1953 aus politischer Überzeugung in die DDR übergesiedelt. Dennoch hatte er mehrfach öffentlich die tatsächliche Politik der DDR kritisiert. In den 1960er-Jahren erhielt er daher zeitweise Verbote, in der DDR aufzutreten sowie Schallplatten zu veröffentlichen. Seine Lieder wurden daraufhin illegal verbreitet. Nach einem Konzert in Köln wurde Biermann 1976 die Rückkehr in die DDR verweigert und die Staatsbürgerschaft entzogen. Gegen die Ausweisung Biermanns protestierten mehr als 100 Künstler der DDR in einem offenen Brief. Daraufhin wurden sie vom Staat überwacht. Einige erhielten Berufsverbot oder wurden selbst ausgewiesen.

M3 Flugblatt aus der DDR von 1976

1. In Deutschland ist die Meinungsfreiheit durch das Grundgesetz gesichert. Diskutiert, wie wichtig euch persönlich die Meinungsfreiheit ist.
2. Beschreibe, wie die DDR mit Kritikern umgegangen ist. (T1, M1, M3)
3. Erkläre, wie die DDR-Regierung die Ausbürgerung Biermanns begründete. (M2)
4. Recherchiert weitere Schicksale von kritischen Menschen in der DDR (zum Beispiel unter www.jugendopposition.de). Präsentiert eure Ergebnisse.

T2 • Jugendopposition in der DDR

Ende der 1970er-Jahre entwickelte sich in der DDR eine Friedensbewegung als Folge des Wettrüstens der Supermächte. An mehreren Orten bildeten sich Friedenskreise meist unter dem Dach der Kirche. Die Menschen trafen sich, um für den Frieden zu beten, Vorträge zu hören, Informationen auszutauschen und Protestaktionen vorzubereiten. Symbol der neuen Friedensbewegung wurde die Darstellung eines Mannes, der ein Schwert zu einer Pflugschar umschmiedet. In kürzester Zeit wurden im ganzen Land Aufnäher dieses Symbols verteilt, das zu einem wichtigen Ausdrucksmittel der oppositionellen Jugendlichen wurde.

Die Friedensgemeinschaft Jena wurde zu einer der größten Oppositionsgruppen des Landes. Einige Mitglieder hatten schon 1976 gegen die Ausbürgerung Wolf Biermanns protestiert. Am 14. November 1982 organisierten die Jenaer Aktivisten eine Schweigeminute für den Frieden und für bereits von der Stasi inhaftierte Freunde. Trotz weiterer Verhaftungen in der Folgezeit nahmen die Jenaer im März 1983 mit Plakaten an einer Kundgebung teil, wobei es zu brutalen Übergriffen von Sicherheitskräften kam. Im Mai 1983 wurden 40 Mitglieder in den Westen abgeschoben.

143
Strategie der Abschreckung

M4 Originalaufnäher von 1981

Pflugschar
landwirtschaftliches Gerät, mit dem der Ackerboden aufgelockert wird. Innerhalb eines Bibelzitats taucht es als Symbol für Frieden auf und wurde auch als solches von der Friedensbewegung in der DDR verwendet.

Menschenkette
Um ein gemeinsames Ziel zu erreichen und darauf aufmerksam zu machen, treffen sich Menschen und bilden eine Menschenkette, indem sie einander an den Händen halten.

M5 Menschenkette der Friedensgemeinschaft in Jena (1982)

5. Nenne die Ziele der Friedensbewegung. (T2)
6. Stelle die Handlungsweisen der Friedensbewegung dar. (T2, M4, M5)
7. Erläutere, wie die DDR-Staatsmacht gegen die Friedensaktivisten vorgegangen ist. (T2)
8. Vermute, weshalb sich besonders Jugendliche in den Studenten- und Friedensbewegungen in West und Ost engagierten.
   Placemat

M1 Erfurter Gipfeltreffen am 19. März 1970: Willy Brandt ① reiste als erster Bundeskanzler in die DDR. Es war das erste deutsch-deutsche Treffen seit der Teilung. Der Vorsitzende des DDR-Ministerrates Willi Stoph ② reiste am 21. Mai 1970 zu einem Gegenbesuch nach Kassel.

Annäherung und friedliche Koexistenz

T1 • Die Regierung Brandt: Reformen und Neue Ostpolitik

Seit 1969 regierte die SPD zusammen mit der FDP. Willy Brandt von der SPD war Bundeskanzler. Er kündigte Reformen in vielen Bereichen an: Unter anderem sollten Arbeitnehmer mehr Mitbestimmungsrechte erhalten, die gesellschaftliche und politische Stellung der Frau sollte verbessert, das Wahlalter von 21 auf 18 Jahre gesenkt und die Entstehung von Förder- und Gesamtschulen unterstützt werden.

Als wichtigstes außenpolitisches Ziel kündigte Brandt ein besseres Miteinander mit der DDR und den anderen osteuropäischen Staaten an. Dies war ihm wichtig, denn seit dem Mauerbau hatte sich das Verhältnis zwischen den beiden deutschen Staaten weiter verschlechtert. Die Parteien in der Bundesrepublik stritten darüber, wie man sich der DDR und dem Ostblock gegenüber verhalten sollte. Willy Brandt wollte, dass sich die beiden deutschen Staaten wieder annähern. Am 19. März 1970 trafen Bundeskanzler Brandt und DDR-Ministerpräsident Willi Stoph in Erfurt zusammen. Der Gegenbesuch erfolgte zwei Monate später in Kassel. Es wurden gegenseitige Erklärungen des guten Willens abgegeben, konkrete Ergebnisse wurden aber noch nicht erreicht.

friedliche Koexistenz
friedliches Nebeneinanderbestehen. Hier ist das friedliche Nebeneinander zweier Staaten mit gegensätzlichen politischen und wirtschaftlichen Systemen gemeint.

Ostblock
Sammelbegriff für die Länder, die unter dem Einfluss der Sowjetunion standen. Dies waren zu einem großen Teil Staaten in Osteuropa.

T2 • Verträge der Entspannungspolitik

Unter Willy Brandt wurden ab 1970 mehrere Verträge geschlossen, die eine Annäherung an die DDR und die osteuropäischen Staaten zum Ziel hatten. Die Neue Ostpolitik stieß bei der CDU/CSU-Opposition im Bundestag auf großen Widerstand. Sie befürchtete, dass damit eine deutsche Wiedervereinigung nicht mehr möglich sei. Die Mehrheit allerdings unterstützte Brandts Ostpolitik. 1972 wurde er erneut als Bundeskanzler gewählt.

Ostverträge 1970
Im Moskauer und im Warschauer Vertrag erkennt die Bundesrepublik die bestehenden Grenzen in Europa, insbesondere die zur DDR, als unverletzlich an und garantiert, auf militärische Gewalt zu verzichten.

Vier-Mächte-Abkommen über Berlin 1971
Die besondere Bindung zwischen Westberlin und der Bundesrepublik wird betont und die UdSSR garantiert den ungehinderten Zugang zu den Westsektoren Berlins in neu verhandelten Verkehrs- und Reisebestimmungen.

Grundlagenvertrag 1972
Die DDR und die BRD nehmen mit Unterzeichnung des Vertrages offizielle Beziehungen zueinander auf. Die Gleichberechtigung beider Staaten wird festgeschrieben und die Teilung anerkannt. Trotzdem gibt die Bundesrepublik ihren Alleinvertretungsanspruch während der gesamten staatlichen Existenz der DDR nicht auf.

Prager Vertrag 1973
Die Bundesrepublik und die Tschechoslowakei vereinbaren gegenseitigen Gewaltverzicht, die Unverletzlichkeit der gemeinsamen Grenze und die Aufnahme diplomatischer Beziehungen. Beide Staaten verzichten auf alle Gebietsansprüche.

Mitgliedschaft in den Vereinten Nationen 1973
Die Bundesrepublik Deutschland und die DDR werden Mitglieder der Vereinten Nationen (UNO).

M2 Verträge der Neuen Ostpolitik

Alleinvertretungsanspruch
Die BRD beanspruchte seit ihrer Gründung für sich das Recht, für das gesamte deutsche Volk zu sprechen.

Tschechoslowakei
Staat, der von 1918 bis 1992 existierte und in dem verschiedene Nationalitäten zusammenlebten. Das Gebiet der Tschechoslowakei gehört heute zu den Staaten Tschechien, Slowakei und ein geringer Teil zur Ukraine.

Vereinte Nationen
Zusammenschluss von 193 Staaten mit dem Ziel, durch gemeinsame Verständigung den Frieden in der Welt zu sichern.

148/149
Die Vereinten Nationen (UNO)

1. Beschreibe die Situation in M1.
2. Nenne die Ziele der Regierung Brandt. (T1)
   Placemat
3. Hilfe Notiere die wesentlichen Inhalte der Neuen Ostpolitik in einem Spickzettel. (T1, T2, M2)

Hilfe zu
3 Ostverträge 1970
- Anerkennung der Grenzen ...
Vier-Mächte-Abkommen 1971
- Westberlin – BRD...

M1 Als am 19. August 1989 bei einer Veranstaltung an der ungarisch-österreichischen Grenze ein Grenztor symbolisch geöffnet wurde, nutzten dies etwa 600 DDR-Bürger zur Flucht in den Westen.

Webcode
Filmclip über die wachsende Unzufriedenheit in der DDR
WES-100953-6

Oppositionsbewegungen
Parteien oder Gruppen, die gegen die Politik der Regierung sind und deshalb Aktionen wie Demonstrationen durchführen

Solidarität
Prinzip der gegenseitigen Hilfe. Wenn es einem anderen schlecht geht, zeigt man sich solidarisch, das heißt, man setzt sich für den anderen ein.

Umbruch im Osten

T1 • Die Veränderungen im Osten

1985 wurde Michael Gorbatschow Generalsekretär der Kommunistischen Partei der Sowjetunion. Die Ziele seiner Politik waren „Glasnost" und „Perestroika". „Glasnost" heißt Offenheit und Transparenz. In der Reformpolitik Gorbatschows bedeutete dies, dass die Bürger mehr Einblicke in die Entscheidungen des Staates erhalten sollten. Dadurch sollten sie staatliche Handlungen besser verstehen. „Perestroika" heißt Umbau und Umgestaltung. Es meint, dass das wirtschaftliche, politische und gesellschaftliche System der Sowjetunion modernisiert werden sollte.

In anderen Staaten in Osteuropa bildeten sich Oppositionsbewegungen. Bereits 1980 war in Polen die unabhängige Gewerkschaft Solidarność (Solidarität) gegründet worden. Sie wurde sehr schnell verboten und erst 1989 wieder zugelassen. Auch in der Tschechoslowakei und in Ungarn bildeten sich Oppositionsbewegungen. Die neue ungarische Regierung unter Miklos Németh führte freie Wahlen ein und begann im Mai 1989 mit dem schrittweisen Abbau der Grenzanlagen zu Österreich.

1 a) Beschreibe M1.
b) Wähle eine Person aus M1. Notiere mögliche Gedanken, die sie bei ihrer Flucht hatte.
Marktplatz

2 Erkläre die Reformpolitik Gorbatschows. (T1)
Bienenkorb

3 Beschreibe die Veränderungen in den osteuropäischen Staaten nach Gorbatschows Machtantritt. (T1)

T2 • Die DDR isoliert sich

Der Name „Gorbatschow“ stand für viele Menschen in der DDR für Hoffnung auf Freiheit. Die Menschen hofften, dass die Reformpolitik in der Sowjetunion auch für sie zu Veränderungen führen würde. Bei der DDR-Führung stießen „Glasnost“ und „Perestroika“ dagegen auf Ablehnung. Der Staatschef Erich Honecker bestand weiterhin auf dem Führungsanspruch der SED und war nicht bereit, Reformen einzuleiten.

> Mit dem Bau des antifaschistischen Schutzwalles im Jahre 1961 wurde die Lage in Europa stabilisiert, der Frieden gerettet. Die Mauer wird ... in 50 und auch in 100 Jahren noch bestehen bleiben, wenn die dazu vorhandenen Gründe noch nicht beseitigt sind.

M2 Erich Honecker reagierte im Januar 1989 auf die Forderung von westlichen Politikern, die Mauer abzubauen.

> Die DDR ist nur als antifaschistischer, als sozialistischer Staat, als sozialistische Alternative zur BRD denkbar. Welche Existenz sollte eine kapitalistische DDR neben einer kapitalistischen Bundesrepublik haben? ... Natürlich keine.

M3 DDR-Regierungsmitglied Otto Reinhold argumentierte im August 1989 gegen Reformen in der DDR.

T3 • Massenflucht

Im Mai 1989 fanden in der DDR Kommunalwahlen statt, bei denen angeblich 98,85 % der Bürger für die von der SED angeführte Einheitsliste gestimmt haben sollen. Die DDR-Führung wertete das Ergebnis als „klares Votum des Volkes für starken Sozialismus und Frieden“, doch Wahlbeobachter konnten Fälschungen bei den Auszählungen aufdecken. Daraufhin fanden Protestaktionen statt, zahlreiche Verhaftungen folgten. Trotzdem lehnten sich die DDR-Bürger immer mehr gegen die Staatsmacht auf und demonstrierten weiter.

Viele DDR-Bürger sahen jedoch nur noch im Verlassen der DDR eine Zukunft. Sie flohen in die Botschaften der Bundesrepublik in Prag, Budapest und Warschau sowie in die Ständige Vertretung der BRD in Ostberlin. Dort lebten sie teilweise unter katastrophalen Bedingungen. Als Ungarn am 11. September offiziell die Grenze zu Österreich öffnete, kam es zur Massenflucht. Auch die Botschaftsflüchtlinge durften nach zähen Verhandlungen in die Bundesrepublik ausreisen.

antifaschistisch
Der Begriff meint „gegen Faschismus gerichtet“. Als Faschismus wird zum Beispiel das antidemokratische und rechtsradikale System der Nationalsozialisten bezeichnet. Während sich die DDR als antifaschistisch verstand, warf sie der BRD vor, die nationalsozialistische Vergangenheit nicht überwunden zu haben.

sozialistisch
Der Sozialismus ist eine politische Weltanschauung. Ein Ziel ist die Gleichheit aller Bürger. Um dies zu erreichen, soll die Wirtschaft in staatlicher Hand sein, sodass alle theoretisch gleich viel besitzen und Fabriken und andere Produktionsanlagen nicht einzelnen Unternehmern gehören. Der Sozialismus steht dem Kapitalismus damit bewusst gegenüber.

Ständige Vertretung
Einrichtung, die die Aufgaben einer Botschaft übernimmt, wenn keine Botschaft eingerichtet werden kann. In den beiden deutschen Staaten gab es keine Botschaften des jeweils anderen, weil die BRD die DDR nicht als Ausland anerkannte.

4 Stelle die Haltung der DDR-Führung in Bezug auf „Glasnost“ und „Perestroika“ dar. (T2, M2)

5 a) Hilfe Erläutere die Position der DDR-Regierung. (M3)
b) Diskutiert die Aussage von Otto Reinhold. (M3)

6 Erkläre Ungarns Rolle hinsichtlich der Massenflucht aus der DDR. (T3, M1)

Hilfe zu
5 a) Warum ist die DDR nach Otto Reinhold nur als Alternative zur BRD denkbar?

M1 Der 7. Oktober 1989 in Ostberlin:
① Feierlichkeiten zum Jahrestag der Staatsgründung
②, ③ Polizeigewalt gegen Demonstranten

Die friedliche Revolution 1989

T1 • Der 40. Jahrestag der DDR

Trotz der angespannten Stimmung im Land feierte die DDR-Führung am 7. Oktober 1989 aufwendig den 40. Jahrestag der Staatsgründung. Die Machthaber versuchten noch einmal, sich mit allen Mitteln selbst darzustellen. Auch Michail Gorbatschow war als Ehrengast anwesend. Während Honecker beim Empfang der Welt verkündete, der Sozialismus stehe in Deutschland auch in Zukunft auf unerschütterlichem Boden, ging die Staatsmacht auf den Straßen mit Gewalt gegen die Demonstranten vor.

> Ich glaube, Gefahren warten nur auf jene, die nicht auf das Leben reagieren. Und wer die Impulse aus der Gesellschaft aufgreift und dementsprechend seine Politik gestaltet, der dürfte keine Angst vor Schwierigkeiten haben.

M2 Michail Gorbatschow bei seiner Ankunft in Ostberlin

T2 • Die Montagsdemonstrationen

Seit Anfang der 1980er-Jahre fanden montags in der Leipziger Nikolaikirche Friedensgebete statt. Ab September 1989 entwickelten sich daraus die Montagsdemonstrationen. Deren Teilnehmerkreis wuchs stetig, obwohl viele Menschen befürchteten, dass die Proteste gewaltsam niedergeschlagen werden. Am 9. Oktober nahmen 70 000 Menschen allein in Leipzig teil. Sie forderten unter anderem Reisefreiheit, Meinungsfreiheit, politische Mitspracherechte und ein Ende der SED-Herrschaft.

Betriebskampfgruppen
Mitarbeiter von staatlichen Betrieben, die militärisch ausgebildet und bewaffnet waren. Offiziell sollten sie die Betriebe schützen.

> In Krankenhäusern wurden Notbetten aufgestellt und vor allem die chirurgischen und Intensivstationen verstärkt besetzt. Tausende von zusätzlichen Blutkonserven standen bereit. ... Leipzig glich an diesem Tag einem Heerlager. Nach späteren Aussagen von Bereitschaftspolizisten war ihnen vormittags mitgeteilt worden, dass ein friedlicher Ausgang der Demonstration wenig wahrscheinlich sei ... Dementsprechend trugen sie Kampfausrüstung ... Die Polizeitruppe zählte insgesamt dreitausend Mann ... Hinzu kamen noch fünf Hundertschaften von Betriebskampfgruppen sowie eine vierstellige Anzahl von Einsatzkräften des Ministeriums für Staatssicherheit ... Einzig die geballte Kraft der siebzigtausend angsterfüllten und dennoch nicht weichenden Menschen in der Innenstadt ... erzwang um 18.25 Uhr den endgültigen Rückzug der bewaffneten Einheiten.

M3 Ein Augenzeuge berichtet über die Demonstration in Leipzig am 9. Oktober

M4 Leipzig, 16. Oktober 1989

M5 Leipzig, 30. Oktober 1989

Die Demonstration in Leipzig war die größte Demonstration in der DDR seit dem 17. Juni 1953. Dennoch kam es nicht zum befürchteten Einsatz von Polizei und Militär. Daher gilt der 9. Oktober 1989 als der Tag, an dem die friedliche Revolution in der DDR unumkehrbar geworden war.

Am 16. Oktober zogen mehr als 120 000 Menschen durch Leipzig, am 6. November sogar 500 000 Menschen. Auch in anderen ostdeutschen Städten gingen die Menschen für ihre Ziele auf die Straßen.

1. Stelle die Bilder in M1 gegenüber.
2. Hilfe Beurteile die Haltung von Erich Honecker im Herbst 1989. (T1, M1)
3. Vermute, was Michail Gorbatschow meinte und an wen es gerichtet war. (M2)
   Think – Pair – Share
4. Nenne Maßnahmen, mit denen die DDR-Regierung die Demonstranten einschüchtern wollte. (M3)
5. Diskutiert, weshalb so viele Menschen trotz der drohenden Gefahr durch den Staat an den Demonstrationen teilnahmen. (T2, M3 – M5)
6. Hilfe Vergleiche die Situation am 9. Oktober in Leipzig (T2, M3) mit der am 17. Juni 1953 (Seite 190).
   Stühletausch

Hilfe zu

2. Denke auch an die Massenflucht der DDR-Bürger 1989.
6. Bedenke die Rolle der Sowjetunion während der Ereignisse 1953 und 1989.

M1 Menschen aus Ost- und Westberlin kletterten in der Nacht vom 9. auf den 10. November auf die Mauer am Brandenburger Tor

Der Mauerfall

T1 • Veränderungen in der DDR

Der Protest der DDR-Bürger entwickelte sich zu einer immer stärkeren Bewegung. Die Menschen schlossen sich in politischen Gruppen zusammen und beantragten eine offizielle Zulassung. Die Gruppen hießen zum Beispiel „Neues Forum“, „Demokratie Jetzt“ oder „Demokratischer Aufbruch“. Sie alle forderten grundlegende Reformen.

Am 18. Oktober 1989 trat Erich Honecker offiziell aus gesundheitlichen Gründen von seinen Ämtern zurück. Tatsächlich wurde er aus den eigenen Reihen entmachtet. Sein Nachfolger wurde Egon Krenz, ein langjähriger SED-Funktionär. Von ihm erwarteten die DDR-Bürger keine grundlegenden Veränderungen und demonstrierten deshalb weiter. Über 1,5 Millionen SED-Mitglieder traten in dieser Zeit aus der Partei aus.

T2 • Die Öffnung der Grenze

Am 9. November 1989 überschlugen sich die Ereignisse. SED-Sprecher Günter Schabowski gab auf einer Pressekonferenz bekannt, dass es jedem DDR-Bürger möglich sei, in den Westen zu reisen. Auf Nachfrage eines Journalisten, ab wann genau diese Regelung eintrete, antwortete Schabowski, dass dieses Gesetz seiner Meinung nach unverzüglich gelte. Kurz darauf strömten die ersten DDR-Bürger zu den Grenzübergängen nach Westberlin. Um 20.00 Uhr vermeldete die ARD-Tagesschau: „DDR öffnet Grenze."

Die Berichte lösten einen Massenansturm in Ost- und Westberlin aus. Die DDR-Grenzbeamten waren darauf völlig unvorbereitet. Am Grenzübergang Bornholmer Straße war der Andrang besonders groß. Um 23.30 Uhr stellten die Grenzbeamten dort alle Kontrollen ein und öffneten den Schlagbaum. Gegen Mitternacht standen alle Grenzübergänge offen. Ost- und Westberliner feierten den Mauerfall.

M2 Günter Schabowski auf der Pressekonferenz am 9. November 1989

Schlagbaum
eine Art Schranke an Grenzübergängen oder auch Parkplätzen, um ein unerlaubtes Durchfahren zu verhindern

> Einige Tausend DDR-Bürger haben sich an den Ostberliner Grenzübergängen eingefunden, um nach Westberlin zu gelangen. Allein an dem Übergang Bornholmer Straße standen viele Hundert Ostberliner, die die Nachricht von den offenen Grenzen per Radio und Fernsehen erfahren hatten. Sie wurden von den DDR-Grenzern nach Vorzeigen des Personalausweises durchgelassen. An den Zufahrtsstraßen herrschte etwa zwei Kilometer Stau.

M3 Die westdeutsche Nachrichtenagentur dpa am 9. November 1989

M4 Grenzübergang Bornholmer Straße am 9. November 1989

1. Betrachte M1. Versetze dich in eine der abgebildeten Personen und schildere deine Gefühle.
2. Nenne die Veränderungen, die sich im September und Oktober 1989 für die DDR ergaben. (T1)
3. Erläutere den Satz: „Eine Pressekonferenz lässt die Mauer einstürzen." (T2, M1 – M4)
4. Stelle die Ereignisse, die zum Mauerfall führten, mithilfe der Seiten 210 – 215 in einer Zeitleiste dar.
   Lesekarussell

Zeitzeugen befragen

Die friedlichen Demonstrationen in der DDR, der Fall der Mauer und die Wiedervereinigung Deutschlands sind zentrale Ereignisse in der deutschen Geschichte. Eure Großeltern und vielleicht auch eure Eltern haben dieses Ereignis miterlebt. Möglicherweise waren sie sogar direkt davon betroffen. Sie sind Zeitzeugen und können ihre persönlichen Erfahrungen darüber vermitteln, wie es war, in dieser Zeit zu leben.

Berichte von Zeitzeugen beinhalten viele Einzelheiten, die dabei helfen, Zusammenhänge zu verstehen und sich das Leben in der Zeit vorzustellen. Zwischen dem Ereignis und dem Bericht des Zeitzeugen liegt jedoch eine lange Zeit. Zudem ist die Erinnerung an das Ereignis immer etwas Persönliches. Ebenso kann sich deren Bewertung aus heutiger Sicht bei dem Zeitzeugen verändert haben.

Gespräche mit Zeitzeugen müssen gut vorbereitet und sorgfältig ausgewertet werden.

M1 Juliane Reffert (1989)

Wenn Sie sich heute an diesen Tag erinnern, was ging Ihnen durch den Kopf, als Sie und Ihre Mutter die Grenze passierten?

Ich habe es ehrlicherweise mit 15 überhaupt nicht geblickt, was das bedeutete. Ich bin auch recht schnell ins Bett gegangen, als wir wieder zu Hause waren. Ich war müde und der Tag war lang gewesen. Was alles in Berlin danach los war, habe ich ehrlicherweise gar nicht mehr mitbekommen. ... Wir haben im Auto natürlich schon geschnattert, was das jetzt bedeutet. Ich habe mir gedacht, es ergeben sich ganz neue Möglichkeiten. Bei uns in der Familie war es allerdings sehr auf Reisen fixiert und weniger auf den Konsum.

Und was geht Ihnen mit dem Abstand von 30 Jahren durch den Kopf, wenn Sie an diesen 9. November denken?

Zum einen etwas ganz Praktisches: Ich verstehe heute nicht, warum da nicht schon 20 Leute vor uns waren. Wir waren ja eigentlich recht weit weg und da waren so viele Orte dazwischen, wo die Leute hätten einfach losfahren können. Und das eher Reflektierte ist, dass ich wirklich wirklich froh bin, die Gnade der rechtzeitigen Geburt erfahren zu haben. Ich will es nicht missen, in der DDR aufgewachsen zu sein, weil ich glaube, dass ich ein anderer Mensch geworden wäre. Bin aber auch froh, dass ich nicht erwachsen werden musste in der DDR, weil ich nicht weiß, wo das hingeführt hätte irgendwann. ...

Was war denn sonst für Sie der größte Unterschied, als Sie die BRD kennenlernten?

Erst mal eine Konsumüberforderung, weil es auf einmal so viel Angebot war, das Geld war allerdings nicht massig vorhanden. Und das Eigentliche war der Punkt, dass man irgendwann begriffen hat: Oh, ich muss ja gar nicht Krankenschwester werden. Also, dass diese sehr vorgefertigten Berufsbiografien im Osten nicht mehr gelebt werden mussten. Mein Bruder und ich sind dann auch ziemlich schnell nach Berlin gegangen, '93 schon. ...

M2 Juliane Reffert erinnert sich in einem Interview an den Abend des 9. November 1989. Sie war 15 Jahre alt, als 1989 die Mauer fiel. Juliane lebte zu der Zeit mit ihrer Mutter in Vogelsang (Sachsen-Anhalt). Sie überquerten als erste Ostbürgerinnen den Grenzübergang Marienborn.

1. Schritt: Eine Zeitzeugenbefragung vorbereiten

- Legt gemeinsam das Thema fest, zu dem ihr einen Zeitzeugen befragen möchtet. (zum Beispiel: Maueröffnung, Verwandtschaftsbesuche, die Schulzeit)
- Informiert euch ausführlich über das Thema (Bibliothek, Internet).
- Sammelt Fragen, die ihr für einen sinnvollen Gesprächsablauf sortiert.

  Zu der Person selbst: Wie heißen Sie? Wie alt sind Sie jetzt? Wie alt waren Sie, als ...? Wie lebten Sie damals? Wer waren wichtige Personen für Sie?

  Zum geschichtlichen Ereignis:

  An welche Situation erinnern Sie sich heute? Warum war diese Situation für Sie damals bedeutsam? Wie bewerten Sie das aus heutiger Sicht? Welche Gefühle hatten Sie damals? Welche Gefühle haben Sie heute, wenn Sie sich zurückerinnern?
- Ladet einen Zeitzeugen ein, der euch Auskunft geben kann (Familie, Bekannte, Organisationen vor Ort, o. Ä.).
- Bittet den Zeitzeugen, Fotos, Gegenstände o. Ä. mitzubringen.
- Organisiert einen Raum und legt einen Termin für das Gespräch fest.

Checkliste

✓ Einladung ausgesprochen

✓ Raum vorbereitet

✓ Technik gecheckt

✓ ...

Schritt 2: Eine Zeitzeugenbefragung durchführen

- Begrüßen und Vorstellen des Projekts.

  Wir sind Schülerinnen und Schüler der Klasse ... . Im Unterricht haben wir uns mit dem Thema ... beschäftigt. Bitte berichten Sie uns heute, wie ... .
- Zeichnet das Gespräch auf, wenn der Zeitzeuge damit einverstanden ist, und sichert ihm zu, eure Ergebnisse erst nach Absprache zu veröffentlichen.

  Ist es Ihnen recht, wenn wir das Gespräch aufzeichnen? Das Gespräch soll veröffentlicht werden im Rahmen ... . Wir werden dies aber vorher mit Ihnen besprechen.
- Nutzt die vorbereiteten Fragen, um das Gespräch zu eröffnen.
- Haltet euch an die Gesprächsregeln: ausreden lassen, Fragen klären, Rückfragen stellen.
- Bedankt euch für das Gespräch.

  Im Namen der Klasse möchte ich mich ... .

Tipps zu Schritt 2:

Gesprächsleitung

- Gesprächsablauf kennen
- Nachfragen zulassen
- Begrüßung und Verabschiedung freundlich gestalten

Beobachter

- Gab es Situationen, in denen der Zeitzeuge besonders emotional reagierte?
- Hat er Fotos oder andere Gegenstände mitgebracht?
- Ist das Gespräch gelungen?

Hinweis zu Schritt 2

Beachtet, dass es einen Zeitzeugen belasten kann, wenn er sich an schwierige Situationen erinnert.

Schritt 3: Eine Zeitzeugenbefragung auswerten

- Tragt eure Ergebnisse zusammen: Vergleicht Daten und Angaben, besondere Aussagen und Gefühlsregungen, die euch aufgefallen sind.
- Überprüft anhand eures bisherigen Wissens, ob eventuell Widersprüche oder Unklarheiten geklärt werden müssen.

  Deutlich geworden ist ... . Ich konnte gut nachvollziehen, dass ... . Neu war für mich ... . Überrascht hat mich ... . Nicht gedacht hätte ich, dass ... . Offengeblieben ist ... . Nachforschen sollten wir ... .
- Klärt, ob eure Erwartungen an das Gespräch erfüllt wurden.

M1 Demonstranten auf der vorerst letzten Montagsdemonstration am 12. März 1990

Wir sind ein Volk

Volkskammer
Parlament der DDR

runder Tisch
symbolischer Begriff für Treffen, bei dem Teilnehmer gleichberechtigt diskutieren, um eine Lösung für gegensätzliche Interessen zu finden. Das Bild des „runden Tisches" drückt aus, dass alle Plätze an diesem Tisch gleichwertig sind und niemand eine herausgehobene Position hat.

T1 • Vom „Runden Tisch" zu den ersten freien Wahlen

Nach der Öffnung der Grenzen im November 1989 verlor die SED ihre politische Führungsrolle. Ihre Vertreter mussten sich dem Dialog mit anderen politischen Gruppen stellen.

Ab Dezember 1989 berieten Vertreter der Regierung, der Parteien, der Kirchen und der Bürgerrechtsbewegungen über eine demokratische Umgestaltung der DDR. Außerdem bereiteten sie die Neuwahlen zur Volkskammer vor. Diese Gruppe wurde der „Runde Tisch" genannt, da alle Mitglieder gleichberechtigt waren. Gleichzeitig siedelten immer mehr DDR-Bürger in die Bundesrepublik über, weil sie befürchteten, dass die Grenzen wieder geschlossen würden. Wegen der fehlenden Arbeitskräfte drohte jedoch die Versorgungslage in der DDR zusammenzubrechen.

Als Sieger der ersten freien Wahlen im März ging die „Allianz für Deutschland" hervor, ein Bündnis von Parteien unter Führung der CDU. Sie strebte eine schnelle Wiedervereinigung an.

1. Im Herbst 1989 forderten die Demonstranten: „Wir sind das Volk!" Was fordern sie ein halbes Jahr später? (M1)
2. a) Nenne die Aufgaben des „Runden Tisches". (T1)
   b) Erkläre, was du über die Verhandlungsführung erfahren hast. (T1)
3. Informiere dich im Internet über die Teilnehmer des „Runden Tisches" und ihre Ziele.
4. Vermute, warum viele Menschen in der DDR eine schnelle Wiedervereinigung zwischen der BRD und der DDR forderten.
   Placemat

T2 • Unterschiedliche Vorstellungen

Über eine mögliche Wiedervereinigung Deutschlands gab es in der DDR und in der Bundesrepublik ganz unterschiedliche Vorstellungen.

> Entweder: können wir auf der Eigenständigkeit der DDR bestehen und versuchen ... in unserem Land eine solidarische Gesellschaft zu entwickeln, in der Frieden und soziale Gerechtigkeit ... gewährleistet sind.
> Oder: Wir müssen dulden, dass ... über kurz oder lang die DDR durch die Bundesrepublik vereinnahmt wird. Lasst uns den ersten Weg gehen.

M2 Aufruf von DDR-Bürgerrechtlern vom 26. November 1989

> Die Wiedervereinigung, das heißt die Wiedergewinnung der staatlichen Einheit Deutschlands, bleibt das politische Ziel der Bundesregierung ...

M3 Bundeskanzler Helmut Kohl am 28. November 1989

> Warum wird die deutsche Einheit nicht über eine gemeinsame verfassungsgebende Versammlung von BRD und DDR verwirklicht? Sie könnte gebildet werden aus den Vertretern beider deutscher Staaten und den Vereinigungsprozess zu einer gesamtdeutschen Aufgabe machen. Die Abgeordneten würden sich gleichberechtigt gegenüberstehen und nach Jahrzehnten der Teilung etwas Drittes schaffen, in das jeder Teil etwas einbringt.

M4 Diskussionsbeitrag am Runden Tisch im März 1990

> Liebe Leute, es handelt sich um einen Beitritt der DDR zur Bundesrepublik, nicht um die umgekehrte Veranstaltung. Wir haben ein gutes Grundgesetz, das sich bewährt hat. Wir tun alles für euch. Ihr seid herzlich willkommen. Wir wollen nicht kaltschnäuzig über eure Wünsche und Interessen hinweggehen. Aber hier findet nicht die Vereinigung zweier gleicher Staaten statt.

M5 Wolfgang Schäuble (damaliger Innenminister der Bundesrepublik) bei den Vertragsverhandlungen 1990

T3 • Die Auflösung der Staatssicherheit

Eine der wesentlichen Forderungen des „Runden Tisches" war die Auflösung des Ministeriums für Staatssicherheit. Die DDR-Führung versuchte zunächst, den Geheimdienst neu zu gestalten und fortzuführen. Demonstranten besetzten jedoch im Dezember 1989 die Dienststellen der Geheimpolizei und verhinderten damit zum Beispiel die Vernichtung von Akten. Am 15. Januar 1990 wurde die Zentrale des MfS aufgelöst.

kaltschnäuzig
gefühllos, rücksichtslos

5 a) Stelle die Positionen der Personen oder Gruppen zu einer möglichen Wiedervereinigung in eigenen Worten dar. (M2 – M5)
   b) Hilfe Erläutere, welche Probleme bei den Überlegungen deutlich werden. (M2 – M5)

6 Stell dir vor, du bist Teilnehmer bei den Verhandlungen. Welche Position würdest du vertreten? Begründe.

7 Vermute, weshalb die Bewahrung der MfS-Akten wichtig war. (T3)

Hilfe zu
5 b) Folgende Gedanken können dir helfen:
- Was wünschen sich die Vertreter der DDR?
- Wie treten die Vertreter der BRD bzw. der DDR auf?

> Die Deutschen in der Bundesrepublik und in der DDR sind jetzt wieder unauflöslich miteinander verbunden. Sie sind es zunächst durch die gemeinsame Währung, durch die gemeinsame Ordnung der Marktwirtschaft. Sie werden es bald auch wieder in einem freien und vereinten Staat sein ... Nur die Währungs-, Wirtschafts- und Sozialunion bietet die Chance ... dass sich die Lebensbedingungen rasch und durchgreifend bessern.

M1 Aus der Fernsehansprache des damaligen Bundeskanzlers Helmut Kohl vom 1. Juli 1990 anlässlich des Inkrafttretens des Staatsvertrages zwischen der BRD und der DDR.

Die Wiedervereinigung Deutschlands

T1 • Der Staatsvertrag

Nach der Grenzöffnung wanderten viele DDR-Bürger in die Bundesrepublik aus. Um dies zu verringern, bestand nach Ansicht der Verantwortlichen nur die Möglichkeit, die DDR wirtschaftlich neu aufzubauen. Der dazu ausgearbeitete Staatsvertrag trat am 1. Juli 1990 in Kraft. Damit übernahm die DDR das wirtschafts- und sozialpolitische System der BRD und führte die westdeutsche Währung als alleiniges Zahlungsmittel ein.

M2 Einige Punkte des Staatsvertrags zwischen der BRD und der DDR im Überblick

T2 • Der Einigungsvertrag

Die Bundesrepublik und die DDR vereinbarten am 31. August 1990 im Einigungsvertrag den einseitigen Beitritt des Gebietes der DDR zur Bundesrepublik. Damit entstand also nicht ein neuer Staat, sondern die Bundesrepublik und der Geltungsbereich des Grundgesetzes wurden um das Gebiet der DDR erweitert. Den Staat DDR gab es nicht mehr.

T3 • Der 2+4-Vertrag

Damit der Einigungsvertrag am 3. Oktober 1990 in Kraft treten konnte, mussten zuvor die vier Siegermächte des Zweiten Weltkrieges zustimmen. Die USA unterstützten die deutsche Einheit von Beginn an und auch die sowjetische Führung stimmte ihr zu. Nach langen Verhandlungen gaben schließlich Großbritannien und Frankreich ihre Bedenken gegenüber einem vereinten deutschen Staat auf. Am 12. September 1990 wurde in Moskau der „Vertrag über die abschließende Regelung in Bezug auf Deutschland", kurz 2+4-Vertrag, von den vier Siegermächten und beiden deutschen Regierungen unterzeichnet. Damit konnte die deutsche Wiedervereinigung am 3. Oktober vollzogen werden.

Webcode
Filmclip über die deutsche Wiedervereinigung
WES-100953-7

M3 Einige Punkte des 2+4-Vertrages im Überblick

> Es ist ungewöhnlich, dass sich ein Staat freiwillig aus der Geschichte verabschiedet ... Die Geschichte der letzten vier Jahrzehnte ist trotz aller Widersprüche ... ein Teil unserer persönlichen Biografie ... Sie hat uns geprägt ... Die Deutsche Einheit ist mit dem Beitritt nicht abgeschlossen. Sie ist und bleibt eine Gemeinschaftsaufgabe aller Deutschen ... Die Einheit will nicht nur bezahlt, sondern auch mit dem Herzen gewollt werden.

M4 Aus der Fernsehansprache des letzten DDR-Ministerpräsidenten Lothar de Maizière am 2. Oktober 1990, einen Tag vor der Wiedervereinigung

1 a) Nenne die Kernaussage von M1.
b) Welche Fragen wirft die Quelle auf?
Placemat

2 Nenne Ziele, die die Verantwortlichen mit dem Staatsvertrag erreichen wollten. (T1)

3 Beschreibe sechs konkrete Veränderungen, die sich durch den Staatsvertrag für die Menschen in der DDR ergaben. (M2)

4 Nenne die wichtigste Bestimmung aus dem Einigungsvertrag. (T2)

5 Beschreibe die Haltung der Alliierten zur Wiedervereinigung. (T3)

6 Erkläre die Inhalte des 2+4-Vertrages. (M3)
Lerntempoduett

7 a) Erläutere, was de Maizière mit dem Satz „Die Einheit will nicht nur bezahlt, sondern auch mit dem Herzen gewollt werden" meinte. (M4)
b) Nimm Stellung.
Think – Pair – Share

Die DDR – ein Unrechtsstaat?

War die DDR ein Unrechtsstaat? Diese Frage wird von Politikern, Medien und der Öffentlichkeit immer wieder diskutiert. Für die Bewertung ist auch die Perspektive ausschlaggebend. Dabei ist wichtig, ob sich der Blick auf den SED-Staat richtet oder auf das Leben der einzelnen Bürger.

Kollektiv
meint die Gemeinschaft von Arbeitskollegen

Aktivist
meint hier eine Person, die durch bessere Leistung zur Steigerung der Produktion beiträgt

Wichtig war für mich – vor der Wende – unser Arbeitskollektiv. Ich bin zweimal Aktivist oder Bestarbeiter geworden, weil ich es geschafft hatte, die Bestände im Lager auf ein Minimum zu reduzieren ... Ich habe mich in der DDR einfach sicherer gefühlt. Ich habe gewusst, so lange arbeite ich, so lange verdiene ich, das steht uns zu. Wir hatten nicht Angst um unser tägliches Brot. Und das war wichtig ... Ich bin als junges Mädchen abends ... durch die Stadt nach Hause gegangen; ich hatte kein Gefühl der Angst. Das würde ich heute auf gar keinen Fall mehr tun. Man hat Angst vor Kriminalität. Aber auch die Angst vor Arbeitslosigkeit spielt [heute] eine Rolle. ... Eine Unfreiheit in der DDR habe ich nicht wahrgenommen. Wenn ich nichts getan habe, hat mir auch keiner was getan. Ich konnte mir nie vorstellen, dass es so viel Armut gibt wie heute. Für mich war die Zeit in der DDR gut: das Soziale, die Arbeit, die Stabilität der Gesellschaft. Es war nicht alles schlecht. Es war eine andere Zeit, wir haben damit gelebt. Ich habe nichts Abfälliges darin gesehen.

M1 Eine 70-jährige Rostockerin berichtete im Jahr 2009

Ich war schon sehr behütet. Man musste sich keine Sorgen machen, worum sich unsere Kinder heute Sorgen machen müssen. Wir hatten auch ein ausreichendes Auskommen. Aber ich möchte nie wieder tauschen. Die DDR war ein muffiger, enger, wahnwitziger Staat, der von alten durchgeknallten Männern regiert wurde ... Die DDR war einfach grau, eng und sie hat den Menschen die Freiheit genommen. Heute geht es uns gut. Es gibt Leute, denen geht es hier nicht gut, aber jeder hat seine Chancen, etwas aus seinem Leben zu machen.

M2 Eine ehemalige Lehrerin und Journalistin berichtete im Jahr 2009

Meine Familie gehörte zu den vielen, die sich mit dem Leben in der DDR arrangiert hat. Dass sich irgendwelche Veränderungen angebahnt haben oder gar der Staat untergeht, damit habe ich überhaupt nicht gerechnet und ich habe es deshalb auch überhaupt nicht verstanden. Wir waren ja auch alle total auf Linie getrimmt und haben Erich Honecker als den unfehlbaren Staatschef angesehen, wir haben als Jungpioniere ganz selbstverständlich die Sachen gemacht, die man von uns verlangt hat. Hinterfragt hat man das in meinem Alter damals überhaupt nicht, ich war eben erst zehn ... Ich wünsche mir die DDR nicht zurück. Ich genieße die Freiheiten, mit denen ich heute lebe. Ich wünsche mir aber manchmal, dass es damals etwas langsamer gegangen wäre, dass man nicht alles abgeschafft hätte, nur weil es aus der DDR kam.

M3 Eine Zeitzeugin beantwortete im Jahr 2016 die Fragen einer 10. Klasse

... Gab es in Ihrem Bekanntenkreis Inoffizielle Mitarbeiter?
Massenhaft. Das Grundmuster war, dass die, von den alle gedacht haben, die sind Stasi-Spitzel, die waren es nicht ...
Der politische Seiltanz, das gegenseitige Misstrauen – waren Sie dennoch auch glücklich in den siebziger Jahren?
Ja. Ich hatte das Gefühl, dass es wichtig ist, dass es solche wie mich gibt in der DDR. Dazu kam diese Gemeinschaft der Andersdenkenden. Und natürlich die ganz persönlichen Sachen, die Liebe war jung, unsere vier Töchter waren klein ... Ja es war eine glückliche Zeit. Ich bin überhaupt nicht der Meinung, dass man unglücklich leben musste in der DDR, ganz im Gegenteil.
Gilt das auch für die große Mehrheit der DDR-Bürger, die nicht zu ihrem Milieu gehörten? Die sich nicht am eigenen Anderssein aufrichten konnten?
Die meisten haben sich innerlich vollkommen von Politik und Ideologie und höherem Lebenssinn getrennt und haben versucht, ausschließlich ihren persönlichen Kram zu betreiben. Mit dem Ausbau einer Datsche zum Beispiel kann man sich mächtig beschäftigen ... Und viele haben da ihr kleines privates Glück gefunden. Die sind mental ausgereist aus der DDR, die waren gar nicht mehr Teil des Systems.
Ehemalige DDR-Bürger beschwören oft ein Land, in dem sich jeder um den anderen gekümmert habe.
Das ist eine ganz gefährliche Halbwahrheit. Er stimmt zum Teil natürlich – und stimmt auch wieder nicht. Sicherheit des Arbeitsplatzes, Sicherheit des Kindergartenplatzes, all die Dinge, die immer so gerühmt werden, die hingen auch stark mit politischer Repression zusammen ... Die DDR lässt sich nicht teilen in gute und schlechte Seiten – das eine bedingt das andere ...
Wenn man heutzutage mit ehemaligen Bürgern der DDR spricht, wirkt es im Rückblick manchmal so, als sei dieser Staat fast lächerlich bizarr gewesen mit schauderhaften Parteiparolen, spießigen Funktionären ...
Ja, eine kommode Diktatur – das wird der DDR natürlich nicht gerecht. Doch es gibt eben einen sehr hilfreichen Mechanismus irgendwo in der menschlichen Seele, der einen die wirklich bösen Sachen vergessen lässt ... Wenn ich mich an persönliche Sachen erinnere, dann lieber an die Schnurren, an das Lustige. Aber als Historiker sage ich: In 40 Jahren wurden in der DDR geschätzte 250 000 politische Urteile gefällt. Was war das bloß für ein Staat?

M5 Ausschnitt aus einem Interview mit Dr. Stefan Wolle im Jahr 2013

M4 Dr. Stefan Wolle, 1950 in Halle an der Saale geboren, ist promovierter Historiker. Seit 2005 ist er wissenschaftlicher Leiter des **DDR-Museums** in Berlin. Auch du kannst ihm in der Youtube-Serie „Frag Dr. Wolle“ deine Fragen zur DDR stellen.

Datsche
Grundstück mit kleinem Wochenendhaus und Garten

Milieu
Personenumfeld eines Menschen, das seine Meinung zu vielen Dingen prägt

Repression
Unterdrückung von Andersdenkenden

bizarr
eigenartig, seltsam

kommode Diktatur
kommod bedeutet bequem. Hier soll ausgedrückt werden, dass die DDR keine strenge Diktatur, sondern eine eher milde gewesen sein soll.

Schnurren
kurze, belustigende, unterhaltsame Erzählungen

1. Arbeite aus M1 – M5 heraus, was die Personen positiv und was sie negativ mit der DDR verbinden.

2. Beantworte die Frage der Seitenüberschrift und begründe deine Einschätzung.
   Placemat

M1 Karikatur von Burkhard Mohr (1990)

Das vereinte Deutschland

T1 • Herausforderungen

Die Wiedervereinigung war innerhalb eines Jahres vollzogen worden. Die Erwartungen, dass sich die Unterschiede zwischen Ost und West ebenso schnell überwinden ließen, konnten jedoch nicht erfüllt werden.

Die meisten Industrieanlagen auf dem Gebiet der ehemaligen DDR waren veraltet und in der Marktwirtschaft nicht konkurrenzfähig. Sie mussten geschlossen werden. Dadurch verloren Millionen Menschen ihre Arbeitsplätze. Infolgedessen sank die Kaufkraft, was wiederum die Wirtschaft schwächte. Viele junge, gut ausgebildete Menschen verließen den Osten, weil sie dort keine Arbeit fanden oder schlechter bezahlt wurden.

Kaufkraft
meint hier: Geld, das privaten Haushalten nach Abzug der monatlich festen Kosten zur Verfügung steht

T2 • Aufbau Ost

Die deutsche Einheit erforderte gigantische staatliche Summen. Heute weiß niemand genau, wie viel die Wiedervereinigung bislang gekostet hat. Wissenschaftler gehen von einem Betrag von rund 2 Billionen Euro allein für den Zeitraum von 1990 bis 2014 aus. Das Geld wurde vor allen Dingen für den Ausbau und die Erneuerung der Infrastruktur, für die soziale Sicherung und die Förderung des Umweltschutzes ausgegeben.

T3 • Vorläufige Bilanz der Einheit

Am 3. Oktober feiert Deutschland jedes Jahr die deutsche Wiedervereinigung. Erfolge der Einheit waren die Beseitigung der Diktatur und ein demokratischer Rechtsstaat. Für viele Menschen verbesserte sich die Lebensqualität deutlich. Insgesamt überwiegt mehrheitlich ein positiver Blick auf die deutsche Einheit.

Seit der Wiedervereinigung haben sich Ost- und Westdeutschland kontinuierlich weiter aufeinander zubewegt. Die Angleichung der Lebensverhältnisse ist insgesamt weit vorangeschritten. Der Aufbau Ost ist längst eine Erfolgsgeschichte ... Auch im sozialen Bereich hat sich die Lücke weiter geschlossen ... Auch der Arbeitsmarkt in Ostdeutschland hat sich in den zurückliegenden Jahren positiv entwickelt ...
Wir müssen bei allen Erfolgen realistisch feststellen: Trotz der vielen positiven Ergebnisse gibt es weiter deutliche Unterschiede zwischen Ost und West – und die Menschen im Osten spüren das. Trotz der eindrucksvollen Erfolge ... stellt der Stand der deutschen Einheit nicht alle Bürgerinnen und Bürger in gleicher Weise zufrieden.
Ein gutes und sicheres Leben für die Bürgerinnen und Bürger in ganz Deutschland bleibt eine gemeinsame Aufgabe von Bund und Ländern. Für die Vollendung der deutschen Einheit wird diese Aufgabe auch für die überschaubare Zukunft von zentraler Bedeutung bleiben. Viel hängt in den neuen Bundesländern ab von denen, die dort die Gesellschaft dynamisch und solidarisch halten. Insbesondere mit diesen Menschen wollen wir den Dialog intensivieren.

M2 Aus dem Jahresbericht der Bundesregierung zum Stand der Deutschen Einheit 2018

1 Arbeite die wesentlichen Aussagen aus M1 heraus.

2 Finde eine Überschrift für M1.

3 Hilfe Setze M1 in Beziehung zu den Informationen aus T1.
Think – Pair – Share

4 Nenne die Bereiche, für die die staatlichen Gelder hauptsächlich verwendet wurden. (T2)

5 a) Finde für jeden Abschnitt in M2 eine treffende Überschrift.
b) Fasse die wichtigsten Aussagen zusammen.
Lerntempoduett

6 Hilfe Bereitet ein Rollenspiel vor, indem ihr eine Bilanz der Einheit zieht. Bezieht auch eigene Positionen mit ein.

Hilfe zu

3 Stelle die Fakten aus T1 zunächst in einem Flussdiagramm dar:

Schließung veralteter Betriebe
↓
viele Arbeitslose

6 Fertige Rollenkarten an. Mögliche Rollen:
- Bürger aus Westdeutschland
- Bürgerrechtler von 1989 (Seite 219, M2)
- Mitglied des Runden Tisches 1989 (Seite 219, M4)
- Westberliner, der den Mauerfall in der Nacht vom 9./10. November 1989 auf dem Brandenburger Tor gefeiert hat. (Seite 214, M1)

Ein Projekt

Grenzerfahrung

Ihr habt im Unterricht vieles über die deutsch-deutsche Geschichte gelernt, euch Themen angeeignet und vielleicht auch Spannendes von anderen gehört. Bei diesem Projekt kann nun einiges davon „erfahren“ werden. Es geht mit dem Fahrrad an Orte deutsch-deutscher Geschichte und ihr erhaltet die Möglichkeit, mit den Menschen vor Ort über unsere Geschichte zu sprechen und viel zu sehen.

Die ehemalige Grenze mit dem Fahrrad zu erkunden ist ein Erlebnis. Große Bildtafeln entlang des gesamten ehemaligen Grenzverlaufes erinnern an die Teilung. Vielleicht entdeckt ihr die Schautafeln zu Billmuthausen, das Dorf gibt es nicht mehr. Da es im Sperrgebiet lag, wurde das Dorf aufgelöst, die Bewohner wurden umgesiedelt und die Gebäude abgetragen. Vielleicht kommt ihr auch am Point Alpha in der Rhön vorbei und besucht dort das Museum. Und in Heinersdorf stehen noch Originalteile der Mauer.

Je nachdem wie sportlich eure Tour werden soll, plant ihr eure „Grenzerfahrung“. In den Waldgebieten Thüringer Wald, Rhön und Harz sind große Steigungen und steile Abfahrten zu überwinden, an der Werra verläuft die Tour flach.

Bereitet eure Tour sorgfältig vor. Teilt euch dazu in Gruppen und verteilt verschiedene Aufgaben, zum Beispiel:

- **Tourplaner/-innen**: Sie planen den Streckenverlauf und organisieren die An- und Rückreise per Zug sowie die Übernachtungen.
- **Historiker/-innen**: Sie stellen Informationen zur deutsch-deutschen Geschichte entlang der Tour zusammen.
- **Techniker/-innen**: Sie können Schläuche flicken oder wechseln und vieles mehr.
- **Öffentlichkeitsarbeiter/-innen**: Sie filmen auf der Tour, machen Fotos und schreiben Zeitungsartikel, Blogeinträge oder Ähnliches.

① Früherer Kolonnenweg bei Zimmerau

② Grenzmuseum Schifflersgrund – Museum, Mahnmal und Begegnungsstätte

③ Beobachtungsbunker am Point Alpha

M1 Entlang der ehemaligen innerdeutschen Grenze

M2 Der deutsch-deutsche Grenzweg auf dem Grünen Band Deutschland

Grünes Band Deutschland
Naturschutzprojekt entlang der ehemaligen innerdeutschen Grenze. Dort war die Natur aufgrund der Grenzsituation besonders ungestört. Das Projekt setzt sich dafür ein, dass dieser Zustand erhalten bleibt.

④ Beobachtungstürme beiderseits der Grenze am Point Alpha – sie stehen nur 135 m voneinander entfernt

⑤ Mahnmal am Point Alpha

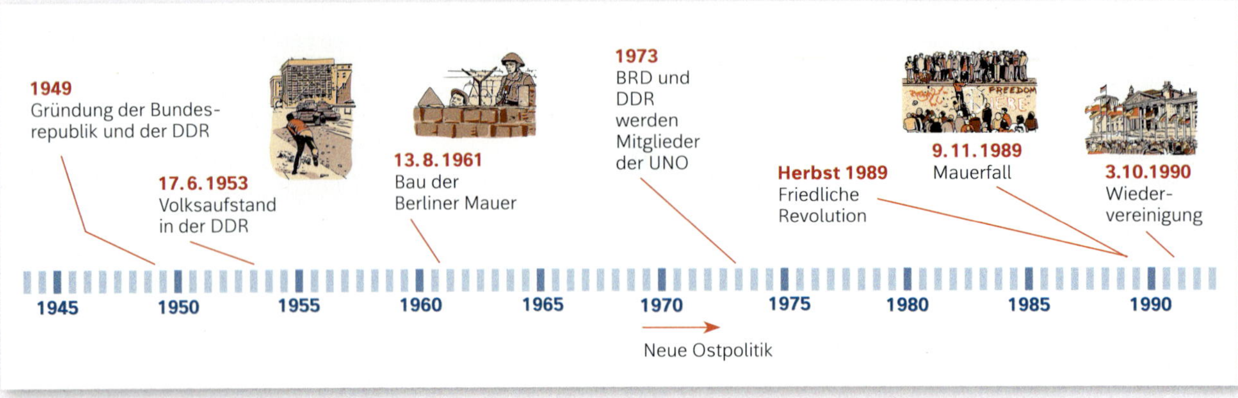

Der Weg zur deutschen Einheit

Warum wurde Deutschland geteilt?

Nach dem Ende des Zweiten Weltkrieges beschlossen die vier alliierten Siegermächte die Aufteilung Deutschlands in vier Besatzungszonen. Sie planten zunächst, Deutschland gemeinsam zu regieren. Doch die gegensätzlichen Interessen der westlichen Alliierten einerseits und der Sowjetunion andererseits führten 1949 zur Gründung zweier deutscher Staaten: der Bundesrepublik Deutschland (BRD) nach westlichem Vorbild und der Deutschen Demokratischen Republik (DDR) nach sowjetischem Vorbild.

Wie lebten die Menschen in beiden deutschen Staaten?

In der BRD wurde der Wiederaufbau von den westlichen Besatzungsmächten unterstützt und die soziale Marktwirtschaft eingeführt. Dies führte zu einem raschen Wirtschaftsaufschwung. Die DDR orientierte sich am sowjetischen Vorbild: der Planwirtschaft. Der Grundbedarf war zwar gesichert, aber der Lebensstandard blieb deutlich hinter dem in Westdeutschland zurück. Viele DDR-Bürger flüchteten aus politischen oder wirtschaftlichen Gründen in die BRD. Um das zu verhindern, ließ die DDR-Führung 1961 die Grenze zwischen West- und Ostberlin mit einer Mauer abriegeln. Die SED festigte ihre Machtposition mithilfe der Staatssicherheit.

Wie kam es zur Wiedervereinigung Deutschlands?

Die Reformpolitik Michail Gorbatschows und der damit verbundene Umbruch im Osten ließ auch die DDR-Bürger auf Veränderungen hoffen. Die Führung war jedoch nicht zu Reformen bereit, sodass es im Spätsommer 1989 zur Massenflucht aus der DDR kam. Im Land selbst demonstrierten immer mehr Menschen friedlich für Demokratie. Dies führte schließlich zur Öffnung der deutsch-deutschen Grenze im November 1989. Nach Verhandlungen mit den Alliierten und durch den Beitritt der DDR zum Staatsgebiet der BRD konnte am 3. Oktober 1990 die deutsche Wiedervereinigung vollzogen werden.

Alliierte
Bezeichnung für die Gegner Deutschlands im Zweiten Weltkrieg. In erster Linie waren das Großbritannien, Frankreich, USA und die Sowjetunion.

Berliner Mauer

Während der Teilung Deutschlands befestigte und bewachte Grenze zwischen West- und Ostberlin. Sie wurde im August 1961 von der DDR errichtet und im Laufe der Jahrzehnte zum Symbol der deutschen Teilung.

Besatzungszone
Von ausländischen Truppen besetztes Gebiet eines Staates. Nach dem Sieg über Deutschland teilten die Alliierten Deutschland in vier Besatzungszonen auf. Jede Besatzungsmacht übernahm in ihrer Zone die Macht.

Bundesrepublik Deutschland (BRD)
Im Auftrag der Westalliierten im Jahr 1949 gegründeter deutscher Teilstaat mit demokratischer Regierung und sozialer Marktwirtschaft.

Deutsche Demokratische Republik (DDR)
In der sowjetischen Besatzungszone im Jahr 1949 gegründeter Teilstaat unter Führung der SED und mit zentral gesteuerter Planwirtschaft. Die DDR bestand bis zur Wiedervereinigung am 3. Oktober 1990.

Friedliche Revolution
Wende in der DDR zur parlamentarischen Demokratie. Eingeleitet wurde die Wende durch Proteste der Bevölkerung. Die friedliche Revolution führte zum Ende der SED-Herrschaft und machte die Wiedervereinigung möglich.

Glasnost und Perestroika
(Offenheit und Umgestaltung) von Michail Gorbatschow in den 1980er-Jahren veranlasste Reformen, die das Ziel hatten, die sowjetische Gesellschaft und den Staat zu modernisieren

Ministerium für Staatssicherheit
(auch MfS oder Stasi) Geheimpolizei der DDR und Überwachungsinstrument der SED. Gängige Methoden waren Überwachung, Bespitzelung, Unterdrückung, Einschüchterung und Freiheitsberaubung.

Montagsdemonstrationen
Seit Herbst 1989 regelmäßig stattfindende Massendemonstrationen in verschiedenen Städten der DDR. Hunderttausende DDR-Bürger protestierten für eine friedliche demokratische Neuordnung ihres Landes.

Wiedervereinigung

Von der friedlichen Revolution angestoßener Prozess, der zum Beitritt der DDR zur BRD am 3. Oktober 1990 führte. Die damit hergestellte deutsche Einheit beendete die Teilung Deutschlands.

Der Weg zur deutschen Einheit

1. Wortsuchrätsel – BRD und DDR

a) Suche alle 10 Begriffe in dem Suchrätsel und ordne sie der BRD und / oder der DDR zu.

b) Erklärt euch wechselseitig die Begriffe.
Kugellager

S	T	A	A	T	S	S	I	C	H	E	R	H	E	I	T	G
W	I	R	T	S	C	H	A	F	T	S	W	U	N	D	E	R
S	F	J	L	U	K	E	T	O	P	L	M	N	B	G	R	U
E	B	E	S	A	T	Z	U	N	G	S	M	A	C	H	T	N
Z	O	P	I	O	J	K	F	D	E	Z	T	U	M	I	N	D
W	I	E	D	E	R	V	E	R	E	I	N	I	G	U	N	G
M	A	R	K	T	W	I	R	T	S	C	H	A	F	T	M	E
A	M	E	W	R	T	I	P	K	L	D	U	W	A	C	H	S
U	A	S	L	M	U	B	G	Z	B	E	D	O	E	R	T	E
E	L	T	P	L	A	N	W	I	R	T	S	C	H	A	F	T
R	M	R	I	N	N	E	R	U	N	T	R	O	N	C	H	Z
F	F	O	S	C	H	L	A	H	U	M	H	J	F	U	R	G
A	D	I	P	L	K	M	E	I	N	G	O	N	F	T	K	G
L	E	K	O	L	L	N	F	D	S	A	E	T	R	Z	B	V
L	U	A	E	W	E	I	N	N	G	L	A	S	N	O	S	T

2. Schlagzeilen ordnen

Ordne die Schlagzeilen des Jahres 1989 (①–⑧) den Daten (A–H) zu.
Lerntempoduett

⑧ Ungarn öffnet Grenze zu Österreich

A 7. Oktober

D 11. September

E 9. Oktober

④ Kommunalwahlen in der DDR, angeblich 98,85 % für Einheitsliste (SED) gestimmt

① Ost- und Westberliner stürmen die Mauer

C Mai

G September

B 9. November

③ Massenflucht

⑦ Feier zum 40. Jahrestag der DDR

H 18. Oktober

② DDR öffnet Grenzübergänge

⑤ Erich Honecker tritt zurück

F 9./10. November

⑥ 70 000 Demonstranten in Leipzig

3. Karikatur interpretieren

a) Interpretiere die Karikatur.

Bienenkorb

„Uff!"

M1 „UFF!" – Karikatur von Rolf Henn, Oktober 1990

b) Setze die Karikatur in Beziehung zu der folgenden Quelle.

Think – Pair – Share

30 Jahre nach der friedlichen Revolution bleibt es das politische Ziel der Bundesregierung, gleichwertige Lebensverhältnisse überall im Land anzustreben und bestehende Disparitäten [Unterschiede] zu verringern. Die Angleichung der wirtschaftlichen Leistungsfähigkeit und der Lebensverhältnisse zwischen Ost- und Westdeutschland ist bis heute weit vorangekommen: Verkehrs-, Energie- und Telekommunikationsinfrastruktur wurden massiv modernisiert und erweitert. Der bauliche Zustand der Städte und Dörfer hat sich sichtbar verbessert, der in DDR-Zeiten entstandene große Sanierungs- und Modernisierungsstau wurde weitgehend abgebaut. ...
Ein großer Teil der ostdeutschen Bevölkerung bewertet seine eigene wirtschaftliche Lage und die Lebensverhältnisse heute ähnlich gut wie in Westdeutschland. Bei einem anderen Teil überwiegen aber immer noch Unzufriedenheit und eine gefühlte Benachteiligung.

M2 Aus dem Jahresbericht der Bundesregierung zum Stand der Deutschen Einheit 2019

M1 Jüdischer Leuchter und Weihnachtsbaum vor dem Brandenburger Tor 2018 in Berlin. Das erste Licht am Leuchter wurde vom Bundespräsidenten entzündet.

Aus Feinden werden Freunde

- Wozu führt die Feindschaft zwischen Nachbarn?
- Können aus Feinden Freunde werden?
- Was bestimmt die heutigen Beziehungen?

M2 Von den Deutschen zerstörte französische Stadt Oradur-sur-Glane in Frankreich

M3 Der deutsche Bundeskanzler Willy Brandt vor dem Denkmal für die Opfer des Aufstands im Warschauer Ghetto am 7. Dezember 1970

So muss bei den Deutschen jetzt der Hass brennen gegen die Franzosen, denn sie haben sich der Kühnheit erfrecht, ein Volk unterjochen zu wollen, das stärker und mächtiger wäre als sie, wenn ihre Hinterlist nicht lange schon verstanden hätte, es zu entzweien und zu zerreißen.

M1 Der deutsche Schriftsteller Ernst Moritz Arndt über das deutsch-französische Verhältnis (1813)

Doch noch einmal sei gesagt: Um unseren Feind zu besiegen, brauchen wir den Hass. Preußen zu verabscheuen heißt, Frankreich zu lieben. Dieser Hass ist nur die andere Seite der größten und erhabensten aller Lieben.

M2 Der französische Schriftsteller Paul de Saint-Victor über das deutsch-französische Verhältnis (1871)

unterjochen
beherrschen, unterdrücken

Erbfeindschaft
Feindschaft, die sich durch zahlreiche Konflikte und Kriege über viele Jahre, teils Jahrhunderte, entwickelt hat und sich in den Köpfen der Menschen festsetzt. Sie wird zu einer Erbfeindschaft, wenn sie von Generation zu Generation weitergegeben, also „vererbt" wird.

Das Entstehen einer Erbfeindschaft

T1 • Vom Vorbild zum Feind

Als Nachbarn haben sich Deutsche und Franzosen seit Jahrhunderten wechselseitig beeinflusst. Sie pflegten intensive kulturelle und wirtschaftliche Beziehungen. Aber sie gerieten auch immer wieder in die Auseinandersetzungen der Herrschenden.

Seit dem 17. Jahrhundert galt an vielen deutschen Fürstenhöfen der französische Lebensstil als Vorbild. Man kopierte die Mode und Architektur der französischen Könige. Französisch war die vorherrschende Sprache der deutschen Adligen. Viele Deutsche schauten bewundernd auf die Ereignisse der Französischen Revolution und hofften, dass die Ideale von Freiheit, Gleichheit und Brüderlichkeit auch in den deutschen Ländern Einzug hielten.

Als Napoleon Anfang des 19. Jahrhunderts zahlreiche deutsche Staaten besetzte, wurde dies von vielen Deutschen bald als Fremdherrschaft empfunden. Der Kampf für eine Befreiung von Napoleon trug mit dazu bei, dass ein deutsches Nationalbewusstsein entstand. Dieses entwickelte sich in klarer Abgrenzung zu Frankreich.

1 a) Erläutert die Aussage von M1 oder M2 über das deutsch-französische Verhältnis.
b) Vermutet, welche Folgen sich für das Miteinander von Deutschen und Franzosen ergaben.
Partnerpuzzle

2 Hilfe Beschreibe die Vorbildwirkung Frankreichs für viele Deutsche. (T1)
Bienenkorb

3 Hilfe Erkläre, wie sich die Einstellung der Deutschen gegenüber den Franzosen geändert hat. (T1)

Hilfe zu
2 Folgende Zeitabschnitte solltest du nennen: 17. Jahrhundert, Französische Revolution.
3 So kannst du beginnen: Mit der Besetzung … . Viele Deutsche empfanden … .

T2 • Der Deutsch-Französische Krieg

Im 19. Jahrhundert beobachtete Frankreich die Entwicklung zu einem vereinigten deutschen Nationalstaat mit großem Unbehagen. Die Franzosen fürchteten einen zu starken Nachbarn, der ihre Macht einschränken könnte. Vor allem Preußen, das im Einigungsprozess immer mehr die Führung übernahm, wurde als Gegner angesehen.

Die zunehmenden Konflikte untereinander führten im Jahr 1870 zum Ausbruch des Deutsch-Französischen Krieges. In diesem Krieg besiegten die Truppen der deutschen Fürsten die französische Armee. Im Friedensvertrag wurden Frankreich sehr harte Bedingungen vorgegeben. Es musste die industriell wichtigen Gebiete Elsass und Lothringen an Deutschland abtreten und eine große Summe Kriegsentschädigung zahlen.

Noch während des Krieges gründeten die deutschen Fürsten 1871 das Deutsche Reich. Dass die Gründung ausgerechnet im Schloss von Versailles, dem Schloss der französischen Könige, erfolgte, stellte für Frankreich eine besondere Demütigung dar. In vielen Franzosen wuchs der Wunsch nach Vergeltung.

M3 Elsass-Lothringen

M4 Plünderung in einem Bauernhaus in Lothringen durch deutsche Soldaten (zeitgenössische Lithografie)

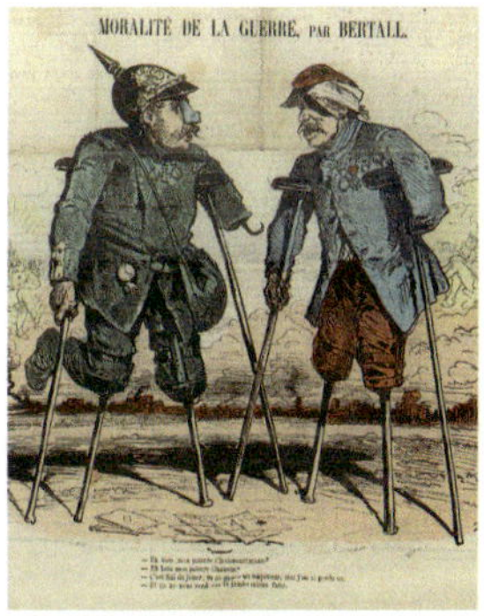

M5 „Die Moral des Krieges“ (französische Karikatur, 1871)

❹ Begründe, warum Frankreich ein Gegner des deutschen Einigungsprozesses war. (T2)
Think – Pair – Share

❺ Hilfe Fasse die Ergebnisse des Deutsch-Französischen Krieges zusammen. (T2, M3)

⑥ Arbeite weitere Ergebnisse des Krieges aus M4 und M5 heraus.
Lerntempoduett

❼ Erläutere, warum die Konflikte zu einer Erbfeindschaft führten.

Hilfe zu

❺ Auf folgende Punkte solltest du eingehen:
- Gewinner und Verlierer
- Bedingungen des Friedensvertrages
- die Reichsgründung

① Ein neuer Beruf für Wilhelm (gemeint ist Wilhelm II.)

M1 Französische und deutsche Bildpostkarte von 1914 und 1915

imperialistisch
Imperialistische Staaten haben das Ziel, ihre Macht über die eigenen Grenzen hinaus immer weiter zu vergrößern.

Reparation
ausgehandelte Entschädigung für die im Krieg entstandenen Zerstörungen, die Verliererstaaten an die Sieger zahlen müssen

Deutsche und Franzosen in den Weltkriegen

T1 • Der Erste Weltkrieg

Anfang des 20. Jahrhunderts führte die imperialistische Politik Deutschlands und Frankreichs zu erneuten Konflikten untereinander. Sie entzündeten sich vor allem am Streit um afrikanische Kolonien. Zu dieser Zeit waren beide Staaten Teil von verschiedenen Bündnissystemen, die sich feindlich gegenüberstanden.

Die Konflikte zwischen Deutschland und Frankreich stellten eine wesentliche Ursache für den Ausbruch des Ersten Weltkrieges dar. Von 1914 bis 1918 war Frankreich Hauptschauplatz der erbitterten Kämpfe. Dabei gab es viele Opfer unter der Zivilbevölkerung und es wurden zahlreiche Landstriche zerstört.

18/19 Friedensverhandlungen in Versailles

Nachdem Deutschland den Krieg verloren hatte, bestand Frankreich darauf, Deutschland zu schwächen. Durch den Versailler Vertrag 1919 musste Deutschland Elsass-Lothringen an Frankreich abtreten und sich zur Zahlung einer hohen Reparationssumme verpflichten.

1 a) Beschreibe die Darstellung auf den Postkarten. (M1)
b) Vermute, was die Nachbarn übereinander dachten.

2 Stelle die Entwicklung der deutsch-französischen Beziehungen bis 1919 dar. (T1)

3 a) Vergleiche die Bestimmungen des Friedensvertrages von 1871 mit denen des Versailler Vertrages. (T1, Seite 235 T2)
Partnervortrag
b) Diskutiert die Konsequenzen für das Verhältnis beider Völker.

T2 • Zwischen den Kriegen

Deutschland war 1923 mit den im Versailler Vertrag festgelegten Kohlelieferungen an Frankreich in Rückstand geraten. Deshalb besetzten die Franzosen das Ruhrgebiet. Daraufhin rief die deutsche Regierung zum passiven Widerstand auf. Keinem Befehl der Franzosen sollte gefolgt werden. Die Franzosen reagierten mit Festnahmen und Ausweisungen. Wegen der sich verschlechternden wirtschaftlichen Lage musste die deutsche Regierung den Widerstand aufgeben.

M2 Deutsches Plakat gegen die Besetzung des Ruhrgebiets durch Frankreich 1923

T3 • Der Zweite Weltkrieg

Als die Nationalsozialisten 1933 die Macht übernahmen, setzten sie alles daran, die Bestimmungen des Versailler Vertrages zu beseitigen. Die deutsche Armee überfiel im Mai 1940 Frankreich und besetzte weite Teile des Landes. Gegen den Widerstand der französischen Bevölkerung wurde mit großer Härte vorgegangen.

Durch die Landung der alliierten Truppen 1944 gelang es, die Deutschen aus Frankreich zurückzudrängen und 1945 endgültig zu besiegen. Frankreich wurde nach dem Krieg eine Besatzungszone in Deutschland zugesprochen, da es zu den Siegermächten gehörte.

M3 Oradour: Der Ort wurde als Vergeltung für eine Widerstandsaktion durch SS-Einheiten zerstört, fast alle Bewohner wurden ermordet. Um als Mahnmal zu dienen, wurde der Ort nicht wiederaufgebaut.

passiver Widerstand
gewaltloser Protest, beispielsweise in Form von Arbeits- oder Befehlverweigerung

Ausweisung
Das Aufenthaltsrecht wird entzogen. Die Person muss die Region, das Land verlassen.

alliierten
Verbündete gegen das nationalsozialistische Deutschland im Zweiten Weltkrieg unter der Führung Großbritanniens und der USA

Mahnmal
Denkmal, das mahnen soll und dauerhaft an etwas erinnert, das nicht wieder passieren soll

❹ Beschreibe die Auseinandersetzungen im Ruhrgebiet. (T2)

❺ Hilfe Analysiere M2.

❻ Berichte über das Verhältnis zwischen Deutschen und Franzosen im Zweiten Weltkrieg. (T3)

⑦ Recherchiere über das Vorgehen der SS-Einheiten in Oradour. Berichte in der Klasse.

⑧ Schildere aus der Perspektive eines Deutschen oder Franzosen die Empfindungen beim Besuch der Gedenkstätte in Oradour.

Hilfe zu

❺ In Karikaturen wird Frankreich oft als Frauengestalt Marianne dargestellt. Typisch ist die Mütze mit dem Revolutionsabzeichen.

M1 Soldatinnen und Soldaten in der Robert-Schumann-Kaserne in Müllheim (2013)

Neue Beziehungen zu Frankreich

258
Ein Kerneuropa entsteht

T1 • Erste Annährung

Die Erinnerungen an die Kriegsereignisse führten in beiden Ländern zu der Einsicht, dass neue Kriege nicht durch ein weiteres Gegeneinander, sondern nur durch ein Miteinander von Deutschen und Franzosen verhindert werden können. Der französische Außenminister Robert Schumann entwickelte 1950 den Plan, die deutsche und die französische Kohle- und Stahlproduktion zusammenzulegen. Diese Montanunion bildete den Grundstein für die Entstehung eines geeinten Europas.

Montanunion
Gemeinschaft für Kohle und Stahl, der neben Frankreich und Deutschland auch weitere Länder beitraten. Damit wurde ein gemeinsamer Markt geschaffen, innerhalb dessen die Mitgliedsstaaten keine Zölle zahlen mussten.

> Die Zusammenlegung ... wird ... die Bestimmung jener Gebiete ändern, die lange Zeit der Herstellung von Waffen gewidmet waren, deren sicherstes Opfer sie gewesen sind. Die Solidarität der Produktion ... wird bekunden, dass jeder Krieg zwischen Frankreich und Deutschland ... unmöglich ist.

M2 Aus einer Rede des französischen Ministers Robert Schumann am 9. Mai 1950

1. a) Hilfe Beschreibe M1.
   b) Was sagt das Foto über das deutsch-französische Verhältnis aus?
   Placemat
2. Wozu führte bei vielen Menschen die Erinnerung an die Kriegsereignisse? (T1)
3. Hilfe Erkläre die Erwartungen des französischen Außenministers. (M2)

Hilfe zu
1. a) Achte auf die Länderflaggen auf den Uniformen und die Abzeichen an den Mützen.
3. Mögliche Formulierungen:
   Robert Schumann ging davon aus, ...
   Er hoffte, dass ... .
   Es musste verhindert werden, ...

Deutschland und seine Nachbarn

T2 • Deutschland und Frankreich schließen Freundschaft

Der Weg zur gegenseitigen Annäherung mündete am 22. Januar 1963 in den deutsch-französischen Vertrag. Dieser schaffte die Grundlage für die enge Zusammenarbeit der beiden Staaten auf vielen Gebieten. Am 22. Januar 2019 erneuerten der französische Präsident und die deutsche Bundeskanzlerin diesen Vertrag.

Mittlerweile sind die Beziehungen zwischen beiden Staaten sehr eng verflochten. Es gibt gemeinsame Sitzungen der Regierungen, gemeinsame Armee-Einheiten, zahlreiche Städte- und Schulpartnerschaften. Das Deutsch-Französische Jugendwerk organisiert den Austausch von Jugendlichen aus Frankreich und Deutschland.

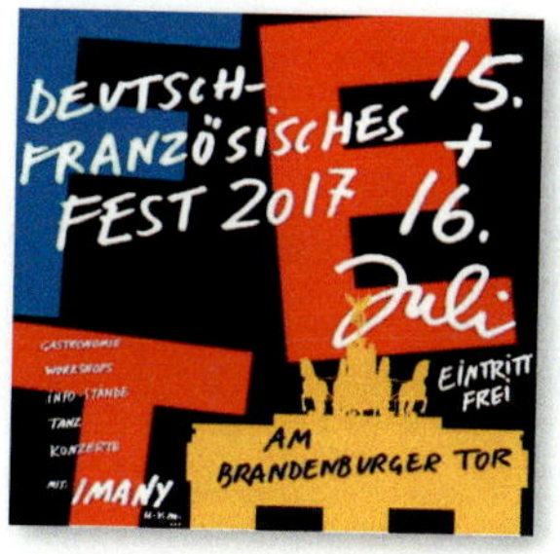

M3 Ein gemeinsames deutsch-französisches Fest in Berlin (2017)

> Der deutschen und französischen Jugend sollen alle Möglichkeiten geboten werden, um die Bande, die zwischen ihnen bestehen, enger zu gestalten und ihr Verständnis füreinander zu vertiefen.

M4 Aus dem deutsch-französischen Vertrag von 1963

M5 Deutsche und französische Studenten feiern gemeinsam in Paris den 91. Jahrestag des Endes des Ersten Weltkrieges. (2009)

4 Wem widmet sich der deutsch-französische Vertrag besonders? Erkläre. (M4)

5 Nenne Beispiele für die heutigen engen französisch-deutschen Beziehungen. (T2, M3 – M5)

6 Erkundige dich nach Beispielen für eine deutsch-französische Zusammenarbeit in deinem Heimatkreis. Präsentiere dein Ergebnis deiner Lerngruppe.

M1 1. Teilung Polens 1772 2. Teilung Polens 1793 3. Teilung Polens 1795

Eine schwierige Nachbarschaft

T1 • Polen als Spielball europäischer Großmächte

Der Ursprung des polnischen Staates liegt in einem Gebiet zwischen den Flüssen Weichsel und Warthe. Hier entstand im 10. Jahrhundert aus dem Zusammenschluss slawischer Stämme das polnische Königreich.

Innenpolitische Probleme und das Großmachtstreben Russlands, Preußens und Österreichs führten Ende des 18. Jahrhunderts zur Aufteilung Polens. Als Folge davon gab es den polnischen Staat nicht mehr. Eine lange Zeit der Fremdherrschaft begann, die polnische Bevölkerung wurde benachteiligt und unterdrückt.

Erst nach dem Ersten Weltkrieg wurde der Wunsch nach einem eigenständigen polnischen Staat mithilfe der Siegermächte Wirklichkeit. So kam es am 7. Oktober 1918 zur Neugründung des polnischen Staates. Dafür musste das im Krieg unterlegene Deutschland Gebiete an Polen abtreten und einen Zugang zur Ostsee für Polen zulassen.

Die Deutschen, die nun in den zu Polen gehörenden Gebieten lebten, wollten sich damit nicht abfinden. Viele verließen den polnischen Staat. Der Anteil der in Polen lebenden Deutschen sank deshalb in der Folgezeit von 42 % auf 12,5 %. Die Deutschen, die geblieben waren, wurden als Ausländer benachteiligt. Die Unzufriedenheit wuchs, zwischen Deutschen und Polen kam es zu Gewalttaten und Aufständen.

M2 Deutsches Plakat gegen die Abtretung von Gebieten an Polen (1921)

1 a) Hilfe Beschreibe M1.
b) Vermutet, was die polnische Bevölkerung empfand.
Bienenkorb

2 Stelle die Entwicklung Polens in einer Zeitleiste dar. (T1)

3 Analysiere das Plakat M2.
Placemat

4 Beschreibe das Verhältnis zwischen Deutschen und Polen nach dem Ersten Weltkrieg. (T1, M2)

Hilfe zu

1 a) Achte auf die Farben für Preußen, Russland und Österreich. Finde heraus, was mit dem polnischen Staat passierte.

T2 • Deutsche und Polen im Zweiten Weltkrieg

Der neu gegründete polnische Staat existierte nur 20 Jahre, denn am 1. September 1939 überfielen deutsche Truppen das Land. Nach der polnischen Niederlage teilten das Deutsche Reich und die Sowjetunion das polnische Staatsgebiet unter sich auf.

Die Polen litten sehr unter der deutschen Besatzung. Um Platz für deutsche Siedler zu schaffen, deportierten die Nationalsozialisten Teile der polnischen Bevölkerung. Viele Polen mussten Zwangsarbeit leisten. Besonders polnische Intellektuelle wurden von den Deutschen verfolgt und getötet. Insgesamt wurden über sechs Millionen Polen Opfer des Zweiten Weltkriegs.

deportieren
bedeutet, dass Menschen gegen ihren Willen aus ihrer Heimat weggebracht werden, oft in abgelegene Gebiete oder Arbeitslager

Intellektuelle
gebildete Menschen, die ihre Meinung öffentlich vertreten

M3 Erschießung von polnischen Zivilisten durch deutsche Soldaten (September 1939)

M4 Deportation von Polen aus Posen (1939)

> Einfaches Rechnen bis höchstens 500, Schreiben des Namens, eine Lehre, dass es ein göttliches Gebot ist, den Deutschen gehorsam zu sein und ehrlich, fleißig und brav zu sein. Lesen halte ich nicht für erforderlich.

M5 Der Reichsführer der SS Heinrich Himmler über die Bildung der polnischen Bevölkerung (Mai 1940)

86 Der Zweite Weltkrieg

5 Beschreibe das Schicksal Polens im Zweiten Weltkrieg. (T2)

6 Stelle den Umgang der deutschen Besatzer mit der polnischen Bevölkerung dar. (T2, M3, M4)
Lerntempoduett

7 a) Nenne die Bildungsziele Heinrich Himmlers für die polnische Bevölkerung. (M5)
b) Finde Gründe dafür und nimm Stellung.

8 Bewerte das Vorgehen der Deutschen gegenüber den Polen in einem Kommentar für eine Geschichtszeitung.

M1 Der deutsche Bundeskanzler Willy Brandt vor dem Denkmal für die Opfer des Aufstands im Warschauer Getto am 7. Dezember 1970

M2 Grenzverschiebungen 1945

In neuer Nachbarschaft mit Polen

Webcode
Filmclip über den Kniefall von Warschau
WES-100953-8

102/103
Menschen verlieren ihre Heimat

208/209
Annäherung und friedliche Koexistenz

T1 • Schwierige Annäherung

Nach dem Zweiten Weltkrieg war eine Neugestaltung der Beziehungen zunächst schwierig. Vielen Polen waren die Verbrechen der deutschen Besatzer noch in frischer Erinnerung. Von deutscher Seite stand die Vertreibung von ca. 3,5 Millionen Deutschen aus den ehemaligen deutschen Gebieten östlich der Flüsse Oder und Neiße einer Annäherung im Wege.

Während Polen und die DDR als Mitglied der sozialistischen Staatengemeinschaft eine eher verordnete Freundschaft pflegten, blieb das Verhältnis der Bundesrepublik zu Polen angespannt.

Das änderte sich erst ab 1970 mit der Neuen Ostpolitik des Bundeskanzlers Willy Brandt. Ziel dieser Politik war eine Versöhnung zwischen beiden Staaten. Das schloss auch den Verzicht auf Gebietsansprüche östlich der Oder-Neiße-Linie ein. Dagegen protestierten die Organisationen der Vertriebenen.

1. a) Beschreibe M1.
   b) Hilfe Was will der deutsche Bundeskanzler mit dieser Geste verdeutlichen?
   c) Vermutet, wie die Polen reagiert haben.
   Placemat
2. Nennt die Schwierigkeiten, die für gute deutsch-polnische Beziehungen nach 1945 überwunden werden mussten. (T1)
3. Hilfe Erläutere die Ostpolitik Willy Brandts. (T1, M1)

Hilfe zu

1. b) Denke an die Bedeutung der Redewendung „Vor jemandem auf die Knie fallen".

3. Du kannst dich an folgenden Oberbegriffen orientieren: Ziel, Konsequenz, Reaktionen.

T2 • Gelebtes Miteinander

Als sich 1990 der Weg zur deutschen Einheit abzeichnete, wuchsen in Polen die Befürchtungen vor einem wiedererstarkten Deutschland. Um diese Ängste zu zerstreuen, wurde im November 1990 ein Vertrag zwischen beiden Staaten unterzeichnet, der die Oder-Neiße-Linie als endgültige Grenze festlegte.

Im Jahr 1991 folgte der Abschluss eines deutsch-polnischen Freundschaftsvertrages. Er legte eine enge politische, wirtschaftliche und kulturelle Zusammenarbeit fest. Zur Förderung des Austauschs wurde das Deutsch-Polnische Jugendwerk geschaffen. Mittlerweile gibt es über 700 Städtepartnerschaften.

M3 Richtungsschilder für die Partnerstädte der polnischen Stadt Opole

Stereotype
Vereinfachung, Verallgemeinerung, Vorurteil

> Diese deutsch-polnischen Projekte im Rahmen grenzüberschreitender Zusammenarbeit ermöglichen den Jugendlichen vor allem, sich gegenseitig kennenzulernen und Stereotype zu überwinden. Sie sind auch eine gute Möglichkeit, sich die länderspezifischen Besonderheiten in der Ausbildung genauer anzuschauen. Entscheidend ist zudem, dass die Jugendlichen bei diesen Projekten andere, manchmal in ihrem eigenen Land nicht verfügbare Technologien kennenlernen, dass sie aber auch sehen, was in der Berufspraxis in beiden Ländern gleich ist.

M4 Ein polnischer Staatssekretär über gemeinsame deutsch-polnische Berufsbildungsprojekte in der Grenzregion (2015)

M5 Deutsche, polnische und französische Jugendliche bei einer gemeinsamen Projektwoche in Weimar (2006)

4 a) Nenne die Verträge zwischen Deutschland und Polen. (T2)
b) Welche Konsequenzen ergeben sich mit diesen Verträgen für das Verhältnis beider Staaten? (T2)

5 Nenne die Formen der Zusammenarbeit zwischen beiden Staaten. (T2, M3 – M5)

6 Arbeite aus M4 die Möglichkeiten des gemeinsamen Berufsbildungsprojektes heraus.

⑦ Recherchiere zu Beispielen für die deutsch-polnische Zusammenarbeit in deinem Heimatort bzw. Heimatkreis. Stelle deine Ergebnisse in einer Präsentation vor.

M1 Chanukkia-Leuchter und Weihnachtsbaum vor dem Brandenburger Tor 2018 in Berlin. Das erste Licht am Leuchter wurde vom Bundespräsidenten entzündet.

Jüdisches Leben in Deutschland nach 1945

T1 • Gehen oder bleiben?

Nach dem Ende des Nationalsozialismus war für viele jüdische Überlebende ein Weiterleben im „Land der Täter" nicht vorstellbar. Sie wanderten aus, vor allem in die USA und in das 1948 gegründete Israel. Andere entschieden sich aber ganz bewusst zu bleiben oder aus dem Exil und aus den Konzentrationslagern zurückzukehren.

Chanukkia
Lichterfest: ein jährliches jüdisches Fest, das acht Tage dauert

Aus vielen Gründen kamen Überlebende ... zurück. Einigen war das „Gastland" immer fremd geblieben, andere hatten keine Berufsperspektive gefunden. Wieder andere waren auf der Suche nach überlebenden Verwandten zurückgekehrt oder um Entschädigungsansprüche geltend zu machen. Alle hatten durchaus ambivalente (gemischte) Gefühle: Zum einen fühlten sie sich fremd in der „alten Heimat", zum anderen verschoben sie ihre Abreise immer wieder, bis sie schließlich sesshaft geworden waren, ohne es zu bemerken oder je wirklich gewollt zu haben.

M2 Der Zentralrat der Juden in Deutschland über den Neubeginn nach 1945 (Webesite des Zentralrats der Juden in Deutschland, 2016)

1. a) Beschreibt M1.
   b) Welche Aussage vermittelt das Foto?
2. Vor welcher Entscheidung standen die jüdischen Überlebenden 1945? (T1)
3. Nenne die Gründe für das Bleiben. (T1, M2).
4. Erläutere den Satz aus M2: „... bis sie schließlich sesshaft geworden waren, ohne es zu bemerken oder je wirklich gewollt zu haben."

T2 • Teil unseres Landes

Bis 1990 lebten ca. 30 000 jüdische Bürger in beiden deutschen Staaten. Sie organisierten sich in jüdischen Gemeinden. Nach dem Ende der Sowjetunion siedelten über 200 000 Juden nach Deutschland über. Das jüdische Leben in Deutschland bekam neue Impulse, bereicherte Wirtschaft und Kultur unseres Landes. Heute gibt es wieder jüdische Schulen, Läden und Restaurants.

M3 Neue Synagoge Bochum (erbaut 2005 – 2007)

T3 • Fortdauernder Antisemitismus

Aber auch heute müssen sich jüdische Bürger mit Ablehnung und Anfeindungen auseinandersetzen. Noch immer gibt es Angriffe gegen jüdische Einrichtungen oder offene oder versteckte Beleidigungen.

> Einige ... versuchten, ihm auch geschäftlich zu schaden, ... indem sie hetzerische Restaurantbewertungen ins Internet stellten wie: „Die panierte Vorhaut war nicht knusprig genug." Manche reservierten unter dem Namen „Hitler" oder „Judenhasser" einen Tisch.

M4 Antisemitische Aktionen gegen einen jüdischen Restaurantbesitzer in Berlin

M5 Ein jüdischer Journalist auf dem Berliner Kollwitzplatz 2018

5 Hilfe Beschreibe die weitere Entwicklung jüdischen Lebens in Deutschland. (T2)

6 Arbeite aus T3, M4 und M5 heraus, wie sich Antisemitismus heute zeigt.

7 Verfasse einen Kommentar für die Schülerzeitung zu einer der geschilderten antisemitischen Aktionen. Schreibe mindestens zehn Zeilen.

> Ich bin 1954 geboren, neun Jahre nach dem Ende des Zweiten Weltkriegs und der Schoah des jüdischen Volkes. Aufgewachsen bin ich in Jerusalem, in einem Viertel, in dem die meisten Bewohner nicht fähig waren, das Wort Deutschland überhaupt in den Mund zu nehmen. Es war erfüllt von Angst und Hass. Deutschland war „dort".

M1 Der israelische Schriftsteller David Grossmann 2015 in einem Artikel für das Magazin „Der Spiegel"

Die Aussöhnung mit Israel

Schoah
(auch Schoa, Shoah oder Shoa) hebräisches Wort. Es bedeutet Katastrophe und bezeichnet den Völkermord an den europäischen Juden durch die Nationalsozialisten.

T1 • Ein schwieriger Beginn

Eine große Anzahl jüdischer Bürger, welche die Verbrechen der Nationalsozialisten in Europa überlebt hatten, fanden in Israel eine neue Heimat. Aus diesem Grund stellte sich für den Staat Israel die Frage, wie man die Beziehungen zur Bundesrepublik Deutschland, dem Land der Täter, gestalten sollte.

Zunächst stand die materielle Entschädigung für begangene Verbrechen im Vordergrund. Im Luxemburger Abkommen von 1952 verpflichtete sich die Bundesrepublik zur Zahlung von 3,5 Milliarden DM, was heute einem Wert von ca. 7,6 Milliarden Euro entspricht. Voraussetzung war, dass der Bundestag 1951 die deutsche Verantwortung für die Verbrechen an den Juden anerkannte. Das Abkommen war vor allem in Israel umstritten und sorgte für Proteste, da die Zahlung als „Blutgeld der Mörder" bewertet wurde. Für den Staat Israel waren diese finanziellen Mittel aber notwendig, um die vielen eingewanderten Juden einzugliedern. Die Bundesrepublik erhoffte sich eine Anerkennung als gleichberechtigter Partner auf internationaler Ebene.

T2 • Die Aufnahme diplomatischer Beziehungen

In den 1950er-Jahren wurden die Kontakte zwischen der Bundesrepublik und Israel inoffiziell geknüpft. So vereinbarten 1957 die Verteidigungsministerien beider Länder in geheimen Gesprächen, dass Deutschland Israel finanziell unterstützt, damit Israel Rüstungsgüter kaufen konnte. Dies sorgte bei Bekanntwerden im Jahr 1964 für große Aufregung.

Zu einem ersten offiziellen Treffen zwischen den Regierungschefs beider Länder kam es 1960 in New York. Im Jahr 1965 wurden dann diplomatische Beziehungen zwischen Israel und der Bundesrepublik Deutschland aufgenommen. Weitere fünf Jahre dauerte es bis zum ersten offiziellen Besuch eines israelischen Politikers in Deutschland.

Beiden Ländern ist wichtig, dass ein Austausch nicht allein auf politischer Ebene stattfindet. Nur vielfältige Kontakte auf den verschiedensten Gebieten können die gewollte Aussöhnung erreichen. Deshalb wurde 1966 die Deutsch-Israelische Gesellschaft gegründet. Austauschprogramme und Städtepartnerschaften unterstützen dieses Anliegen. Heute ist Deutschland der wichtigste Handelspartner Israels in Europa.

M2 Außenministerin Annalena Baerbock in der israelischen Gedenkstätte Yad Vashem, die an die im Holocaust getöteten Juden erinnert (2022)

> Dass wir 70 Jahre nach der Befreiung von Auschwitz das fünfzigjährige Bestehen unserer diplomatischen Beziehungen feiern können, ist alles andere als selbstverständlich. Es scheint insbesondere für uns Deutsche wie ein Wunder. Es wurde möglich, weil das Land der Opfer dem Land der Täter die Hand reichte – erst zögernd, dann entschieden. Es wurde auch möglich, weil mein Land sich zu historischer Schuld ebenso wie zu aktueller Verantwortung für das Existenzrecht Israels bekannt hat und weiter bekennt ...

M3 Außenminister Frank-Walter Steinmeier in einer Rede anlässlich des 50. Jahrestages der deutsch-israelischen Beziehungen (2015)

T3 • Israel und die DDR

Weit schwieriger gestalteten sich die Beziehungen zwischen Israel und der DDR. Wiedergutmachungsforderungen Israels wies die DDR zurück, da sie sich als Staat sah, der sich auf strikt antifaschistischen Traditionen gründete. Viele führende Politiker der DDR waren von den Nationalsozialisten verfolgt worden. Deshalb wies die Staatsführung die Verantwortung für Verbrechen, die im Zweiten Weltkrieg von den Deutschen begangen wurden, von sich.

Erschwerend kam die Blockbildung des Kalten Krieges hinzu. Da sich Israel dem Westen annäherte, unterstützte die DDR die arabischen Staaten, die Israel feindlich gegenüberstanden. Dies galt vor allem für die Palästinensische Befreiungsorganisation (PLO), welche den Staat Israel nicht anerkannte und deshalb bekämpfte.

Zwischen der DDR und Israel gab es keine offiziellen diplomatischen Beziehungen. Die Haltung der DDR änderte sich erst nach der Wende. Das frei gewählte Parlament der DDR bekannte sich 1990 zur Verantwortung der Deutschen in der DDR für die Geschichte und damit auch für die im Zweiten Weltkrieg begangenen Verbrechen.

antifaschistisch
gegen undemokratische, rechtsradikale Systeme ausgerichtet sein

Wende
friedliche Revolution in der DDR, durch die weitreichende politische und gesellschaftliche Änderungen erreicht wurden

1 a) Fasse die Aussage aus M1 zusammen.
b) Erkläre die Bedeutung von „dort“.
c) Vermute, welche Auswirkungen dies auf die deutsch-israelischen Beziehungen hatte.

2 Begründe die besondere Bedeutung der Beziehungen zu Deutschland für Israel. (T1)

3 a) Nenne den Inhalt des Luxemburger Abkommens. (T1)
b) Beschreibe die Bedeutung des Abkommens für die Bundesrepublik und Israel.
c) Die Zahlungen Deutschlands wurden von Kritikern in Israel als „Blutgeld“ bezeichnet. Erkläre.

4 a) Stelle die weitere Entwicklung der deutsch-israelischen Beziehungen dar. (T2)
b) Beschreibe, wie eine Aussöhnung zwischen beiden Völkern erreicht wurde. (T2, M2)

5 In M3 heißt es, dass es „alles andere als selbstverständlich“ sei, das fünfzigjährige Bestehen der deutsch-israelischen Beziehungen zu feiern. Begründe diese Aussage.

6 a) Beschreibe die Beziehungen zwischen der DDR und Israel. (T3)
b) Arbeite die Gründe hierfür heraus. (T3)
c) Bis 1990 entzog sich die DDR der Verantwortung für nationalsozialistische Verbrechen. Nimm Stellung.

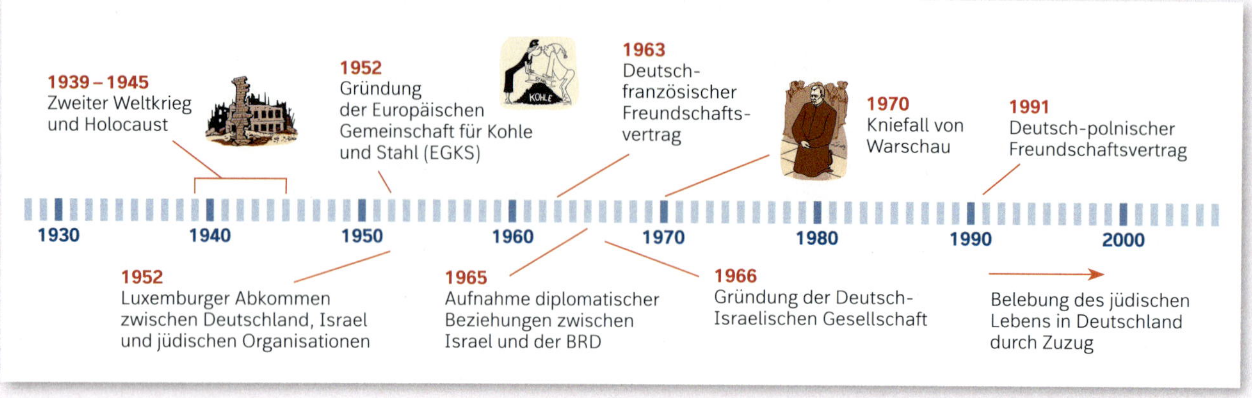

Aus Feinden werden Freunde

Wozu führt Feindschaft zwischen Nachbarn?

Deutschland hatte über die Jahrhunderte mit seinen Nachbarn ein schwieriges Verhältnis. Oft begegnete man sich mit Misstrauen und Ablehnung.

Im Zweiten Weltkrieg begingen deutsche Truppen in Frankreich und Polen schwere Kriegsverbrechen. Nach dem Ende des Zweiten Weltkriegs wurden Millionen Deutsche aus den nun zu Polen gehörenden Gebieten östlich der Flüsse Oder und Neiße vertrieben.

Können aus Feinden Freunde werden?

Nach dem Zweiten Weltkrieg wuchs allmählich die Einsicht, dass nur ein friedliches Miteinander neue Kriege verhindern kann. Mit der Gründung der Montanunion wurde die Grundlage für eine partnerschaftliche Zusammenarbeit Deutschlands und Frankreichs gelegt.

Eine Aussöhnung mit Polen gestaltete sich schwieriger. Vor allem die aus den ehemaligen deutschen Ostgebieten Vertriebenen waren zunächst nicht bereit, die Oder-Neiße-Linie als Grenze zu Polen anzuerkennen. Die neue Ostpolitik unter Willy Brandt öffnete den Weg für eine Normalisierung der Beziehungen zu Polen.

Dass sich Deutschland der Verantwortung für die Verbrechen im Zweiten Weltkrieg stellte, war insbesondere für die Gestaltung der Beziehungen zu Israel eine wesentliche Voraussetzung. Dadurch konnten im Jahr 1965 diplomatische Beziehungen aufgenommen werden.

Was bestimmt die heutigen Beziehungen?

Heute sind Freundschaftsverträge Grundlage für die Beziehungen zwischen Deutschland, Frankreich und Polen. Zwischen Deutschland und Israel gibt es zwischenstaatliche Vereinbarungen auf vielen Gebieten. Die Zusammenarbeit findet aber nicht nur auf staatlicher Ebene statt. Wichtig ist, dass die freundschaftlichen Beziehungen auch den Alltag der Bürger bestimmen. Städtepartnerschaften oder Jugendaustausche prägen heute das Zusammenleben der Länder.

Aussöhnung
Ein neuer Krieg ließ sich nur verhindern, wenn nicht mehr Feindschaft und Rache Grundlage der Beziehungen zwischen Nachbarn sind. Um dies zu erreichen, musste Deutschland für die im Krieg begangenen Verbrechen Verantwortung übernehmen. Dazu zählt auch ein finanzieller Ausgleich.

Erbfeindschaft
Deutschland und Frankreich sahen sich viele Jahrhunderte als Konkurrenten. Man misstraute einander und stand sich feindlich gegenüber. Diese Einstellung wurde auf die nachfolgenden Generationen übertragen, also vererbt.

Freundschaftsvertrag
Lange Zeit waren die Beziehungen Deutschlands zu seinen Nachbarn durch gewaltsame Auseinandersetzungen geprägt.
Nach dem Zweiten Weltkrieg wollte man einen neuen Weg finden. Deshalb schlossen Deutschland und Frankreich 1963 einen Freundschaftsvertrag, in dem sich beide Seiten verpflichten, die Beziehungen freundschaftlich zu gestalten. Im Jahr 1991 wurde der deutsch-polnische Freundschaftsvertrag unterzeichnet.

Montanunion
Um künftige Kriege unmöglich zu machen, beschlossen Deutschland und Frankreich 1951 ihre Kohle- und Stahlproduktion zusammenzulegen. Diese Wirtschaftszweige waren für die Herstellung von Waffen von besonderer Bedeutung. Belgien, die Niederlande, Luxemburg und Italien schlossen sich dem Abkommen an.

Neue Ostpolitik
Nach dem Zweiten Weltkrieg blieb das Verhältnis zwischen Polen und der Bundesrepublik Deutschland zunächst angespannt. Die Verbrechen der Nationalsozialisten in Polen, aber auch die Vertreibung der Deutschen standen einer Versöhnung im Weg.
Im Jahr 1970 versuchte die Bundesregierung unter Willy Brandt durch Verträge die Beziehungen zu den osteuropäischen Staaten zu verbessern. Im Warschauer Vertrag erkannten Deutschland und Polen die Grenzen in Europa als unverletzlich an und vereinbarten gegenseitig auf militärische Gewalt zu verzichten.

Oder-Neiße-Grenze
Nach dem Zweiten Weltkrieg wurden die ehemals zu Deutschland gehörenden Gebiete östlich der Flüsse Oder und Neiße Polen zugesprochen.
Eine Normalisierung der Beziehungen zwischen Deutschland und Polen setzte die Anerkennung dieser Linie als Staatsgrenze voraus. Diese erfolgte im Zuge der deutschen Wiedervereinigung im Jahr 1990. Damit war der Weg für den Abschluss eines Freundschaftsvertrages zwischen Polen und Deutschland bereitet.

Vertreibung
Um Platz für deutsche Siedler zu schaffen, vertrieben die Nationalsozialisten zahlreiche Polen nach Osten. Nach der deutschen Niederlage wurde die Vertreibung der Deutschen aus den ehemals deutschen Gebieten östlich der Flüsse Oder und Neiße beschlossen und umgesetzt.

Aus Feinden werden Freunde

1. Fehler finden

Dem Schulbuchautor sind bei der Zusammenfassung einige Fehler unterlaufen. Finde die Fehler und schreibe die Sätze berichtigt in dein Heft.

a) Der französische Außenminister Robert Schumann entwickelte einen Plan, die deutsche und französische Erdöl- und Stahlproduktion zusammenzulegen.

b) Diese Zusammenlegung wird als Montanunion bezeichnet und bildet den Grundstein für ein geeintes Amerika.

c) Heute sind die Beziehungen zwischen den beiden Staaten sehr eng und freundschaftlich. Das Deutsch-französische Handwerk organisiert den Austausch von Jugendlichen beider Länder.

d) Das Verhältnis der Bundesrepublik Deutschland zu Polen änderte sich erst mit der Neuen Südpolitik des Bundeskanzlers Konrad Adenauer.

e) Diese Politik der Versöhnung zwischen beiden Staaten schloss den Verzicht Deutschlands auf Gebiete östlich der Elbe-Oder-Linie ein.

f) Ausdruck des heutigen freundschaftlichen Verhältnisses zwischen Deutschland und Polen sind die über 20 Städtepartnerschaften.

g) Nach dem Ende des Zweiten Weltkrieges konnten sich viele jüdische Überlebende ein Weiterleben im „Land der Täter" nicht mehr vorstellen. Sie wanderten vor allem nach Norwegen und Schweden aus.

h) Bis 1990 lebten cirka 3 Millionen jüdische Bürger in Deutschland. Diese Zahl stieg durch Übersiedelung nach dem Ende Jugoslawiens stark an.

i) Auch noch heute müssen sich jüdische Bürger mit antisowjetischen Anfeindungen auseinandersetzen.

j) Voraussetzung für die Aussöhnung Deutschlands mit Israel war, dass der deutsche Landtag die deutsche Verantwortung für Verbrechen an den Juden anerkannte.

k) Im Liechtensteiner Abkommen von 1952 verpflichtete sich die Bundesrepublik zu einer Zahlung von 3,5 Milliarden DM.

m) Nach der Aufnahme offizieller diplomatischer Beziehungen 1965 dauerte es weitere 20 Jahre bis zum ersten offiziellen Besuch eines israelischen Politikers in Deutschland.

3. Eine Propagandapostkarte erschließen

Diese Postkarte entstand während der Zeit des Ersten Weltkrieges in Frankreich. Die Überschrift „Graine de Poilu" bezeichnet den Jungen als Nachfolger französischer Soldaten.

a) Beschreibe die Postkarte.
b) Erkläre die Aussageabsicht.
c) Erschließe die Sichtweise auf das deutsch-französische Verhältnis.

Think – Pair – Share

4. Jahreszahlen zuordnen

a) Folgende Ereignisse sind wichtige Meilensteine für die Beziehungen Deutschlands zu Israel, Polen und Frankreich. Übernimm die Tabelle in deinen Hefter, bringe die Ereignisse in die richtige Reihenfolge und ordne ihnen die richtigen Jahreszahlen zu.

Ereignis	Jahr/Zeitraum
Neugründung des polnischen Staates	1948
Erneuerung des deutsch-französischen Freundschaftsvertrages	1991
Gründung des Staates Israel	1963
Gründung des Deutschen Reiches	1939 – 1945
Erster Weltkrieg	1918
Deutsch-Polnischer Freundschaftsvertrag	1919
Teilungen Polens	1914 – 1918
Deutschland und Isreal nehmen diplomatische Beziehungen auf	1871
Deutsch-französischer Freundschaftsvertrag	1870/71
Versailler Vertrag	1806 – 1813
napoleonische Fremdherrschaft	1965
Zweiter Weltkrieg	1772 – 1795
Deutsch-Französischer Krieg	2019

b) Suche dir drei Ereignisse aus und beschreibe mit je drei Aussagen ihre Bedeutung für das Verhältnis Deutschlands zu seinen Nachbarn.

Partnervortrag oder Kugellager

M1 Das europäische Parlament in Straßburg

Der europäische Einigungsprozess

- Wie entstand die Idee eines vereinten Europas?
- In welchen Schritten verlief der Einigungsprozess?
- Vor welchen Herausforderungen steht die Europäische Union?

M2 Eröffnung des Europa-Kongresses in Den Haag am 7. Mai 1948

M3 Demonstration in Berlin 2017

M1 Warteschlangen vor Lebensmittelgeschäften in Deutschland und Frankreich 1945

Ein schwieriger Beginn

T1 • Europa in Asche und Trümmern

Am 8. Mai 1945 endete mit der Kapitulation Deutschlands der Zweite Weltkrieg in Europa. In vielen Ländern Europas feierten die Menschen die Befreiung, dennoch standen sie vor vielen Problemen.

Der Krieg hatte zu großen Bevölkerungsverlusten und zu massiven Zerstörungen geführt. Das betraf auch die Industrie und die Infrastruktur, was zu erheblichen Versorgungsproblemen beitrug.

Kapitulation
eine Erklärung, mit der man in einem Krieg angibt, besiegt worden zu sein. Wer kapituliert, hört auf zu kämpfen und ergibt sich.

Infrastruktur
Dinge, die für eine funktionierende Gesellschaft und Wirtschaft notwendig sind; zum Beispiel:
- Verkehrsinfrastruktur, (Straßen, Eisenbahn, Luftverkehr u. a.),
- technische Infrastruktur (Strom, Wasser u. a.),
- soziale Infrastruktur (Schulen, Gesundheitswesen u. a.)

Immobilien
Grundstück, Haus oder Wohnung

> Insgesamt wurden also 17 995 private Gebäude beschädigt, d. h. etwa ein Drittel aller vor dem Krieg existierenden Gebäude. Die Kosten für diese Reparaturen werden auf 3,5 bis 4 Milliarden ... Francs geschätzt. In diesem Betrag werden nicht die Schäden berücksichtigt, die an öffentlichen Gebäuden des Staates, Schienennetzen, ... Straßen und Wegen, am Telefonnetz und der Elektrizitätsversorgung entstanden sind. Der Gesamtbetrag allein der Schäden am Immobilienbesitz beläuft sich also auf etwa 5 Milliarden, d. h. 18 000 Francs pro Einwohner.

M2 Der luxemburgische Verantwortliche für den Wiederaufbau 1946 über die materiellen Kriegsschäden in Luxemburg

Viele Menschen hatte der Krieg ihrer Heimat beraubt. Ehemalige Inhaftierte der Konzentrationslager, Zwangsarbeiter, Geflüchtete und Vertriebene waren auf der Suche nach einem neuen Zuhause.

1 a) Beschreibe ein Foto in M1.
b) Vergleicht die Fotos.
c) Vermutet die Gründe für die dargestellte Situation.
Partnerpuzzle

2 Hilfe Erkläre die Lage der Menschen in Europa nach dem Ende des Krieges. (T1, M2)

Hilfe zu
2 Folgende Oberbegriffe kannst du nutzen: Zerstörung, Versorgung, Heimatsuche.

T2 • Erste Ideen zur Zusammenarbeit

124/125 Zwei Machtblöcke entstehen

Die Situation in Europa verschärfte sich durch eine zunehmende Konfrontation der Siegermächte des Zweiten Weltkrieges. Die Gefahr eines erneuten Kriegsausbruchs nahm zu.

Angesichts dessen wuchs in Europa die Einsicht, dass ein neuer Krieg unbedingt verhindert werden musste. Die Zukunft Europas konnte nicht in einem Gegeneinander der europäischen Staaten, sondern nur in der Zusammenarbeit liegen.

T3 • Churchills Europarede

Am 19. September 1946 hielt der ehemalige englische Premierminister Winston Churchill eine viel beachtete Rede in Zürich. In dieser schlug er die Bildung der „Vereinigten Staaten von Europa" vor.

Die Grundlagen sah er in der gemeinsamen christlichen Tradition und in den Ansätzen der Zusammenarbeit im Völkerbund in der Zeit zwischen den beiden Weltkriegen.

Die Notwendigkeit begründete er mit dem damaligen Zustand Europas. Hier sah er die Gefahr eines erneuten Ausbruchs von Konflikten. Dies konnte seiner Meinung nach nur durch eine verstärkte Zusammenarbeit der europäischen Staaten verhindert werden.

Der erste Schritt zu einer Neuschöpfung der europäischen Völkerfamilie muss eine Partnerschaft zwischen Frankreich und Deutschland sein. Nur so kann Frankreich seine moralische und kulturelle Führerrolle in Europa wiedererlangen. Es gibt kein Wiederaufleben Europas ohne ein geistig großes Frankreich und ein geistig großes Deutschland. Wenn das Gefüge der Vereinigten Staaten von Europa gut und richtig gebaut wird, so wird die materielle Stärke eines einzelnen Staates weniger wichtig sein. Kleine Nationen werden genau so viel zählen wie große, und sie werden sich ihren Rang durch ihren Beitrag für die gemeinsame Sache sichern.

M3 Winston Churchill bei seiner Rede in der Aula der Universität Zürich im November 1945

3. Nenne den Grund, der zur Verschärfung der Probleme der europäischen Staaten führte. (T2)
4. Erkläre, wie ein erneuter Krieg in Europa verhindert werden sollte. (T2)
5. Hilfe Erläutere Churchills Vorstellungen der „Vereinigten Staaten von Europa". (T3, M3)
6. Verfasse aus Sicht eines Teilnehmers einen Tagebucheintrag über deine Eindrücke von Churchills Rede in Zürich. (T3, M3)

Hilfe zu

5. Beachte die Rolle Frankreichs, Deutschlands und der kleineren Nationen.

M1 Eröffnung des Europa-Kongresses in Den Haag am 7. Mai 1948

Zum ersten Mal schmückte der fünfte Buchstabe des Alphabets die grün-weiße Fahne des Kontinents. ... Duncan Sandys, der Schwiegersohn Churchills, soll das Europa-Emblem erfunden haben. Lose Journalistenzungen nennen es auch „Sandys' Unterhosen“. Denn es wirkt wie dies stolze Kleidungsstück, liebevoll auf einen grünen Rasen gebreitet.

M2 Aus dem Nachrichtenmagazin „Der Spiegel“ vom 18. August 1949

Die Anfänge des Zusammenwachsens

M3 Erster Entwurf einer Europaflagge

T1 • Verschiedene Vorstellungen

Die Idee eines gemeinsamen Europas fand schnell viele Befürworter. Ihnen schien das der geeignete Weg zu sein, um den Frieden dauerhaft zu sichern. Europa sollte als dritte Kraft neben den Vereinigten Staaten und der Sowjetunion in Erscheinung treten und so zwischen den Kontrahenten vermitteln.

Zu der Frage, wie ein geeintes Europa aussehen sollte, gab es verschiedene Ideen. Einige sahen das Christentum als Grundlage eines gemeinsamen Europas. Für andere war eine gemeinsame wirtschaftliche Entwicklung der Motor des Zusammenwachsens. Wieder andere wollten ein soziales Europa und dabei die Entwicklung gleicher Lebensverhältnisse für die Einwohner in den Vordergrund stellen.

Unterschiedliche Ideen existierten auch über die Organisation der europäischen Einigung. Einige strebten einen Zusammenschluss weiterhin souveräner Staaten an, während andere eine Föderation mit einer gemeinsamen Behörde oder auch Regierung errichten wollten. In diesem Fall würden die einzelnen Staaten Befugnisse an diese übertragen.

Kontrahenten
Gegenspieler, Gegner

souverän
eigenständig handelnd, beispielsweise was die Gesetzgebung betrifft

1 a) Erkläre, was mit „Sandys' Unterhosen“ gemeint war. (M1, M2, M3)
b) Diskutiert die Bedeutung von Symbolen für eine Gemeinschaft.
Think – Pair – Share

2 Hilfe Beschreibe die unterschiedlichen Vorstellungen von einem geeinten Europa. (T1)

3 Diskutiert, welche Form der Zusammenarbeit ihr für effektiver haltet. (T1)
Bienenkorb

Hilfe zu
2 Unterscheide zwischen Grundlage und Organisationsform.

T2 • Erste Schritte der Zusammenarbeit

Zunächst gelang es auf wirtschaftlichem Gebiet, konkrete Vereinbarungen zur Zusammenarbeit zu treffen. Mit der Annahme des Marshall-Plans einigten sich sechzehn europäische Staaten am 16. April 1948 auf die Schaffung einer Organisation für europäische wirtschaftliche Zusammenarbeit (OEEC). Die Bundesrepublik trat dieser Organisation 1949 bei.

Auf dem Den Haager Kongress im Mai 1948 einigten sich die Vertreter verschiedener europäischer Länder auf ein einheitliches Vorgehen. Ein gemeinsamer Koordinierungsausschuss sollte die weiteren Schritte bündeln und konkrete Maßnahmen der Zusammenarbeit auf vielen Gebieten verabreden.

Am 5. Mai 1949 wurde dann in London von zunächst zehn Staaten die Gründung des Europarates beschlossen. Der Europarat umfasste die Beratende Versammlung, die aus gewählten Delegierten der Mitgliedsländer bestand, und einen Ministerrat, in den die Länderregierungen Vertreter entsandten. Damit sollte ein Kompromiss zwischen den verschiedenen Ideen einer europäischen Zusammenarbeit hergestellt werden. Heute gehören dem Europarat 46 Länder an.

M4 Plakat zur Gründung der OEEC von 1948

M5 Sitzung der Beratenden Versammlung des Europarates in Straßburg 1953

Föderation
Zusammenschluss einzelner Staaten oder Gebiete, die zwar eigenständig bleiben, aber zum Beispiel gemeinsam verwaltet werden

Delegierte
Personen, die gewählt werden, um sich stellvertretend für Interessen einer Gruppe einzusetzen

④ Hilfe Liste die ersten Schritte der Zusammenarbeit in einer Tabelle auf. (T2, M4)

⑤ Stell dir vor, du bist ein Teilnehmer der Beratenden Versammlung. (M5) Beschreibe deine Eindrücke, vor allem in Bezug auf den Tagungsort.
Lerntempoduett

⑥ Erkläre, inwiefern die Schaffung des Europarates ein Kompromiss zwischen den unterschiedlichen Vorstellungen darstellt. (T1, T2)

Hilfe zu

④ Du kannst eine Tabelle mit drei Spalten anlegen: Zeitraum, Ereignis, Inhalte.

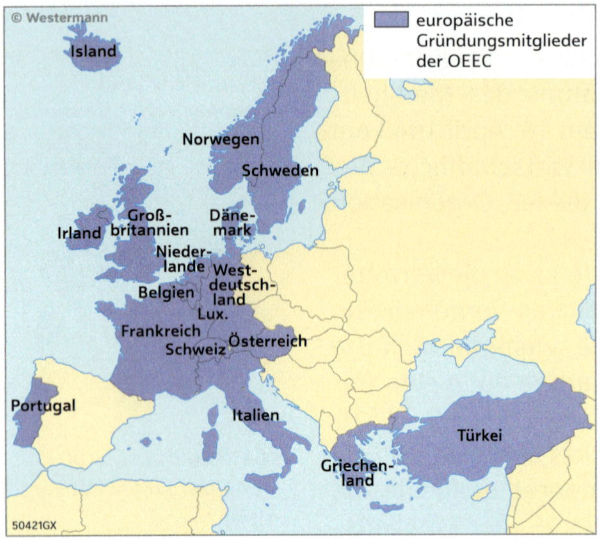

M1 Teilnehmerstaaten der Organisation für europäische wirtschaftliche Zusammenarbeit (OEEC), die von 1948 bis 1961 die Umsetzung des Marshall-Plans koordinierte

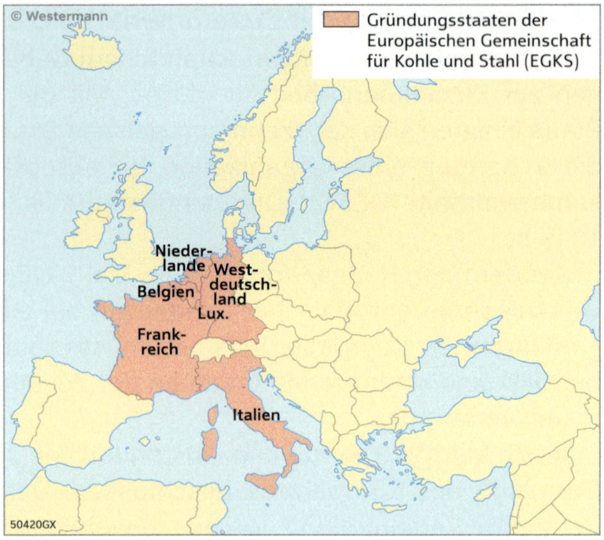

M2 Teilnehmerstaaten der 1951 gegründeten Europäischen Gemeinschaft für Kohle und Stahl (EGKS)

Ein Kerneuropa entsteht

T1 • Die Europäische Wirtschaftsgemeinschaft

Über Jahrhunderte hatte die Feindschaft zwischen Frankreich und Deutschland zu vielen kriegerischen Auseinandersetzungen geführt. Ein friedliches Europa war daher nur durch die Aussöhnung dieser Staaten möglich. Deshalb schlug der französische Außenminister Robert Schuman am 9. Mai 1950 eine Zusammenarbeit beider Staaten vor. Dabei sollten die Schwerindustrien Frankreichs und Deutschlands unter eine gemeinsame Verwaltung gestellt werden. Auf diesem Plan basierend wurde 1951 mit den Pariser Verträgen die Europäische Gemeinschaft für Kohle und Stahl (EGKS) gegründet, auch Montanunion genannt. Italien und die Benelux-Staaten gehörten ebenfalls zu den Gründungsmitgliedern.

Durch die Römischen Verträge schufen diese Staaten 1957 die Europäische Wirtschaftsgemeinschaft (EWG). Auf diese Weise wurde die Zusammenarbeit auf alle Wirtschaftszweige ausgeweitet. Ergänzt wurde die Gemeinschaft durch die Europäische Atomgemeinschaft (Euratom), in der sich die Mitgliedsstaaten für eine friedliche Nutzung der Atomenergie einsetzten. Ein Beitritt zur Gemeinschaft stand anderen Staaten offen.

Schwerindustrie
Sammelbegriff für Bergbaubetriebe und solche, die Eisen und Stahl verarbeiten

Benelux-Staaten
Belgien, Niederlande, Luxemburg

176/177
Die Westintegration der Bundesrepublik

1 a) Vergleiche M1 und M2.
b) Vermute, warum man bei M2 von einem Kerneuropa spricht.
Think – Pair – Share

2 Hilfe Nenne die weiteren Schritte der Zusammenarbeit. (T1)

3 Erkläre, inwiefern eine gemeinsame Verwaltung der Schwerindustrie den Frieden sichern kann.

Hilfe zu
2 Du kannst die Tabelle von Seite 257 fortsetzen.

T2 • Das Scheitern einer Verteidigungsgemeinschaft

Angesichts der zunehmenden Spaltung Europas entstanden auch Pläne für eine militärische Zusammenarbeit. Die französische Regierung unterbreitete 1951 den Vorschlag, eine europäische Armee aufzubauen. Diese Armee sollte von einem europäischen Verteidigungsminister geleitet werden, aber dem Oberkommando der NATO unterstehen.

1952 wurde der Vertrag zur Schaffung einer Europäischen Verteidigungsgemeinschaft (EVG) unterzeichnet. Die europäische Armee sollte 40 nationale Divisionen zu je 13000 Mann in einheitlicher Uniform umfassen. Es war vorgesehen, westdeutsche Truppen nach erfolgter Wiederbewaffnung in diesen Verband einzugliedern.

Dagegen gab es jedoch vor allem in Frankreich erhebliche Widerstände. Das französische Parlament verweigerte 1954 die Zustimmung zum Vertrag. Damit war der Plan einer gemeinsamen europäischen Armee gescheitert.

126/127 Europa wird geteilt

130 Die NATO

Divisionen
Begriff, der eine Einheit im Militär beschreibt

solide
stabil, verlässlich

Koalition
Zusammenschluss verschiedener Gruppen, um gemeinsame Ziele zu verfolgen

> Die EVG erschien so in ihrem ungünstigsten Licht: als eine Art solider Koalition mit dem Ziel, Frankreich, ob es will oder nicht, nicht nur die Wiederbewaffnung Deutschlands, sondern dessen Vorherrschaft in Europa aufzuzwingen.

M3 Die französische Zeitung „Le Monde" vom 1. September 1954

M4 Karikatur in „Die Welt" vom 27. September 1954

4 Hilfe Erkläre den Plan zur Schaffung einer Europäischen Verteidigungsgemeinschaft. (T2)
Placemat

5 Arbeite aus M3 und M4 die Gründe für die Ablehnung der EVG in Frankreich heraus.

6 Beurteile die Widerstände in Frankreich gegenüber einer europäischen Armee.

M1 Karikatur von 1977

Europa wird groß

T1 • Von der EWG zur Europäischen Gemeinschaft

Gemeinsam machten sich die sechs Mitgliedsstaaten auf den Weg zu einer engeren Zusammenarbeit. Im Jahr 1967 wurden Institutionen der EWG, der EGKS und von Euratom zusammengefasst. So entstand die Europäische Gemeinschaft (EG). Neben der wirtschaftlichen sollte nun auch die politische Zusammenarbeit vorangetrieben werden. Der erste Präsident der EG-Kommission wurde der Belgier Jean Rey.

Das Projekt eines freien Handels durch eine Zollunion wurde 1968 abgeschlossen. Zwischen den Mitgliedsstaaten fielen die Binnenzölle weg, zu anderen Staaten wurden gemeinsame Außenzölle vereinbart.

Die Entwicklung der Gemeinschaft machte auch einen Beitritt für andere Staaten erstrebenswert. Bis 1986 wuchs die Zahl der Mitglieder auf zwölf:
1973: Großbritannien, Irland, Dänemark
1981: Griechenland
1986: Portugal und Spanien

Institutionen
öffentliche oder staatliche Einrichtungen, die bestimmte Aufgaben übernehmen. Die Schule ist beispielsweise eine staatliche Einrichtung, die einen Teil der Bildung übernimmt.

Binnenzölle
Zölle, die an Grenzen innerhalb einer Staatengemeinschaft erhoben werden

1 a) Beschreibe die Karikatur M1.
b) Vermute, warum der Karikaturist von einer „stillen Feier" spricht.

2 Hilfe Stelle die weiteren Entwicklungsschritte des europäischen Einigungsprozesses dar. (T1)
Think – Pair – Share

3 Diskutiert mögliche Vor- und Nachteile einer Erweiterung der EG.
Placemat

Hilfe zu
2 Führe die Tabelle der Vorseiten weiter.

T2 • Notwendige Reformen

In den 1970er-Jahren zeigten sich verschiedene Probleme in der Zusammenarbeit. Aufgrund einer Ölpreiskrise war die wirtschaftliche Entwicklung in den Teilnehmerstaaten zurückgegangen. Die Arbeitslosenzahlen und die Staatsverschuldung waren gestiegen. Hinzu kam, dass die vergrößerte Mitgliederzahl es notwendig machte, Entscheidungsprozesse in der Gemeinschaft zu reformieren.

Ein Ansatz der Problemlösung war eine Stärkung des Europäischen Parlaments. Die Abgeordneten waren bisher durch die nationalen Parlamente entsandt worden. Im Jahr 1979 wurden sie erstmals direkt von den Bürgern der Mitgliedsländer gewählt.

M2 Der Sitz des Europäischen Parlaments in Straßburg

> Ein solches Europa aber darf nicht nur ein Europa der Regierungen sein, es muß vielmehr zu einem Europa der Bürger werden. Mit der Direktwahl des Europäischen Parlaments tun wir einen entscheidenden Schritt auf dieses Europa der Bürger zu ... Heute erleben die Menschen die Europäische Gemeinschaft vorwiegend als großen Verwaltungsapparat, fern in Brüssel, und als institutionalisierte Dauerverhandlungen zwischen den Regierungen. Die Direktwahl muß hier eine Wende bringen.

M3 Auszug aus einer Rede des deutschen Außenministers Genscher (1977)

Ölpreiskrise
In den 1970er-Jahren stieg der Ölpreis stark an. Dies führte zu großen Problemen, da Öl in sehr vielen Bereichen gebraucht wird: beispielsweise zur Herstellung vieler Produkte sowie zum Heizen und Tanken.

Im Jahr 1987 wurden wesentliche Änderungen der Gründungsverträge vorgenommen und in der Einheitlichen Europäischen Akte (EEA) festgehalten. Anstatt der bisher praktizierten Einstimmigkeit ermöglichte die EEA qualifizierte Mehrheitsentscheidungen. So konnten Beschlüsse mit den Stimmen von 55 % der Mitgliedstaaten und 65% der EU-Bevölkerung gefasst werden.

T3 • Die Grundlagen für einen gemeinsamen Binnenmarkt

Grund für die Reformen war auch ein weiteres Projekt der Mitgliedsstaaten. Bis 1993 sollte ein gemeinsamer Binnenmarkt geschaffen werden. Der Plan eines Binnenmarktes ging weit über eine Zollunion hinaus. Ein wesentlicher Bestandteil des europäischen Binnenmarktes war der freie Personenverkehr. Dies bedeutete, dass sich die Bürger innerhalb der Gemeinschaft frei bewegen, überall wohnen und arbeiten können. Auch Waren und Dienstleistungen sollten ohne Beschränkungen durch Zölle in allen Mitgliedsstaaten frei angeboten und gekauft werden.

4 Begründe die Notwendigkeit von Reformen in der EG. (T2, T3)

5 Hilfe Stelle die bisherigen und die neuen Regelungen gegenüber. (T2)

6 Arbeite aus M3 heraus, welche Vorteile in einer Direktwahl gesehen wurden.
Bienenkorb

7 Erkläre das Projekt eines europäischen Binnenmarktes. (T3)

Hilfe zu **5**

	bisher	jetzt
Europ. Parlament		
Abstimmungen		

M1 Grenze zwischen Deutschland und Österreich 1988

M2 Grenze zwischen Deutschland und Österreich heute

Als Union im Europa des Wandels

152/153
Das Ende des Kalten Krieges

210/211
Umbruch im Osten

T1 • Reaktion auf Veränderungen

Die Veränderungen im Osten Europas führten ab 1990 zu neuen Entwicklungsimpulsen. Nach dem Zusammenbruch des Ostblocks sollten die Staaten Osteuropas beim Aufbau demokratischer und marktwirtschaftlicher Strukturen unterstützt werden. Den Ländern wurde ein möglicher Beitritt in Aussicht gestellt. Ein erster Schritt war die Aufnahme der neuen Bundesländer des wiedervereinigten Deutschlands in die Gemeinschaft im Jahr 1990.

Am 1. Januar 1993 trat der Vertrag von Maastricht in Kraft. Er begründete den Weg zur Europäischen Union. Kernstück war die Wirtschafts- und Währungsunion. Am Ende sollte die Einführung einer gemeinsamen Währung stehen. Dafür wurden Kriterien für eine Währungsstabilität festgelegt, die von den Teilnehmerländern erfüllt werden mussten. Dies betraf vor allem die Begrenzung der Neuverschuldung der Staaten. Ab 1998 überwachte die Europäische Zentralbank, die in Frankfurt am Main ihren Sitz hat, den Prozess.

Im Schengener Abkommen von 1985 wurde zum Beispiel der Wegfall der Personenkontrollen an den Grenzen zu den anderen Teilnehmerstaaten verabredet. Dafür wurden zunächst der Schutz der Außengrenzen und die Zusammenarbeit von Polizei und Justiz verstärkt. Ab dem 26. März 1995 fielen die Schlagbäume. Mittlerweile gehören 26 Staaten zum Schengenraum, darunter auch Nicht-EU-Staaten.

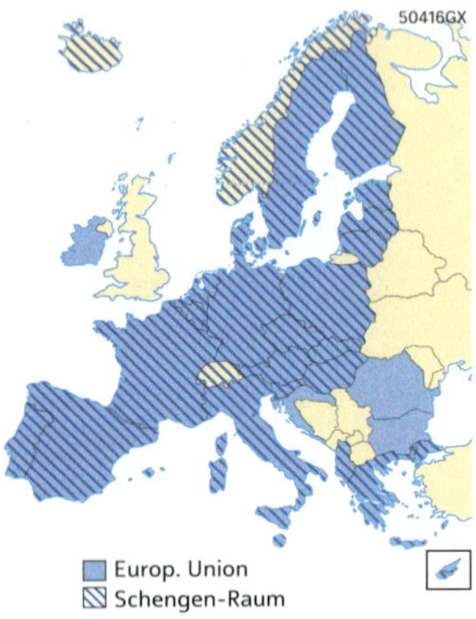

M3 Staaten des Schengen-Raums

1. a) Vergleicht M1 und M2.
   b) Vermutet, was dies für die Menschen bedeutet.
   Placemat
2. Beschreibe, welche Konsequenzen die Veränderungen in Osteuropa für die Europäische Gemeinschaft hatten. (T1)
3. Erkläre die Entwicklung zur Europäischen Union. (T1)
4. Hilfe Berichte über das Schengener Abkommen.

Hilfe zu

4. Gehe auf folgende Punkte ein: Inhalt, Voraussetzungen, Zeitpunkt, Teilnehmer.

T2 • Neue Mitglieder

Im Jahr 1995 wuchs die Staatengemeinschaft weiter an. Österreich, Schweden und Finnland wurden als neue Mitglieder aufgenommen. In Norwegen entschied sich in einer Volksabstimmung die knappe Mehrheit der Bevölkerung gegen einen Beitritt.

Maastricht
Stadt in den Niederlanden

Schengen
Gemeinde in Luxemburg

Schlagbäume
bewegliche Schranke, die beispielsweise an Grenzübergängen genutzt wird

territorial
meint hier: zu einem Land oder bestimmten Gebiet gehörend

> Uns erinnert die norwegische Entscheidung ... noch einmal daran, dass die Menschen in Europa weder übergangen werden können noch übergangen werden dürfen – denn sie haben Wünsche und Vorstellungen, die im Brüsseler Vorhaben nicht ausreichend berücksichtigt werden.

M4 Die britische Zeitung „The Guardian" am 30. November 1994

T3 • Der Euro als gemeinsame Währung

Für das Funktionieren eines gemeinsamen Binnenmarktes war eine gemeinsame Währung von großer Bedeutung. Am 1. Januar 2002 trat mit der Einführung des Euro als Bargeld in zwölf Staaten die letzte Stufe der Währungsreform in Kraft. Gemeinsame Münzen und Geldscheine ersetzten die nationalen Währungen. Damit entfielen zwischen den Euro-Staaten der Geldumtausch und die damit verbundenen Wechselgebühren, auch ein Umrechnen war nicht mehr notwendig. Mittlerweile ist die Anzahl der Euro-Staaten auf 19 gewachsen.

> Der Euro ist ein wesentlicher Schritt auf dem Weg zur europäischen Einigung, die wir dringend brauchen. Er ist ein verbindendes Element und gibt Europa ein Gesicht. Das stiftet Identifikation bei den Bürgern in den Teilnehmerländern und macht Eindruck bei allen, die von außen auf den Euro-Raum schauen.

M5 Heinrich Pierer, Vorstandsvorsitzender Siemens-AG (2001)

> Der Euro ist ein kulturelles Unglück. Er vermischt die europäischen Grenzen und schafft letzten Endes eine territoriale Individualität ab. ... Diese Spannung, diese Vielfalt auf engstem Gebiet war bislang die Kraft Europas. Hier wird mit dem Schlüssel Geld eine gigantische Gleichmacherei eingeleitet, deren Ende mich schauern lässt.

M6 Der Maler Markus Lüpertz (2001)

5 a) Beschreibe die Erweiterung der Europäischen Union 1995. (T2)
b) Arbeite aus M4 heraus, welche Gründe die britische Zeitung für die Ablehnung des EU-Beitritts durch die Norweger sieht.

6 Berichte über die Einführung des Euro. (T3)

7 Recherchiere die heutigen Teilnehmerländer des Euro. Stelle die Ergebnisse deiner Klasse vor.

8 a) Arbeite aus M5 und M6 die Haltungen zur Einführung des Euro heraus.
b) Bewerte die Haltungen.

9 Hilfe Die Einführung des Euro – eine Erfolgsgeschichte? Führt zu dieser Frage eine Pro- und Kontra-Diskussion durch.

Hilfe zu
9 Nutze die Methodenseite 264/265.

Eine Pro-und-Kontra-Diskussion durchführen

„Bist du dafür oder dagegen – pro oder kontra?“ In der Schule, in der Freizeit oder in der Familie werden wir ständig aufgefordert, uns zu entscheiden, unsere Meinung zu äußern oder etwas zu beurteilen. Das ist manchmal gar nicht so einfach, wenn zum Beispiel ein Sachverhalt sehr kompliziert ist. Dann ist es notwendig, die Interessen der Beteiligten zu erkennen und zu verstehen.

Gibt es zu einem Thema unterschiedliche Meinungen, dann müssen gute Gründe vorgebracht werden, um die jeweilige Haltung zu erläutern. Die Gründe nennt man Argumente. In einer Pro- und Kontra-Diskussion tauschen sich zwei Diskussionsgruppen über die Argumente zu einem Sachverhalt aus:

- pro: Argumente für den Sachverhalt,
- kontra: Argumente gegen den Sachverhalt.

In solchen Diskussionen müssen Gesprächsregeln beachtet werden. Nur so hat jeder die Möglichkeit, seine Argumente zu nennen und sich auf die Argumente des anderen zu beziehen. Dies ist wichtig, damit die jeweils andere Seite die Position nachvollziehen kann.

M1 Eine Pro-und-Kontra-Diskussion

1. Schritt: Die Diskussion vorbereiten

- Formuliert ein Thema, zu dem man unterschiedlicher Meinung sein kann.
- Teilt die Klasse in zwei Gruppen ein. Legt fest, welche Gruppe Pro-Argumente und welche Gruppe Kontra-Argumente sammelt.
- Notiert eure Argumente auf Karten. Schreibt auch Möglichkeiten auf, wie ihr auf Gegenargumente antworten könntet.
- Benennt aus jeder Gruppe zwei Schüler, die an der Diskussion teilnehmen. Bestimmt einen Moderator, der die Diskussion leitet und auf die Redezeit achtet.
- Bereitet den Raum vor, sodass sich die Vertreter der Pro- und Kontra-Gruppe gegenübersitzen.

2. Schritt: Die Diskussion durchführen

Der Moderator:
- begrüßt die Diskussionsteilnehmer und das Publikum
- nennt das Thema
- erteilt der ersten Gruppe das Wort
- achtet auf die Redezeit von ungefähr einer Minute
- bittet die zweite Gruppe, ihre Argumente vorzutragen
- verfahrt so, bis alle Argumente ausgetauscht sind

Die Diskussionsteilnehmer:
- tragen ihre Argumente vor
- nehmen Stellung zu den Argumenten der anderen Gruppe
- achten auf die Hinweise des Moderators

Die eigene Position vertreten

Ich bin der Meinung, dass … .
Nach meiner Auffassung … .
Ich bin der Überzeugung, dass … .
Ich finde / meine / bin überzeugt / denke … .

Einem anderen widersprechen

Ich möchte dir widersprechen, weil … .
Das sehe ich anders, denn … .
Ich habe andere Informationen … .

Sich auf den Vorredner beziehen

Ich möchte zu deiner Aussage Stellung nehmen … .
Du sagst zwar … , aber ich meine … .
Ich möchte dein Argument aufnehmen … .
Ich beziehe mich auf den Einwand von … .
Zu … möchte ich zunächst sagen … .

Nachfragen stellen

Könntest du das bitte näher erklären?
Bitte wiederhole dein Argument noch mal.
Habe ich richtig verstanden, dass … ?

Die Zuschauer:
- hören aufmerksam zu
- ergänzen noch fehlende Argumente
- machen sich Notizen

3. Schritt: Die Diskussion auswerten

- Besprecht gemeinsam, welche Gruppe besonders überzeugend war.
- Die Zuschauer geben Tipps.
- Die Teilnehmer sagen, wie sie sich in der Rolle gefühlt haben.

M1 Demonstration in Dublin (2013)

M2 Demonstration in Berlin (2017)

Vor neuen Herausforderungen

T1 • Eintritt und Brexit

Im Jahr 2004 erfolgte eine neue Erweiterung der Europäischen Union. Polen, Tschechien, Ungarn, Slowenien, Litauen, Lettland, Estland, Malta, Zypern und die Slowakei wurden als neue Mitglieder aufgenommen. Bulgarien und Rumänien kamen im Jahr 2007 hinzu. Mit der Aufnahme Kroatiens im Jahr 2013 wuchs die Europäische Union auf 28 Mitgliedsstaaten an.

Weitere Staaten wie Serbien oder Albanien haben eine Mitgliedschaft beantragt, andere Staaten wie die Ukraine oder Georgien ihr Interesse an einer EU-Mitgliedschaft bekundet.

Allerdings gibt es auch den umgekehrten Weg. Nachdem sich im Jahr 2016 in einer Volksabstimmung 51,9 % der britischen Bevölkerung gegen eine EU-Mitgliedschaft ausgesprochen hatten, trat Großbritannien am 31. Januar 2020 aus der Gemeinschaft aus.

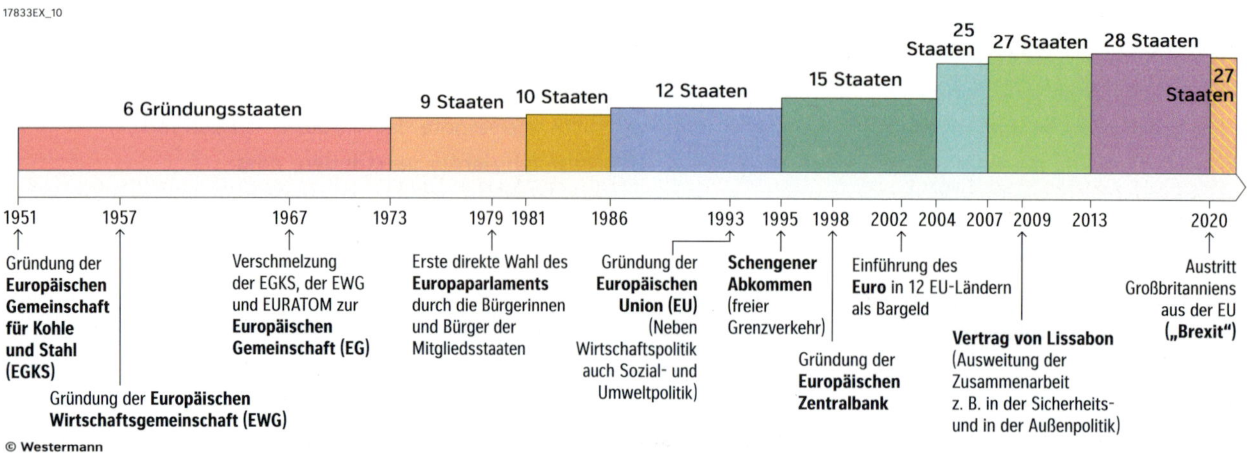

M3 Entwicklung der Europäischen Union

T2 • Notwendige Anpassungen

Die größer gewordene Gemeinschaft benötigte auch neue Strukturen der Zusammenarbeit. Diese sollten ursprünglich durch eine Verfassung der Europäischen Union geschaffen werden, die an die Stelle der bisherigen Verträge treten sollte. Der Entwurf scheiterte aber im Jahr 2005 in Volksabstimmungen in Frankreich und in den Niederlanden.

Stattdessen einigten sich die Mitgliedsländer mit dem Vertrag von Lissabon 2007 unter anderem auf folgende Reformen:

- Entscheidungen werden mit qualifizierte Mehrheit getroffen. Das bedeutet, dass eine Mehrheit von Staaten (55 %), die eine Mehrheit der Bevölkerung repräsentieren (65 %), zustimmen muss,
- die Gesetzgebungsrechte des Europäischen Parlaments werden gestärkt,
- die Europäische Kommission kann gezwungen werden, sich mit einem Thema auseinanderzusetzen, wenn in einem Bürgerbegehren eine Million Bürger aus verschiedenen Staaten dies fordern,
- eine gemeinsame Außen- und Sicherheitspolitik soll durch einen Außenbeauftragten der Union koordiniert werden.

Die Existenz der Europäischen Union hat es ermöglicht, dass die europäischen Staaten seit 1945 weitgehend friedlich miteinander leben. Die Notwendigkeit des Klimaschutzes und veränderte weltwirtschaftliche Bedingungen sind die Herausforderungen unserer Zeit. Sie fordern von der EU, sich ständig weiterzuentwickeln und auch über die Gemeinschaft hinaus mit anderen Staaten, vor allem mit den USA, Russland und China, gemeinsam Lösungen zu finden.

154/155
Neue Rollen für die Weltmächte?

164/165
Eine neue Großmacht – China

> Die Europäische Union ... muss sich auf das Wesentliche konzentrieren und – wo immer möglich – die nationalen Eigenheiten der Mitgliedsstaaten bewahren. Sie muss sicherstellen, dass ihre Institutionen auch mit 27 und mehr Mitgliedsstaaten effizient, demokratisch und für die Menschen nachvollziehbar funktionieren.

M4 Rede der deutschen Bundeskanzlerin Angela Merkel am 25. März 2007

1 a) Beschreibe M1 und M2.
b) Formuliert eure Eindrücke.
Think – Pair – Share

2 a) Hilfe Stelle die Erweiterung der Union ab 2004 dar. (T1, M3)
b) Erkläre den Begriff Brexit.

3 Beschreibe das Ringen um eine Verfassung der Europäischen Union. (T2)

4 Setze die Reformen des Vertrages von Lissabon mit den Zielen der Bundeskanzlerin Angela Merkel in Beziehung. (T2, M4)

5 a) Nenne Herausforderungen für die EU. (T2)
b) Formuliert weitere aktuelle Aufgaben für die EU.
Placemat

(6) Der 9. Mai 1951 gilt durch die Veröffentlichung des Schuman-Plans als Geburtstag der EU. Formuliere eine Geburtstagsrede, in der du auch dein Verhältnis zur EU verdeutlichst.

Hilfe zu
2 a) Nenne erfolgte und geplante Erweiterungen.

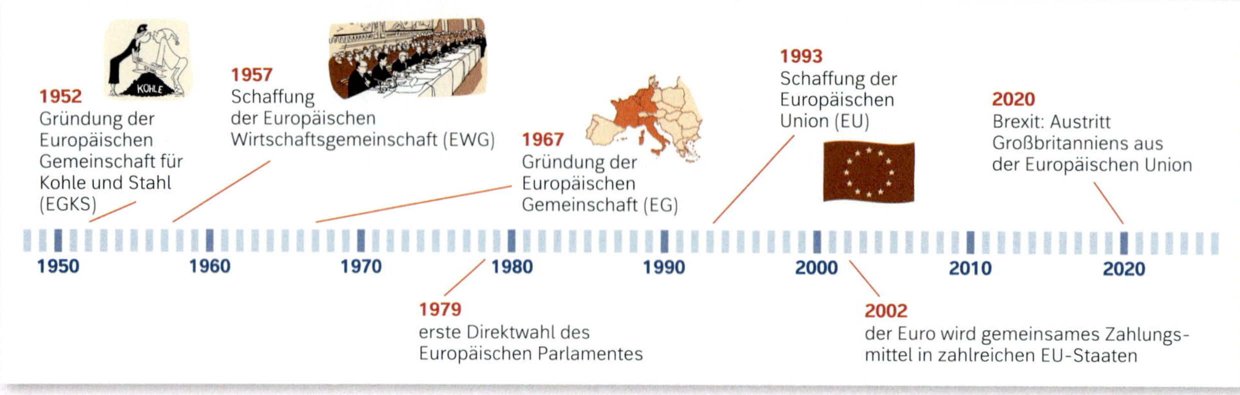

Der europäische Einigungsprozess

Wie entstand die Idee eines vereinten Europas?

Nach dem Zweiten Weltkrieg standen die europäischen Staaten vor großen Problemen. Der Krieg hatte vieles zerstört, Menschen hatten ihre Heimat verloren, die Versorgung der Bevölkerung war nicht gesichert. Außerdem nahm durch die zunehmende Konfrontation zwischen den USA und der Sowjetunion die Gefahr eines neuen Krieges zu. Angesichts dieser Probleme wuchs die Einsicht, dass ein erneuter Krieg nur verhindert werden konnte, wenn aus dem Gegeneinander der europäischen Staaten ein Miteinander wird.

In welchen Schritten verlief der Einigungsprozess?

Die Gründung der Europäischen Gemeinschaft für Kohle und Stahl im Jahr 1952 bildete die Grundlage für die europäische Einigung. Die Gemeinschaft bestand aus sechs Mitgliedern: Deutschland, Frankreich, Italien, Belgien, Niederlande und Luxemburg. Durch eine weitere Verflechtung der Staaten entstand die Europäische Wirtschaftsgemeinschaft. Aus dieser ging durch die Schaffung einheitlicher Institutionen die Europäische Gemeinschaft hervor. Weitere Staaten traten der EG bei.

Mit dem Vertrag von Maastricht wurde die Entwicklung hin zur Europäischen Union begründet, deren Kernpunkt die Wirtschafts- und Währungsunion ist. Der Euro ist seit 2002 in zahlreichen europäischen Staaten ein einheitliches Zahlungsmittel.

Vor welchen Herausforderungen steht die Europäische Union?

Inzwischen ist die Europäische Union auf 27 Mitglieder angewachsen, weitere Länder haben einen Beitrittsantrag gestellt. Mit Großbritannien verließ aber auch ein Staat die Europäische Union.

Die größer gewordene Gemeinschaft erforderte neue Regeln der Zusammenarbeit. Die Grundlage dafür schuf der Vertrag von Lissabon 2007. Angesichts der aktuellen Herausforderungen ist es notwendig, dass sich die Europäische Union immer weiterentwickelt und auch gemeinsam mit Staaten außerhalb der EU Lösungen findet.

Europäische Gemeinschaft für Kohle und Stahl (EGKS)

Im Jahr 1950 schlug der französische Außenminister Robert Schuman vor, die Kohle- und Stahlproduktion Deutschlands und Frankreichs unter eine gemeinsame Aufsicht zu stellen. In Umsetzung des Schuman-Plans gründeten Deutschland, Frankreich, Italien und die Benelux-Staaten 1952 die EGKS.
Da die Kohle- und Stahlproduktion als Montanindustrie bezeichnet wird, wird die Gemeinschaft auch Montanunion genannt.

Europäische Gemeinschaft (EG)

Durch einen Vertrag wurden 1967 EKGS, EWG und Euratom zu den europäischen Gemeinschaften zusammengelegt. Die Europäische Kommission und ein gemeinsamer Ministerrat wurden Organe dieser Gemeinschaften.
Ab den 1970er-Jahren wird der Begriff Europäische Gemeinschaft auch als Bezeichnung für die zusammengeschlossenen Teilnehmerstaaten verwendet.

Europäische Wirtschaftsgemeinschaft (EWG)

Infolge der Römischen Verträge von 1957 entstand die EWG mit dem Ziel der wirtschaftlichen Zusammenarbeit der sechs Teilnehmerländer. Ein wesentlicher Aspekt dieser Zusammenarbeit war die Zollunion.

Europäische Union

Durch den Vertrag von Maastricht wurde 1993 die Europäische Union geschaffen. Kernstück war die Wirtschafts- und Währungsunion. Die Zusammenarbeit wurde auf weitere Politikbereiche ausgedehnt.

Schengener Abkommen

Im Jahr 1985 wurde diese Vereinbarung geschlossen. Sie hat das Ziel, die Personenkontrollen an den Binnengrenzen der Teilnehmerländer abzuschaffen. Dies soll durch einen verstärkten Schutz der Außengrenzen erreicht werden. Der ursprünglich aus fünf Teilnehmerländern bestehende Schengenraum ist mittlerweile auf 26 Staaten angewachsen.

Vertrag von Lissabon

Nachdem die Idee einer gemeinsamen Verfassung der Europäischen Union gescheitert war, wurde 2007 der Vertrag von Lissabon unterzeichnet. Ziel dieses Vertrages war, die Tätigkeit der Europäischen Union zur reformieren. Unter anderem stärkte er die Rechte des Europäischen Parlaments und führte die Möglichkeit einer direkten Bürgerbeteiligung ein. Beschlüsse der Europäischen Union werden mit doppelter Mehrheit getroffen.

Wirtschafts- und Währungsunion

Mit dem Vertrag von Maastricht wurde ab 1993 schrittweise eine Wirtschafts- und Währungsunion eingeführt. Die teilnehmenden Staaten verpflichteten sich, ihre nationale Wirtschaftspolitik miteinander abzustimmen und eine gemeinsame Währung einzuführen. Ab 2002 löste der Euro die nationalen Währungen ab. Mittlerweile gilt er in 19 Ländern als gemeinsames Zahlungsmittel.

Der europäische Einigungsprozess

1. Fehler berichtigen

In diesen Sätzen zur Geschichte der Europäischen Union haben sich einige Fehler eingeschlichen.

a) Finde die Fehler und schreibe die Sätze berichtigt in deinen Hefter.
b) Formuliere drei weitere Fehlersätze.
c) Tauscht eure Fehlersätze mit eurem Nachbarn aus und berichtigt sie.

EGKS

EWG

EG

EU

1) Im Jahr 1946 schlug Boris Johnson in seiner Züricher Rede die Bildung der „Vereinigten Staaten von Europa" vor.
2) Zu den sechs Gründungsmitgliedern der EGKS gehörten Frankreich, Deutschland, Italien, Belgien, die Niederlande und Liechtenstein.
3) Mit den Römischen Verträgen wurde 1957 die Europäische Wertegemeinschaft (EWG) geschaffen.
4) Durch den Beitritt von Großbritannien, Irland und Island erhöhte sich die Zahl der Mitgliedstaaten der EG 1973 auf zehn.
5) Die erste Direktwahl der Europäischen Kommission erfolgte im Jahr 1977.
6) 1986 wurden Spanien und Griechenland in die Gemeinschaft aufgenommen.
7) Im Vertrag von Maasdam wurde 1993 die Grundlage für die Entwicklung der Staatengemeinschaft zur Europäischen Union gelegt.
8) Im Jahr 2004 stieg die Zahl der Mitgliedsländer der EU auf 23.
9) Mit den Reformen des Lissaboner Vertrages von 2007 wurden vor allem die Rechte des Bundesrates gestärkt.
10) Der Austritt Griechenlands aus der Europäischen Union im Jahr 2020 wird als Grexit bezeichnet.

Lerntempoduett

2. Silbenrätsel

eu – bin – burg – gen – man – markt – mon – ne – nen –
ion – ro – schen – schu – straß – ster – tan – un

1) französischer Politiker, auf den die Gründung der EGKS zurückgeht
2) andere Bezeichnung für die EGKS
3) luxemburgischer Grenzort, in dem der Wegfall der Grenzkontrollen an den Binnengrenzen der Teilnehmerstaaten beschlossen wurde
4) Projekt der Gemeinschaft, das bis 1993 geschaffen werden sollte
5) gemeinsame Währung
6) Symbol für die Staaten auf der Flagge der Europäischen Union
7) Sitz des Europäischen Parlaments

Stühletausch

3. Karikaturen analysieren

Hier findet ihr einige Karikaturen zur Geschichte der Europäischen Union.
Teilt euch in Vierergruppen:

a) Erschließt, auf welches historische Ereignis die jeweilige Karikatur Bezug nimmt. Ordnet die Karikaturen anschließend chronologisch.
b) Jedes Gruppenmitglied wählt eine Karikatur aus und erarbeitet die Aussageabsicht. Stellt euch eure Ergebnisse gegenseitig vor.

①

»... nur noch wenige tausend Tage!«

②

③

AUF GROSSER FAHRT

Herbert Kolfhaus / Copyright „Münchner Merkur"
„Beide Maschinen äußerste Kraft voraus!"

④

„HURRRA, WIR SIND 25 MANN STARK!"

M1 Globaler Daten- und Warenverkehr

Die Digitalisierung verändert die Welt

→ Wie verändert die Digitalisierung die Wirtschaft?

→ Welche Auswirkungen hat die Digitalisierung auf die Gesellschaft?

→ Welche Veränderungen bringt die Digitalisierung in der Schule?

M2 Nachrichten über digitale Medien nicht nur lesen, sondern auch teilen und selbst senden

M3 Digitales Arbeiten im Klassenraum

① Das erste Mobiltelefon

② Mehrere Geräte in einem vereint: das erste Smartphone

③ Digitale Post per E-Mail

M1 Entwicklungen der digitalen Technik

Die rasante Entwicklung der digitalen Medien

T1 • Erste Handys

Das erste Mobiltelefon der Welt kam 1983 auf den Markt. Das erste Handy, im Volksmund auch Knochen genannt, hatte mit seinem Gewicht von 0,8 Kilogramm und seine Größe wenig mit heutigen Handys gemeinsam. Man konnte damit nur telefonieren und nach 30 Minuten war der Akku leer.

Die digitale Technik ermöglichte es, die Tasten-Handys in den folgenden Jahren immer kleiner zu bauen. Neue Funktionen, wie das Senden von kurzen Nachrichten, sogenannten SMS, kamen hinzu. Auch die ersten internetfähigen Handys wurden entwickelt, allerdings noch mit extrem langen Ladezeiten von Websites.

Hersteller boten kostengünstige Handys für den Massenmarkt an, sodass sich immer mehr Menschen ein Handy leisten konnten.

SMS
(Short Message Service) Nachrichtendienst für elektronische Textnachrichten per Handy. Für diesen Dienst war kein Internet nötig. Es konnten anfangs aber nur Nachrichten mit höchstens 160 Zeichen pro Nachricht versendet werden.

Betriebssystem
Computer und Smartphones brauchen Betriebssysteme. Solch ein System besteht aus mehreren Programmen, die die einzelnen Komponenten verwalten.

T2 • Elektronische Post

Heute können Textnachrichten, Bilder, Bewerbungen oder sonstige Dateien innerhalb von Sekunden oder sogar in Echtzeit digital per E-Mail an Menschen in der ganzen Welt versendet werden. Auch wenn es nach wie vor die herkömmliche Briefpost gibt, sind E-Mails als Kommunikationsmittel nicht mehr wegzudenken.

Die Nutzung von E-Mails begann in den 1990er-Jahren. Im Laufe der Jahre wurde das Internet kostengünstig und damit der breiten Masse zugänglich. Die ersten Web-Mail-Anbieter gingen online. Im Jahr 2021 gab es 4,15 Milliarden E-Mail-Nutzer und täglich wurden über 280 Milliarden elektronische Briefe versendet.

④ Tragbarer CD-Player

⑤ Lineares Fernsehen nach festem Programm

⑥ Streamen auf mobilen Endgeräten

T3 • Das Smartphone – neue Technologie

Eine neue, innovative Technologie für Handys begann mit der Vorstellung des Smartphones 2007. Es war nicht nur ein Mobiltelefon, sondern auch ein digitales Abspielgerät und ein umfangreiches, internetfähiges Kommunikationsgerät mit eigenem Betriebssystem.

Die Smartphones wurden in den folgenden Jahren weiterentwickelt. Bessere Betriebssysteme, leistungsfähige Prozessoren und große Speicher machten aus ihnen handliche Taschencomputer. Kaum ein Gerät hat sich in kürzester Zeit so rasant entwickelt und ist heute kaum noch wegzudenken. Im Jahr 2021 nutzten mehr als 95 % der 14- bis 49-Jährigen in Deutschland ein Smartphone.

T4 • Streamen auf dem Vormarsch

Das Nutzen digitaler Medien nimmt seit 2016 ständig zu. So wird Musik immer häufiger kostenpflichtig von Streamingdiensten aus dem Internet bezogen und mit Smartphones oder Tablets gehört. CD- oder MP3-Player werden so durch die digitale Technik verdrängt.

Auch im TV-Bereich wenden sich Nutzer vom linearen Fernsehen ab. Besonders die Altersgruppe der 14- bis 49-Jährigen greift auf kostenpflichtige digitale On-Demand-Services von Spielfilmen und Serien zurück.

lineares Fernsehen
Fernsehsender gibt festen Programmablauf und Pausen vor; der Nutzer entscheidet nur darüber, welchen Sender er wann einschaltet.

On-Demand-Services
Dienstleistungen, die auf Abruf bereitstehen. Hier bezieht sich der Begriff auf Anbieter, die Serien, Filme etc. anbieten. Digitale Videos können heruntergeladen oder gestreamt werden. Im Gegensatz zum linearen Fernsehen entscheidet hier der Nutzer darüber, wann er was schaut.

1 Vergleiche die Handys M1 ① und M1 ② miteinander.

2 Teilt die Klasse in Gruppen und erarbeitet:
a) die Entwicklung beim Handy. (T1)
b) die Entwicklung beim Smartphone. (T3)
c) Führt die Ergebnisse in einer Mindmap zusammen.
Gruppenpuzzle

3 a) Beschreibe die Entwicklung bei der Übermittlung von Textnachrichten und Bildern. (T2, M1 ③)
b) Erläutere Vorzüge der digitalen Datenübermittlung.
Stühletausch

4 Beschreibe die Entwicklung der digitalen Mediennutzung. (M1 ④–⑥, T4)

M1 Globaler Daten- und Warenverkehr

Das WWW – World Wide Web

T1 • Internet und World Wide Web

Wann fährt der nächste Zug nach Bonn? Wie groß werden Giraffen? Was können wir heute Abend zusammen unternehmen? Mit wenigen Klicks können diese Fragen im Internet beantwortet werden. Die Nutzung des Internets ist für die meisten von uns eine Selbstverständlichkeit. Im Jahr 2021 benutzten 77 % der über 70-jährigen, 95 % der 50- bis 69-jährigen und 100 % der 14- bis 49-jährigen Personen das Internet.

Internet und World Wide Web sind zwei für uns selbstverständliche Begriffe, die wir meist synonym benutzen. Streng genommen gibt es aber einen Unterschied. Das Internet ist die Infrastruktur zur Datenübertragung. Es ist ein Netzwerk unzähliger, weltweiter Computernetzwerke, die zu einem einzigen Netz zusammengeschlossen sind. Innerhalb des Internets gibt es Dienste. Der bekannteste ist das World Wide Web zur Übertragung von Internetseiten. Auch E-Mail zur Übermittlung von elektronischer Post ist ein Internetdienst. Daneben gibt es viele weitere, wie zum Beispiel Internet-Telefonie, Internet-Radio, Chats, Clouds oder Datenverwaltungen.

synonym
Wenn zwei Wörter die gleiche oder eine sehr ähnliche Bedeutung haben, sind sie synonym.

1 a) Beschreibe M1.
b) Erläutere, was die Collage widerspiegelt.
Bienenkorb

2 a) Erkläre, warum das Internet für viele eine Selbstverständlichkeit ist. (T1)
b) Berichte, wofür du das Internet nutzt.

3 Erkläre den Unterschied zwischen Internet und World Wide Web. (T1)

4 Führt in eurem Jahrgang eine Umfrage zur Internetnutzung durch. Präsentiert eure Ergebnisse digital.

T2 • Die Entwicklung des Internets

Im Jahr 1969 gelang es, erste Computer über das Telefonnetz zu verbinden und kleine Datenmengen zu übertragen. Die zunächst kühlschrankgroßen Computer wurden in den folgenden Jahren immer kleiner. Zudem wurden Grundlagen für die Kommunikation im Internet geschaffen. Allerdings stand die Nutzung anfangs nur dem US-amerikanischen Militär und der Wissenschaft zur Verfügung.

Nachdem die US Air Force das von ihr genutzte Computernetzwerk abgeschaltet hatte, war das Internet auch für die Öffentlichkeit nutzbar. Damit begann ab den 1990er-Jahren die kommerzielle Nutzung des Internets. Die Entwicklung von Webadressen, Webbrowsern und Webservern war die Grundlage für das World Wide Web. 1994 wurden die ersten Suchmaschinen entwickelt, die das Netz gezielt durchsuchbar machten.

Um die Jahrtausendwende gelang es, Daten digital mit mobilen Geräten zu senden und zu empfangen. Und in nur zwanzig Jahren wurde die anfangs langsame Datenübertragung durch bessere Hardware und Übertragungstechnik immer effektiver. Datenübertragung erfolgt heute in Echtzeit, vor allem dort, wo sofortige Reaktionen erforderlich sind wie zum Beispiel bei autonom fahrenden Autos oder in der Industrie bei intelligenten, selbststeuernden Prozessen.

kommerziell
auf Gewinn ausgerichtet

Hardware
Teile eines Computers, die man berühren kann, beispielsweise die Tastatur, der Bildschirm oder auch die Grafikkarte

Die Smart City Monheim am Rhein hat einen weiteren zukunftsorientierten Baustein vorzuweisen: Am heutigen Dienstag, 26. März, wurde der erste autonom fahrende Bus auf dem Gelände von Monheims Bahnen (BSM) präsentiert. Ab dem Herbst werden fünf dieser E-Busse eine allein mit autonom fahrenden Fahrzeugen bestückte Linie zwischen Busbahnhof und Altstadt bilden. Die Busse folgen einer vordefinierten Route und sind mit einer Vielzahl von Sensoren ausgestattet. Die Fahrten verlaufen ganz normal, im fließenden Verkehr, täglich von 7 bis 24 Uhr …

M2 Bericht über autonom fahrende Elektrobusse im Monheimer Linienverkehr (26. März 2019)

5. Stelle dar, wie sich das Internet von 1969 bis heute entwickelt hat. (T2)
6. Nenne Bereiche, die eine Datenübertragung in Echtzeit benötigen. (T2)
7. Hilfe Berichte über die autonom fahrenden Elektrobusse in Monheim. (M2)
8. Hilfe Sollte es zukünftig nur noch autonomes Fahren geben? Führt eine Pro- und Kontradiskussion durch. (M2)
9. Recherchiert nach weiteren Beispielen auf dem Gebiet des autonomen Fahrens.

Hilfe zu

⑦ Beginne zum Beispiel so:
In dem Bericht vom 26. März 2019 geht es um autonom …

⑧ Ihr könnt die Methodenseite 264/265 zu Hilfe nehmen.

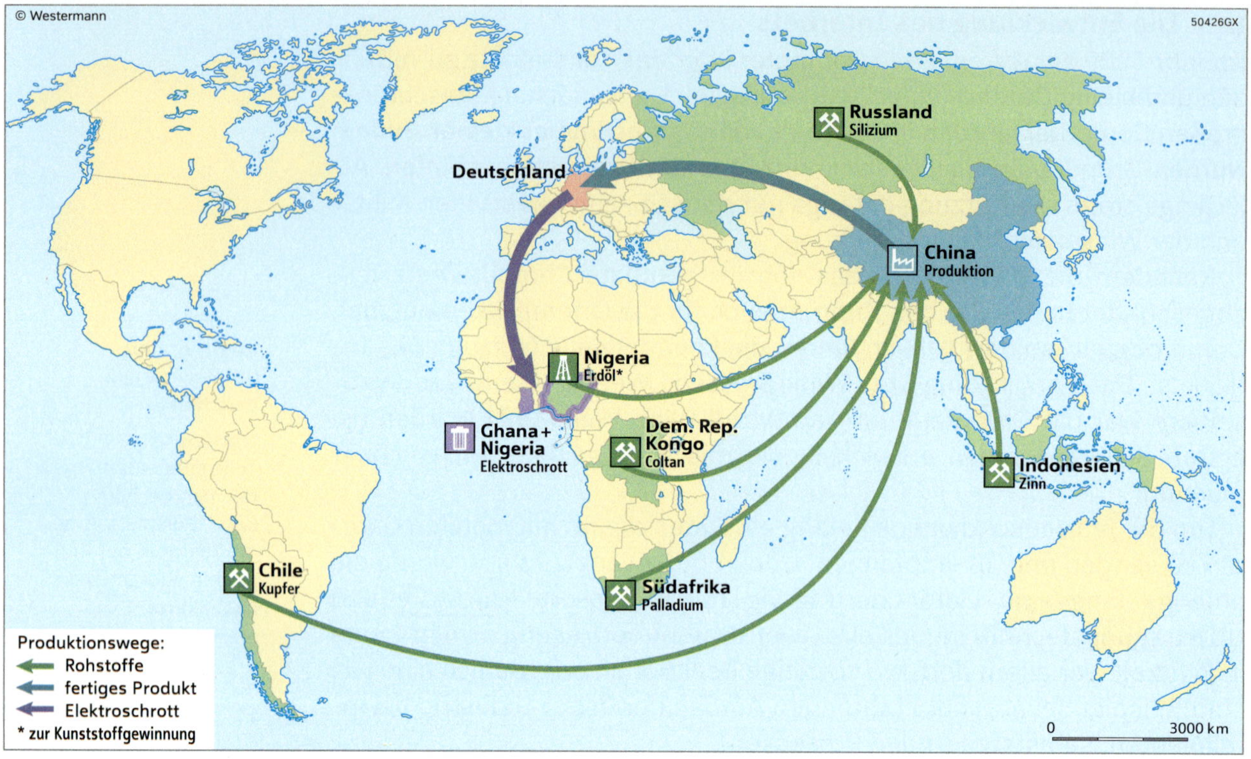

M1 Der Weg eines Smartphones

Telegraf
Gerät zur Übermittlung von Textnachrichten durch elektronische Signale über weitere Strecken per Kabel oder per Funk.

Telefax
Bei einem Faxgerät werden die Dokumente als Bild kopiert, über die Telefonleitung übertragen und beim Empfänger auf Papier wieder ausgedruckt.

Die Globalisierung: die Welt – ein Dorf

T1 • Das Zusammenwachsen der Welt

Das Zusammenwachsen der Welt ist ein Prozess, den es schon seit Jahrhunderten gibt. Vor allem Erfindungen seit der Industrialisierung, wie die Eisenbahn, das Auto und das Flugzeug, wie auch der Telegraf, das Telefon und das Telefax, haben die Welt enger zusammengeführt.

Mit den neuen digitalen Technologien läuft der Prozess des Zusammenwachsens der Welt immer intensiver und beschleunigter ab. Verträge werden über E-Mail sekundenschnell versendet, Geldüberweisungen erfolgen in Echtzeit oder Konferenzen werden über Kontinente hinweg online organisiert. Menschen, Ideen, Waren und Finanzen sind immer schneller erreichbar, die Welt wird so zu einem globalen Dorf.

1 a) Erkläre für M1 die Bedeutung der Pfeile.
b) Hilfe Bestimme die Entfernung vom Rohstoffland zum Produktionsort.
c) Bestimme die Gesamtkilometerzahl, bis ein Smartphone in Deutschland bzw. im Elektroschrott landet.
d) Beurteile den Weg eines Smartphones aus Umweltaspekten.

2 Erkläre die Aussage: Die Welt wird zu einem globalen Dorf. (T1)
Lerntempoduett

Hilfe zu
1 b) Miss jeweils die Luftlinie vom Ausgangspunkt des Landes mit dem Rohstoff zu der Fabrik.

Die Digitalisierung verändert die Welt

T2 • Die globale Welt – eine Welt ohne Grenzen?

Die internationale Vernetzung durch die Digitalisierung und die Globalisierung ermöglicht es Unternehmen, weltweit zu produzieren und ihre Güter in alle Teile der Welt zu transportieren. Allerdings können unvorhersehbare Ereignisse zu großen Problemen im Kreislauf der internationalen Produktion führen.

Elf Tage nachdem das Containerschiff „Ever Given“ im Suezkanal auf Grund lief, ist der Stau aufgelöst. Das teilte die Kanalbehörde in Ägypten ... mit. Demnach hätten alle insgesamt 422 Schiffe, die in den vergangenen Tagen im oder vor dem Kanal ausharren mussten, die Schiffspassage zwischen dem Roten Meer und dem Mittelmeer passiert. ...
Die 400 Meter lange »Ever Given« hatte ... rund eine Woche lang ... (den) Weg für wartende Schiffe versperrt – die Blockade sorgte für Verzögerung im Welthandel und bei Lieferketten.
Von der Blockade waren in Deutschland insbesondere die Chemie- und Autoindustrie sowie der Maschinen- und Anlagenbau betroffen. Die Branchen bekommen Bestandteile für ihre Produktion aus Asien, die über den Suezkanal transportiert werden, erklärte der Deutsche Industrie- und Handelskammertag. Unternehmen planen demnach bei Seetransporten zwar zwei bis fünf Tage als Puffer ein. Bei einer längeren Sperrung drohe aber zeitweise ein Stillstand der Produktion. ...
Der 193 Kilometer lange Kanal ist die kürzeste Verbindung zwischen Europa und Asien und der entscheidende Korridor für Rohöl und Importwaren nach Europa.

M2 Auswirkungen der Blockade des Suezkanals (Zeitungsbericht, 3. April 2021)

M3 Havarie des Containerschiffs „Ever Given“ im Suezkanal und der Schiffstau vor der Kanaleinfahrt (April 2021)

Havarie
meint hier: Schiffsunfall

❸ Arbeite die wesentlichen Aussagen zur Blockade im Suezkanal heraus. (M2)

④ Recherchiere mithilfe einer Weltkarte alternative Verbindungen von Asien nach Europa.

❺ Erkläre die Aussage: Unvorhersehbare Ereignisse können zu großen Problemen im Kreislauf der internationalen Produktion führen. (T2, M2, M3)

M1 Online-Einkauf

Das World Wide Web – Warenhaus für alles

T1 • Mit Fingertipp, Mausklick oder Sprache einkaufen

In Deutschland kauften im Jahr 2018 mehr als drei Viertel der Internetnutzer Waren oder Dienstleistungen über das Netz. Seit der Jahrtausendwende hat sich der Online-Handel von einem kleinen und überschaubaren zu einem boomenden Markt gewandelt. Die Umsätze im Online-Handel stiegen von 4,4 Milliarden Euro im Jahr 2004 auf knapp 118,5 Milliarden Euro im Jahr 2021.

boomend
meint hier: zunehmenden wirtschaftlichen Erfolg haben

Es macht Spaß und es ist bequem, die Ware über Sprachbefehl, mit Fingertipp oder per Mausklick zu bestellen. Die Lieferung erfolgt bis vor die Haustür, oft kostenfrei. Vorwiegend auf mobilen Endgeräten werden Preise der Anbieter verglichen und das vermeintliche Schnäppchen gekauft. Dank Online-Banking, Bezahldiensten oder Kreditkarte geht das weltweit und bequem von zu Hause aus.

1. a) Tauscht euch zu dem Bild M1 aus.
   b) Nennt eure Erfahrungen mit dem Online-Einkauf.
2. Beschreibe die Entwicklung des Online-Handels. (T1)
   Stühletausch
3. a) Nenne Gründe, warum Kunden über das Internet einkaufen. (T1)
   b) Begründe, warum du oder warum du nicht im Internet einkaufst.
   c) Diskutiert über Vor- und Nachteile des Online-Einkaufs.

T2 • Smart-Home-Markt – Markt der Zukunft

In den nächsten Jahren wird der Online-Handel noch stärker digitalisiert werden. Zu Hause managen intelligente Systeme die Haushaltsvorräte, Bestellungen werden mithilfe interaktiver, vernetzter Lautsprecher übermittelt. Lieferungen können mit künstlicher Intelligenz per Roboter oder Drohne ausgeführt werden.

M2 Lieferung per Drohne

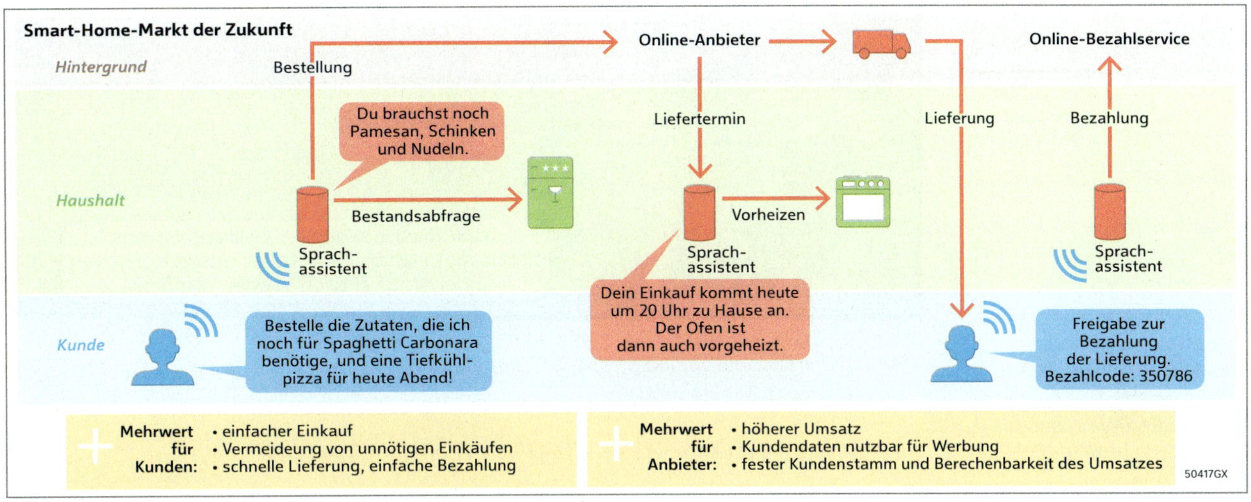

M3 Zukunftsmodell eines Smart-Home-Marktes

T3 • Algorithmen – unsichtbare Begleiter im Internet

Alle Aufrufe im World Wide Web, also auch Online-Einkäufe, werden von Algorithmen begleitet. Das sind, einfach ausgedrückt, große Filter. Die Algorithmen bestimmen, wie sich ein Computerprogramm verhalten soll, und entscheiden, was dem Nutzer angezeigt wird und was nicht, zum Beispiel bei den Ergebnissen von Suchmaschinen.

Algorithmen werden eingesetzt, um das Nutzungsverhalten von Menschen, die im World Wide Web unterwegs sind, zu beobachten und ihre Daten zu sammeln. Dabei spielen Algorithmen mit künstlicher Intelligenz eine große Rolle. Sie erkennen Nutzungsmuster durch das Klick-, Such- und Kaufverhalten und lernen so die Nutzer gut kennen. Algorithmen erfassen zum Beispiel, welche Produkte und Reiseziele bevorzugt, welche Foren oder Netzwerke besucht oder welche Musik und Filme gestreamt werden. Mit dem Wissen über Vorlieben, Bedürfnisse und auch Einkommen der Nutzer wird diesen dann beispielsweise ganz persönliche Werbung, zum Beispiel zu Schuhen, Kleidung, Musik oder Reisen, angezeigt.

④ a) Beschreibe die zukünftige Entwicklung des Smart-Home-Marktes. (T2, M2, M3)
Partnerabfrage
b) Beurteile das Modell eines zukünftigen Smart-Home-Marktes. (M3)

❺ a) Erläutere die Aufgabe von Algorithmen im World Wide Web. (T3)
Lerntempoduett
b) Diskutiert, ob Algorithmen eine Chance oder eine Gefahr sind.

M1 Shopping mit digitalem Zwilling (Cartoon, 2019)

digitaler Zwilling
eine digitale Darstellung eines Objekts aus der realen Welt, dabei soll die Darstellung möglichst echt erscheinen

Strukturwandel
wirtschaftliche Bedingungen verändern sich in großem Ausmaß

Wertschöpfungsprozess
Arbeitsprozess, bei dem Ausgangsprodukte in höherwertige Produkte umgewandelt werden, mit denen mehr Geld erwirtschaftet werden kann

Der Ausverkauf der Innenstädte

T1 • Einzelhandel unter Druck

Mit dem Online-Handel sind Unternehmen auf den Markt getreten, die dem stationären Einzelhandel in den Innenstädten Konkurrenz machen. In den Jahren 2015 – 2021 nahm der Online-Handel, auch E-Commerce genannt, in Deutschland rasant zu. Der Umsatz stieg von gut 48 auf etwa 118,5 Milliarden Euro und betrug 2021 18,3 % des Gesamtumsatzes im Einzelhandel. Immer mehr Kunden, die bislang den stationären Einzelhandel bevorzugten, bleiben den Geschäften fern und kaufen online ein.

Der Einzelhandel erlebt mit der Digitalisierung einen Strukturwandel, der diesen Wirtschaftszweig vermutlich tiefgreifender und nachhaltiger verändern wird als die Einführung der Selbstbedienung vor einem halben Jahrhundert. Das verändert auch die Innenstädte; einige dürften von der Veränderung profitieren, während andere stärker unter Druck geraten. Die digitalen Technologien beeinflussen die Wertschöpfungsprozesse in der Wirtschaft und das Verhalten der Kunden.

M2 Auszug aus einem Stadtentwicklungsbericht (2016)

1. a) Notiere drei Gedanken, die dir beim Betrachten des Cartoons einfallen. (M1)
   b) Tausche dich mit deinem Nachbarn aus.
2. Berichte über die Entwicklung des Einzelhandels. (T1, M2)
3. Diskutiert über euer Kaufverhalten. (T1)
4. Vermute, was mit der Aussage gemeint ist: „... einige dürften von den Veränderungen profitieren, während andere stärker unter Druck geraten.“ (M2)

T2 • Stationärer Einzelhandel in den Innenstädten

Spontane Einkäufe, die persönliche Beratung, das Anfassen oder Anprobieren, das sind Wettbewerbsvorteile des stationären Einzelhandels. Aber diese Vorteile sind teuer erkauft. Stationäre Einzelhändler beklagen nicht nur geringere Umsätze durch die nachlassende Kundschaft, sondern auch zu hohe Mietkosten in den Innenstädten. Viele von ihnen geben ihre Geschäfte auf oder stehen kurz davor.

Dazu kommt, dass auch große Modeketten oder Kaufhäuser aufgrund der Marktentwicklung ihre Geschäfte in den Innenstädten schließen. Mit noch mehr leer stehenden Häusern oder Läden werden Innenstädte unattraktiv und noch mehr Kundschaft bleibt aus.

T3 • Neue Wege denken

Die Politik versucht dem Trend der Leerstände von Verkaufsflächen in den Einkaufsstraßen der Städte entgegenzuwirken und Innenstädte als attraktiven, lebendigen Lebensraum zu sichern.

„Wir wollen mit der Errichtung und dem Betrieb der mg.fashion box, in einem bisherigen Leerstand in der Oberstadt in Mönchengladbach, Kunden, die den Kauf von Kleidung online getätigt haben, durch ein innovatives Konzept zur Abholung der bestellten Modeartikel wieder in die Innenstadt bewegen", sagt Dr. Ulrich Schückhaus ... Das Zusammenwirken aus intelligentem, digitalem Spiegel, der eine Kommunikation mit Freundinnen und Freunden während der Anprobe ermöglicht, oder alternativer Live-Beratung durch Freunde bei der Anprobe und der Anbindung eines Cafés soll die Kundenfrequenz in der Innenstadt erhöhen und den stationären Handel durch ergänzende lokale Käufe der Nutzer ... stärken.
Der Vorteil für die Online-Kunden besteht darin, dass sie die Waren umgehend bei Nichtgefallen oder mangelnder Passform vor Ort zurückgeben können, ohne Pakete schleppen zu müssen, bei Gefallen die Ware aber auch ohne lästige Umverpackungen mitnehmen können.

M3 Das Projekt „mg.fashion box" zur Wirtschaftsförderung der Stadt Mönchengladbach (2020)

mg
die Abkürzung steht für Mönchengladbach

innovativ
neuartig und einfallsreich

5 Erkläre, warum stationäre Einzelhändler, Modeketten und Kaufhäuser ihre Geschäfte in Innenstädten aufgeben. (T2)

6 a) Hilfe Fasse zusammen, wie mit der „mg.fashion box" versucht wird, den Leerständen von Verkaufsflächen entgegenzuwirken. (T3, M3)
b) Beurteile das Projekt.
Placemat

7 Recherchiere weitere Projekte gegen Leerstände in Städten.

Hilfe zu

6 a) Beginne zum Beispiel folgendermaßen:
Die Politik versucht, Innenstädte attraktiv ... .
Dazu werden innovative Konzepte ... .
In Mönchengladbach ...

M1 Arbeiten in einem Großraumbüro

M2 Arbeiten im Homeoffice

Zurück zur Heimarbeit

T1 • Heimarbeit in der Geschichte

Das Prinzip der Heimarbeit gibt es schon seit Jahrhunderten. Heimarbeiter produzierten zu Hause als Selbstständige oder für einen Auftraggeber. Dieser stellte Rohstoffe zur Verfügung und nahm die fertigen Produkte zu einem festen Stückpreis ab. Um 1900 war Heimarbeit durch die Industrialisierung fast vollständig verschwunden. Die kostengünstigere industrielle Produktion in großen Fabriken führte dazu, dass der Anteil der Heimarbeiter nur noch 2,5 % betrug.

Fabrik
In einer Fabrik werden Produkte massenweise hergestellt.

Die Industrialisierung brachte eine klare Trennung von Arbeitsplatz und Wohnung. Das eine ist der Betrieb, ein Ort, an dem Geld verdient wird, ein Austausch mit Kolleginnen und Kollegen stattfindet und auch gemeinsam für bessere Löhne oder Arbeitsbedingungen gekämpft wird. Das andere ist der reine Privatbereich, das Zuhause für sich und die Familie. Die Wohnung oder das Haus ist der private Rückzugsraum, der nichts mit der Arbeitsstelle zu tun hat.

Eine große Errungenschaft der Gewerkschaften war der Kampf um klare Regelungen zur Arbeits- und Freizeit. Dies betrifft in den meisten Wirtschaftszweigen den anerkannten 8-Stunden-Tag mit bezahlten Pausen sowie die nicht antastbare Freizeit der Arbeitnehmer.

1. a) Stelle Gemeinsamkeiten und Unterschiede in einer Tabelle heraus. (M1, M2)
   b) Sprecht über eure Aufzeichnungen.
   Marktplatz
2. Berichte über die Heimarbeit in frühen Zeiten. (T1)
3. Erkläre, was sich durch die Industrialisierung veränderte. (T1)
4. Hilfe Die Trennung von Arbeitsstelle und Wohnung sowie Freizeit und Arbeitszeit ist eine große Errungenschaft. Nimm Stellung. (M1, M2, T1)

Hilfe zu

4 Beginne so: Meiner Meinung nach sollten private und berufliche Bereiche … . Dafür spricht, dass … . Andererseits …

T2 • Heimarbeit heute – das Homeoffice

Heute rückt Heimarbeit unter der Bezeichnung Homeoffice wieder in den Blickpunkt. Gewerkschaften fordern es als ein mögliches Arbeitsmodell neben der klassischen Arbeit im Büro. Diese Entwicklung ist ein Ergebnis der Digitalisierung. Der Ausbau mit schnellen Netzen und die Vernetzung von Computern machen es möglich, dass viele ihre Arbeit von zu Hause erledigen können. Im Homeoffice werden am eigenen Schreibtisch in den eigenen vier Wänden Versicherungsfälle bearbeitet, Zeitungsartikel geschrieben, Websites designt, Verwaltungsarbeit erledigt und vieles mehr.

„Vor der [Corona-]Pandemie saß ich drei Stunden im Auto an den Tagen, an denen ich ins Büro musste", sagt Paula Widmer. Das sei schlecht für sie und die Umwelt. Die 28-Jährige [arbeitet] ... in Mainz, aber sie wohnt in Heidelberg, hundert Kilometer entfernt. ... Für sie ist Homeoffice ein Geschenk ... Allerdings möchte sie auch ihre Kollegen wieder etwas häufiger sehen und wünscht sich einen Mix aus Home- und In-Office. ... Genau das wird die Zukunft sein, versichert Arbeitsforscherin Jutta Rump. „... Wer alles im Homeoffice arbeiten könne, ohne dass die Produktivität leide, sehe man jetzt. ...„
„... Im Betrieb komme ich besser in den Flow." ... [sagt Daniel Brixius. Er] war auch während der Pandemie hauptsächlich im Unternehmen. ... Seine Kollegen in der Produktion könnten ja auch nicht zu Hause bleiben ... Er freue sich, wenn die Arbeitsplatzsituation in Zukunft flexibel bleibt, aber mehr für seine Kollegen. Er selbst fühle sich im Büro wohler, vor allem, wenn wieder ein paar Kollegen mehr kommen. ... Hybride Modelle nennt das Arbeitsforscherin Rump. Wer als Unternehmen zukunftsfähig bleiben will, der müsse flexible Arbeitsformen anbieten ... Work-Life-Balance werde den Angestellten immer wichtiger. ...
Aber nicht alles sei großartig, gibt sie zu bedenken. Das „Wir-Gefühl" leide in den Teams, wenn sich die Kollegen kaum begegnen ... Rump sagt auch, dass der Mix das beste Modell sein werde. So praktisch Homeoffice für viele ist, es schränke sogar körperlich ein. Man schaue den ganzen Tag auf einen Monitor und bewege sich kaum. „Die meisten arbeiten zu Hause effektiver, machen kaum Pausen, vergessen, welcher Wochentag ist, weil jeder Tag gleich erscheint ..." Und damit beantwortet sie auch die Frage, ob Mitarbeiter im Homeoffice gut arbeiten oder nur den Rasen mähen. „Wer im Homeoffice nicht richtig arbeitet, der hat seinen Arbeitgeber vorher im Büro auch beschissen und sich verdrückt, wo er konnte."

M3 „Wie die Pandemie das Arbeiten verändert" (Auszug, tagesschau.de, 2021)

Flow
Im Flow zu sein, bedeutet, sich ohne Ablenkung auf etwas konzentrieren zu können.

hybrid
gemischt; meint hier: ein Arbeitsmodell, das sowohl Arbeit von zu Hause aus als auch im Büro ermöglicht

Work-Life-Balance
die Ausgeglichenheit zwischen dem Arbeiten, um ausreichend Geld zu verdienen, und dem Privatleben mit genug Zeit für Hobbys, Freunde etc.

5. Beschreibe, warum es heute wieder zu Heimarbeit kommt. (T2)
6. Stelle Vor- und Nachteile von Homeoffice gegenüber. (M3)
7. Befragt einen Bekannten oder Verwandten zu Erfahrungen im Homeoffice.
8. Führt eine Pro- und Kontradiskussion zum Thema Homeoffice durch.

① Nachrichten lesen – gedruckt oder digital

② Nachrichten hören – im linearen Rundfunk oder als Podcast

③ Nachrichten sehen – im linearen Fernsehen oder in der digitalen Mediathek

④ Nachrichten empfangen, teilen und selbst senden über soziale Medien

M1 Verschiedene Nachrichtenquellen

Politik in der digitalisierten Welt

T1 • Bedeutung sozialer Plattformen als Nachrichtenquelle

Junge Erwachsene wenden sich immer mehr von den herkömmlichen Nachrichten- und Informationsmedien in Zeitung, Radio und Fernsehen ab. Für ihren Nachrichtenkonsum gewinnen Social-Media-Plattformen an Bedeutung. In einer Umfrage aus dem Jahr 2020 gaben 30 Prozent der 18- bis 24-Jährigen an, dass soziale Medien für sie die wichtigsten Nachrichtenquellen sind. Das ist eine Zunahme gegenüber dem Vorjahr um acht Prozent, Tendenz steigend.

Gleichzeitig sind mehr als die Hälfte der Befragten besorgt über den Wahrheitsgehalt der Nachrichten, die sie über die sozialen Medien erhalten. Trotz ihrer Bedenken benutzen junge Erwachsene in großem Maße Online-Angebote und soziale Medien als Informationsquellen.

1 a) Nenne die in M1 dargestellten Medienarten.
b) Berichte, wie du dich über Nachrichten informierst.
c) Sprecht über eure Erfahrungen mit den verschiedenen Medien.

2 a) Fasse zusammen, wie junge Menschen sich über Nachrichten informieren. (T1)
Lerntempoduett
b) Vermute Gründe, warum viele Menschen über den Wahrheitsgehalt von Nachrichten in sozialen Medien besorgt sind.

T2 • Chancen und Gefahren von Digitalisierung für die Politik

Die Digitalisierung der Medien führt zu einer sehr großen und meist sehr aktuellen Vielfalt an Informationen. Allerdings wird die freie Meinungsbildung durch personalisierte Algorithmen von Suchmaschinen und News-Apps gefährdet. Die reichhaltig vorhandenen Informationen des World Wide Web gelangen durch die Algorithmen reduziert und ausgewählt zu den Nutzern. Durch diese Informationsvorauswahl können sogenannte Filterblasen entstehen. In ihnen werden nur noch Inhalte angezeigt, die der eigenen Weltansicht entsprechen. Besondere Gefahr droht, wenn sich Filterblasen bilden, in denen extreme politische Meinungen verbreitet werden und so zur Radikalisierung von Personen beitragen.

Auch in sozialen Netzwerken kann es zu einer Informationsverengung kommen. Nutzer, die ihre Informationen nur aus einem bestimmten Personenkreis beziehen, bewegen sich schnell in einer sogenannten Echokammer. Nutzer mit gleichen Interessen oder Meinungen bleiben unter sich und posten meist nichts Neues bzw. nichts, was von der Gruppenmeinung abweicht. Vielfalt und politische Diskussion sind ausgeschlossen. So können soziale Netzwerke zu einer Polarisierung und letztendlich zur Radikalisierung beitragen.

Soziale Medien sind bei politischen Auseinandersetzungen aber auch eine Bereicherung. Gerade bei Themen, die von den traditionellen Medien seltener angesprochen werden, liegt ihre Stärke. Posts in den sozialen Medien, eigene Videos oder Webseiten erhöhen die Aufmerksamkeit für bislang wenig beachtete Themen. Auf diese Weise entsteht eine Öffentlichkeit, die wiederum Druck auf die Politik ausüben kann.

Filterblasen
(engl.: Filter Bubble)
Eine sogenannte Filterblase entsteht, wenn Algorithmen, also Filter, Inhalte vorauswählen und dem Nutzer nichts wirklich Neues angezeigt wird bzw. nichts, das vom bisherigen Interesse des Nutzers abweicht.

Echokammer
Begriff aus der Tontechnik für einen Raum zur Verstärkung von Hall. Übertragen auf digitale Netzwerke meint der Begriff, dass Informationen und Meinungen nur in einem kleinen Kreis Gleichgesinnter geteilt und bestätigt werden.

Polarisierung
Auseinanderdriften von politischen Meinungen, sodass der gegenseitige Austausch verloren geht und es zu einem Gegeneinander kommt

> In Deutschland werden Suchmaschinen von über 80 Prozent und soziale Netzwerke von über 50 Prozent der Onliner verwendet ...
> Problematisch ist, dass Algorithmen ... nicht nach journalistischen Regeln funktionieren – also nicht die Qualität und Relevanz von Beiträgen berücksichtigen – und eigentlich nicht kontrolliert werden können, auch weil sich ihre Kriterien ständig verändern. ...
> Den meisten Menschen ist nicht bewusst, dass Suchmaschinen und soziale Netzwerke mit Algorithmen arbeiten und dass Filterblasen entstehen können.

M2 Auszug aus der Broschüre „digitale Gesellschaft im Blickpunkt" (2017)

3 Hilfe Erläutere die Gefahren von Filterblasen. (T2, M2)

4 a) Erkläre, wie es zur Bildung von Echokammern kommt. (T2)
b) Soziale Netzwerke können zu einer Polarisierung und letztendlich zur Radikalisierung führen. Nimm Stellung.

5 Stelle die Chancen und Gefahren der Digitalisierung für die Politik gegenüber. (T2)

Hilfe zu

3 Benutze folgende Wörter: personalisierte Algorithmen, reduzierte Informationen, extreme politische Meinungen, freie Meinungsbildung.

M1 Massendemonstration in Skopje (Mazedonien) gegen die Regierung. Die Menschen gingen auf die Straßen, nachdem der Präsident korrupte Politiker, die in Abhörskandale verwickelt waren, begnadigt hatte. (2016)

Kommunikation über soziale Netzwerke

korrupt
bestechlich; seine Position ausnutzen, um sich selbst Vorteile zu verschaffen

T1 • Soziale Netzwerke

In sozialen Netzwerken ist die Kommunikation öffentlich, und die mitgeteilten Inhalte erscheinen in Echtzeit, was eine augenblickliche Reaktion ermöglicht. Soziale Netzwerke erlangen immer größere Bedeutung – auch in politischen Bereichen. Zu politischen Themen wie Menschenrechtsverletzungen, Kriegsverbrechen, Flüchtlingsschicksalen und vielen anderen politischen Themen kann sehr schnell eine sehr große Öffentlichkeit erreicht werden, und Menschen können sensibilisiert werden.

Auch für das Recht der Versammlungsfreiheit spielen soziale Netzwerke eine immer größere Rolle. Für die Organisation von Demonstrationen oder Kundgebungen sind sie ein wichtiges Kommunikationsmittel. Außerdem gibt es immer häufiger Aktionen online, durch die auf Probleme aufmerksam gemacht wird.

1. Stelle drei Vermutungen an, warum in M1 eine Person die Massendemonstration mit dem Handy filmt.
   Placemat
2. Hilfe Erkläre, warum soziale Netzwerke in politischen Bereichen immer mehr an Bedeutung gewinnen. (T1)
3. Beurteile, ob soziale Netzwerke für politische Bereiche sinnvolle Einrichtungen sind.

Hilfe zu

2. Benutze die Satzanfänge: Informationen gelangen in … . Es kann eine große … . Für das Recht der Versammlungsfreiheit … .

T2 • Von der virtuellen zur realen Revolution

Am 25. Januar 2011 kam es zum „Tag des Zorns" in der ägyptischen Hauptstadt Kairo. Auf dem dortigen Tahrir-Platz demonstrierten fast eine Million Menschen gegen das autoritäre Regime des damaligen Präsidenten. Für die Mobilisierung der Menschen waren die sozialen Netzwerke von entscheidender Bedeutung. Nahezu alle Wortführer der Demonstration kommunizierten über Twitter und waren in einer der Facebook-Gruppen organisiert, denen mehrere Hunderttausend Menschen angehörten.

Tahrir-Platz
öffentlicher Platz in der ägyptischen Hauptstadt Kairo

> Wenn wir noch ein bisschen Würde haben, dann müssen wir am 25. Januar für unsere Rechte auf die Straße gehen. Wer sagt, Frauen sollten nicht demonstrieren, weil das zu gefährlich für sie sei, der sollte Männlichkeit beweisen und sich uns anschließen.

M2 Video-Aufruf von Asmaa Mahfouz, mit dem sie Hunderttausende erreichte

M3 Die ägyptische Aktivistin Asmaa Mahfouz

Im Februar 2011 trat der Präsident zurück. Die Hoffnung auf Freiheit und Demokratie war jedoch bald vorbei. Seit 2013 herrscht erneut ein autoritärer Präsident, der viele Aktivisten verhaften ließ.

T3 • Kontrolle in sozialen Netzwerken

In Ländern mit autoritären Regimen erlangen soziale Netzwerke immer mehr Bedeutung als Ersatz für die Presse, Rundfunk und Fernsehen. Aber diese Staaten reagieren auch auf soziale Netzwerke und versuchen, oft sehr erfolgreich, diese zu kontrollieren oder zu sperren.

autoritäres Regime
Herrschaftsform mit scheinbar demokratischen Strukturen, in der aber eine Person oder eine Partei sehr große Macht hat

Bastion
Festung, Rückzugsort

LGBT
(Lesbian, Gay, Bisexual, Transgender) Organisation, die gegen die Diskriminierung von Homosexuellen, Bisexuellen und Transgendern kämpft

> Facebook und Twitter sind seit Jahren [im Iran] blockiert ... [Instagram] ist eine der letzten Social-Media-Bastionen in dem islamischen Land. Mehr als 24 Millionen Nutzer hat Instagram dort ... LGBT-Aktivisten nutzen Instagram als Verbindung in die restliche Welt. Nicht ohne Risiko: Die Internetpolizei Fata überwacht das Netzwerk und hat in der Vergangenheit Nutzer für „sündhaftes Verhalten" festgenommen. Drei junge Mädchen wurden sogar für ein Tanzvideo ausgepeitscht.

M4 Das letzte Netz (Süddeutsche Zeitung, Februar 2019)

4 a) Beschreibe die Vorgänge in Ägypten, die sich ab Januar 2011 ereigneten. (T2)
b) Erkläre die Aussage: „Von der virtuellen zur realen Revolution". (T2, M2)

5 Begründe, warum soziale Netzwerke in Ländern mit autoritären Regimen eine große Bedeutung haben. (T3)

6 a) Beschreibe, wie im Iran auf soziale Netzwerke reagiert wird. (M4)
b) Bewerte die Maßnahmen der iranischen Regierung.

7 Recherchiere die aktuelle politische Situation in Ägypten bzw. im Iran.
Partnerpuzzle

M1 Ganz nah dran: Reporter in aller Welt berichten vom Geschehen in Krisen- und Kriegsgebieten (2004 im Irak)

Berichterstattung – Medien überall

T1 • Kriegsberichterstattung – ganz nah am Entsetzen

Kriegsberichterstattungen im Fernsehen, Radio, Internet oder in sozialen Netzwerken kommen heute fast in Echtzeit bei den Mediennutzern an. Für die Medienbetreiber hat die Vor-Ort-Berichterstattung aus Krisengebieten einen besonderen Stellenwert. Mit ihren Bildern, Videos und Berichten zeigen sie das Leid der Menschen und das Grauen von Kriegen auf. Dabei versuchen Reporter, so dicht wie möglich an das Geschehen zu kommen. Es gibt aber auch wirtschaftliche Interessen der Medienbetreiber. Sie wollen als Erste berichten oder die Sensationsgier der Zuschauer befriedigen, die an dem Grauen teilhaben möchten.

Im Juni 2017 startete das irakische Militär einen Angriff auf die von dem terroristischen IS besetzte Stadt Mossul, um sie zu befreien. An vorderster Frontlinie drängten sich Reporter, um möglichst nahe bei den Kämpfen zu sein. Ihre Berichte, Bilder und Videos kamen fast zeitgleich mit den Kämpfen überall in der Welt an.

1. Schreibe zwei Gedankenblasen zu jedem Reporter in M1.
2. a) Nenne Gründe, warum Journalisten so nah wie möglich an das Geschehen kommen wollen. (T1)
   b) Beschreibe das Vorgehen der Journalisten bei dem Angriff auf Mossul. (T1)
3. Diskutiert die Frage: Was ist wichtiger, die Sicherheit der Reporter oder die Berichterstattung direkt aus dem Kampfgebiet?
   Fishbowl-Diskussion
4. Nimm Stellung zu der Frage, ob in der Berichterstattung alle Leiden und Grausamkeiten gezeigt werden müssen.

T2 • Lügen in Zeiten des Krieges

Die modernen Medien vermitteln dem Zuschauer den Eindruck der Echtheit von Bildern, Videos, Berichten und Ähnlichem. Er bekommt dadurch den Eindruck, er wäre Ohren- und Augenzeuge des Geschehens. Aber in Kriegszeiten ist es um die Wahrheit oft schlecht bestellt. Jede Seite versucht durch Falschmeldungen, Manipulationen oder irreführende Informationen, die Beteiligten als „gut" oder „böse" darzustellen.

So wurden und werden zum Beispiel immer wieder meist grausame Fotos aus Kriegsgebieten ins Netz gestellt, die falsch datiert sind oder an anderen Orten aufgenommen wurden.

M2 Angriff auf Zivilisten in Gaza: Das Bild wurde im August 2014 im Netz gepostet, es stammt tatsächlich aber aus dem Jahr 2009.

Hamburg – Fast 6,5 Millionen Mal haben Twitter-Nutzer in den vergangenen vier Wochen den Hashtag #GazaUnderAttack benutzt. Pro Stunde kamen teils rund 6500 Tweets hinzu. Der Gaza-Krieg tobt auch in den sozialen Netzwerken. Drastische Bilder machen bei Twitter und Facebook die Runde. Aber dieser Krieg im Netz wird von beiden Seiten mit oft unsauberen Mitteln geführt – es wird gefälscht und gemogelt ... Auch wenn der Konflikt abebbt, prägen die im Netz verbreiteten Bilder weiterhin die öffentliche Meinung. Dabei spielt es oft keine Rolle, ob die Fotos manipuliert oder aus dem Kontext gerissen sind. Je eindrücklicher das Motiv, desto länger bleibt es einem breiten Publikum in Erinnerung.

M3 Aus Spiegel Online (2014)

abebben
weniger werden

manipulieren
jemanden dazu bringen, etwas zu tun, ohne dass er die Beeinflussung merkt

Kontext
Zusammenhang – wenn etwas aus dem Zusammenhang, also aus dem Kontext, gerissen ist, dann wird es ohne Erklärung der Situation, in der es entstanden ist, gezeigt.

5. Nenne Möglichkeiten der Manipulation von Kriegsgeschehen. (T2, M2)
6. Erkläre, welche Wirkung die modernen Medien im Internet haben können. (M3)
7. Erläutere die Aussage: „In Zeiten des Krieges ist es um die Wahrheit oft schlecht bestellt." (T2, M2, M3)
   Think – Pair – Share

Fake News erkennen

Über das Internet werden täglich massenhaft Nachrichten verbreitet und geteilt. Diese Nachrichten erreichen in kürzester Zeit die Menschen in aller Welt. Doch nicht alle Nachrichten, die veröffentlicht werden, entsprechen den Tatsachen.

Nachrichten, bei denen Tatsachen verfälscht oder verzerrt dargestellt werden, gelten als Fake News. Diese werden mit der Absicht verbreitet, die Meinung der Leser oder Zuschauer zu beeinflussen. Sie können von ganz unterschiedlichen Gruppen in Umlauf gebracht werden: Firmen, Einzelpersonen, Interessenverbände oder auch Regierungen.

Fake News sind häufig so gestaltet, dass sie von seriösen Nachrichten auf den ersten Blick kaum zu unterscheiden sind. Dies gilt besonders für sogenannte Deepfakes, bei denen mithilfe künstlicher Intelligenz und professioneller Programme Videos oder Audioaufnahmen produziert werden. Dabei werden Fotos von Personen ohne deren Wissen in Situationen eingefügt, mit dem Ziel, ihnen und ihrem Ansehen zu schaden.

In der Regel sprechen Fake News die Gefühle der Nutzer an. Diese reagieren dann häufig entsetzt oder empört und teilen die Nachricht, ohne deren Inhalt überprüft zu haben.

1. Schritt: Eine Nachricht untersuchen

- Benenne, wo du die Nachricht entdeckt hast. (Blog, Social Media, Online-Portal o. a.).
- Beschreibe die Nachricht:
  - Hat die Nachricht eine Überschrift? Fallen hier Begriffe besonders auf?
  - Fallen Adjektive auf?
  - Welche Gefühle löst die Nachricht aus?
  - Was ist die Hauptinformation der Nachricht?
  - Was soll dem Leser vermittelt werden?
- Zähle weitere Besonderheiten auf:
  - Wie ist die Nachricht gestaltet? Wie ist die Qualität der Gestaltung?
  - Gibt es viele Rechtschreibfehler?
  - Werden zahlreiche Ausrufezeichen oder Emoticons verwendet?

2. Schritt: Eine Nachricht überprüfen

- Mache einen Faktencheck:
  - Wer hat die Nachricht veröffentlicht?
  - Sind Autor und Quellen der Nachricht erkennbar?
  - Existieren die Personen, die in der Nachricht genannt oder zitiert werden?
  - Gibt es die Institutionen, die genannt werden, wirklich?
  - Handelt es sich um aktuelle Informationen?
  - Werden bestimmte Einzelpersonen oder Gruppen besonders positiv oder negativ dargestellt?
- Überprüfe, wie die Nachricht verbreitet wurde:
  - Wurde die Nachricht über bekannte Medien verbreitet?
  - Kann eine URL nachverfolgt werden oder handelt es sich um einen Screenshot?
  - Handelt es sich um einen Post in einem Blog?
  - Was könnt ihr über den Blog in Erfahrung bringen? Was für Nachrichten werden dort verbreitet?
  - Gibt es Verweise auf Quellen?
  - Findet ihr ein Impressum? Gibt es einen Widerspruch zwischen URL und Impressum?
- Vergleiche die Nachricht:
  - Gibt es andere Seiten, die die Nachricht veröffentlicht haben?
  - Stimmen die Informationen überein?
  - Werden Fakten verfälscht dargestellt?

3. Schritt: Eine Nachricht beurteilen

- Schätze den Wahrheitsgehalt der Nachricht ein:
  - Ist die Meldung glaubwürdig?
  - Werden Informationen richtig dargestellt?
  - Passen Bilder und Text zueinander?
- Untersuche, an wen sich die Nachricht richtet:
  - Welchen Personenkreis spricht der Urheber an?
  - Verfolgt der Urheber damit eine besondere Absicht?

URL
Adresse im Internet, die beispielsweise als Link angegeben wird. Sie beginnt meist mit „https“ oder „http“.

Screenshot
Bildschirmfoto

Impressum
Jede Webseite muss laut Gesetz bestimmte Angaben offenlegen, zum Beispiel Name und Kontaktdaten (Post- und E-Mail-Adresse, Telefonnummer u. a.) des Seitenerstellers. Diese Informationen sind im Impressum zusammengefasst.

① Ein Sprachlabor (1980er-Jahre)

② Ein Computerraum (2009)

③ Digitales Arbeiten im Klassenraum (2020)

④ Digitales Arbeiten außerhalb des Klassenraums (2020)

M1 Technik im Unterricht

Technologien und Schule

T1 • Vom Sprachlabor zum digitalen Endgerät

In den 1960er-Jahren wurden viele Schulen mit einem Sprachlabor ausgestattet. In diesem hatten alle Lernenden einen Audioplatz mit Kopfhörer und Mikrofon. Die Fremdsprachenlektion wurde von allen Schülern einer Klasse gleichzeitig gehört und gesprochen, sodass jeder Einzelne häufiger sprechen üben konnte. Die Lehrperson schaltete sich bei Fragen zu, gab Hilfen und Rückmeldung und bewertete die Leistungen. Sprachlabore waren allerdings sehr teuer und reparaturanfällig.

Die Ausstattung der Schulen mit Computerräumen machte die Sprachlabore überflüssig. Der Fremdsprachenunterricht am PC wurde vielfältiger. Vor allem aber waren die Computer-Räume für alle Unterrichtsfächer nutzbar.

Heute ist auch das Konzept der Computerräume überholt. Das liegt zum Teil daran, dass sie als separate Räume immer etwas Besonderes blieben, nur nach Voranmeldung nutzbar waren und individuellen Unterricht kaum ermöglichten. Aber vor allem ist es auf die Ausstattung der Schulen mit WLAN zurückzuführen. Dies ermöglicht heute die Nutzung digitaler Endgeräte in jedem Klassenraum.

„Das Arbeiten mit digitalen Endgeräten und das Nutzen sozialer Medien und Apps im Unterricht sind hier so selbstverständlich, dass es gar nicht mehr als etwas Besonderes wahrgenommen wird. In der Hausordnung steht schon lange, dass jeder Schüler sein privates Tablet oder Laptop für den Unterricht einsetzen darf."

Stefan Zelle, Medienbeauftragter der Max-Brauer-Schule, Hamburg

„Wir mussten das Thema Digitalisierung erst mal aus der Nische holen und es demokratisieren", sagt Engelhardt und meint damit, Schüler überhaupt zu befähigen, die Medien verantwortungsvoll und kritisch zu nutzen. „Auch wenn es in der allgemeinen Unterrichtssituation ein faktisches Handyverbot gibt, ist es doch heutzutage realitätsfern, Smartphones aus der Schule zu verbannen. Sie sind einfach zu sehr Bestandteil unseres Alltags geworden."

Schulleiter Thilo Engelhardt, Waldparkschule Heidelberg

„Wenn man mich fragt, was der große Vorteil der Digitalisierung ist, dann ist es ... das effektivere und vernetzte Arbeiten der Schüler und Lehrer miteinander." Das ... [Tablet] ermögliche individuelle Gruppenarbeit, jeder nehme an den Lernfortschritten seiner Mitschüler teil, das Medium führe oft zu viel kreativeren Lösungsansätzen.

Schüler einer Schule in Thüringen

„Ich wollte wissen, durch welche chemischen Prozesse ein klassischer Rohrreiniger einen Abfluss freibekommt." Reich selbst lud dazu ein Video im Sendung-mit-der-Maus-Stil hoch, die Antworten der Schüler waren noch weitaus origineller. „So etwas zeigt, wie digitale Medien zu kreativen Lösungen und damit viel nachhaltigeren Lernerfolgen führen."

Stephan Reich, Digitalbeauftragter einer Schule in Thüringen

M2 Auszüge aus einer Reportage in dem Magazin Digital vom Januar 2020

1. Vermute, was für ein Unterricht jeweils stattfindet. (M1)
2. Beschreibe, wie ein Sprachlabor funktionierte. (M1 ①, T1)
   Bienenkorb
3. Nenne Vorteile, die die Computerräume hatten. (T1)
4. Erkläre, warum das Konzept der Computerräume heute überholt ist. (T1, M1 ③ ④)
5. Hilfe Arbeite die Kernaussagen aus M2 heraus.
6. a) Berichte über deine Erfahrungen mit digitalen Endgeräten in der Schule.
   b) Nimm Stellung zu der Aussage: Digitale Endgeräte gehören zum Unterricht.

Hilfe zu

5. Beginne so: Für den Medienbeauftragten Stefan Zelle der Max-Brauer-Schule ist das Arbeiten ...

M1 Unterricht mit Augmented Reality, Präsentation der App „WDR AR 1933–1945“ (2019)

M2 Unterricht mit Virtual Reality (2017)

Augmented Reality (AR)
(erweiterte Realität) durch neue Technik verschmelzen die reale und die digitale Welt miteinander

Virtual Reality (VR)
(virtuelle Realität) mithilfe von Bild und Ton digital erstellte Welten

Geschichte digital

T1 • Die erweiterte Wirklichkeit

Schon Ende der 1960er-Jahre wurden erste Techniken entwickelt, die mithilfe von Computern scheinbare Welten vorspiegelten. Mit immer leistungsstärkeren Computern und Software konnte seit der Jahrtausendwende die Technologie Augmented Reality (AR) weiter vorangebracht werden. Sie wurde ursprünglich für den Entertainment- und Videospielbereich entwickelt, ist aber heute in Technik, Kultur und Bildung nicht mehr wegzudenken.

Augmented Reality bietet zum Beispiel die Möglichkeit, Zeitzeugen virtuell in den Klassenraum zu holen. Sie sitzen scheinbar im Raum, dem Betrachter gegenüber, und erzählen ihre Erinnerungen. In der App „WDR AR 1933–1945“ berichten Zeitzeugen unter anderem, wie sie als Kinder und Jugendliche die Zeit von 1933 bis 1945 erlebt haben.

Eine andere Technik von scheinbarer Wirklichkeit ist die Virtual Reality (VR). Auch sie wurde ursprünglich für die Bereiche Entertainment- und Videospiele entwickelt. Mit speziellen VR-Brillen tauchen Menschen in eine virtuelle Welt ein. Neben dem Unterhaltungsbereich birgt die VR auch große Potenziale für andere Bereiche. Im Geschichtsunterricht können Schülerinnen und Schüler so virtuell in die Vergangenheit reisen, zum Beispiel in das alte Rom, in die Zeit der industriellen Revolution oder in die Weimarer Republik.

1. Vermute, was die beiden Darstellungen mit Unterricht zu tun haben. (M1, M2)
   Bienenkorb
2. Erläutere Augmented und Virtual Reality.
3. Recherchiere über die WDR-App. (M1)
4. Recherchiere zu einem möglichen Einsatz von AR in anderen Bereichen wie zum Beispiel der Industrie.

T2 • Gestaltete Geschichte

Mit AR und VR eröffnen sich neue Möglichkeiten und Zugänge im Unterricht. Beide fördern nicht nur die Fachkompetenzen, sondern auch die Medienkompetenz durch den Umgang mit neuen Medien und Technologien. Außerdem können mit digitaler Technik Kompetenzen wie Kreativität, Kommunikation und kritisches Denken gefördert werden. Allerdings sollte immer bedacht werden, dass es sich nur um eine virtuelle Darstellung von Geschichte handelt.

> Auch beim kritischen Denken können virtuelle Szenarien förderlich sein: Anstatt über historische Ereignisse oder frühere Kulturen in Büchern zu lesen und sie anhand von alten Fotos kennenzulernen, kann die virtuelle Realität eine Art Zeitreise ermöglichen. Durch das immersive Erlebnis wird ein Eindruck von Geschichte erlebbar und kann durch die damit hervorgerufenen Emotionen für manche Schülerinnen und Schüler relevanter werden, als dies durch ... Bilder, Texte oder Filme der Fall ist. Und auch Augmented Reality kann so gewinnbringend eingesetzt werden. Man denke etwa an Szenen des alltäglichen Lebens jeder beliebigen Zeit, über die man kultur- und zeitspezifische Informationen einbinden kann. Diese ermöglichen es dem Betrachter, sich von seinem kulturellen und gegenwartsbezogenen Standpunkt zu lösen und einen Perspektivenwechsel vorzunehmen. ...

M3 Einschätzung zu Augmented und Virtual Reality im Bildungsbereich

immersives Erlebnis
Der Nutzer taucht tief in die virtuelle Welt ein, weil das Gezeigte extrem realistisch wirkt.

> Eine App könne durchaus eine gute Idee für den Unterricht sein, sagt [Bildungsforscherin Christine] Bertram: „Wenn sie gut gemacht ist." Und die des WDR sei erst mal gut gemacht. ... Allerdings hat sie auch kritische Anmerkungen: „Was ich an der App allerdings tatsächlich vielleicht gefährlich finde, ist, dass sie so emotionalisierend ist, mit dieser starken Musik und zusätzlichen Bildern, überhaupt dadurch, dass die Zeitzeugen in den Klassenraum projiziert werden." Das biete natürlich eine Riesenchance: „Aber es kann auch das Risiko bestehen, dass Kinder überfordert sind oder dass Kinder fasziniert sind von dieser Gewaltdarstellung. Beides muss aufgefangen ... [und] im Geschichtsunterricht ... thematisiert werden."

M4 Einschätzung zur App „WDR AR 1933–1945" (2019)

5 Arbeite die Möglichkeiten, die AR und VR für den Unterricht bieten, heraus. (T2, M3)

6 a) Nenne die Kritikpunkte an der WDR-App, die in M4 aufgeführt werden.
b) Fasse die Einschätzung der Bildungsforscherin zusammen.

7 Hilfe Beurteile den Einsatz von VR- und AR-Techniken für den Unterricht.

Hilfe zu

7 Denke an die Umsetzung im Unterricht. Welche Möglichkeiten oder Grenzen siehst du?

erörtern

Beim Erörtern geht es darum, eine Aussage oder Problemfrage abwägend zu überprüfen. Um das tun zu können, musst du dich zunächst genau mit dem Thema beschäftigen. Dazu liest du in deinem Geschichtsbuch die Verfassertexte und schaust dir Quellen zu dem Thema genau an. Anschließend sammelst du Für- und Gegenargumente und gewichtest diese, um zustimmend oder ablehnend auf die Aussage eingehen zu können. Zum Schluss fasst du deine Argumente zusammen und formulierst begründend deine Meinung.

1. Schritt: Informationen zum Thema sammeln

- Welche Informationstexte, Text- oder Bildquellen liegen vor?
- Welche Informationen kannst du zusammentragen?

2. Schritt: Für- und Gegenargumente sammeln und abwägen

- Was spricht für die Zustimmung oder Verneinung der Aussage bzw. Frage?
- Prüfe die Menge und die Überzeugungskraft der Argumente und gewichte sie.
- Welche Argumente sind am überzeugendsten?

3. Schritt: Meinung äußern und begründen

- Zu welcher Meinung bist du gekommen?
- Wie begründest du deine Meinung?

solide
meint hier: auf Fakten basierend, anwendbar

fanatische Computerapologeten
begeisterte Befürworter elektronischer Medien

Webcode
vollständiger FAZ-Artikel „Computer statt Bildung“
WES-100953-9

Die Ausstattung aller Schulen mit Computern, das war die große bildungspolitische Verheißung der Kultusministerien in den vergangenen Monaten. ... Die Vernetzung der Schulen, so scheint es, sichert die Bildung der zukünftigen Generation. ... Computer und Internet gehören zu den unerlässlichen Arbeitsmaterialien der Schule. ... Sie bieten auch Lernprogramme, die weitaus attraktiver sind als manches Schulbuch, aber sie dürfen nicht zum eigenständigen Bildungsinhalt werden. Zu den größten schulpolitischen Irrtümern gehört die Vorstellung, an die Stelle mühsamen Wissenserwerbs könne die Vermittlung von Medienkompetenzen und Lernstrategien treten. ... Nicht wenige Klassen surfen begeistert im Internet, tragen blitzschnell alle benötigten Informationen zusammen und sitzen dann ratlos vor den Bildschirmen, weil sie nicht wissen, wie sie die Datenfülle bewältigen sollen. ... Die Grundlage jeglichen Lernens ist ein solides Vorwissen. Intelligentes Wissen zu vermitteln bleibt also wichtigste Aufgabe der Schule. Ob sie gelingt, hängt wesentlich vom Lehrer ab. ... Es ist unmöglich, allein in der Schule oder gar durch den Computer das Leben zu lernen. Unerlässlich aber ist die Fähigkeit, reflektierte Erfahrungen mit dem Gelernten selbstständig in Verbindung zu setzen ... Der Computer wird den von manchen Skeptikern befürchteten Untergang des Abendlandes nicht beschleunigen, er wird ihn aber auch nicht verhindern. Es ist höchste Zeit, dass sich die angsterfüllten Mediengegner und die ebenso fanatischen Computerapologeten nüchtern darauf besinnen, dass die Informationstechnik nicht mehr und nicht weniger als ein sinnvolles Arbeitsmittel ist. Dann kann die Diskussion über Bildungsinhalte beginnen.

M1 Computer statt Bildung (Artikel aus der Zeitung FAZ vom 14.2.2000 von der Journalistin Heike Schmoll)

Erörtere die Frage:
Sind elektronische Medien wichtig für erfolgreiches Lernen?

1. Schritt: Informationen zum Thema sammeln

- Heike Schmoll hat sich in ihrem Text (M1) mit dem Thema „Elektronische Medien und erfolgreiches Lernen“ beschäftigt. Beantworte knapp folgende W-Fragen, um einen Überblick zu bekommen: Wer? Wann? Was? Warum? An wen?
- Tipp: Wenn das zu bearbeitende Material sprachlich herausfordernd ist, denke daran
  - dass du unbekannte Wörter nachschlagen kannst,
  - dass du nicht jedes einzelne Wort eines Textes verstehen musst, um die Gesamtbedeutung zu erschließen.

2. Schritt: Für- und Gegenargumente sammeln und abwägen

- In M1 findest du einige abwägende Argumente zu dem Thema. Arbeite diese heraus.
- Ergänze mit eigenen Argumenten:
  - auf Grundlage deiner eigenen Unterrichts- und Lernerfahrungen.
  - auf Grundlage von Befragungen anderer, auch älterer Generationen
- Tipp: Auf den Seiten 294 – 297 kannst du dich weiter zu dem Thema informieren.

Du kannst die Argumente beispielsweise in einer Tabelle sammeln:

Sind elektronische Medien bedeutend für erfolgreiches Lernen?

Fürargumente	Gegenargumente
– motivierend durch Lernprogramme anstelle von Schulbüchern – ...	– überfordernd durch Informationsflut – ...

- Schau dir die gesammelten Argumente an und wäge ab, welche Seite du überzeugender findest.

Ordne die Argumente beim Ausformulieren. Gehe am besten nach dem Sanduhrprinzip vor:

3. Schritt: Meinung äußern und begründen

- Erörtere die Aussage nun in einem Fließtext.
- Nenne zunächst die Aussage, die du erörtern sollst.
- Führe die Argumente im Hinblick auf die zu erörternde Frage aus. Achte dabei auf eine geeignete Sortierung der Argumente, zum Beispiel nach dem Sanduhrprinzip.
- Fasse begründet zusammen, zu welcher Meinung du gekommen bist.

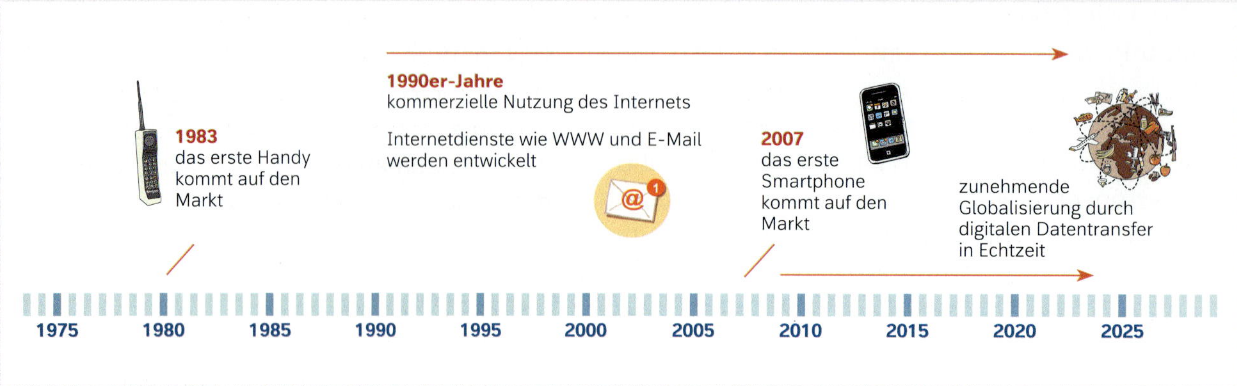

Die Digitalisierung verändert die Welt

Wie verändert die Digitalisierung die Wirtschaft?

Mit dem World Wide Web und den neuen digitalen Technologien läuft der Prozess der Globalisierung beschleunigter ab. Internationale Vernetzung und digitale Entwicklungen ermöglichen Unternehmen weltweit zu kommunizieren, zu konferieren und zu produzieren. Güter können in kürzester Zeit in alle Teile der Welt transportiert werden. Unvorhersehbare Ereignisse können allerdings im Kreislauf der weltweiten Produktion zu Problemen führen. Kommen Bauteile nicht rechtzeitig dort an, wo sie zum Weiterbau in der Produktion benötigt werden, droht ein Stillstand.

Welche Auswirkung hat Digitalisierung auf die Gesellschaft?

Innovative Technologien machten in kürzester Zeit aus dem einfachen Mobiltelefon einen Alleskönner, das Smartphone. Mit dem Internet und den angebotenen Diensten wurden weltweite Kommunikationsmöglichkeiten geschaffen, die in Echtzeit riesige Datenmengen übertragen können. Digitalisierung und internationale Vernetzung ermöglichen Unternehmen, global zu produzieren, und mit dem World Wide Web entwickelt sich ein boomender Markt, der E-Commerce. Digitale Medien und soziale Netzwerke führen zu einer großen, aktuellen Vielfalt an Informationen. Themen können schnell kommuniziert und so eine große Öffentlichkeit hergestellt werden. Allerdings muss hier besonders auf den Wahrheitsgehalt der Informationen geachtet werden. Zudem steuern immer mehr Algorithmen die Web-Nutzung, sodass Filterblasen entstehen können, in denen nur noch Informationen der eigenen Weltsicht bereitgestellt werden.

Welche Veränderung bringt Digitalisierung in der Schule?

Mit der Einrichtung von Computerräumen in Schulen wurden bis dahin genutzte Sprachlabore überflüssig. Computerräume hatten den Vorteil, dass sie für alle Unterrichtsfächer genutzt werden konnten. Das Konzept von Computerräumen ist mittlerweile überholt. Durch die Ausstattung der Schulen mit WLAN wird das Arbeiten mit mobilen Endgeräten wie Laptops und Tablets und das Nutzen von Apps mehr und mehr selbstverständlich.

Algorithmen
Im World Wide Web sind Algorithmen Anwendungen, die zum Sammeln und Auswerten von Daten eingesetzt werden. Sie erkennen Muster im Klick-, Such- und Kaufverhalten des Nutzers, um zukünftig personalisierte Werbung zu schalten.

Digitalisierung
Als Digitalisierung wird die Umwandlung von zum Beispiel Sprache, Text, Musik, Film, Nachrichten, Daten und vielem mehr in eine Computersprache, d. h. in digitale Formate, bezeichnet. Die digitalen Formate können auf einem Computer gespeichert, weiterverarbeitet oder von diesem versendet werden. Der Begriff Digitalisierung umfasst heute mehr, zum Beispiel künstliche Intelligenz, elektronische Verabredungen und Kommunikation, online einkaufen oder smarten Warenversand.

E-Commerce
E-Commerce ist die Bezeichnung für den Handel über das World Wide Web. Die Bestellung wird mit einem digitalen Endgerät getätigt, die Lieferung erfolgt in der Regel bis zur Haustür.

Globalisierung

Globalisierung beschreibt den Prozess des Zusammenwachsens der Welt durch beispielsweise weltweiten Handel oder den Austausch von Ideen: Der Prozess, den es schon seit Jahrhunderten gibt, läuft durch die Digitalisierung immer schneller ab.

Homeoffice
Homeoffice bezeichnet die Arbeit von Arbeitnehmerinnen und Arbeitnehmern, die nicht in Räumen des Arbeitgebers, sondern digital zu Hause erledigt wird.

Internet
Das Internet ist die Infrastruktur zur Datenübertragung. Es besteht aus unzähligen, weltweiten Computernetzwerken, die zu einem einzigen Netz zusammengeschlossen sind.

soziale Medien
Dieser Begriff beschreibt Technologien und Anwendungen, mit denen Kommunikation und Vernetzung im Internet ermöglicht werden. Mithilfe von Webseiten und Apps können Nutzer Inhalte erstellen, sie teilen und sich vernetzen. Soziale Medien ermöglichen ein schnelles Verbreiten von Wissen, Meinungen und aller Arten von Informationen bis hin zu Fake News.

Smartphone

Ein Smartphone ist ein mobiles Telefon, das viele weitere Funktionen hat. Sein eigenes Betriebssystem, die Prozessoren und der Speicher machen es zu einem handlichen, internetfähigen Taschencomputer.

World Wide Web
Das World Wide Web, kurz WWW, ist der bekannteste Dienst im Internet. Mit ihm ist es möglich, Dokumente, Web-Seiten und vieles mehr zu präsentieren.

Die Digitalisierung verändert die Welt

1. Buchstabenrätsel

a) Finde die zehn Begriffe im Buchstabenrätsel.
b) Schreibe zu jedem Begriff einen erklärenden Satz.
c) Erläutere, was dein Handy mit Globalisierung zu tun hat.

C	F	S	O	Z	I	A	L	E	M	E	D	I	E	N	O
B	H	M	Z	C	N	A	E	M	I	M	T	B	M	X	U
F	M	A	L	G	O	R	I	T	H	M	E	N	A	B	E
W	O	R	L	D	W	I	D	E	W	E	B	U	I	S	C
R	E	T	X	H	D	U	W	A	V	L	S	Q	L	P	O
A	S	P	D	F	G	H	J	K	L	Y	C	V	B	N	M
Q	W	H	O	M	E	O	F	F	I	C	E	T	Z	U	M
V	M	O	B	I	L	T	E	L	E	F	O	N	R	T	E
C	V	N	B	N	M	K	J	H	G	F	D	S	E	A	R
W	Z	E	C	H	O	K	A	M	M	E	R	N	T	W	C
V	U	P	O	U	F	I	L	T	E	R	B	L	A	S	E

Lerntempoduett

2. Eine Karikatur auswerten

a) Werte die Karikatur aus.
b) Beschreibt in Partnervorträgen drei Maßnahmen, stationären Einzelhandel in Städten und Kommunen zu sichern.
c) Beurteile den Smart-Home-Markt als Markt der Zukunft.

M1 Beratungsklau (Karikatur von Christian Möller, 2017)

3. Wahr oder falsch?

a) Entscheide, welche Aussagen wahr oder falsch sind.
b) Berichtige die falschen Aussagen in deinem Heft.

1) Digitalisierung und internationale Vernetzung ermöglichen Unternehmen, weltweit zu produzieren.
2) E-Mails müssen zum Versenden mit einer digitalen 85-Cent-Briefmarke freigemacht werden.
3) Besonders die über 80-Jährigen wenden sich vom linearen Fernsehen ab und greifen auf kostenpflichtige digitale On-Demand-Services zu.
4) Die Echtzeitübertragung von Daten ermöglicht autonom fahrende Fahrzeuge.
5) Das Nutzen digitaler Medien nimmt seit 2016 deutlich ab.
6) Soziale Medien sind für junge Erwachsene keine wichtigen Nachrichtenquellen.
7) Um 1900 gab es durch die Industrialisierung fast nur noch Heimarbeit.
8) Algorithmen filtern Informationen und wählen für den Nutzer Informationen aus.
9) Mit Social Media können Nutzer Inhalte erstellen, sie teilen und sich vernetzen.
10) Besonders in Kriegszeiten kommt es verstärkt zu Falschmeldungen, manipulierten Bildern oder Videos und irreführenden Informationen in Medien und sozialen Netzwerken.

4. Bildersuche

Hier findest du Bilder aus dem Kapitel.
a) Suche sie auf den Kapitelseiten. Schreibe die Seitenzahl und die Bildunterschrift in dein Heft.
b) Schreibe zu jedem Bild drei Sätze, die das Dargestellte erklären.

Lerntempoduett

5. Das schwarze Schaf

a) Nenne jeweils einen Begriff, der nicht in die Aufzählung passt.
b) Erkläre, warum der Begriff nicht passt.

1) Augmented Reality – Virtual Reality – immersives Erlebnis – Schulbuch
2) lineares Fernsehen – Spielfilm – Zeitung – Podcast
3) Globalisierung – Zollschranken – Produktion – Digitalisierung

Stühletausch

Textquellenverzeichnis

Die Weimarer Republik

12 M3 Scheidemann, Philipp: Memoiren eines Sozialdemokraten, Dresden: Reissner 1928, S. 309 f.

18 M2 Reichsgesetzblatt, Jg. 1919, Nr. 140, S. 687 – 1349. Aus: http://alex.onb.ac.at/cgi-content/alex?aid=dra&datum=1919&size=45&page=889 (Stand: 17. 3. 2022).

21 M3 Interview des Autors Martin Lücke mit Erna Arntz, Hildesheim 1995.

24 M1 Schmidt, Paul: Statist auf diplomatischer Bühne 1923 – 1945, Bonn: Athenäum Verlag 1954, S. 115 ff.

25 M4 zit. nach: Hürten, Heinz: Zwischenkriegszeit und Zweiter Weltkrieg, Stuttgart: Klett-Cotta 1982, S. 123.

27 M3 Michalka, Wolfgang u. Gottfried Niedhart (Hrsg.): Deutsche Geschichte 1918-1933: Dokumente zur Innen- und Außenpolitik, Frankfurt a. M.: Fischer-Taschenbuch-Verlag 1992, S. 110 f.

27 M4 Junker, Detlef (Hrsg.): Deutsche Parlamentsdebatten, Bd. 2., 1919-1939, Frankfurt a. M.: Fischer-Bücherei 1971, S. 180 f.

27 M5 Mann, Thomas: Deutsche Ansprache, Berlin: S. Fischer 1930, S. 27 ff.

31 M2 Alfred Döblin – Berlin Alexanderplatz. Zit. nach: Annes Leselisten, 7.10.2014, Wordpress. Aus: https://annesleselisten.wordpress.com/2014/10/07/februar-2007-alfred-doblin-berlin-alexanderplatz/ (Stand: 17. 3. 2022).

31 M4 zit. nach: Baumgartner, Edwin: Das lange Leiden der Welthauptstadt. In: Wiener Zeitung, Wien, 2.2.2010. Aus: https://www.wienerzeitung.at/nachrichten/kultur/film/230037_Das-lange-Leiden-der-Welthauptstadt.html?em_no_split=1 (Stand: 17. 3. 2022).

34 M4 zit. nach: Correspondenzblatt der Generalkommission der Gewerkschaften Deutschlands, Legien, Berlin 1919, 1, S. 4 ff.

34 M5 zit. nach: Reichle, Barbara: Aufgabenverteilungen zwischen Frauen und Männern: Modelle, Bewertungen, Veränderungen", Manuskript des Vortrages „Aufgabenverteilungen zwischen Frauen und Männern: Modelle, Bewertungen, Veränderungen", den Frau Dr. Barbara Reichle an der FernUniversität Gesamthochschule in Hagen am 16. 3. 1998 im Rahmen der Frauenvorträge gehalten hat. Fernuniversität - Gesamthochschule - Hagen 1998, S. 4. Aus: http://www.fernunihagen.de/imperia/md/content/gleichstellung/heft22reichle.pdf (Stand: 27.1.2019).

37 M5 Knickerbocker, Hubert Renfro: Deutschland so oder so? Rowohlt, Berlin 1932, S. 14 ff.

38 M2 Arbeiter-Illustrierte, Nr. 5, hrsg. v. Willi Münzenberg, Berlin: Neuer Deutscher Verlag 1930.

42 M2 „Der Tag" vom 22.9.1932, In: K. Bergmann, G. Hufnagel u. a.: Erinnern und urteilen, Bd. 4, Stuttgart: Klett 1981, S. 62, 30a, 30b.

43 M3 Hentschel, Volker: So kam Hitler. Schicksalsjahre 1932–1933, Bild/Text-Reportage, Düsseldorf: Droste 1980, S. 58.

44 M3 Wer war schuld am „Altonaer Blutsonntag"? In: NDR, Hamburg, 16.7.2021. Aus: https://www.ndr.de/geschichte/chronologie/Wer-war-schuld-am-Altonaer-Blutsonntag,blutsonntag107.html (Stand: 17. 3. 2022).

Die nationalsozialistische Diktatur in Deutschland

52 M2 Kühnl, Reinhard (Hrsg.): Der deutsche Faschismus in Quellen und Dokumenten, Köln: PapyRossa-Verlag 2000, S. 172 ff.

54 M2 zit. nach: Conze, Werner: Der Nationalsozialismus, Bd. 1: 1919 – 1934. Stuttgart: Klett 1972, S. 62 f.

55 M3 zit. nach: Becker, Josef u. Ruth Becker (Hrsg.): Hitlers Machtergreifung. Dokumente vom Machtantritt Hitlers 30. Januar 1933 bis zur Besiegelung des Einparteienstaates 14. Juli 1933, München: Deutscher Taschenbuch-Verlag 1983, S. 340.

56 M3 zit. nach: Herbert Michaelis, Ernst Schraepler u. Günter Scheel (Hrsg. u. Bearb.): Ursachen und Folgen. Vom deutschen Zusammenbruch 1918 und 1945 bis zur staatlichen Neuordnung Deutschlands in der Gegenwart. Eine Urkunden- u. Dokumentensammlung. 4. Band: Die Weimarer Republik – Vertragserfüllung u. innere Bedrohung 1919/1922, Berlin: Dokumenten-Verlag Dr. Herbert Wendler & Co. 1960, S. 146 f.

57 M4 zit. nach: Aleff, Eberhard (Hrsg.).: Das Dritte Reich, Hannover: Fackelträger-Verlag 1970, S. 57.

58 M2 Hitler, Adolf: Mein Kampf, München: Eher 1936.

59 M5 Hitler, Adolf: Mein Kampf, München: Eher 1936.

60 M2 zit. nach: Stübel, Erna (Übersetzerin): Botschafter in Berlin 1931 – 1938, Berlin: Kupferberg 1962, S. 308.

61 M5 zit. nach: Meier-Benneckenstein, Paul (Hrsg.): Dokumente der deutschen Politik, Bd. 2: Die Zeit d. Weltkrieges u. d. Weimarer Republik, Berlin: Junncker & Dünnhaupt 1938, S. 18.

65 M4 Hitler, Adolf: Mein Kampf, München: Eher 1936.

66 M2 Stresau, Walter: „Von Jahr zu Jahr", Berlin: Minerva-Verlag 1948, S. 230.

67 M3 Arbeitsgruppe Pädagogische Museum, Heil Hitler, Herr Lehrer, Volksschule 1933 – 1945, Berlin: Rowohlt 1983, S. 76.

67 M4 Adolf Hitler, Frick, Freiherr von Neurath, Graf Schwerin von Krosigk: Gesetz über den Widerruf von Einbürgerungen und die Aberkennung der deutschen Staatsangehörigkeit vom 14. Juli 1933. In: documentArchiv.de, 2004, Chemnitz. Aus: http://www.documentarchiv.de/ns/1933/deutsche-staatsangehoerigkeit_ges.html (Stand: 17. 3. 2022).

67 M5 Thomas Mann zit. nach: Arts in Exile, o. ED., Frankfurt a. M. Aus: https://kuenste-im-exil.de/KIE/Content/EN/Persons/mann-thomas-en.html (Stand: 17. 3. 2022).

70 M4 Elster, Hanns Martin: Liebe und Ehe: Ein Buch f. Eheleute u. alle, die es werden wollen, Dresden: Rudolphsche Verlagsbuchhandlung 1940, S. 237 f.

72 M3 Soenke, Jürgen (Bearb.) u. Karl Heinrich Hederich (Mitwirkender): Die Reden des Führers nach der Machtübernahme: Eine Bibliographie. Berlin: Eher 1939, S. 176.

73 M4 Bredow, Sabine (Hrsg.): Unterrichtsheft „Jugend: Nationalsozialismus in Salzgitter", ein Unterrichtsheft der Gedenk- und Dokumentationsstätte KZ Drütte, Arbeitskreis Stadtgeschichte, Salzgitter 1996, S. 1 ff.

74 M3 Klaus A.: Heil Hitler, Herr Lehrer. Volksschule 1933 – 1945. Das Beispiel Berlin. Hrsg. v. Arbeitsgruppe Pädagogisches Museum, Reinbek: Rowohlt 1983, S. 76.

75 M5 Fritz, Thomas: Hitlers brutale Kaderschmieden. In: Der Spiegel, Hamburg, 05.04.2013. Aus: https://www.spiegel.de/geschichte/napolas-im-dritten-reich-hitlers-brutale-kaderschmieden-a-951094.html (Stand: 17. 3. 2022).

78 M3 Adolf Hitler, Wilhelm Frick, Rudolf Heß, Dr. Franz Gürtner: Reichsbürgergesetz und Gesetz zum Schutze des deutschen Blutes und der deutschen Ehre [„Nürnberger Gesetze"], 15. September 1935, und die beiden ersten Ausführungsbestimmungen, 14. November 1935. In: Bayerische Staatsbibliothek, München, o. ED. Aus: https://www.1000dokumente.de/index.html?c=dokument_de&dokument=0007_nue&object=translation&l=de (Stand: 17. 3. 2022).

79 M6 Stadtarchiv Nürnberg (Hrg.): Schicksal jüdischer Mitbürger in Nürnberg 1933 – 1945. Eine Dokumentation, Nürnberg 1965.

80 M1 Klemperer, Victor: Ich will Zeugnis ablegen bis zum letzten, Tagebücher Januar bis Juni 1945, 4. Auflage, Berlin: Aufbau-Taschenbuch-Verlag 2006.

83 M3 zit. nach: Institut für Zeitgeschichte München (Hrsg.): Vierteljahrshefte für Zeitgeschichte, Heft 2, München: De Gruyter Oldenbourg 1955, S. 204 ff.

84 M1 zit. nach: Lehrveranstaltung „Schlüsseltexte und -dokumente zur Geschichte des Nationalsozialismus". Universität Wien, Institut für Zeitgeschichte, 2008/09,

S. 4. Aus: http://www.kurt-bauer-geschichte.at/PDF_Lehrveranstaltung%202008_2009/11a_Hitler-Friedensrede_1933-05-17.pdf (Stand: 17. 3. 2022).
84 M4 Michalka, Wolfgang (Hrsg.): Das Dritte Reich, Bd. 1, München: DTV 1985, S. 261 ff.
85 M5 zit. nach: Bock, Katrin: Das Münchner Abkommen, Radio Prague International, Prag, 27.9.2003. Aus: https://deutsch.radio.cz/das-muenchner-abkommen-8078658 (Stand: 17. 3. 2022).
86 M2 zit. nach: Hofer, Walther (Hrsg.): Der Nationalsozialismus – Dokumente 1933–1945, Frankfurt a. M..: Fischer Verlag 1982, S. 113.
87 M4 Boelcke, Willi A. (Hrsg.): Wollt ihr den totalen Krieg?, München: Deutscher Taschenbuch-Verlag 1969, S. 436 f.
87 M5 zit. nach: Joseph Goebbels, Rede im Berliner Sportpalast [„Wollt Ihr den totalen Krieg"], 18. Februar 1943. 100(0) Schlüsseldokumente zur deutschen Geschichte im 20. Jahrhundert, o. ED. Aus: https://www.1000dokumente.de/index.html?c=dokument_de&dokument=0200_goe&object=translation&st=&l=de (Stand: 17. 3. 2022).
89 M5 Nürnberger Dokumente 1519-PS, In: Überschär, Gerd R. u. Wette, Wolfram (Hrsg.): Unternehmen Barbarossa, Fischer 2011, S. 351 – 354.
90 M1 zit. nach: Pätzold, Kurt u. Erika Schwarz: Tagesordnung: Judenmord. Die Wannsee-Konferenz am 20. Januar 1942. Eine Dokumentation zur Organisation der Endlösung. Berlin: Metropol-Verlag 1992.
90 M2 zit. nach: Klee, Ernst (Hrsg.).: Schöne Zeiten, Frankfurt a. M.: S. Fischer 1988, S. 69 f.
92 M2 zit. nach: Broszat, Martin (Bearb.): Rudolf Höß. Kommandant in Auschwitz, Stuttgart: Deutsche Verlags-Anstalt 1958, S. 166.
92 M3 KZ-Außenlager, Stiftung „Erinnerung, Verantwortung und Zukunft", Berlin, o. ED. Aus: https://www.zwangsarbeit-archiv.de/zwangsarbeit/erfahrungen/lager/index.html (Stand: 17. 3. 2022).
93 M4 Firestone, Renée u. Guido Knopp (Mitwirkender): Holokaust, München: Bertelsmann 2000, S. 373.
94 M1 Günther, Claus: Euthanasie-Opfer in der Nachbarschaft. In: Zeitzeugenportal, Stiftung Haus der Geschichte der Bundesrepublik Deutschland, o. ED., Bonn. Aus: https://www.zeitzeugen-portal.de/videos/2ycTx8Y5a9E (Stand: 17. 3. 2022).
94 M2 zit. nach: Zeitzeugenportal, Stiftung Haus der Geschichte der Bundesrepublik Deutschland, o. ED., Bonn, Autorentranskript von Martin Lücke vom 23.3.2021. Aus: https://www.youtube.com/watch?vWo=QpZQyShIY (Stand: 23. 3. 2021)
95 M3 zit. nach: Biografien zur Sendung „Auf Wiedersehen im Himmel – Die Sinti-Kinder von der St. Josefspflege". In: Planet Schule, o. ED., SWR (Stuttgart), WDR (Köln). Aus: https://www.planet-schule.de/wissenspool/spuren-der-ns-zeit/inhalt/hintergrund/sinti-und-roma-biografien.html (Stand: 17. 3. 2022).
95 M4 Sonnenberg, Cèline: Als homosexuelle Männer von Nazis verfolgt wurden. NDR, 08.03.2020, Hamburg. Aus: https://www.ndr.de/fernsehen/sendungen/schleswig-holstein_magazin/zeitreise/Zeitreise-Als-homosexuelle-Maenner-unter-Nazis-verfolgt-wurden,zeitreise2558.html (Stand: 17. 3. 2022).
95 M5 Hermine Jursa: Augenzeugen berichten. Zit. nach: Verein Lila Winkel, o. ED., Empersdorf. Aus: http://www.lilawinkel.at/die-opfergruppe/augenzeugen/ (Stand: 17. 3. 2022).
96 M2 Interview des Autors Martin Lücke mit Alfred Lücke, Hildesheim 1987, zit. nach: Durchblick Geschichte und Politik – differenzierende Ausgabe 9/10, Braunschweig: Bildungshaus Schulbuchverlage, 2014, S. 38.
96 M3 zit. nach: Bayer, Ingeborg (Hrsg.): Ehe alles Legende wird, Würzburg: Arena 1995, S. 198.
97 M4 zit. nach: Ripper, Werner (Hrsg.): Weltgeschichte im Aufriss, Bd. 3: Von den bürgerlichen Revolutionen bis zum Imperialismus, Frankfurt a. M.: Diesterweg 1976, S. 472.
97 M5 zit. nach: Claus Graf Schenk von Stauffenberg – Zitate, quotez.net, o. ED. Aus: https://www.quotez.net/german/claus_graf_schenk_von_stauffenberg.htm (Stand: 17. 3. 2022).
97 M6 zit. Nach: Aleff, Eberhard (Hrsg.).: Das Dritte Reich, Hannover: Fackelträger-Verlag 1970, S. 230.
97 M7 zit. nach: https://www.bpb.de/geschichte/ (Stand: 17. 3. 2022).
98 M3 Ortner, Helmut: „Mann ohne Ideologie": Georg Elsers einsamer Kampf gegen Hitler. In: Frankfurter Rundschau, Frankfurt a. M., 8.11.2019. Aus: https://www.fr.de/panorama/hitler-attentat-georg-elser-mann-ohne-ideologie-wollte-fuehrer-toeten-13201186.html (Stand: 17. 3. 2022).
99 M4 Schnibbe, Karl-Heinz: Jugendliche gegen Hitler. Die Helmuth Hübener Gruppe in Hamburg 1941/42, Berg am See: Verl.-Gemeinschaft Berg 1991, S. 80.
101 M5 Klemperer, Victor: Ich will Zeugnis ablegen bis zum letzten, Tagebücher Januar bis Juni 1945, 4. Auflage, Berlin: Aufbau-Taschenbuch-Verlag 2006, S. 143.
102 M3 Zeit-Geschichte(n) e.V.-Verein für erlebte Geschichte (Hrsg.), Heidi Bohley und Wolfgang Kupke (Bearb.): Rausgeschmissen, 13 Erinnerungen an Flucht und Vertreibung. Eine Dokumentation. Zeit-Geschichte(n) e.V. Halle/Saale 2002, S. 7–9.
103 M5 Domaradzka-Okrzesa, Jozefa: Listy z końca wojny, bearb. von Jerzy Okrzesa, „Karta" 1997, Nr. 21, S. 111. Zit. nach: Grzegorz Hryciuk et al: Zwangsumsiedlung, Flucht und Vertreibung 1939-1959. Bonn: BpB 2010, S. 96 f.
104 M1 Cornides, Wilhelm u. Volle, Hermann: Um den Frieden mit Deutschland, Europa-Archiv, Oberursel 1948, S. 58 ff.
105 M3 International Military Tribunal: Der Prozess gegen die Hauptkriegsverbrecher vor dem Internationalen Militärgerichtshof, Bd. 1/2, Fotomechan. Nachdruck der Ausg. Nürnberg 1947, Frechen: Komet 2001, S. 11 f.
105 M5 zit. nach: Mund, Heike: Ben Ferencz: Der Mann, der Rechtsgeschichte schrieb. In: Deutsche Welle, 21.11.2020, Bonn. Aus: https://www.dw.com/de/75-nürnberger-prozesse-ben-ferencz-chefankläger-einsatzgruppen-prozess/a-55632080 (Stand: 17. 3. 2022).
106 M2 Richard von Weizsäcker: Rede auf der Gedenkveranstaltung im Plenarsaal des Deutschen Bundestages zum 40. Jahrestag des Endes des Zweiten Weltkrieges in Europa, Bonn, 8. Mai 1985. Aus: https://www.bundespraesident.de/SharedDocs/Reden/DE/Richard-von-Weizsaecker/Reden/1985/05/19850508_Rede.html (Stand: 24. 3. 2022).
109 M2 Christiane Toyka-Seid, Gerd Schneider: Rechtsextremismus. Bundeszentrale für politische Bildung, Bonn, o.ED. Aus: http://www.hanisauland.de/lexikon/r/rechtsextremismus.html (Stand: 17. 3. 2022).
109 M5 Welt Online 12.01.2019 Aus: https://www.welt.de/politik/deutschland/article186947234/Zahl-der-Anschlaege-auf-Fluechtlingsunterkuenfte-geht-2018-zurueck.html (Stand: 17. 3. 2022).
111 M3 Blaschke, Sonja: Gegen die „Wellen des Todes" waren Ärzte machtlos - Erschöpfung und Durchfall., Berlin: Springer Medizin Verlag GmbH 6.8.2015. Aus: https://www.aerztezeitung.de/panorama/k_specials/japan/article/890991/hiroshima-nagasaki-wellen-des-todes-aerzte-machtlos.html (Stand: 06. 10. 2021).
112 M2 Winston S. Churchill: Triumph and Tragedy. S. 638 – 639.(englisch)
112 M4 E. Angermann: Die Vereinigten Staaten von Amerika, 3. Auflage, Stuttgart 1973, S. 42.
113 M6 Atombombenangriff auf Hiroshima "Als wäre die Sonne vom Himmel gefallen", Spiegel, 28. 7. 2015. Aus: https://www.spiegel.de/geschichte/hiroshima-ueberlebende-als-waere-die-sonne-vom-himmel-gefallen-a-1046798.html (Stand: 17. 3. 2022).

Geteilte Welt und Kalter Krieg

122 M1 Adams, Willi Paul u. Angela Meurer Adams (Hrsg.): Die Amerikanische Revolution in Augenzeugenberichten, © dtv Verlagsgesellschaft, München 1976, S. 262.
123 M2 Carnegie, Andrew: Wealth. In: The North American Review, Vol. 148, No. 391, University of Northern Iowa, 1889, S. 653 – 664.
125 M3 zit. nach: Truman, Harry S. u. Ernst-Ulrich Huster (Mitwirkender): Determinanten der westdeutschen Restauration, Frankfurt a. M.: Suhrkamp 1972, S. 338 – 340.

125 M4 Gasteyger, Curt (Hrsg.): Einigung und Spaltung Europas 1942-1965: Eine Darst. u. Dokumentation über d. Zweiteilung Europa, Frankfurt a. M.: Fischer 1965, 175 f.
126 M1 Schönbrunn, Günter: Geschichte in Quellen: Weltkriege und Revolutionen 1914 -1945, 3. Aufl, München. Bayerischer Schulbuch-Verlag 1979, S. 574 f.
126 M3 Đilas, Milovan (Verfasser) u. Hermann Junius (Übers.): Gespräche mit Stalin. Frankfurt a.M.: S. Fischer, 1962.
127 M4 Krause, Helmut u. Karlheinz Reif (Bearb.): Geschichte in Quellen. Band 7: Die Welt seit 1945. München: Bayerischer Schulbuch-Verlag 1980, S. 370 f.
130 M3 NATO, 25.3.2019, Brüssel. Aus: https://www.nato.int/cps/en/natohq/official_texts_17120.htm?selectedLocale=de (Stand: 17.3.2022).
131 M6 Warschauer Vertrag. In: documentArchiv.de, o. ED., Chemnitz. Aus: http://www.documentarchiv.de/ddr/1955/warschauer-pakt.html (Stand: 17.3.2022).
140 M5 zit. nach: Europa Archiv XXIV. Jahrgang (1969), Folge 11, hrsg. v. Wilhelm Cornides, Deutsche Gesellschaft für Auswärtige Politik, Bonn, 10. Juni 1969, S. 257 ff.
140 M6 zit. nach: Weltgeschehen. Dokumentarische Berichte und Chronik in Vierteljahresbänden, hrsg. v. Deutsche Gesellschaft für Auswärtige Politik u. Heinrich Siegler, München: Oldenbourg 1968, S. 317 f.
141 M7 zit. nach: Zeitgeschichte aus erster Hand, hrsg. v. Carlo Schmid u. Heinrich Pleticha, Würzburg: Arena 1969, S. 495 f.
141 M8 zit. nach: Zeitgeschichte aus erster Hand, hrsg. v. Carlo Schmid u. Heinrich Pleticha, Würzburg: Arena 1969, S.495 f.
142 M1 Kennedy, John F.: Excerpt from the Commencement Address at the American University, 10 June 1963, John F. Kennedy Presidential Library and Museum, Boston, o. ED. Aus: http://www.john-f-kennedy.info/reden/1963/american-university/ (Stand: 17.3.2022).
143 M2 Deutsche Gesellschaft für Auswärtige Politik (Hrsg.): Europa Archiv: Zeitschrift für internationale Politik, 39. Jg., Bonn 1984, S. 109 ff.
146 M1 Frank-Walter Steinmeier: Eine KSZE für den Nahen Osten. Zit. nach: Der Tagesspiegel, 21.7.2014. Aus: https://www.tagesspiegel.de/meinung/gastbeitrag-steinmeier-eine-ksze-fuer-den-nahen-osten/10226898.html (Stand: 17.3.2022).
147 M2 Schlußakte der Konferenz über Sicherheit und Zusammenarbeit in Europa in Helsinki vom 1. August 1975 („KSZE-Schlußakte"), Bulletin des Presse- und Informationsamtes der Bundesregierung vom 15. August 1975, Nr. 102, S. 967 – 990. Aus: https://www.unesco-phil.uni-bremen.de/dokumente/Europa/Helsinki-Schlu%DFakte.pdf (Stand: 24.3.2022)
148 M3 Die Charta der Vereinten Nationen (1. Satz). UN Campus, Bonn, © UNITED NATIONS Copyright 2020. Aus: https://www.unric.org/de/charta (Stand: 17.3.2022).
157 M3 Guido Steinberg: Taliban. Bundeszentrale für politische Bildung, 20.9.2011. Aus: https://www.bpb.de/themen/islamismus/dossier-islamismus/36377/taliban/ (Stand: 17.3.2022).
164 M3 Heilmann, Sebastian: Einleitung (1. Spalte). In: Bundeszentrale für politische Bildung (Hrsg.): Informationen zur politischen Bildung Nr. 337/2018, S. 4.
165 M4 Mayer-Kuckuk, Finn: Erkauftes Wohlwollen. zit. nach: Dirk Schmidt: Außen- und Sicherheitspolitik. Bundeszentrale für politische Bildung, 7.9.2018. Aus: https://www.bpb.de/izpb/275541/aussen-und-sicherheitspolitik?p=all (Stand: 17.3.2022).

Der Weg zur deutschen Einheit

172 M2 zit. nach: Zentner, Kurt (Verfasser): Aufstieg aus dem Nichts: Deutschland von 1945 bis 1953. Eine Soziographie in 2 Bänden, Bd. 2, Köln/Berlin: Kiepenheuer & Witsch 1954, S. 19.
177 M2 zit. nach: Kleßmann, Christian: Die doppelte Staatsgründung, Göttingen: Vandenhoeck u. Ruprecht 1982 S. 484 f.
177 M3 zit. nach: Adenauer, Konrad: Erinnerungen 1945-1953, Bd. 1, Stuttgart: Dt. Verlags-Anstalt 1965, S. 547 f.
181 M3 Karasek, Hellmuth: Deutscher Ritt über den Bodensee. In: DER SPIEGEL, 3.4.1978, Hamburg, S. 98. Aus: https://www.spiegel.de/spiegel/print/d-40616863.html (Stand: 17.3.2022).
183 M3 Neumann, Günter: Deutsche Lieder, Bamberger Anthologie, 7.8.2013. Aus: https://deutschelieder.wordpress.com/tag/wolfgang-muller/ (Stand: 17.3.2022).
184 M3 Frankfurter Rundschau. 5.7.1984, S. 20.
185 M4 Böhme, Irene: Die da drüben. Sieben Kapitel DDR, Berlin (West): Rotbuch-Verlag 1986, S. 72 ff.
187 M2 Mahlow, Irmgard: Vom Ich zum Wir: Der erzwungene Eintritt in die LPG. In: MDR, 29.9.2008, Leipzig. Aus: https://www.mdr.de/zeitreise/ddr-landwirtschaft-lpg-100.html (Stand: 17.3.2022).
187 M3 Deutsches Staatsarchiv Leipzig, Akte Nr. IV/217/473
190 M3 Die Verbrechen der Westberliner Provokateure. In: Neues Deutschland, 18. Juni 1953, S. 1. Aus: https://www.nd-archiv.de/artikel/867639.die-verbrechen-der-westberliner-provokateure.html (Stand: 17.3.2022).
191 M5 zit. nach: Kroll, Hans (Verfasser): Lebenserinnerungen eines Botschafters. Köln/Berlin: Kiepenheuer & Witsch 1967, S. 512.
192 M2 Interview mit der Zeitzeugin Frau Ginzel durch Martin Lücke und Schülerinnen und Schüler der Renataschule, Hildesheim 2004. In: Durchblick Geschichte und Politik, Braunschweig: Westermann Verlag 2014.
193 M3 LeMO, o. ED., Berlin. Aus: https://www.hdg.de/lemo/bestand/objekt/dokument-flugblatt-menschenfalle.html (Stand: 21.9.2021).
195 M2 Jablonski, Marietta: Verhören bis zum Geständnis: der Operativ-Vorgang „Optima" Magdeburg: Landesbeauftragte für die Unterlagen des Staatssicherheitsdienstes der Ehemaligen DDR Sachsen-Anhalt, Magdeburg 1996, S. 61.
195 M3 zit. nach: Durchblick Basis Geschichte und Politik, Braunschweig: Westermann Verlag 2020, S. 69.
200 M4 zit. nach: Kleßmann, Christoph, u. Georg Wagner (Hrsg.): Das gespaltene Land: Leben in Deutschland 1945-1990. Texte und Dokumente, München: Beck 1993, S. 294.
203 M5 Damals in der DDR, hrsg. v. Hans-Hermann Hertle u. Stefan Wolle, München: Bertelsmann 2004, S. 126 ff.
205 M4 Brandes, Volkhard: Wie der Stein ins Rollen kam. Vom Aufbruch in die Revolte der 60er Jahre, Frankfurt a. M.: Brandes u. Apsel 1988, S. 194 f.
205 M5 Sontheimer, Kurt: Eine Generation der Gescheiterten. In: Die Zeit Nr. 15 vom 9.4.1993. Aus: https://www.zeit.de/1993/15/eine-generation-der-gescheiterten/komplettansicht (Stand: 17.3.2022).
206 M2 Wegmeyer, Bernd: 16.11.1976: Wolf Biermann ausgebürgert. In: KalenderBlatt, Deutsche Welle, Bonn, © 2020. Aus: http://www.kalenderblatt.de/index.php?what=thmanu&page=1&manu_id=331&tag=16&monat=11&year=2005&dayisset=1&lang=de%20 (Stand: 17.3.2022).
211 M2 zit. nach: Marienfeld, Wolfgang (Verfasser), Niedersächsische Landeszentrale für politische Bildung (Hrsg.): Die Geschichte des Deutschlandproblems im Spiegel der politischen Karikatur. Hannover: Niedersächsische Landeszentrale für Politische Bildung 1991, S. 226.
211 M3 zit. nach: Marienfeld, Wolfgang (Verfasser), Niedersächsische Landeszentrale für politische Bildung (Hrsg.): Die Geschichte des Deutschlandproblems im Spiegel der politischen Karikatur. Hannover: Niedersächsische Landeszentrale für Politische Bildung 1991, S. 253.
212 M2 Menzel, Claus: „Wer zu spät kommt, den bestraft das Leben". In: Deutschlandradio, Köln, 7.10.2009. Aus: https://www.deutschlandfunk.de/wer-zu-spaet-kommt-den-bestraft-das-leben.871.de.html?dram:article_id=126749 (Stand: 17.3.2022).
213 M3 zit. nach: Schneider, Wolfgang (Hrsg.): Leipziger Demontagebuch, Leipzig/Weimar: Kiepenheuer 1990, S. 71 f.
215 M3 dpa: „Liveticker vom 9. November 1989: So fiel die Mauer" In: DER SPIEGEL (online), Hamburg, 9.11.2009. Aus: https://www.spiegel.de/politik/deutschland/liveticker-vom-9-november-1989-so-fiel-die-mauer-a-659773.html (Stand: 17.3.2022).

216 M2 Patlan, Olga u. Juliane Reffert: 9. November '89 und das Mädchen, das mit seiner Mutter Geschichte schrieb. In: MDR Anstalt des Öffentlichen Rechts, Leipzig, 9. November 2019. Aus: https://www.mdr.de/sachsen-anhalt/mauerfall-juliane-reffert-interview-100.html (Stand: 12.5.2020).
219 M2 taz (Hrsg.): Für unser Land – Aufruf von DDR-Intellektuellen, die Chance einer sozialistischen Alternative zur BRD wahrzunehmen. In: DDR-Journal zur Novemberrevolution, Frankfurt a. M.: Tageszeitungsverl.-Ges. „die taz" 1990, S. 154.
219 M3 Kohl, Helmut: 10-Punkte-Plan. In: Rundfunk Berlin-Brandenburg RBB, Berlin, o. ED. Aus: https://www.chronikderwende.de/lexikon/glossar/glossar_jsp/key=10-punkte-plan.html (Stand: 17.3.2022).
219 M4 Frankfurter Rundschau, 20.3.1990.
219 M5 Koch, Dirk und Klaus Wirtgen (Hrsg.): Der Vertrag. Wie ich über die deutsche Einheit verhandelte, Stuttgart: Deutsche Verlags-Anstalt 1991, S. 131.
220 M1 Kohl, Helmut: Deutschland (Bundesrepublik). In: Presse- und Informationsamt (Verfasser): Bulletin des Presse- und Informationsamtes der Bundesregierung, Deutscher Bundesverlag, Bonn, Nr. 86 vom 3. Juli 1990.
221 M4 de Maizière, Lothar u. Christian Kaschub (Mitwirkender): Die Geschichte der Deutschen: von 1871 bis heute, München: Digital Publishing 1998.
222 M1 Interview von Wolfgang Hammer und Joachim Gebhardt mit Simone Fall (Name wurde im Original geändert) am 12.1.2009, In: Praxis Geschichte 5/2009, Westermann, Braunschweig, S. 36.
222 M2 Interview von Wolfgang Hammer und Joachim Gebhardt mit Angelika Jarohs am 6.2.2009, In: Praxis Geschichte 5/2009, Westermann, Braunschweig, S. 37.
222 M3 Interview wurde von Karin Schröfel, Belm, durchgeführt
223 M5 GeoEpoche: Die DDR. Alltag im Arbeiter-und-Bauern-Staat 1949-1990, G+J Medien GmbH, 64/2013, S. 158 ff.
225 M2 Der Blick nach vorn: Selbstbewusst auf Stärken aufbauen. In: Bundesministerium für Wirtschaft und Energie (BMWi) (Hrsg.): Jahresbericht der Bundesregierung zum Stand der Deutschen Einheit Berlin, 2018, S. 9f. Aus: https://www.bmwi.de/Redaktion/DE/Publikationen/Neue-Laender/jahresbericht-zum-stand-der-deutschen-einheit-2018.pdf?__blob=publicationFile&v=8 (Stand: 17.3.2022).

Aus Feinden werden Freunde

234 M1 Arndt, Ernst Moritz: Über den Volkshaß und über den Gebrauch einer fremden Sprache. 1813. S. 14 ff.
234 M2 Saint-Victor, Paul de: Barbaren und Banditen. Preußen und die Kommune. zit. nach: Jeismann, Michael u. Henning Ritter (Hrsg.): Grenzfälle: über neuen und alten Nationalismus. Leipzig: Reclam 1993. S. 316 ff.
238 M2 zit. nach: Erklärung Robert Schumans vom 9. Mai 1950. Robert-Schuman-Stiftung, Europäische Frage Nr. 204, 10. Mai 2011. Aus: www.robert-schuman.eu/de/doc/questions-d-europe/qe-204-de.pdf (Stand: 13.5.2020).
238 M3 Konrad Adenauer, Gerhard Schröder, Charles de Gaulle, Georges Pompidou, Maurice Couve de Murville: Die Französische Botschaft in Deutschland: Text des Élysée-Vertrags von 1963, Berlin, letzte Änderung 29/08/2019. Aus: https://de.ambafrance.org/Grundlagentexte (Stand: 13.5.2020).
241 M5 zit. nach: Seltmann, Uwe von: Jagd auf die Besten. In: Der Spiegel Geschichte, 6.11.2009. Aus: https://www.spiegel.de/geschichte/zweiter-weltkrieg-jagd-auf-die-besten-a-948578.html (Stand: 8.10.2021).
243 M4 Sławecki, Tadeusz: „Man muss heute niemanden mehr überzeugen". In: DPJW, PNWM (Hrsg.): Info: Magazin des deutsch-polnischen Jugendwerks. DPJW - Warszawa: PNWM, Potsdam, H1/2015, S. 17. Aus: https://issuu.com/dpjw_pnwm/docs/info_2015_de (Stand: 14.10.2021).
244 M2 Judentum in der BRD - Jüdische Gemeinden zwischen 1945 und 1989. Zit. nach: Praxis Geschichte 3/2016, S.50.
245 M4 Annette Großbongardt: Wie die Berliner Justiz einen jüdischen Gastwirt im Stich lässt. In: SPIEGEL 8/2019, S.51
246 M1 David Grossmann: Diese andere, finstere Welt. In: Der Spiegel 20/2015, S.102. Aus: https://www.spiegel.de/politik/diese-andere-finstere-welt-a-edd349aa-0002-0001-0000-000134879004?context=issue (Stand: 24.3.2022).
247 M3 Rede Frank-Walter Steinmeiers zit. von Rolf Brockschmidt: Das Wunder der Versöhnung und die Suche nach Heimat. In: Tagespsiegel, 16.1.2015. Aus: https://www.tagesspiegel.de/politik/50-jahre-deutsch-israelische-beziehungen-das-wunder-der-versoehnung-und-die-suche-nach-heimat/11240756.html (Stand: 24.3.2022).

Der europäische Einigungsprozess

254 M2 Schroeder, Jos: Der Wiederaufbau im Großherzogtum Luxemburg. cvce, Universität Luxemburg, 11.04.2017, Luxemburg S. 2. Aus: https://www.cvce.eu/content/publication/1999/1/1/17dbcfa5-9b34-4250-bd37-ecfaf3cf5871/publishable_de.pdf (Stand: 17.3.2022).
255 M3 zit. nach: Hausen, Kirstin: Winston Churchill: „... die Vereinigten Staaten von Europa errichten!", Deutschlandradio, 11.7.2017, Köln. Aus: https://www.deutschlandfunk.de/grosse-reden-winston-churchill-die-vereinigten-staaten-von.795.de.html?dram:article_id=390486 (Stand: 17.3.2022).
256 M2 Das Baby schreit schon. In: Der Spiegel (18. August 1949). Zit. nach: cvce (Universität Luxemburg), 14.5.2013, Luxemburg. Aus: https://www.cvce.eu/obj/%22das_baby_schreit_schon%22_in_der_spiegel_18_august_1949-de-5eb711cd-46e0-4f1a-9593-a1a79bd12d85.html (Stand: 17.3.2022).
259 M3 Die Stunde der Wahrheit. In: Le Monde (1. September 1954). Zit. nach: cvce (Universität Luxemburg), 5.7.2016, Luxemburg. Aus: https://www.cvce.eu/obj/die_stunde_der_wahrheit_in_le_monde_1_september_1954%20%20-de-dacc635e-59c0-4c53-8dee-4cf657b20026.html (Stand: 17.3.2022).
261 M3 zit. nach: „Rede von Hans-Dietrich Genscher (26. Mai 1977)". In: Bulletin des Presse- und Informationsamtes der Bundesregierung. Hrsg. Presse- und Informationsamt der Bundesregierung. 27.5.1977, Nr. 56. Bonn: Deutscher Bundesverlag, S. 509-510.
263 M4 Woollacott, Martin: Warum Norwegen einen Alleingang Europas verhindern durfte. In: The Guardian (30. November 1994). Zit. nach: cvce (Universität Luxemburg), 5.7.2016, Luxemburg. Aus: https://www.cvce.eu/obj/warum_norwegen_einen_alleingang_europas_verhindern_d%20%20urfte_in_the_guardian_30_november_1994-de-6750b948-e762-4d2c-914e-9260e3e7789e.html (Stand: 17.3.2022).
263 M5 zit. nach: Winfried Didzoleit, Jan Fleischhauer, Heiko Martens, Ulrich Schäfer und Sylvia Schreiber: Aufbruch ins Ungewisse. In: Der Spiegel, Hamburg, 28.12.2001. Aus: https://www.spiegel.de/politik/aufbruch-ins-ungewisse-a-d14646b3-0002-0001-0000-000021086842 (Stand: 17.3.2022).
263 M6 zit. nach: Winfried Didzoleit, Jan Fleischhauer, Heiko Martens, Ulrich Schäfer und Sylvia Schreiber: Aufbruch ins Ungewisse. In: Der Spiegel, Hamburg, 28.12.2001. Aus: https://www.spiegel.de/politik/aufbruch-ins-ungewisse-a-d14646b3-0002-0001-0000-000021086842 (Stand: 17.3.2022).
267 M4 Merkel, Angela: Rede von Bundeskanzlerin Dr. Angela Merkel. Bundesregierung, Bulletin 37-4, 25. März 2007, Presse- und Informationsamt der Bunderegierung. Berlin. Aus: https://www.bundesregierung.de/breg-de/service/bulletin/rede-von-bundeskanzlerin-dr-angela-merkel-797550 (Stand: 17.3.2022).

Die Digitalisierung verändert die Welt

277 M2 Startschuss für die autonom fahrenden Linienbusse in Monheim am Rhein. Aus: https://www.monheim.de/stadtleben-aktuelles/news/nachrichten/startschuss-

fuer-die-autonom-fahrenden-linienbusse-in-monheim-am-rhein-6644 (Stand: 17. 3. 2022).
279 M2 la/dpa/reuters: Stau nach Suezkanal-Blockade aufgelöst. In: manager magazin, 3.4.21, Hamburg. Aus: https://www.manager-magazin.de/unternehmen/handel/suezkanal-stau-nach-ever-given-blockade-aufgeloest-a-0baa7e2e-aa6e-4a94-8c70-590cc491b35f (Stand: 17. 3. 2022).
282 M2 Schote, Heiner: Wie verändert das Internet den Einzelhandel und die Innenstädte? In: Stadtentwicklung, vhw FWS 1/Januar-Februar 2016 S. 16, vhw - Bundesverband für Wohnen und Stadtentwicklung e. V. Aus: https://www.vhw.de/fileadmin/user_upload/08_publikationen/verbandszeitschrift/FWS/2016/1_2016/FWS_1_16_Schote.pdf (Stand: 17. 3. 2022).
283 M3 Eichenberg, Eva: Fashionbox.mg. In: WFMG – Wirtschaftsförderung Mönchengladbach GmbH, o.E. Mönchengladbach. Aus: https://www.wfmg.de/projekt-details/fashionmicrohub/ (Stand: 17. 3. 2022).
285 M3 Sonnenberg, Peter: Wie die Pandemie das Arbeiten verändert. In: tagesschau.de, Wirtschaft und Verbraucher, 13. Juni 2021, Norddeutscher Rundfunk. https://www.tagesschau.de/wirtschaft/verbraucher/pandemie-und-arbeitswelt-101.html (Stand: 17. 3. 2022).
287 M2 Fake, Filter und Bots – ein Risiko für die Demokratie?, Grimme-Institut Gesellschaft für Medien, Bildung und Kultur mbH. Aus: https://imblickpunkt.grimme-institut.de/fake-filter-und-bots-ein-risiko-fuer-die-demokratie/ (Stand: 17. 3. 2022).
289 M2 Asmaa Mahfouz. Zit. nach Jürgen Stryjak (Bearbeiter), Von der virtuellen zur realen Revolution, Deutschlandradio, Köln, 26. 9. 2016. Aus: https://www.deutschlandfunkkultur.de/arabischer-fruehling-von-der-virtuellen-zur-realen.976.de.html?dram:article_id=366881 (Stand: 17. 3. 2022).
289 M4 Christian Simon: Das letzte Netz. In: Süddeutsche Zeitung GmbH, 26. Februar 2019 © SZ.de/fued/dd. Aus: https://www.sueddeutsche.de/politik/iran-instagram-internet-zensur-1.4345725 (Stand: 17. 3. 2022).
291 M3 Leon Scherfig: Bilder, die lügen. SPIEGEL Politik 14. August 2014. Aus: https://www.spiegel.de/politik/ausland/fotos-aus-gaza-krieg-mit-gefaelschten-bildern-a-983689.html
295 M2 zit. nach: Stefan Zelle, Thilo Engelhardt, Stephan Reich: Die Reifeprüfung. In: Das Magazin, 1.20, Digital, Wie Datenerfassung und neue Technologien unser Leben verändern, hrsg. v. rb-Stiftung, Reportage, 2020, S. 31 ff. Aus: https://www.bosch-stiftung.de/sites/default/files/publications/pdf/2020-07/Robert_Bosch_Stiftung_Magazin_Digital.pdf (Stand: 17. 3. 2022).
297 M3 Landesmedienzentrum Baden-Württemberg. Aus: https://www.lmz-bw.de/medien-und-bildung/medienwissen/virtual-und-augmented-reality/augmented-und-virtual-reality-im-bildungsbereich/ (Stand: 10. 1. 2021)
297 M4 Christiane Bertram, Nicole Dittmer: Gute App – aber bitte nicht überwältigen lassen, WDR-App zur NS-Zeit, Deutschlandfunk Kultur, 18. 2. 2019. Aus: https://www.deutschlandfunkkultur.de/wdr-app-zur-ns-zeit-gute-app-aber-bitte-nicht-100.html (Stand: 17. 3. 2022).
298 M1 Schmoll, Heike: Computer statt Bildung. In: FaZ, 14. Februar 2000.

Bildnachweis

|!NieWieder - Erinnerungstag im deutschen Fußball, München: 107.8. |Akademie der Künste, Berlin: Kunstsammlung, Inv.-Nr.: JH 765, © The Heartfield Community of Heirs/Heartfield, John, Hitler läßt die Friedensmaske fallen/© VG Bild-Kunst, Bonn 2022 84.1. |akg-images GmbH, Berlin: 11.1, 19.1, 20.1, 21.1, 25.1, 28.3, 31.1, 33.3, 33.5, 42.1, 46.8, 48.1, 51.1, 52.1, 55.2, 56.1, 56.2, 57.1, 61.2, 65.1, 70.2, 72.2, 79.2, 91.1, 97.2, 100.1, 113.1, 114.5, 120.1, 121.1, 127.2, 128.1, 135.2, 182.2, 182.4, 186.1, 186.2, 190.1, 213.1, 235.2, 235.3, 236.1, 241.1, 254.1, 257.2; akg-images 32.1; AP 140.1, 151.5; Ballhause, W. 11.2, 36.1, 46.9; Ballhause, Walter 39.5, 39.6; Bielik, Ladislav 140.2, 141.2; ClassicStock 123.1; Dix, Otto, Großstadt (Triptychon) © VG Bild-Kunst, Bonn 2022 30.1; dpa 106.2; Elvira Bauer 58.1; Guillot, Jacqueline 233.1, 237.2, 248.4; Horst von Harbou – Stiftung Deutsche Kinemathek 31.3; IAM/World History 111.1; INTERFOTO/TV-Yesterday 257.1, 262.1; Klöppel, Eberhard 131.2; Kutzer, Ernst 74.1; L. Bielik 141.1; picture-alliance/dpa 212.3; Pictures From History 78.2, 89.1; Reimer Wulf 29.5; Sammlung Berliner Verlag/Archiv 23.1; Sputnik 121.2; Universal Images Group/Sovfoto 136.2; Universal Images Group/Universal History Archive 123.2; Weber, A. Paul, Das Verhängnis/© VG Bild-Kunst, Bonn 2022 116.1; Weiss, Peter 22.2, 236.2; Wittenstein, Jürgen Georg 97.1. |Alamy Stock Photo, Abingdon/Oxfordshire: ALLTRAVEL 227.3; imageBROKER 227.2; Imagebroker 227.4; imageBROKER 227.5; Oberhäuser, Rupert 277.1; Penta Springs 253.1, 256.1, 268.5; public domain sourced/access rights from ART Collection 240.1; Shawshots 74.2. |Alamy Stock Photo (RMB), Abingdon/Oxfordshire: Bocek, Eva 8.2, 252.1, 261.1, 268.6; PR Archive 234.1; The Advertising Archives 31.2; Tscherwitschke, Reinhold 150.5; UPI 158.1; Willson, Chris 274.1, 303.3; ZUMA Press, Inc. 159.1, 289.1. |Amnesty International Deutschland e.V., Berlin: 151.4. |Archiv des Hamburger Instituts für Sozialforschung, Hamburg: Bestand Johannes Hähle 89.2. |Archiv Sander, Dortmund: 99.1, 99.2. |Art Explosion, Calabasas, CA: 250.4. |Baaske Cartoons, Müllheim: 231.1; Behrendt, Fritz 259.1; Mohr, Burkhard 224.1. |Bibliothek der Friedrich Ebert Stiftung/Projekt Vorwärts bis 1933, Bonn: Ausgabe vom 17. Oktober 1925 26.1. |Binder, Thomas, Magdeburg: 202.4. |Bistumsarchiv Hildesheim, Fotosammlung, Hildesheim: 96.1. |bpk-Bildagentur, Berlin: 6.1, 23.2, 26.2, 29.4, 43.1, 44.2, 45.2, 48.2, 48.5, 55.1, 64.1, 76.1, 79.3, 93.1, 101.1, 117.1, 118.1, 127.1, 132.1, 166.4, 176.1, 234.2; Bayerische Staatsbibliothek 70.1; Benno Wundshammer 100.3; BSB 45.3; C. Weinrother 73.1; Deutsches Historisches Museum 15.2, 59.2, 237.1; Deutsches Historisches Museum/Ahlers, Sebastian 28.2, 33.4; Deutsches Historisches Museum/Arne Psille 130.1, 178.1; Deutsches Historisches Museum/Ballhause, Walter 39.1, 39.4; Deutsches Historisches Museum/Psille, Arne 14.1, 14.3; Deutsches Historisches Museum/Psille, Arne/Wolff, Willy, Hilf dies Haus schützen, 1920 © VG Bild-Kunst, Bonn 2022 14.2; Deutsches Historisches Museum/Schorer, Joseph 78.1; Fotoarchiv Ruhr Museum 79.1; Gebrüder Haeckel 22.4; Hoffmann, Heinrich 62.1; Kunstbibliothek, SMB, Photothek Willy Römer 4.1, 10.1, 46.7; Kunstbibliothek, SMB, Photothek Willy Römer, Willy Römer 12.1; Kunstbibliothek, SMB/Dietmar Katz 43.2, 48.3; L. Aufsberg 73.2; Photothek Willy Römer 22.8; Ries, Henry 129.1; Schorer, Joseph 55.3; SMB/Kunstbibliothek 61.1, 64.2; SMB/Kunstbibliothek/Knud Petersen 28.1; US-Army 101.2; Wiesebach, Wolfgang 38.3. |BStU, Berlin: BArch, BStU, MfS HA XX/9, Nr. 1269 206.2; BArch, MfS BV Erfurt Abt. XX SA Nr. 181 203.1; BArch, MfS, BV Gera Abt. VIII, BB 101/82, Band 2, Foto 23 207.2. |Bundesarchiv Berlin, Berlin: Bundesarchiv/SAPMO DY 30/67961 193.1. |Carls, Claudia (RV), Hamburg: 122.1. |CLOUD SCIENCE, Bonn: Tech Toons 282.1. |Das Bundesarchiv, Koblenz: 15.1, 15.3, 75.1; Bild 146-1992-061-19A-3/Fotograf: o.Ang. 95.1; Pahl, Georg 32.2; Plak 002-008-015 18.1; Plak 003-002-046 / Grafiker: Ahrlé, René 59.1; R 49 Bild-0131/W. Holtfreter 241.2. |ddp images GmbH, Hamburg:

31.4. |DFL Deutsche Fußball Liga GmbH, Frankfurt: Getty Images/Lukas Schulze 107.7. |epd-bild, Frankfurt/M.: Schoelzel, Andreas 215.2. |Eulenspiegel Verlagsgruppe Buchverlage GmbH, Berlin: 202.1. |Fredrich, Volker, Hamburg: 108.1, 108.1. |Froidevaux, Xavier, Ludwigsburg: 251.1. |Geisen, Hans /Sammlung Cartoonmuseum Basel, Basel: 260.1. |Gesellschaft für bedrohte Völker, Göttingen: 150.4. |Getty Images, München: AFP 137.1; AFP/Abed, Mohammed 291.1, 303.2; Keystone/Hulton Archive 83.1; Pool 135.3; ullstein bild Dtl. 22.6. |Griese, Dietmar, Laatzen: 171.1, 174.1, 228.5. |Haitzinger, Horst, München: 143.2, 153.1, 169.3, 169.6, 271.1, 271.4. |Hanns-Seidel-Stiftung e.V., Archiv für Christlich-Soziale-Politik, München: 271.3. |Haus der Geschichte der Bundesrepublik Deutschland, Bonn: Szewczuk, Mirko/I. Szewczuk-Zimmer 129.2, 169.5. |HüttenWerke, Klaus Kühner, Hamburg: 22.1, 22.3, 22.5, 22.7, 38.1, 38.4, 38.5, 38.6, 100.2, 112.2, 163.1, 220.2, 221.1, 227.1, 235.1, 242.2, 258.1, 258.2, 262.3, 262.4, 278.1, 281.2. |Imago, Berlin: Bertram, Marco 226.2; Fassbender, Ina 194.5; Geisser 194.1; imago stock&people 105.2. |Interfoto, München: Austrian National Library 105.1; Friedrich 29.2; Weber, Wolfgang Maira 200.1. |iStockphoto.com, Calgary: alexsl 274.2; grebeshkovmaxim 175.1; vladans 273.1, 286.1, 300.6. |Kartographie Michael Hermes, Hardegsen Hevensen: 149.1. |Keppel, Hanno, Braunschweig: Titel. |Klünder, Karsten, Höchenschwand: 197.4. |Kronfeldner, Hans, Nittendorf: 264.1. |KZ-Gedenkstätte Neuengamme, Hamburg: 94.1. |laif, Köln: 7.1, 170.1, 214.1, 228.8. |Lüddecke, Liselotte, Hannover: 144.1. |mauritius images GmbH, Mittenwald: age fotostock/Picture Partners 201.1. |Militärhistorisches Museum der Bunderwehr, Dresden: 131.1. |Morgenpost Verlag GmbH, Hamburg: Wunder, Olaf 44.1. |Nachlass Felix Mussil, Frankfurt am Main: 179.1, 179.2. |Office Franco Allemand pour La Jeunesse OFAJ, Paris: OFAJ/DFJW, Paris/Berlin 239.1. |Ökumenische FriedensDekade e.V., Buch/Hunsrück: 207.1. |Picture-Alliance GmbH, Frankfurt a.M.: 112.1, 150.2, 210.1; (c) dpa - Fotoreport/epa Messara 290.1; Abaca/Witt Jacques 239.2; akg-images 92.1, 98.3, 190.2, 200.2; Al-Bushy, Ammar 161.2; AP 156.2; AP Images 148.2; AP Photo/Dunham, Matt 151.3; AP Photo/Ng Han Guan 164.1; AP/Capt. Chris Herbert/U.S. Air Force 156.1; AP/H. Knosowski 201.4; Associated Press/ADN/ZENTRALBILD 208.1; Behal, Julien 266.1; Bildarchiv Monheim 107.3; Carstensen, Jörg 205.1; dieKLEINERT.de/Möller, Christian 302.1; dieKLEINERT.de/Schwarwel 154.1; dpa 51.2, 114.6, 143.1, 169.2, 197.1, 212.1, 213.2; dpa - Bildarchiv 172.1; dpa-tmn/Gabbert, Franziska 286.2; dpa-Zentralbild 215.1; dpa/Berliner Verlag/Archiv 185.1; dpa/Bratke, Günter 182.6; dpa/dpa-Zentralbild/Schmidt, Hendrik 109.2; dpa/Felber, Tobias 284.1; dpa/Fischer, Gregor 8.1, 232.1, 244.1, 248.6; dpa/Frank Kleefeldt 218.1; dpa/Gambarini, Federico 107.6, 296.1; dpa/Gambarini, Maurizio 107.2; dpa/Hendrik Schmidt 227.6; dpa/Herold 171.2, 180.1, 228.6; dpa/Kleefeldt, Frank 150.3; dpa/Link, Hubert 150.1; dpa/Photoreporters 119.1, 166.5; dpa/Rehder, Carsten 151.1; dpa/Rumpenhorst, Frank 246.1; dpa/UPI 148.1; dpa/von Jutrczenka, Bernd 146.1; dpa/Widmann, Sebastian 286.5; dpa/Wilhelm Bertram 204.1; dpa/Zinken, Paul 194.3, 245.2; dpa/Zucchi, Uwe 226.1; EPA/Abir Sultan 246.2; EPA/Zhlobsky, Vasyl 163.2; EXPA/Scheriau, Erwin 284.2, 303.4; Fishman, Robert B. 107.5; Goldmann, Ralph 262.2; H. FOHRINGER 286.3; Hollandse Hoogte/ANP 88.1; imageBROKER/Allgöwer, Walter G. 107.4; imageBROKER/Robbin, Thomas 245.1; IMAGNO/ Votava 142.1, 169.1; Landov/Green, Geoff 155.1; NurPhoto/Economou, Nicolas 159.2; Pedersen, Britta 223.1; picturedesk.com/Newald, Robert 107.1; PIXSELL/Puklavec, Davor 296.2; REUTERS/Handout 279.1; RIA Novosti/Stenin, Andrey 162.1; ROBINVT-RECHT 273.2, 294.3, 300.7, 303.1; Rose, Klaus 130.2, 201.2; SAKUMA, PAUL 274.3; Schulte 294.1; Schwenkenbecher, Jürgen 185.2; SOLO Syndication/Illingworth, Leslie 138.1, 169.4; STR-1234/HaloPix/PIXSELL 288.1; Stratenschulte, Julian 294.4; UN Photo/J.-M. Ferre 161.1; UPI 98.2; von Erichsen, Fredrik 294.2; ZB 171.3, 184.1, 228.7; ZB/Deutsche Fotothek 182.1; ZB/Endig, Peter 29.6; ZB/Kasper, Jan-Peter 194.2; ZB/Kroh, Peter 212.2; ZB/Schutt, Martin 194.4; Zucchi, Uwe 109.1; ZUMA Wire/Scheunert, Jan 253.2, 266.2, 268.7. |Polizeihistorische Sammlung, Berlin: 197.5. |rbb media GmbH, Berlin: DRA-Stiftung Deutsches Rundfunkarchiv 220.1, 221.2. |Reffert, Juliane, Panketal: 216.1. |Sakurai, Heiko, Köln: 271.2. |Schwartz, Simon, Hamburg: avant-verlag 198.1, 198.2, 198.3, 198.4, 198.5, 199.1, 199.2, 199.3, 199.4, 199.5, 199.6, 199.7, 199.8, 199.9. |Schwarz, Thies, Hannover: 292.1, 292.2, 292.3, 292.4. |Shutterstock.com, New York: Everett Historical 72.1; oxameel 250.2; Travel mania 8.3, 272.1, 276.1, 300.5. |Stadtarchiv Dortmund, Dortmund: 68.1 |Stadtarchiv Krefeld, Krefeld: 68.2 |Stadtarchiv und Landesgeschichtliche Bibliothek Bielefeld, Bielefeld: Bestand 400,2/Zeitungen, Westfälische Zeitung v. 2. September 1939 86.1. |Steiger, Ivan, Schnaitsee: 147.1. |stock.adobe.com, Dublin: blende11.photo 275.2; Bognat, Alexandr 281.1; Gorodenkoff 286.4; KeepCoolBaby 250.1, 250.3, 250.5, 250.7; Phanduang, Tevarak 280.1; thodonal 275.3; Worg, Janet 275.1. |Süddeutsche Zeitung - Photo, München: 45.1, 71.1, 82.2, 82.3, 83.2, 135.1, 191.1; dpa 200.3; Giribas, Jose 194.6; Rene Saint Paul/Rue des Archives 254.2; Scherl 5.1, 12.2, 16.1, 17.1, 37.1, 37.2, 48.4, 50.1, 60.1, 82.1, 88.2, 98.1, 114.4. |Tonn, Dieter, Bovenden-Lenglern: 46.1, 46.2, 46.3, 46.4, 46.5, 46.6, 47.1, 114.1, 114.2, 114.3, 166.1, 166.2, 166.3, 228.1, 228.2, 228.3, 228.4, 229.1, 229.2, 248.1, 248.2, 248.3, 250.6, 268.1, 268.2, 268.3, 268.4, 300.1, 300.2, 300.3, 300.4, 301.1, 301.2. |ullstein bild, Berlin: 29.1, 29.3, 34.3, 38.2, 49.1, 68.1, 97.3, 102.1, 102.2, 124.1, 136.1, 168.1, 174.2, 174.3, 182.3, 184.2, 314.1; ADN-Bildarchiv 113.2; AP 197.2; Archiv Gerstenberg 37.3; Borgas 97.4; CARO/Bastian, Andreas 238.1, 243.1; Christian Ditsch 151.2; Chronos Media GmbH 196.1, 196.2; ddp 66.1; dpa 106.1, 152.1, 197.3, 204.2; Gerstenberg Archiv 24.2; Gircke, Walter 33.1; Hirschbiegel 201.3; INTRO/Ausserhofer 243.2; INTRO/Ausserhofer, David 243.3; Jung 192.1; Messerschmidt 202.3; Poss, Oscar 182.5; RDB 255.1; Sennecke, Robert 24.1; Süddeutsche Zeitung Photo/Scherl 34.2; Sven Simon 233.2, 242.1, 248.5; Teutopress 54.1; The Granger Collection 110.1; TopFoto 74.3; ullstein bild 33.2; Zander & Labisch 34.1; Zeckai 206.1. |United States Holocaust Memorial Museum, Washington: Holocaust Encyclopedia/ID5364 95.2. |Walter-Ballhause-Archiv, Plauen: 39.2, 39.3. |Wirtschaftswundermuseum, Rheinberg: 181.1, 181.2, 181.3. |© DEFA-Stiftung, Berlin: Kroiss, Herbert 202.2.

Operatorenübersicht

beschreiben
Wenn du im Geschichtsunterricht Sach- und Bildquellen oder auch Vorgänge aus der Vergangenheit anschaust, dann beschreibst du diese oft erst einmal. Das bedeutet, dass du zum Beispiel bei einem Gegenstand das Aussehen in einer logischen Reihenfolge beschreiben sollst. Bei einem Vorgang musst du diesen in der zeitlich richtigen Reihenfolge kurz zusammenfassen. Am Ende deiner Beschreibung sagst du kurz, wozu die Menschen den Gegenstand gebraucht haben oder warum der Vorgang wichtig für die Menschen war.

erklären
Wenn du im Geschichtsunterricht etwas erklären sollst, dann musst du Informationen aus einem Text oder einem Bild herausarbeiten und diese dann genau wiedergeben. Deine Erklärung muss so genau sein, dass sie von jedem verstanden werden kann.

gegenüberstellen
Wenn in der Aufgabenstellung steht, dass du Dinge einander gegenüberstellen sollst, dann musst du diese genau anschauen und ihre Gemeinsamkeiten und Unterschiede aufzählen. In der Aufgabenstellung steht, was genau du einander gegenüberstellen musst. Das können zum Beispiel Werkzeuge, Aufgaben oder Ziele von Menschen, Texte oder auch Anfang und Ausgang eines Ereignisses sein.
Sammle zunächst möglichst viele Informationen und schreibe sie auf. Anschließend ordnest du die Informationen; am besten in einer Tabelle. So kannst du danach ganz leicht erkennen, welche Gemeinsamkeiten und Unterschiede die beiden haben.
Anders als beim Operator *vergleichen* brauchst du kein weitergehendes Ergebnis zu formulieren. Es reicht, wenn du sagst, ob es mehr Unterschiede oder Gemeinsamkeiten gibt.

begründen
Wenn du etwas begründen sollst, dann sollst du eine Aussage erklären. Diese musst du erst einmal in deinen eigenen Worten zusammenfassen.
Danach sollst du Gründe dafür finden, dass diese Behauptung richtig ist. Du musst also die Frage nach dem „Warum ist das so?“ beantworten.
Dafür brauchst du Informationen aus der Geschichte und auch Beispiele. Um Informationen und Beispiele auflisten zu können, musst du Materialien und Texte anschauen und lesen. Am Ende fasst du dein Ergebnis in einem Schlusssatz zusammen.

erläutern
Beim Erläutern sollst du ein Thema verständlich machen. Das tust du, indem du Informationen sammelst und miteinander in Verbindung setzt. Anhand von Unterpunkten und Beispielen erklärst du sie genauer. Wenn du eine Theorie, einen Ablauf, eine Übersicht oder Ähnliches erläuterst, musst du zunächst das vorliegende Material sichten. So sammelst du Informationen. Das Material kann aus Texten, Schaubildern oder Tabellen bestehen. Die Informationen und Beispiele formulierst du geordnet in einem Fließtext aus.

beurteilen
Wenn wichtige Ereignisse aus der Geschichte untersucht werden, sollen diese oft auch beurteilt werden. Das bedeutet beispielsweise, dass du sagen sollst, warum eine Erfindung oder etwas, das passiert ist, wichtig war. Es kann aber auch sein, dass du erklären musst, warum das Verhalten von Menschen damals gut oder schlecht war. Wichtig ist, dass du nicht nur sagst, ob etwas gut oder schlecht war, sondern auch begründest, warum du zu diesem Urteil kommst. Dein Urteil sollte aber immer sachlich sein, du sollst also nicht deine Meinung aufschreiben.

vermuten

Manchmal findest du zu einem Thema nicht alle Informationen, die du brauchst. Es gibt also eine offene Frage. Um die Frage zu beantworten, musst du vermuten, also eine mögliche Antwort finden. Dafür musst du zunächst die vorhandenen Informationen sammeln. Auf der Grundlage dieser Informationen kannst du dann Überlegungen anstellen, wie die Frage beantwortet werden kann.
Der Operator *vermuten* ist besonders wichtig im Geschichtsunterricht, denn so arbeitet ein Historiker: Es gibt eine offene Frage oder ein Problem, und er stellt Vermutungen dazu an. Im nächsten Schritt überprüft er anhand von Materialien und Quellen, ob seine Vermutung stimmen kann oder ob er sie verändern muss.

bewerten

Beim Bewerten gehst du zunächst genau wie beim Beurteilen vor. Du wägst ab, inwiefern zum Beispiel Aussagen oder Maßnahmen bestätigt oder widerlegt werden können. Hierfür formulierst du Argumente, die du aus vorliegendem Material und deinen eigenen Vorstellungen erarbeitest. Der Unterschied zum Beurteilen liegt darin, dass du dein Urteil nicht nur sachlich begründest, sondern darüber hinaus ein Werturteil abgibst. Das tust du, indem du deine eigene Sicht begründest. Du sagst, warum du etwas zum Beispiel richtig oder falsch, gerecht oder ungerecht, gut oder schlecht findest.

diskutieren (schriftlich)

Wenn du etwas schriftlich diskutierst, stellst du Überlegungen zu einer Frage oder einer Aussage zum Beispiel über ein Ereignis oder eine Entwicklung an. Du musst verschiedene Argumente zu der Fragestellung bzw. der Aussage finden. Manchmal musst du entscheiden, ob ein Ereignis wichtig oder eine Entwicklung gut war bzw. ist. Dazu sollst du Argumente aufschreiben, die dafür oder dagegen sprechen. Deine Argumente arbeitest du aus Materialien wie Textquellen, Bildquellen oder Aussagen von Wissenschaftlern heraus. Die Argumente stellst du dann nebeneinander, um zu einer begründeten Meinung zu kommen. Am Schluss entscheidest du dich für eine Seite und begründest, warum du diese gewählt hast.

➡ Seite 34/35

vergleichen

Wenn du Dinge miteinander vergleichen sollst, betrachtest du sie, um Gemeinsamkeiten und Unterschiede festzustellen. Dazu musst du Vergleichspunkte finden und diese untersuchen. Zum Schluss hältst du deine Ergebnisse fest. Dabei schreibst du auf, ob es mehr Gemeinsamkeiten oder Unterschiede gibt. Außerdem solltest du notieren, welche Erkenntnisse sich aus dem Vergleich ergeben. Hierbei kann es wichtig sein zu formulieren, welche Folgen sich für die Menschen ergeben.
In der Aufgabenstellung steht jeweils, was du miteinander vergleichen sollst. Das können Situationen, Aufgaben, Lebensbedingungen von Menschen und vieles andere sein.

Stellung nehmen

Zu historischen oder politischen Ereignissen soll oft Stellung genommen werden. Das bedeutet, dass man eine begründete Meinung dazu äußert. Oft sollst du eine Fragestellung beantworten, manchmal aber auch eine Aussage über ein Ereignis als richtig oder falsch begründen. Dazu musst du zunächst Informationen zum Thema sammeln, um Überlegungen zu der Frage oder der Aussage anstellen zu können. Anschließend musst du dir über deine Meinung bewusst werden, um sie begründen zu können. Zum Schluss formulierst du, welcher Meinung du bist. Du begründest deine Meinung, indem du die Fragestellung beantwortest bzw. der Aussage mit Argumenten zustimmst oder sie verneinst.

interpretieren

Eine grundlegende Arbeitsweise im Geschichtsunterricht ist das Interpretieren von Quellen. Hierbei kann es sich um Text-, Bild- oder auch gegenständliche Quellen handeln. Um eine Quelle erschließen zu können, beantwortest du zunächst die typischen W-Fragen. Diese können sich je nach Quellenart unterscheiden. Anschließend gleichst du den Inhalt der Quelle mit den historischen Fakten ab und ordnest sie in den geschichtlichen Zusammenhang ein. Zum Schluss fasst du deine Ergebnisse zusammen. Du formulierst alle deine Erkenntnisse zu der Quelle aus und deutest sie im geschichtlichen Zusammenhang.

➡ Seite 80/81

in Beziehung setzen

Im Geschichts- und Politikunterricht begegnen dir unterschiedliche Materialien, wie Bildquellen, Textquellen, Statistiken oder auch Karikaturen. Bei dem Operator „in Beziehung setzen" geht es darum, Verbindungen zwischen verschiedenen Materialien zu finden. Genauer gesagt sollst du zwischen den Inhalten oder bestimmten Ereignissen, die in den Materialien dargestellt werden, Zusammenhänge verdeutlichen. Um das zielgerichtet tun zu können, wird dir vorgegeben, in welchen Zusammenhang du die Materialien einordnen sollst.

➡ Seite 188/189

entwickeln

Im Geschichts- und Politikunterricht werden häufig auf Grundlage von Fakten weiterführende Überlegungen angestellt. So sollst du zum Beispiel zu Geschehnissen oder Problemen Einschätzungen, Lösungen oder Gegenpositionen erarbeiten. Hierzu erklärst du die Situation zunächst genau. Anschließend entwickelst du auf Grundlage der Tatsachen eigene Ideen. Es ist wichtig, dass deine Ideen an die tatsächliche Situation anknüpfen und zukunftsorientiert sind.

➡ Seite 132/133

erörtern

Beim Erörtern geht es darum, eine Aussage oder Problemfrage abwägend zu überprüfen. Um das tun zu können, musst du dich zunächst genau mit dem Thema auseinandersetzen. Dazu liest du in deinem Schulbuch die Verfassertexte und schaust dir Quellen und andere Materialien zu dem Thema genau an. Anschließend sammelst du Für- und Gegen-Argumente, um zustimmend oder ablehnend auf die Aussage bzw. die Frage eingehen zu können. Die Argumente stellst du gegenüber und entwickelst daraus eine eigene Meinung. Diese musst du begründen.

➡ Seite 298/299

Methoden für gemeinsames Lernen

Bienenkorb

1. Findet euch zu zweit oder zu mehreren zusammen.
2. Tauscht euch gemeinsam zur jeweiligen Fragestellung aus: Sammelt Ideen und Lösungsvorschläge oder vergleicht vorhandene Ergebnisse.
3. Sprecht anschließend gemeinsam in der Klasse.

Galeriegang

1. Bildet gleich große Gruppen. Innerhalb der Gruppen werden unterschiedliche Themen bearbeitet.
2. Anschließend werden die Gruppen neu zusammengesetzt: Aus jeder alten Gruppe wechselt ein Mitglied als Experte in eine neue Gruppe.
3. Dort präsentiert der Experte die Arbeitsergebnisse und beantwortet Fragen.

Gruppenpuzzle

1. Bildet Stammgruppen. Alle Stammgruppen haben so viele Mitglieder, wie es Teilaufgaben gibt. Jedes Mitglied erhält einen Buchstaben (A, B, C, D usw.).
2. Alle gleichen Buchstaben beschäftigen sich mit derselben Aufgabe. Jeder arbeitet für sich.
3. Nach einer gewissen Zeit setzen sich die gleichen Buchstaben zu Expertengruppen zusammen (A+A+A, B+B+B, C+C+C usw.).
   In der Expertengruppe besprecht ihr eure Ergebnisse. Klärt Fragen und korrigiert Fehler. Besprecht, wie ihr die Mitglieder eurer Stammgruppe über das Thema informieren wollt.
4. Zurück in der Stammgruppe tragen die „Experten" nacheinander die Ergebnisse ihrer Teilaufgabe vor. Alle Ergebnisse werden zusammengefasst, strukturiert und ggf. für eine Präsentation vorbereitet.

Gruppenturnier

1. Bildet Stammgruppen zu je 4 Schülern. Formuliert Fragen zu dem Thema, für das ihr üben wollt. Schreibt je eine Frage mit Lösung auf eine Karte.
2. Legt eure Karten auf einen Stapel in die Mitte des Tisches. Bereitet euch mit den Karten auf das Thema vor. Das könnt ihr allein machen oder mit einem Partner oder in der Gruppe – fragt euch dann zum Beispiel gegenseitig ab.
3. Nummeriert die Tische durch. Ordnet außerdem jedem Schüler der Gruppen einen Buchstaben zu (A – D). Mischt nun die Gruppen neu: Alle A-Schüler gehen 1 Tisch weiter, alle B-Schüler gehen 2 Tische weiter, alle C-Schüler gehen 3 Tische weiter, alle D-Schüler bleiben an ihrem Tisch sitzen.
4. An allen Tischen sitzt nun je ein Schüler aus den verschiedenen Stammgruppen. Die Karten werden gemischt. Schüler A liest eine Frage vor. B, C und D schreiben die Lösung auf. Anschließend werden die Lösungen kontrolliert. Für richtige Antworten gibt es einen Punkt. Die nächste Frage liest B vor und alle anderen müssen sie beantworten. Reihum geht es weiter, bis alle Fragen gestellt sind.
5. Am Ende gehen alle Schüler in ihre Stammgruppen zurück und zählen ihre gesammelten Punkte. Die Gruppe mit den meisten Punkten hat gewonnen.

Fishbowl-Diskussion

1. Teilt euch in zwei Gruppen: aktive Teilnehmer der Diskussion und Beobachter.
2. Bildet zwei Stuhlkreise: In der Mitte bilden die Diskutierenden einen kleinen Kreis. In diesem Kreis bleibt ein Stuhl frei.
   Der Außenkreis wird um den kleinen Kreis herum gebildet und von den Beobachtern besetzt.
3. Bestimmt einen Moderator, der im Innenkreis sitzt und die Diskussion leitet.
4. Beginnt die Diskussion. Die Beobachter machen sich Notizen. Wenn einer der Beobachter sich einbringen möchte, kann er sich auf den leeren Platz im kleinen Kreis setzen. Danach macht er den Platz wieder frei.
5. Wertet die Diskussion im Nachhinein mithilfe eurer Notizen aus.

Kugellager

1. Teilt die Klasse in zwei gleich große Gruppen. Bildet einen inneren und einen äußeren Stuhlkreis. Je ein Schüler aus dem Innenkreis und sein Gegenüber aus dem Außenkreis sind Gesprächspartner.
2. Der Schüler aus dem Außenkreis stellt seinem Gegenüber im Innenkreis seine Fragen. Der Schüler im Innenkreis beantwortet sie.
3. Die Gesprächspartner wechseln, indem der Außenkreis sich einen Platz weiterbewegt. Jetzt stellt der Schüler im Innenkreis seine Fragen und der Partner im Außenkreis beantwortet sie.
4. Diese Wechsel werden 2 bis 3 Mal wiederholt.